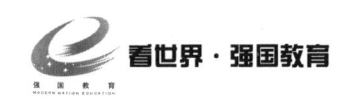

德国教育治理译丛　　　　　　陈洪捷　吴卫东　主编

德国教育体系中的创新路径
——"学校自主"理念在各联邦州扩散
状况的比较

Innovationswege im deutschen Bildungssystem

Die Verbreitung der Idee „Schulautonomie" im Ländervergleich

〔德〕马蒂亚斯·吕鲁普（Matthias Rürup） 著

程　静　译

中国科学技术出版社

·北京·

图书在版编目（CIP）数据

德国教育体系中的创新路径："学校自主"理念在各联邦州扩散状况的比较 /（德）马蒂亚斯·吕鲁普著；程静译 . -- 北京：中国科学技术出版社，2024.12

书名原文：Innovationswege im deutschen Bildungssystem：Die Verbreitung der Idee „Schulautonomie" im Ländervergleich

（德国教育治理译丛 / 陈洪捷，吴卫东主编）

ISBN 978-7-5046-9336-5

Ⅰ.①德… Ⅱ.①马… ②程… Ⅲ.①学校管理—研究—德国 Ⅳ.① G551.66

中国版本图书馆 CIP 数据核字（2021）第 246281 号

著作权合同登记号：01-2022-5426

Innovationswege im deutschen Bildungssystem：Die Verbreitung der Idee „Schulautonomie" im Ländervergleich by Matthias Rürup
Copyright © VS Verlag für Sozialwissenschaften, Springer Fachmedien Wiesbaden GmbH, Wiesbaden, 2007
This edition has been translated and published under licence from Springer Fachmedien Wiesbaden GmbH, part of Springer Nature.
本书中文版由 Springer Nature 授权中国科学技术出版社出版。

策划编辑	王晓义
责任编辑	王　颖
封面设计	郑子玥
正文设计	中文天地
责任校对	张晓莉
责任印制	徐　飞

出　　版	中国科学技术出版社
发　　行	中国科学技术出版社有限公司
地　　址	北京市海淀区中关村南大街 16 号
邮　　编	100081
发行电话	010-62173865
传　　真	010-62173081
网　　址	http://www.cspbooks.com.cn

开　　本	710mm×1000mm　1/16
字　　数	356 千字
印　　张	24.25
版　　次	2024 年 12 月第 1 版
印　　次	2024 年 12 月第 1 次印刷
印　　刷	北京荣泰印刷有限公司
书　　号	ISBN 978-7-5046-9336-5 / G · 1038
定　　价	89.00 元

（凡购买本社图书，如有缺页、倒页、脱页者，本社销售中心负责调换）

总　序

在当今全球化不断深入、各国教育领域都处于持续变革的时代背景下，深入研究不同国家教育管理模式的转变历程，对于汲取经验、拓展视野及推动我国教育管理的进一步发展，具有极为重要的意义。

德国是一个在教育领域久负盛名且有着深厚底蕴的国家，其教育管理模式的演进一直备受国际教育界关注。德国传统的官僚制管理模式在教育领域一度发挥过重要作用，它以层级分明、规则严格、分工精细等特点，维持着教育系统的有序运转。进入新世纪以来，德国的教育管理体系开始发生重大变化。其直接起因就是经济合作与发展组织（OECD）的国际学生评估项目（PISA）。第一次评估结果出来，德国位列32个参与国的第21位，于是德国社会一片哗然。德国一直对其教育制度很有自信，甚至深感自豪，而PISA评估结果如同当头一棒，除了教学内容和方法，学校管理也受到批评。于是德国教育管理系统开启了一个现代化的进程。所谓现代化，就是从以前的官僚制管理模式向现代管理模式转变。这一变革涉及教育理念、组织结构、管理方法、资源配置等多个方面，其复杂性与深远影响不容小觑。其目标是建立一种以治理为基本理念，以学校自主为基础，以评估为手段的现代学校管理模式。这一进程大大改变了德国学校的管理理念与实践，其中的成效和问题，对于中国的教育管理者和研究者，一定会有很多启发。

这套"德国教育治理译丛"精选了由施普林格出版社出版的关于德国基础教育治理的系列作品中的五本关于德国教育管理改革的研究专著，以呈现德国教育管理改革的路径、进程和问题，以使读者从整体上了解德国教育管理与发展的最新样态。就目前国内关于德国教育的译介来看，这套书不仅选题很有新意，而且都是深入系统研究的成果，很有学术价值。

我们之所以精心挑选并编译这五本著作形成此译丛，正是因为它们从不同视角、不同层面为我们勾勒出了德国教育管理改革这幅宏大画卷。这些著作或是由长期深入研究德国教育的学者撰写，凭借扎实的理论功底和详尽的实证调研，剖析改革背后的理论依据与驱动因素；或是由亲身参与教育管理实践的一线工作者所著，以切身经历讲述改革在具体实施过程中面临的挑战与实现的突破。通过这套译丛，读者可以清晰地追溯德国教育管理改革的发展脉络，了解其是如何在历史与现实的交织中，一步步突破传统束缚，探索适应新时代需求的现代管理路径。

在译丛的第一本著作中，作者对德国学校体系的协调和管理进行系统性理论研究与实践探索，从全球视角梳理德国及英美等国的教育管理研究现状，并结合核心概念对当前的管理措施加以评述。

第二本著作则着重聚焦德国学校发展中的治理。该书探讨了过去10年德国学校发展最简明的特点之一"自主性"，在治理理论背景下，通过阶段性模型展现学校治理从"自主范式"向"基于评估的调控"的指导性原则过渡中的自主发展，最后呼吁学校发展应以"新教育治理"的理念为导向。

在第三本著作中，重点转移到德国教育体系中创新政策的扩散状况。书中通过大量与"学校自主"相关的具体举措和详实的数据，生动展现了各项措施在德国各联邦州中的扩散状况。读者可以从中了解到一项教育创新理念在实践中的跨州扩散机制与模式，以及相关影响因素。

第四本著作则从区域化的独特视角探讨了德国教育系统的新调控逻辑。在德国传统的科层制到新公共治理的发展过程中，治理理论在教育领域不断深化应用，并与区域化所代表的不同教育环境、应用模式及利益相关方产生交织互动。通过对德国教育政策改革中"区域化"与"新调控"的关系及调控逻辑的透彻分析，我们可以看到教育管理改革过程的复杂性和艰巨性。

最后一本著作关注学校内部组织化的实践和作用。在回顾梳理德国学校教育体系现代化发展阶段的基础上，剖析学校组织化方面的缺陷，提出培养组织学习能力与引入调控小组两种策略，为我们提供了一个思考教育管理长远发展的有益参照。

本译丛是浙江外国语学院德国研究中心的一项成果，译者均为德国研究中心的成员，同时也是德语系的教师。她们在繁忙的教学工作之余，精心翻译了这套丛书，为中国读者了解德国教育当前的发展与改革状况做出了贡献。翻译这套译丛，对于我们译者团队而言，既是一次深入学习德国教育管理改革经验的宝贵机会，也是一项充满挑战的艰巨任务。我们力求在准确传达原著核心观点和学术内涵的基础上，使译文符合中文的表达习惯，以便让更多的中国读者能够轻松理解和吸收这些优秀的研究成果。在翻译过程中，我们也就一些专业术语、文化背景等问题进行深入了探讨和研究，以确保译文的质量和准确性。

我们衷心希望，这套译丛能够为我国广大教育工作者、教育研究者及对教育管理感兴趣的各界人士提供一个全面了解德国教育管理改革的窗口。通过借鉴德国在这一领域的经验与教训，能够启发我们对我国教育管理改革的深入思考，为推动我国教育管理向更加科学、高效、公平的方向发展贡献一份绵薄之力。

最后，我们要向参与本译丛翻译、校对、编辑等各项工作的所有同人表示诚挚的感谢。正是大家的辛勤付出和团结协作，才使得这套译丛能够顺利与读者见面。同时，也要感谢中国科学技术出版社对本译丛的大力支持，让这一凝聚着众多人心血的成果有机会呈现在广大读者面前。

陈洪捷　吴卫东
2024 年 11 月 8 日

译者序

国际学生评估项目（PISA）是经济合作与发展组织进行的15岁学生阅读、数学、科学能力评价研究项目。从2000年开始，每3年进行一次测评。在2000年的PISA评价中，德国学生的表现不尽人意，引起了德国社会各界的关注，改革教育体制的呼声越来越大。2002年，德国联邦州文教部长联席会议（KMK）提出多项具体举措，以应对德国教育体系面临的复杂挑战，改变德国学生在国际比较研究中表现不理想的状况。

创新是德国教育体系发展的重要方式，相关研究具有重要意义。在高等教育领域，德国自1990统一以来的一系列改革既有对洪堡教育理念的延续与革新，也有在制度方面的重建与创新。而在基础教育领域，虽然KMK提出的举措并未直接提及"创新"二字，但"创新"相关理念渗透在国家教育体系发展和政策制定的方方面面，并发挥着举足轻重的作用。

本书从一项具体的创新政策理念——"学校自主"政策理念的扩散状况入手，以德国教育联邦制为结构性基础，观察德国16个联邦州在教育政策方面是否存在相互学习借鉴和横向政策转移，抑或存在以党派为导向的竞争。

在理论方面，本书选取创新扩散理论和美国政策扩散研究理论为理论框架和策略参考，结合德国的实际情况，制定"德国联邦州政策扩散"研究模型。在实证研究方面，本书将体现"学校自主"政策理念的具体措施和和段作为案例，基于法律条例、行政法规等文本搜集案例并形成特定数据集，采用事件史分析法，以定量分析评估的方式呈现相关措施和手段在不同联邦州的采用时间、频次及与不同影响因素的相关性，以此阐明德国教育政策采纳和实施新理念的机制、模式及有效性，从而探究创新政策如何在德国教育体系中广泛扩散。

本书最终在"学校自主"政策理念的跨州扩散状况方面得出以下结论。第一，德国各联邦州之间存在两种横向政策扩散的类型：一种是基于共同利益和共同学习实现的理念竞争，另一种是基于政治竞争的对抗性竞争。这两种竞争不仅相互制约、同样重要，而且构成动态互补关系。第二，"学校自主"作为一项教育政策理念，在1990年之前就已体现在具体措施和手段中，特别是在学习组织和教学组织管理领域；但直到20世纪90年代才被整合为统一的政策理念，随后显著体现在学校内部管理（人事管理和资源管理）和对学校的新调控策略方面。特别值得一提的是，TIMSS和PISA结果的发布似乎推动了"学校自主"政策理念在全德国范围的广泛扩散，并且通过问责制度方面的调控措施完善了这一理念的内容。由20世纪90年代中期以来"学校自主"政策理念的大规模扩散可见，该理念是德国学校改革的基本统一方向。第三，德国"学校自主"政策理念的扩散具有政党政治和区域位置相关的特征，扩散模式因这些特征不同而异；而选举带来的政党冲突、社会经济条件差异等，对"学校自主"政策理念的扩散影响较小。此外作者认为，本书所选取的研究对象和研究方法在其他视角下仍有研究价值和空间。

在核心概念翻译方面，"学校自主"一词在德语原文中为"Schulautonomie"。德语中的"Autonomie"可译为"自治、自决、自主、自律"等。在处理这一概念时，需根据文本情况具体分析。在德国，人们称中世纪时期的某些传统大学的自我管理为"自治"，即大学根据自己的章程来管理，甚至有司法权；现代大学的"自治"和传统大学大不相同，现代大学更应该被称为"自主"。本书不涉及政治范畴，研究的是现代学校作为行为者的自我主体性，故而选择"学校自主"作为统一译法。

虽然译者在翻译时尽心尽力，但因能力和时间有限，译文或存在不足之处，欢迎读者批评指正。

程　静
2024年11月18日

目　　录

0 导语　　　　　　　　　　　　　　　　　　　　　　　　/ 001

1 德国学校改革的条件与机会　　　　　　　　　　　　　　/ 007

   1.1　德国教育政策的体制条件　　　　　　　　　　　　　/ 007
      1.1.1　制度框架：教育联邦制　　　　　　　　　　　　/ 008
      1.1.2　教育政策制定机构　　　　　　　　　　　　　　/ 010
      1.1.3　教育政策制定的参与者　　　　　　　　　　　　/ 018
      1.1.4　教育政策改革涉及的主题　　　　　　　　　　　/ 020
      1.1.5　学校改革和教育政策　　　　　　　　　　　　　/ 022
   1.2　教育政策创新的可能性与局限性　　　　　　　　　　/ 022
      1.2.1　德国教育政策整合的路径　　　　　　　　　　　/ 022
      1.2.2　再联邦化和联邦竞争是当前德国联邦州改革的方式　/ 026
      1.2.3　联邦竞争是德国教育改革的方式吗？　　　　　　/ 029
   1.3　研究基础、研究空白和研究视角　　　　　　　　　　/ 033
   1.4　小结　　　　　　　　　　　　　　　　　　　　　　/ 037

2 研究方法与研究模型　　　　　　　　　　　　　　　　　/ 039

   2.1　创新扩散理论作为基本研究框架　　　　　　　　　　/ 039
      2.1.1　创新的基本概念　　　　　　　　　　　　　　　/ 040
      2.1.2　创新的特征　　　　　　　　　　　　　　　　　/ 042

           2.1.3　创新扩散作为沟通过程　　　　　　　　　　/ 044
           2.1.4　社会体系的特点　　　　　　　　　　　　　/ 045
           2.1.5　体系成员的特征　　　　　　　　　　　　　/ 047
           2.1.6　从时间视角分析创新性与创新采用率　　　 / 049
           2.1.7　小结　　　　　　　　　　　　　　　　　　/ 051
     2.2　美国政策扩散研究作为研究策略参考　　　　　　　　　/ 054
           2.2.1　以往的政策扩散研究　　　　　　　　　　　/ 055
           2.2.2　20世纪90年代的新概念方法　　　　　　　 / 058
           2.2.3　事件史分析法作为方法　　　　　　　　　　/ 061
           2.2.4　小结　　　　　　　　　　　　　　　　　　/ 066
     2.3　"联邦州的政策扩散"研究模型　　　　　　　　　　　 / 067
           2.3.1　体系成员的创新性　　　　　　　　　　　　/ 068
           2.3.2　体系的创新性　　　　　　　　　　　　　　/ 072
           2.3.3　创新的特征　　　　　　　　　　　　　　　/ 077
           2.3.4　理论模型和实证建模　　　　　　　　　　　/ 079
     2.4　阶段性成果：从理论到实证　　　　　　　　　　　　　/ 080

3　以"学校自主"政策理念作为研究案例　　　　　　　　　　/ 082

     3.1　为什么选择"学校自主"政策理念作为研究案例　　　　/ 082
     3.2　关于"学校自主"政策理念的讨论　　　　　　　　　　/ 085
     3.3　针对"学校自主"政策理念的资料收集策略　　　　　　/ 090
     3.4　"学校自主"相关措施和手段的分类框架　　　　　　　/ 095
     3.5　德国学校法中的"学校自主"相关措施和手段　　　　　/ 104
           3.5.1　数据来源和范围　　　　　　　　　　　　　/ 104
           3.5.2　缩小研究范围　　　　　　　　　　　　　　/ 106
           3.5.3　数据收集程序　　　　　　　　　　　　　　/ 108
           3.5.4　分类和界定　　　　　　　　　　　　　　　/ 113

4 德国"学校自主"政策理念的选择空间 / 115

4.1 去中心化的措施和手段 / 116
4.1.1 学习组织管理领域的去中心化 / 116
4.1.2 教学组织管理领域的去中心化 / 118
4.1.3 人事管理领域的去中心化 / 120
4.1.4 资源管理领域的去中心化 / 123

4.2 新的调控策略 / 126
4.2.1 结构调整或引导反思 / 127
4.2.2 资助或支持性措施 / 130
4.2.3 规制或问责制度 / 135
4.2.4 信息支持或提供导向、设立准则 / 141

4.3 小结 / 146
4.3.1 受限的"学校自主" / 147
4.3.2 关于选择空间的分析 / 150

5 德国已实现的"学校自主" / 155

5.1 德国"学校自主"政策理念的扩散范围 / 156
5.1.1 总体情况 / 157
5.1.2 新"学校自主"相关措施和手段 / 160
5.1.3 早期"学校自主"相关措施和手段 / 164
5.1.4 "学校自主"概念的深化 / 165

5.2 1990—2004年的"学校自主"政策理念 / 169
5.2.1 总体情况 / 169
5.2.2 被撤回的"学校自主"相关措施和手段 / 172

5.3 "学校自主"相关措施和手段的扩散范围 / 174
5.3.1 各领域"学校自主"相关措施和手段的扩散范围 / 176

5.3.2　对"学校自主"政策理念的不同认识与共识　　　　/ 180
　5.4　小结　　　　/ 185

❻ "学校自主"政策理念的扩散过程　　　　/ 189

　6.1　1990—2004年"学校自主"政策理念的扩散　　　　/ 192
　6.2　"学校自主"政策理念扩散的连续性　　　　/ 199
　6.3　"学校自主"政策理念侧重主题的阶段性变化　　　　/ 207
　6.4　扩散过程未完成的和被撤回的"学校自主"相关措施和手段
　　　　　　　　/ 214
　6.5　小结　　　　/ 216

❼ 各联邦州实施"学校自主"政策理念过程中的差异　　　　/ 218

　7.1　各联邦州在"学校自主"政策理念采用方面的差异　　　　/ 219
　　7.1.1　各联邦州对"学校自主"相关措施和手段的撤回　　　　/ 221
　　7.1.2　旧联邦州早期对"学校自主"相关措施和手段的采用情况
　　　　　　　　/ 223
　　7.1.3　以施行或试行方式实施的"学校自主"相关措施和手段
　　　　　　　　/ 226
　7.2　各联邦州"学校自主"的特色　　　　/ 229
　7.3　各联邦州"学校自主"政策理念的扩散过程　　　　/ 236
　　7.3.1　各联邦州开始采用"学校自主"政策理念的时间　　　　/ 240
　　7.3.2　各联邦州实施"学校自主"政策理念的策略　　　　/ 242
　　7.3.3　2000年采用次数的下降　　　　/ 244
　7.4　各联邦州与"学校自主"政策理念相关的创新指数　　　　/ 246
　　7.4.1　"学校自主"政策理念两大领域措施和手段的创新指数　/ 253

  7.4.2 "学校自主"政策理念不同细分领域的创新指数 / 256
  7.4.3 1990年10月之后首次采用的措施和手段 / 264
 7.5 小结 / 266

8 "学校自主"政策理念扩散的创新路径 / 268

 8.1 德国教育政策创新扩散分析模型及具体运用 / 271
  8.1.1 各联邦州的创新性 / 272
  8.1.2 跨州沟通渠道 / 280
  8.1.3 控制政策特征影响的策略 / 284
 8.2 分析视角和分析策略 / 286
 8.3 事件史分析法研究结果 / 292
  8.3.1 总体分析 / 293
  8.3.2 仅对1990年10月后扩散的相关措施和手段进行分析的结果 / 298
  8.3.3 扩散范围作为分组依据 / 300
  8.3.4 "学校自主"政策理念涉及的两大领域 / 305
  8.3.5 "学校自主"政策理念涉及的细分领域 / 309
 8.4 小结 / 314

9 结语 / 318

参考文献 / 330

导 语[1]

"德国教育体系中的创新路径"这一课题有着现实意义。从20世纪90年代末开始，对德国教育体系进行快速且有效改革的呼声明显增多（Rutz，1997；Rosenbladt，1999；Fahrholz，2002）。究其原因，是第三次国际数学和科学评测（TIMSS）、国际学生评估项目（PISA）、国际学生阅读能力进步研究项目（IGLU）等结果的公布产生了很大影响。德国在这些测试或评估中的排名出人意料（Baumert u.a.，1997，2001，2002），使迅速提高德国教育体系的质量成为政策领域关注的问题之一。

以科学研究的视角探究创新理念在德国教育体系中是如何广泛扩散的，是一种批判性、反思性研究，具有现实意义。毕竟，要想研究在德国教育政策中产生和实施新思想的机制或模式，并评估有效性，绝非易事。在德国这

---

[1] 本研究既得益于德国国际教育研究所（DIPF）包括Hermann Avenarius、Stefan Brauckman、Hans Döbert、Hans Peter Füssel、Thomas Kimmig、Angelika Marhauser、Renate Martini、Corinna Preuschoff和Manfred Weiß在内的各位同人的支持，也得益于埃尔福特和伍泊塔尔大学的赞助商、朋友和同事。首先是Peter Zedler和Horst Weishaupt（我的博士生导师），还有Oliver Böhm-Kasper，Gangolf Braband，Martin Hein-rich Maren Heise，Andreas Kieselbach，Harm Kuper Stefan Plessmann，Claudia Schmidt，Claudia Schuchart。还要感谢Hans-Werner Fuchs、Ulrich Pötter和Gunter Quaiser。

一联邦制国家中，各联邦州自行全权负责普通教育的组织管理，而在全德国具有影响的教育决策是于各联邦州之间自愿协调的结果。

对德国过去50年教育政策的发展，经常有怀疑、消极的观点。"由于德国的文化政策是各联邦州的事情，……任何想研究发展变化的人都必须研究十几个联邦州的改革发展情况，然后发现那里的教育政策文化建设缺乏想象力。"冯-亨蒂格（von Hentig，1990：369）这样说道。根据冯-亨蒂格（von Hentig，1990：376）的说法，德国的教育改革"要么缺少改革所需的构想和计划——但许多单独的教育政策措施产生了可以被解释为改革的变化；要么就是经过了精心设计、字斟句酌的计划——但没有实现"。

2000年以后，德国出现教育政策觉醒。这是由德国各联邦州所具有的同等政策权力所带来的，这一政策权力分配已经影响了德国教育系统的发展。自PISA结果公布后，各联邦州一直强调，通过自主和自我协调的方式，他们能适应且有能力应对已确定的改革需求。与其说需要跨州规划，不如说需要多样化、独立化的发展。以去中心化的方式争取最佳解决方案，这是各联邦州持续开展学校改革、保持改革活力的秘诀。因此，联邦州文教部长联席会议（KMK）的委员会和工作小组及现有的协议应当可以简化或减少（KMK，2004）。德国联邦-州教育规划与研究促进委员会（BLK）和《基本法》中规定的"教育规划"的联合任务（KMK，2006a）一样，也将是多余的。这还不是全部——随着2006年德国联邦制改革，这种"自主"的观点也通过《基本法》固定了下来（Wollenschläger，2007）。

关于德国教育政策中权力分配的预期效果，存在两个相互对立的论点。这不是自1949年5月23日德意志联邦共和国成立以来第一次出现对立，但很可能是第一次采取了如此尖锐的方式。持不同观点的人员，在面对将"可比性和计划性"还是"多样性和自身活力"作为德国教育系统进一步发展的基本模式这一问题时，有着不同的选择。前一种模式代表了中心主义（Böttcher，1990）。中心主义者基于统一合作的联邦制立场，主张在联邦层面进行框架立法，并认为国家在塑造教育部门方面有明确、细化的责任。后一种模式代表了地方主义。它强调竞争和竞争联邦制，主张限制国家行为，使其仅起到辅助作用，特别是限制各联邦州之间的政策协调机构（Schwager，2005）。

地方主义者的主要论点可以概括为：联邦范围的思潮竞争在功能上等同于国家计划下的教育改革。在竞争和相互学习借鉴的相互作用下，教育联邦制可以成功应对当前的政策行动挑战。总体来说，改革方案会产生得更快、内容更适宜，这是因为联邦行政管理部门不参与具体的政策行动（Rürup，2005）。然而，对于德国教育联邦制来说，这些可能性更多的是主张和意识形态，而不是经过证实和科学验证的经验。

而中心主义者认为，他们的经验非常丰富。德国教育联邦制并没有使学校组织结构有充分可比性，也没有成功地阻止它们一次又一次疏远。教育联邦制不仅没有产生全德国协同的教育改革，而且在体制上阻碍、限制德国教育政策中的深远改革发展。正如哈姆-布吕歇尔（Hamm-Brücher，1972：15）所诊断的那样："在德国教育领域，所有产生影响的共同变化都不是通过联邦制实现的。相反，人们不得不努力克服联邦制的迟钝疲软和专制倾向。"

这样的教育联邦制在2006年《基本法》修正案中得到确认和强化。因此，以前对德国教育发展的负面评价（学校管理混乱、改革进度缓慢、缺乏跨州规划、缺乏议会审议）具有了潜在的预言性质。然而关于这样的预测，至少有一点不足：由于以前对德国教育发展的诊断只提到联邦层面的改革动力和效果，相关预测也只适用于联邦一级。与此相反，地方主义者对教育系统中竞争的创新潜力的期望集中在联邦州一级，甚至学校一级。因此，过去那些经验报告的说服力略显不足。

根据目前的实证研究结果，不能否认的是，各联邦州的学校和教育政策制定者之间可以就各自在教育实践转型中取得的成功和经验深入交流，一直以来便是如此。迄今为止，无论是德国媒体还是德国教育政策研究者，都很少或根本没有注意到德国各联邦州之间和联邦州内部的改革动态。尽管各联邦州的发展差异一再成为比较研究的对象，但对从国家层面分析判断某一改革方案是否成功的做法仍然存在质疑。因此，各联邦州之间的发展差异始终被赋予负面含义。与此同时，去中心化措施的试行及基于具体问题和丰富经验进一步发展教育体系的可能性也往往被否定。

即使有人之前对德国教育改革活力的评估存在一定偏差，但是截至目前仍没有足够的实证研究可以证明这一观点。研究方面的不足越明显，对德国教育改革活力进行重新评估的需求也就越迫切，特别是从2001年PISA结果公布到2006年启动联邦制改革这段时间中关于教育政策的辩论多次提及德国教育改革活力。本研究的出发点是给予各联邦州教育政策制定参与者的创新活力更多的关注。各联邦州是否相互学习借鉴？各联邦州是否就不同的想法和方案进行沟通，并全面、客观地交流相关发展情况和经验？或者相反，各联邦州教育政策的竞争反映政党之间的竞争，学校发展与选民的决定和政府的更迭有密切关系，而不是跨党派的、以具体问题为导向的经验交流？

对于此类教育政策问题，本研究可以给出答案。正如本书题目所示，本研究将探究德国教育体系的典型创新路径。本书第1章将系统介绍研究视角，第2章通过对埃弗雷特·M. 罗杰斯（Everett M. Rogers）的创新扩散理论和美国政策扩散研究的回顾，从理论和方法方面具体阐释本研究选定的研究视角。

本研究的核心是一项具体政策理念——"学校自主"政策理念的扩散。本书将以它为案例，研究德国各联邦州的创新动态，以及在政策创新方面的经验交流模式或影响交流的因素。选取"学校自主"政策理念作为案例有两个好处：第一，我们可以在此基础上审视德国统一后的创新扩散模式，因为"学校自主"的核心概念直到1990年之后才作为政策支持的改革在德国出现；第二，"学校自主"政策理念与政策变革的措施和手段有关，这些措施和手段（如学位认定、学制）的实施通常不需要跨州协调。这使研究者可以深入研究德国各联邦州之间的横向政策转移的机制①。

第3章将论述德国"学校自主"相关讨论的范围和多样性,并解释了本研究所选择的研究方法,即把反映政策理念的案例记录下来并结构化。简而言之,本研究将与"学校自主"政策理念相关的改革设想细化为学校组织结构调整的具体措施和手段。这些措施和手段是在对1990年10月至2004年12月德国16个联邦州的学校法发生的变化进行内容分析的基础上总结提炼出来的。也就是说,本研究将"学校自主"政策理念理解为根据教育政策制定者制定并分类的各项措施和手段②。就具体内容而言,本研究基于学校法具体可观察的变化,将"学校自主"重构为一个跨州的教育政策选择空间。第4章将分析"学校自主"政策理念的不同路径及分类框架。

为了分析"学校自主"政策理念在德国的扩散情况,本研究对与"学校自主"有关的学校法条款更新进行量化处理,并形成专门的数据集。该数据集记录了各个联邦州首次明确采用"学校自主"相关措施和手段的时间,以及后续的深化调整。该数据集是本研究进行德国教育政策创新扩散分析的基础。本研究意味着首次对德国16个联邦州的"学校自主"相关措施和手段进行量化比较,对所声称的教育政策范式转变的范围和内容进行检验(第4章和第5章),并使得"学校自主"政策理念扩散的主题变化和阶段划分(第6章)、各联邦州在研究时间范围内的政策采用行为(第7章)具有可分析性。

以上描述性分析只是初步研究,它有助于进一步论证哪些创新路径更有可能决定"学校自主"政策理念在德国各联邦州的扩散。为了对不同党派意识形态、社会经济条件和区域位置因素的影响进行定量统计分析,本研究采用了美国政策扩散研究中的一个方法,即贝里夫妇(Berry / Berry, 1990,

---

① 对此类创新过程的研究,正是德国教育政策研究的核心需求。到目前为止,不少研究反思了各联邦州为教育政策改革所做出的努力,以及改革在跨州教育政策领域的谈判过程中受到的限制和阻挠(1.3)。然而,对政策理念扩散的研究还存在不足。在这里,政策理念的扩散是指相关理念的扩散不必首先通过德国文教部长联席会议的协调,而是自行在各联邦州扩散、发展、实施。

② 确定学校法相关规定的变化是否与"学校自主"有关的标准是,在一个联邦州的学校法或教育行政管理部门关于相关法律的解释性条款中提到"学校自主"相关的措施和手段(3.4)。

1992,1999；Blanke,2004）所采用的事件史分析法（EHA）。该方法本质上是二元Logistic回归分析的方法，基于特定的数据集，可确定理论上的预测因素对具体理念在特定时期和特定社会系统中的扩散动态的影响（第8章）。对于教育政策中的创新扩散模式之争——凸显政党竞争和意识形态主导的对抗性竞争，还是主题灵活、凸显良好范例和基于相关政策行动条件的理念竞争，本研究似乎可以给出具体的定量分析评估。

  本研究只是一个开始。本研究为德国教育政策研究引入一个特殊的研究主题和特别的研究方法，并基于案例首次实施。本研究将学校法作为教育政策研究分析的数据来源，并将事件史分析法作为研究方法。

1

德国学校改革的条件与机会

　　德国学校是如何实现创新的？这是本书要解决的问题。本章专门论述德国学校改革的制度基础，以及德国教育政策创新研究现状。本章涉及普通教育领域的决策机制（1.1）和德国教育系统创新的可能性和局限性（1.2）。本章还将深入阐释导语中提出的对教育政策创新可能路径的评估，并对研究存在的不足进行系统性分析（1.3）。通过这种方式，本章清晰地勾勒出本研究的主题和采用的研究方法（1.4）。

1.1　德国教育政策的体制条件

　　教育系统的改革创新不是而且不应当是政府部门的主要任务。教育领域的新事物主要是由各个学校的专业人员（教师、校长）、专业协会和专业学术研究与交流机构（教育科学研究院所、教育出版机构）创造的，只有部分是由政府部门提出的。此外，人们普遍认为教育政策目标纲领过于抽象，最终无法直接引领教育实践的变革。当然，教育政策目标设定了教育体系建设的框架，为教育创造了可能性，同时也形成了制约。但要赋予教育政策目标在学校改革中的明确地位，还需要对其含义做更准确的界定。本节将论述哪些议题是教育政策的主题，以及制定教育政策的主体、审议方式和表决规则。本节的出发点是德国对教育立法的分权（1.1.1），当前的分权模式推动某些领域的跨州政策协同发展，也造成某些领域的跨州政策相互排斥（1.1.2）。本节还将介绍与教育政策制定相关或不相关的群体及其特征（1.1.3），以及在教育政策讨论中经常涉及的学校改革的主题（1.1.4）。

1.1.1　制度框架：教育联邦制

教育政策领域是德国分权模式中的一个重要例外。总体上看，联邦和联邦州在立法方面各有分工，而且二者在某些领域也有合作和协调；但是普通教育完全由各联邦州自行管理。联邦政府的权力和影响只存在于立法权重叠的领域。例如，联邦政府拥有公共服务领域的立法权，因而原则上也对教师任职资格产生影响。然而，2006年联邦制改革后，联邦政府在高等教育和公务员权利方面的立法权（旧版德国《基本法》第75条第1款和第1a款）被归入竞合立法的范畴，同时也被削减（新版德国《基本法》第72条新版第3款第6项及第74条第27、第33款）。因此，各联邦州都有调整迄今为止全德国统一的公务员条例的可能性，可以为公务员规划职业道路、设置薪酬和养老金标准。但即使在旧版德国《基本法》的支持下，联邦的框架立法权也是有限的。原则上，联邦立法机构"不干涉各联邦州的组织主权，不阻止各联邦州通过改革修改公务员的职责内容，不阻止各联邦州自行创建新的工资级别"（Schmalenbach，1996：48）。

自1969年《基本法》修订后，德国联邦议院和政府只有在高等教育、企业内部职业培训和进修方面拥有一定的教育活动组织权[①]。通过行使这些教育

[①] 例如，联邦政府有权管理职业教育和培训（德国《基本法》第74条第1款第11项，德国《职业教育法》也有相关规定）、培训补贴和研究经费（《基本法》第74条第1款第13项）。联邦政府有权对劳动法进行竞合立法（德国《基本法》第74条第1款第12项），这使其能够管理职业继续教育。在高等教育领域，联邦政府有权制定框架性法律（德国《基本法》第75条第1款第1a项，由《高等教育框架法》具体规定）。然而，1994年对德国《基本法》的修订、联邦宪法法院2004年10月对初级教授职位的决议和2005年1月26日对学费的决议，使联邦政府的框架立法权受到更为严格的限制，这些限制在2006年联邦制改革过程中也进一步具体化，对联邦政府的高等教育立法权形成明确约束。

活动组织权,以及颁布经济、财政和劳动力市场政策,联邦政府影响着教育规划的框架(Arnold/Marz,1979:53)。

1969年后,联邦政府还通过"联合任务"(德国《基本法》第91a和第91b条)以资助和政策制定的形式参与教育规划、高校建设、科学和区域经济促进。然而,在与普通教育系统相关的教育规划方面,在20世纪70年代中期统一的教育计划失败后,联邦和各联邦州在"联合任务"框架下开展的活动(Poeppelt,1978)实际上仅限于资助和组织试点项目(Mäding,1989;Weishaupt,1992;Wilhelmi,2000)。随着2006年联邦制改革的实施,在"联合任务"框架下共同制定教育规划的形式最终被撤销,取而代之的是联邦和各联邦州可以"根据协议确定教育系统在国际比较中的表现及相关报告和建议"开展合作(新版德国《基本法》第91b条第2款)。新版德国《基本法》第104b条还删去了联邦政府为各联邦州提供部分财政支持的措施。此前,德国《基本法》第104a条第5款曾赋予联邦政府基本权利,即可在一定条件下为各联邦州和各市的教育提供部分资金;联邦政府曾多次广泛使用这一权利,借以表达联邦政府的教育政策理念(Hufen,2005)。

然而,无论德国联邦州的教育立法权怎样划分,在《基本法》第7条及第1章其他相关条款的作用下产生了具有宪法性质的学校法。这是一部具有宪法性质的实质性学校法,包括发展权、进入和参与权、协作权等内容(Reuter,2000:21),可被视为"各联邦州学校法达成广泛一致"的原因(Avenarius/Heckel,2000:30;Glotz/Faber,1994;Avenarius,2004)。

欧盟制定的国际条约和协议及欧盟委员会的决定也为德国各联邦州制定教育政策提供了共同框架(Leschinsky,2003:155-158;Avenarius/Heckel,2000;Bauer,1999)。尽管欧盟在学校教育领域的权力随着《欧洲联盟条约》(又称为《马斯特里赫条约》)的签订而原则上扩大,但是仍然非常有限。《欧洲联盟条约》明确要求欧盟尊重其成员国的民族特性(第F条第1款),其行动范围受到辅助性原则的限制,原则上应优先考虑各成员国层面的独立法规(《欧洲联盟条约》第B条第2款、第3b条第2款)。欧洲共同体必须严格遵守成员国对教学内容、教育系统的组织责任，尊重成员国文化和语言的多样性（《欧洲联盟条约》第149条）。"在上述领域的法律和行政法规方面，欧洲共同体无权对成员国采取任何协调措施（Breitenbach，1998：131）。"欧盟或国际组织（联合国或经济合作与发展组织等）开展了多样化的活动，这些活动是德国中小学创新发展的重要灵感来源，甚至起到了"灯塔"的作用。然而，这些国际组织的创新必须首先被德国各联邦州所接受，并影响各联邦州的政策制定。这也是这里值得关注的一点：这些国际组织没有直接的行政管理作用。

总而言之，德国普通教育体系的法律体系和行政管理组织完全由各联邦州自己负责。

1.1.2　教育政策制定机构

教育政策是在何种制度框架下形成的？德国联邦制关于教育政策的分权模式对此具有决定性影响。在教育政策制定方面，联邦政府的作用较小，联邦议院不具有立法权。同时，随着1994年德国《基本法》的修订，德国在国际和欧洲的代表权和在学校政策领域的协商参与权从联邦政府转移到联邦参议院（Bauer，1999；Berggreen-Merkel，1998；Breitenbach，1998）。

不过，在教育政策领域仍然存在全国性政策整合，即所谓的第三联邦层面——联邦政府与联邦州政府之间或联邦州政府之间的协调和合作。在这方面，德国联邦州文教部长联席会议（KMK）、德国联邦州长联席会议（MPK）和德国联邦–州教育规划和科学研究促进委员会（BLK）等机构发挥着重要作用。除此以外，德国教育政策的制定者主要是各联邦州、地方一级的议会、文教部及文化管理部门。

1.1.2.1　德国联邦州文教部长联席会议（KMK）

德国联邦州文教部长联席会议（KMK）是由各联邦州文教部部长自愿组成的工作领导小组。从这个意义上讲，它与联邦和各联邦州的其他部长联席会议类似，如内政部、财政部或交通部部长联席会议。联席会议具有多层次的组织结构，包括组织层面（主席团、全体会议、办公室主任会议）、工作层面（委员会和工作组）及秘书处（Schulz-Hardt，1996；Füssel，1988；Rürup，2006）。会议成员是各联邦州负责普通教育和职业教育、高等教育、科研和文化（纪念碑、博物馆、剧院、管弦乐队、广播）等事项的部长及秘书，以及在工作层面负责协商工作的高级别官员。联邦派出常驻代表出席全体会议（Oschatz，1998：145）。不过，由各联邦州议会代表共同参与KMK的制度还没有形成[①]。

根据议事规则，KMK的任务是处理"具有跨区域的重要事务，以形成共识，并在国际、欧洲和联邦层面代表各联邦州"（KMK，2000：151）。因此，"联席会议的职权范围与各联邦州的文化主权领域是一致的，即负责普通教育和职业教育、继续教育、高等教育和文化等事项（Schulz-Hardt，1996：1658）"。KMK的设立"为在各联邦州文教系统中建立统一、可比的原则和法规提供了必要基础"（KMK，2000：85）。

各联邦州文教部部长负责判断哪些事项会产生重要影响、应当提交给KMK讨论。但他们对会议应当审议事项的范围的判断存在很大差异。一方面，人们认为KMK的权力是比较有限的。"多数情况下，判断哪些事项应当提交会议审议是一个行政管理问题。根据分权原则，这是各联邦州相关部长的职责（Zehetmaier，1998：144）。"另一方面，KMK也因其涉及面过大、过程过于烦琐的协调工作而受到批评。例如，石勒苏益格-荷尔斯泰因州前文教部部长玛丽安娜·蒂迪克（Tidick，1998：153）指出，联席会议多次"面临过多的协调工作，涉及大大小小不同的主题和领域"，并一再"通过烦琐的委员会会议推动工作开展"。然而，我们必须考虑KMK达成的相关协议和所提出的建议带来的具体效果。玛丽安·蒂迪克（Tidick，1998：153-154）还说："文件的篇幅越长，就越没有意义，因为只有这样才能达成一致。

[①] 拉舍特提到了这样的制度（Raschert，1980）。然而，在之后关于KMK工作方法的文献中未见到相关信息。

或者说，文件中的细节是非常隐蔽的，这样不会再引起任何不满，但也不再被外界所理解。"

决策的难度及不透明性和复杂性是 KMK 对工作情况进行系统研究分析后发现的，这其实是会议协调机制的必然结果。事实上，KMK 仅仅是一个由各联邦州文教部部长自愿组成的工作领导小组。这意味着从一开始，KMK 的相关协议只能对各联邦州的学校发展构成有限的约束力，而且只能通过协商达成，在涉及根本问题和财政问题时尤为如此[①]。在有争议的政策问题上，KMK 往往只能通过引入额外的谈判内容（所谓的一揽子解决方案）或折中妥协方案来达成共识。最终能否取得共识取决于各联邦州对个性发展的宽容度（Rürup, 2006）。在提供一揽子解决方案和折中妥协方案都不可能达成共识的情况下，协商很容易受阻，最终等同于维持"现状"（Scharpf, 1994; Füssel, 1988）。

自成立以来，KMK 一再被证明是一个安静而高效的改革机构。当各方事先就某一教育政策的必要性达成原则性共识，并着手讨论政策行动方面的具体问题时，KMK 很有可能促成改革。这在 20 世纪 60 年代比较普遍。当时面对苏联斯普特尼克号卫星发射带来的冲击和乔治·皮希特（Georg Picht）对德国教育灾难的判断，德国政府大力加强高等教育机构和应用科学大学的基础设施建设。1990 年德国统一（Köhler/Knauss/Zedler, 2000）或联席会议应对 PISA 冲击的教育政策行动也是联席会议面对危机成功开展协调工作的例子（Füssel, 2005）。然而，KMK 几乎没有以德国教育改革的独立发起者身份出现过。唯一例外的是 1972 年对文理中学（高中阶段）的改革（Tenorth, 1975; Fuchs, 2004a）及其后来的发展（KMK Expertenkommission, 1995;

[①] 在目前的组织改革中 KMK 倾向于摆脱全体必须一致同意的基本原则，我们对这一情况暂且不提。当前的少数服从多数原则只适用于对各联邦州教育政策带来轻微干扰的协议和建议。有关学位认定和财政问题的协议仍然需要全体一致同意。考虑到各联邦州的政治主权及文化主权，这是必要的。一旦 KMK 的少数服从多数的决议会对各联邦州教育政策理念带来过多干扰，各联邦州可以选择终止他们在 KMK 的成员身份，这是一个现实的选择；另外，如果相关联邦州议会多数派拒绝通过相关法规，这可以使相关联邦州的不作为合法化。因此，即使是少数服从多数的决议，最终也需要各联邦州文教部部长达成共识，才能在全德国范围内实施。

Schmidt，1994；Rürup，2006；Baumert/Roeder/Watermann，2003）。

1.1.2.2 德国联邦州长联席会议（MPK）

严格来说，德国联邦州长联席会议（MPK）不是专门讨论德国各联邦州教育政策的平台，但它是一种特殊形式的决策场所，其作用超出了KMK的跨州协调能力。德国16个联邦州之间的所有州际协议都是通过MPK谈判和签署的，并通过各联邦州议会的批准，具有法律约束力。原则上，KMK通过的协议和提出的建议不具有法律约束力，而需要首先体现在州的一级法律中。然而，州际协议直到20世纪60年代才被用作全面协调德国教育政策的手段——不是改革的工具，只是为了确保各联邦州学位认定、人才培养和学年时间安排具有基本可比性。这其中最重要的是1964年10月28日签订的《汉堡协定》，该协定最后一次修订于1971年10月14日。此后，对有招生名额限制的专业，州际协议辅助政府分配和协调招生名额；对德国统一后民主德国的学位认定，州际协议发挥了调控作用。

然而，即使有《汉堡协定》或其他州际协议，也不能将MPK当作专门的教育政策审议场所——所有教育政策都是由KMK提出，KMK提前调整有争议的内容并最终形成文字。然而，相对于KMK而言，MPK具有一定的引导作用。MPK为KMK设定了主题，并发挥影响，努力在KMK中迅速解决有争议的问题（Leschinsky，2003：164）。

1.1.2.3 德国联邦-州教育规划与科学研究促进委员会（BLK）

德国联邦政府、各联邦州于1970年根据1969年修订的德国《基本法》第91b条成立了德国联邦-州教育规划与科学研究促进委员会（BLK）。BLK自成立初便担负起制定和提出教育规划的任务，以协调各联邦州的教育改革工作，进一步发展德国教育事业。然而，BLK在这项任务中失败了。20世纪70年代初以后，各联邦州对教育规划的兴趣明显减弱，对跨州高等教育改革的共识土崩瓦解（Poeppelt，1978）。自 70 年代中期开始，BLK 的教育政策任务便削减为资助由联邦和各联邦州共同策划的试点项目。莱斯钦斯基（Leschinsky，2003：166）提到，在 20 世纪 70 年代至 21 世纪的 30 年中 BLK 资助了大约 2600 个试点项目，覆盖全部教育领域。

1998 年，BLK 对改革试点项目的资助方式从申请式资助变为明确的计划性资助。从那时起，BLK 的资助就不再以个别联邦州的试点方案为导向，而是事先确定跨州的试点领域、设计相关实验重点（Brockmeyer，1999）。因此，作为德国学校体系跨州试点项目的发起人，BLK 也扮演了重要的角色（Weishaupt，1992；Wilhelmi，2000；Nikolaus/Gräsel，2006）。

BLK 的成员是联邦政府及各联邦州教育和文化事务部的代表，两类代表人数不等（自 1991 年起，有 8 名联邦政府代表和 16 名联邦州政府代表），但投票数相同。BLK 达成决议需要获得特定多数票（自 1991 年起为 25 票以上）的支持，但 BLK 的决议只具有建议性质，未获得多数票的联邦州没有义务服从这些决议。因此，一致同意的原则过去一直是 BLK 运行的前提条件（Leschinsky，2003：165）。BLK 除了在教育政策制定方面的权力有限外，还存在着与 KMK 相类似的情况——提供妥协折中方案，以及面临分歧时协商受阻的可能性。在 2006 年联邦制改革之后，BLK 逐渐解散，其职权范围被纳入 KMK（KMK，2006a）。

1.1.2.4　德国各联邦州议会

德国各联邦州的议会是教育政策制定的主要场所。这是因为德国联邦制将制定基本教育政策的权力分配给了各联邦州。因此，联邦州议会也同时是通过政策发起学校改革并对其负责的主要场所——至少在政策制定需要受到法律监管的时候。各联邦州议会对教育政策制定的重要影响也是从 20 世纪 70 年代中期起才显现出来。虽然传统理论将学校与学生的关系归类为"特别权力关系"，并利用这种概念建构使对学生权利的干预合法化——即使这没有法律依据。但很多学术文献显示，司法机构已经将学校与学生的关系认定为一种法律关系（Avenarius/Heckel，2000：17；Reuter，1983；Hennecke，1985）。法治、民主的原则要求立法机构在事关学校管理体系的根本问题时做出决定，而不是将之留给学校行政管理部门。然而，法律并没有赋予议会在基本决策中的首要地位。"从选举方式来看，只有议会成员是由人民直接选举产生，但这并不意味着联邦政府的其他行政管理部门缺乏民主合法性。……虽然议会必须……为国家管理建立必要的法律基础，但不能因此而取代其他行政管理部门的具体措施……"（Avenarius/Heckel，2000：237）。

各联邦州议会通过相应的法律法规体现法律保留原则和议会保留原则。议会通过立法规定了教育目标、学校体系结构、不同类型和不同阶段学校的教学内容的基本特征，性教育、道德教育的实践，以及学校建立、解散、转让和合并的一般规定。此外，法律还对以下事项做出明确规定，如学校的职业方向，转学、考试、入学的基本要求，义务教育，监管和教育措施，学校章程（学校管理层、学校内部委员会），学校财务，学校监督机构的组织，以及联邦州相关部门和地方办学主体责任范围的划分。"然而，如果认为教育立法过程已经完成，监管漏洞已经堵住，那是错误的。屡屡出现的行政诉讼提示，教育系统还存在法律漏洞"（Avenarius/Heckel，2000：250）。

1.1.2.5 各联邦州文教部及其机构

法律保留原则和议会保留的原则表明，议会、政府和文教部之间存在等级关系。与政府和文教部相比，议会所获得的信息及政策行动可能性有限；除此之外，还有一些原因使各联邦州文教部成为教育政策制定的重要机构。通过参与跨州联席会议（KMK 和 BLK）的政策制定过程，各联邦州文教部可以获得其他联邦州教育政策方面的信息；同时，各联邦州文教部通过 KMK、BLK 的审议讨论，还可能预判联邦州立法机构的决策。然而，如果各联邦州议会拒绝了 KMK 提出的一揽子解决方案，即使只是拒绝了其中一部分，也需 KMK 再次进行审议讨论，但是在文教部的参与下进行的讨论并不能保证执政党和联邦州一级相关政策制定的顺利推进。

此外，德国的学校系统主要由国家资助，原则上受国家监督（德国《基本法》第7条第1款）。当前，对国家监督原则的解释和实践有变化和调整的趋势，但这种变化既不明显，也不一定更科学，不足以完全替代传统模式[①]。司法界的主流观点认为（Avenarius/Heckel，2000：234），德国《基本法》中"学校监督"概念的内涵远远超出一般行政法意义上的监督。正如德国联邦最高行政法院的一项裁决（联邦行政法院第6卷）所述，"学校监督"包含了"组织、计划、领导和监督学校系统的全部国家权力"。监督任务的丰富内涵超越了议会的能力范围——学校不仅受国家教育行政管理部门监督，而且学校的运行也主要由国家教育行政管理部门组织。因此，大多数学校法以明确或隐含的形式赋予教育行政管理部门任务，要求其确保学校有序运作。这使教育行政管理部门原则上有权通过颁布行政法规细化对学校教学活动的管理——确定五天工作制、确定课程表、规定假期、规定休息制度、确定师生比、在职业学校用分散式教学取代集中式教学等（Avenarius/Heckel，2000：246）。教育行政管理部门拥有行政管理的权力，但这并没有剥夺议会启动改革的权力。然而，在遵照学校法相关要求的同时，教育行政管理部门还有较大的操作空间——因为大多数学校法包含了开放条款，允许尝试不同的学校组织形式（Weishaupt，1992）。因此，国家对学校系统的资助和国家监督的原则决定了教育行政管理部门是学校系统的最高管理机构[②]。教育行政管理部门在学校建设管理方面拥有广泛权力源于这样一个事实，即每所学校作为一个行政单位直接隶属于教育行政管理部门。国家教育行政管理部门不仅确定学校的法律-行政-组织框架，而且本身也以多种方式参与教学组织管理实践，包括选拔与任用教师、针对教师的法律管理和专业评估、确定课

---

① 这里指的是对"学校自主"的讨论和教育改革实践，即本书研究的案例。各联邦州对"学校自主"的范围有着不同解释，详见本书第5章至第7章。关于限制国家对学校系统进行监管的做法在宪法中有体现，阿芬那留斯（Avenarius，1995a）和霍夫林（Höfling，1997）二人反对广泛限制；雅赫（Jach，2000）则主张加强学校系统的"社会化"。

② 相反，跨州的审议讨论被认为影响行政管理部门的权限范围。也就是说，文教部长联席会议决议会对各联邦州议会决策构成影响，从理论上看这会导致行政制度存在民主缺陷（Zehetmaier，1998）。

程大纲和教材、组织教师培训与进修、发起与实施关于学校和教学的调查和科学研究。此外，教育行政管理部门——除了专业律师——还会在参与学校教学组织管理实践过程中招聘行政管理人员。因此，文教部和学校之间也有广泛的人事联系和思想观念交流。

1.1.2.6 城镇代表大会

各联邦州文教部在教育行政管理方面的权力是有限的。一方面，推行自上而下的管理模式比较困难。由于学校规模不一和行政管理任务多样，将相应的决策权下放给各个学校、校长和学校委员会似乎成为必然的、效果最好的解决方案（Weick，1976；Luhmann/Schorr，1979；Terhardt，1986；Rolff，1992；Kuper，2001；Bonsen，2002；Fuchs，2004b）。

另一方面，各联邦州文教部及其下属机构并不负责关于学校的所有决策。他们不直接负责学校的建立、关闭和合并（学校发展规划），学校硬件（校舍、内部装修、教学材料）的建设和使用，学生班车和校餐的安排，学校的日常管理及提供相应经费和配备人员[1]。这些都是办学主体的责任。办学主体通常是地方政府，地方政府也为此设有地方教育行政管理部门、学校监督部门和教育局。因此，文教部的行政管理权限有限，特别是在经费、校舍等重要事项方面。例如，各个学校对用于校舍建设、管理的自有经费有多少管理权，这是受国家政策约束的，但要符合地方自主的前提。也就是说，国家通过试点项目、财政投入和合作协议参与学校管理。

联邦和各联邦州的城镇和社区代表大会可以讨论学校的经费和管理问题（KGSt，1994）。然而，城镇和社区代表大会主要代表了各城镇的利益，为信息交流和共同研讨提供平台。在这方面，它们与跨州教育政策协调机构（KMK 和 BLK）没有什么不同。

---

[1] 各联邦州对学校赞助及联邦州政府和地方政府之间的责任分配有不同的规定（Avenarius/Heckel，2000：155—184）。

1.1.3 教育政策制定的参与者

除了联邦州一级立法机构和地方政府，影响教育政策走向的还有教育行政管理部门——包括各联邦州文教部负责普通教育的机构和德国联邦教育与研究部。然而，除此之外，非政府部门或个人也有广泛参与和影响政策制定的可能性，尤其是在野政党及其办事机构、分支机构、援助组织和基金会等。"这些机构通过他们在议会中的议员席位和在政府中的代表席位，对法律框架定义、财政资源分配及教育系统结构、机制和内容施加影响"（Fuchs/Reuter，2000：33）。同样，代表特定团体利益的协会组织也能对教育政策和系统施加影响。协会组织的重要性在于政党和政府机构都需要"协会组织在政策制定方面的专业知识和在政策实施方面的协调作用"（Fuchs/Reuter，2000：34）。教会和宗教团体也会参与教育政策的讨论，特别是天主教和新教教会，因为这两个教派是私立学校的主要赞助者。除此以外，学术界还通过其在教育政策咨询机构的代表席位，利用专业知识及对行政管理机制和政策开展的学术研究，对教育政策的制定产生重要影响。

综上所述，全社会都参与了教育政策和学校改革方案的制定，并对其产生影响。但是，不同群体的影响力存在差异。特别是在 KMK 和 BLK 对跨州学校改革问题展开的讨论中，协会组织、教会和学术界从一开始就没有参与。诚然，KMK 一直都接受听证会列席旁听，并向代表相关利益团体的协会组织咨询。然而，与议会立法不同的是，这些群体并不是审议讨论程序的正式组成部分。在文教部制定政策的过程中，教师协会的意见最为重要，因为此类协会代表了广大教师的直接想法。

在德国，定期并持续参与所有教育政策审议和决定的只有政党和行政管理部门。其中能发挥作用的政党不多。在跨州教育政策层面，只有主流政党——由基督教民主联盟、基督教社会联盟组成的联盟党和社会民主党持续发挥影响力。自 20 世纪 70 年代以来，除了少数联邦州（勃兰登堡州 1990—

1994年，汉堡市2002—2004年），各联邦州的文教部完全由基督教民主联盟和社会民主党主导。跨州协调机构KMK和BLK明确了社会民主党和基督教民主联盟的话语权威（Füssel，1988）。如果B州（执政党为基督教民主联盟）获得KMK秘书长一职，则BLK主席的职位将由A州（执政党为社会民主党）担任。同时，形成了一种议事方式，即KMK和BLK对教育政策的所有讨论都是由基督教民主联盟或社会民主党领导的各部委代表分别准备并报送材料；在KMK和BLK所有下设机构中，虽然并非所有联邦州都有资格派代表进驻，但是其组织架构必须遵守严格的政党比例代表制。德国教育政策领域中这种严格的政党划分格局，是因为在德国的政党格局中没有明确的、具有政治意义的、稳定的地区性政党（巴伐利亚州的基督教社会联盟除外）。即使是对新联邦州有较强区域影响力的左翼党，也需要在全德国范围内谋求发展。

　　对于政策制定过程而言，政党力量对比所带来的结果是，要想将各联邦州的意见和政府理念转化为全德国的统一行动，不仅需要通过联邦政府和跨州协调机构，还需要通过个别政党来推进。在此过程中，执政党的政策定位不仅影响了各联邦州政府提出的意见，而且可以利用跨州协调机构中的席位比例和议事规则阻挠各联邦州原本的改革意图。关于综合中学、不同层次的教师培训的讨论，以及20世纪70年代关于普通教育和职业教育之间如何形成更紧密联系的讨论，都充分说明了这一点（Hüfner u.a.，1986）。直到1990年德国统一，KMK中政党间政治谈判结构才解体。随着新联邦州的加入，又增加了一批政策制定者，新的政策制定者还没有完全融入党派政治环境，至少在20世纪90年代前期是如此。因此，关于传统教育政策的对抗，谈判进程和结果令人惊讶。例如，直到1993年KMK才发布关于初中学历可比性的决议，综合中学在全德国范围内被承认是一种正规学校。

　　然而，在跨州教育政策协调机构的相关会议上，各联邦州的建议或意见多由各联邦州教育行政管理部门提出，这样削弱了政党政治的影响。因此，教育政策的制定总是与行政管理（法律主义、中立性、等级制度、官方程序）的需要紧密相关（Richter，1975：117），并且从现有学校组织管理和实践来看具有可行性。因此，一方面，谨慎、渐进式的系统优化战略比深远的系统变革愿景更受欢迎；另一方面，这可以使德国学校改革与客观上必要的、发展势头明显的去中心化学校发展趋势联系在一起。正如奥沙茨（Oschatz，1998：147）总结提出的，KMK在过去反复被证明是坚定不移推行可行政策的主要力量。

德国主流政党（联盟党和社会民主党）和教育行政管理部门在学校改革政策制定过程中的特殊地位，对社会公众的认知造成了影响，并主导关于学校改革的讨论（Ellwein，1998；Reinhardt，1999）。

1.1.4 教育政策改革涉及的主题

除了德国联邦州的教育政策制定机构和参与者，还必须讨论学校改革涉及的政策主题。原则上，改革涉及的主题范围是有限的。卢曼（Luhmann，2002：166）认为："改革总是与组织有关，改革通过组织途径得以实施或受到阻碍。因此，改革无法超越组织系统的限制。同时，改革触动的是现有组织，因此发生在组织所在的职能体系框架内。此外，改革并不是总能轻而易举地影响教学实践。"

将学校改革效果评估聚焦在教学实践领域，这既是学校政策，也是其他教育领域的普遍做法（Luhmann/Schorr，1979：343ff.）。这表明了政策调控能力的局限性。政府预期通过改革得到的变化，不一定局限于所采取的具体措施和手段及其直接效果。一项仅与学校组织相关的措施或手段，如引入全日制学校，有可能包含着相当广泛的改革愿望，政府不仅希望提高青少年和儿童看护的质量与规模，还希望改进课堂互动和建设学校文化，激发学生学习动机和提高成绩。政府通过法律法规促使学校采取改革措施，从而实现学校改革意图。

教育政策涉及的主题可能非常广泛。教育行政管理部门干预学校教学实践的权力与机制，为讨论研究这些政策主题提供了支持、基础。而教育行政管理部门干预学校教学实践的权力来源于学校的基本属性和政府广泛实行的监督机制。德国学校系统强调的合法程序可以证明这一点。芬德（Fend，2003：4）曾经提出，德国教育系统"首先以程序为导向；合法程序是先决条件。德国教育系统的特点是所有程序高度合法化。为了保护政策制定者免受相关群体的质疑和抗议，教学过程受到严格监管（例如，如何布置家庭作业、组织考试、制作年度成绩单等）"。与此同时，德国文教部和议会的相关规定也非常全面，但存在地区差异。"一位下萨克森州文教部部长曾经设想过不受法律法规限制的学校体系，但这是根本不可能的"（Leschinsky，2003：181）。

德国学校法的范围、内容相当广泛[①]，为教育政策推动学校教育实践及改革提供了空间，并可以将改革目标与新的法律规定直接联系起来（Corsi，1994）。由于对学校系统拥有最高行政管理，文教部还可以综合运用不同调控策略。调控策略不仅影响法律和行政法规的制定和实施，还对支撑教学实践的具体措施和手段（教师培训，教学材料、教学计划和教科书的开发和审批）产生影响。此外，文教部广泛参与所有与学校教学实践有关的学术出版物编撰和学术讨论。

教育政策涉及的改革主题也有一定的局限性。但这个局限性并不是因为制订雄心勃勃的改革方案并将其转化为具体行动有难度，而是法律和行政法规层面对改革行动的限制，至少在学校法层面存在限制。实际上，法律最终只给出抽象定义和框架，并严格遵守基本法的准则（民主、法治、基本权利等）。主要限制来源于政策制定过程本身的复杂性。此过程强调在党派和利益团体、国家和地方政府、传统和创新之间寻求利益平衡。同时，"学校"这一政策主题的社会意义和冲突性也使快速、深刻的变革变得更加困难。

[①] 此处指的是广义上的学校法，不仅包括与学校运作有关的一系列法律法规，而且也包括仅与学校管理和学校有序运作有关的行政管理条例（Avenarius/Heckel，2000；8-12）。

1.1.5 学校改革和教育政策

教育政策中涉及的学校改革可能极其广泛,这对学校改革的实施而言具有重要意义。自下而上和自上而下的学校改革在理论上可能存在差异。但是由于教学活动、行政管理与政策制定紧密相关,不同改革形式之间理论上存在的差异最终会消失。学校改革——尤其是针对学校的改革可能不需要学校行政管理部门的普遍批准和提前组织。但如果没有学校行政管理部门的批准,甚至遭到其反对,改革也同样不可能实现。在这方面,德国联邦州的政策制定机制和教育立法分权模式对创新的动力和规模有深刻影响。但究竟有哪些影响呢?

1.2 教育政策创新的可能性与局限性

本节将在 1.1 的基础上就不同观点的利弊展开论证。首先基于政治学分类框架论述教育领域的全国性政策整合可以通过哪些路径实现(1.2.1),然后概述德国当前的再联邦化及作为其进一步发展路径的联邦竞争(1.2.2),最后从概念上对这一设想提出质疑并加以分析。

1.2.1 德国教育政策整合的路径

关于德国现有的教育政策分权模式,有一点是明确的,即通过联邦立法机构制定具有法律约束力的规范来推行学校改革的道路是行不通的。另外,德国教育政策的跨州协调机制作为替代方案,发挥的作用同样有限。到目前为止,KMK 发起的州际协议仅在非常有限的范围内被用于政府统一启动和协调的德国教育系统重组[①];KMK 形成的教育政策,最终无法真正推动德国

---

① 即便如此,德国教育领域历史上其他各类国家政策咨询机构也不可能成为像 KMK 这样的政策制定者。德国教育委员会(1957—1964)、德国教育审议会(1965—1975)或教育论坛(1999—2002)仍然只是政治、科学和行政管理交流的平台,对具体政策制定产生的影响是隐性(Rürup, 2005; Raschert, 1980; Hüfner u.a., 1986; Böttcher, 1990)。

教育系统改革。正如德国萨克森州前科学部部长迈耶（Meyer）所总结的那样："文教部长联席会议无法独立应对社会领域的发展，因为该会议机制要将不同的教育政策立场结合在一起。这既是它的魅力，也是制约其发挥作用的原因。"（Löhr，1999）

德国教育政策中缺乏统一的规制机构并不表明德国无法进行全面深入的教育改革。这意味着，只有当改革政策扩散并可以按照统一指导原则实施时，改革才有机会成功。

对多层级系统（如美国等国家或欧盟等国家联盟）中的政策扩散研究，政治学强调政策理念纵向或横向扩散过程的重要性（Lehmbruch，1889；Benz，1985，1989 und 2000；Bauer，1999，Blanke，2004）。克恩（Kern，2000：27-50）根据联邦政府和联邦州政府的强势或弱势地位，划分了4种不同类型的政策整合模式（表1.1）①。

表1.1　多层级系统中的政策整合模式（Kern，2000：29）

联邦州政府地位	联邦政府地位强势	联邦政府地位弱势
联邦州政府地位强势	多层级规制 （两个层级均有决策权）	去中心化规制 （联邦州政府具有决策权）
联邦州政府地位弱势	统一规制 （联邦政府具有决策权）	放弃规制 （仅地方政府规制）

联邦政府的强势地位加上各联邦州政府的弱势地位，意味着可通过统一规制进行的政策整合，克恩（Kern，2000：33）将其描述为"强制扩散"。对德国教育政策来说，这种模式的整合显然是不可行的。德国联邦政府没有相应的权力。

对德国教育政策来说，以上政策整合模式中最不常见的是放弃规制。放弃规制出现在联邦政府和联邦州政府均不具有强势地位的情况中。根据德国

---

① "政策整合"一词通常被理解为将不同社会利益融合在一起，并通过政治机构（政党、利益集团和国家机构）将其转化为政策制定过程（Kern，2000：39）。

《基本法》第 7 条第 1 款，德国学校不仅受到政府监督，而且这种监督被各联邦州文教部和行政管理部门当作一项国家任务（Füssel，2001）。

与此相反，基于去中心化规制发生的政策扩散事件可能较为普遍。毕竟，德国的 16 个联邦州是教育政策制定的主要参与者。克恩区分了横向扩散的两种可能性：一是直接的政策转移，二是制度化的政策转移。

直接政策转移的典型特征是"各联邦州之间双边的、相对非结构化的沟通渠道"（Kern，2000：33-34）。这种扩散以创新中心为起点，在较小的圈子范围内扩散。在此过程中，政策行动协调可能在结构等同的基础上实现，或者通过个别联邦州之间的凝聚力实现。政策扩散最有可能发生于结构等同的联邦州之间。结构等同是指不同联邦州在跨州交流网络、跨州政策网络中位置相似。这里的凝聚力是指政策扩散影响同一横向交流网络中的联邦州，这些联邦州在政策制定过程中相互学习借鉴。这种情况在区域范围内是极有可能发生的（Kern，2000：38）。

在制度化的政策转移中，各联邦州之间的多边交流网络及各联邦州之间、国家协调和扩散机构之间的多边交流关系，发挥着至关重要的作用。"当前，所有潜在采用者从一开始就可以得到关于政策创新的信息，这大大简化和加速了各联邦州之间的政策转移"（Kern，2000：34）。KMK 和 BLK 是重要的协调和扩散机构。同时，德国主流政党和活跃的利益集团也发挥了一定作用（Walker，1969）。

"通过协调和扩散机构将各联邦州相关政策制定机构联系起来，可以确保各联邦州政策具有更高的统一性"（Kern，2000：41）。当然，各联邦州独立的教育政策在相互协调后也会有一定效果。例如，研究学校法的学者强调，自 1949 年联邦德国成立以来，各联邦州学校系统制度建设仅仅通过跨州协调实现的统一性令人印象深刻（Bothe u.a.，1976：59；Avenarius，1994；Glotz/Faber，1994；Püttner/Rux，2000：1128；Avenarius/Heckel，2000：23）。采取教育联邦制的国家，如美国和瑞士，不常运用这种"精细"的协调机制（Reuter，2002a：69）。

以上发现也表明，以 KMK 为代表的协调机制的成功，不能仅仅归功于制度化的沟通交流。更确切地说，这是多层级规制的作用（跨区域标准化的效果）。根据克恩（Kern，2000：41）的说法，这种政策整合模式的特点是联邦制国家不同层次的政策制定机构相互依存，并构成对等的政策行动者关系。KMK 代表了所谓的联邦制国家第三层次。这是指跨州协商机制在共识基础上进行纵向政策整合，而不需要联邦层面采取统一规制的手段[①]。

在德国，由统一机构协调各联邦州学校系统并限制区域个性化发展的做法似乎特别引人注目（《汉堡协定》、全德国统一的高中毕业考试要求），而且几乎找不到跨区域推动并实施国家教育改革的情况。对各联邦州学校系统未来发展方向的协调统一，仅仅体现为 KMK 对高中毕业考试和文理中学（高中阶段）的标准化规定。此外，KMK 也对必修科目、选修科目及不同类型学校的高中毕业考试成绩合格标准做出详细规定[②]。在教育政策的其他领域，还没有看到类似的协调成果。即使在 2001 年首次 PISA 结果公布后，KMK 提出的措施目录也未能对各联邦州形成约束力，而只是系统收集了各联邦州文教部的建议（KMK，2002）。

不过，有证据表明，有些联邦州的个别做法被 KMK 采纳，并形成新的协议。这是一种自下而上的累积式政策扩散（Kern，2000：43）[③]。然而这并不意味着，个别联邦州的做法会通过联席会议变为对其他联邦州的约束。更确切地说，以前的州际协议经过调整后更适应新的发展形势，而各联邦州的

---

① 克恩未对联邦制国家的第三层次做出评价。一方面，第三层次的决策方式通常没有宪法基础。另一方面，这样的决策方式存在问题，即未从定义上对多层级规制和基于制度化交流网络的去中心化规制做出明确区分。

② 高中毕业考试赋予所有毕业生同等的高等教育入学资格，而不是指德国在全德国范围内统一组织高中毕业考试。由于一些高校的名额有限，所以高中毕业考试会影响到学生可选择的专业和学校（《基本法》第 12 条第 1 款）。高中毕业考试的程序和成绩合格标准的确定必须有法律依据，以便接受法律监督。除此以外，以 KMK 的联合协议和决议为基础，确保各联邦州高中毕业考试的可比性，也是同样重要且不可或缺的。

③ 例如，在综合中学和预科学校成为全德国关注的话题之前，个别联邦州曾有过试点或实施（für Hessen：Friedeburg，1989：440ff.）。1972 年的文理中学（高中阶段）改革也曾在部分地区试点（Laurien，1998：45；Tenorth，1975）。

不同做法可以同时存在。例如，在 20 世纪 90 年代，一些联邦州坚持提供八年制而非九年制的文理中学学制，使 KMK 的相关协议不得不从规定学年数改为规定最低教学时数（Rürup，2006）。这既为以前在缩短学制这一问题上犹豫不决的各联邦州创造新的政策行动机会，又形成了约束。在全德国范围内，缩短学制的趋势很明显，而且在一段时间内可能无法逆转。随着议会决定在德国西部人口密集的巴登–符腾堡州、巴伐利亚州、黑森州和北莱茵–威斯特法伦州推行缩短学制这一措施，八年学制将成为德国文理中学的常规模式。

根据观察，德国教育政策领域存在创新扩散。但必须指出，政府统一规制、纵向政策整合所带来的自上而下协调是相当少见的，或者说不太可能；与之相反，德国教育政策创新更有可能出现在联邦州之间的双边交流及制度化的沟通交流中，或者出现在跨州层面，推广各联邦州的特色发展成果成为全国性趋势。埃尔维因（Ellwein，1998：107）认为，除了专家，德国教育领域广泛缺乏对教育问题的关注和讨论。埃尔维因还提出："尽管如此，还是出现了一种不成熟的、通常是随机的发展模式。这样的发展模式源于一时冲动或模仿、适应的意图，没有计划，几乎不符合理性设想，但是在许多方面又有所突破。"简而言之，德国的教育改革是基于创新扩散实现的去中心化、累积式发展；如果在德国出现全国性的政策创新，那肯定是"自下而上"出现的。

1.2.2 再联邦化和联邦竞争是当前德国联邦州改革的方式

"自下而上的教育改革"不仅描述了当前德国教育政策中提到的"创新型学校"的特征（Holtap-pels，1995；Scheuenflug，2000；Brockmeyer，2000b；Gogolin，2003；Link/Nath/Tenorth，2003；Kuper，2004），而且也符合对德国联邦制做出正面描述的总体趋势。

由联邦政府统筹协调各联邦州行动的合作联邦制理念，在 20 世纪 70 年代之前一直是联邦德国联邦制发展的特点（Hesse，1962；Stern，1975；Lehmbruch，

2000；Abromeit，1992；Rentzsch，1989）。如今，这一理念是否适合未来发展，正在遭受质疑。自20世纪80年代以来，人们对联邦和联邦州政府之间的政治关系提出了越来越多的批评，将其描述为对有效和高效决策的阻碍（Scharpf/Reissert/Schnabel，1979）、对政党竞争（Lehmbruch，1976）和社会创新潜力的威胁。如果联邦制是为了实现"协作与竞争之间的平衡"，那么在合作联邦制中，联邦和联邦州一级行政管理机构之间的合作则超过了限度（Klatt，1982：21-22；Fischer/Große-Hüttmann，2001；Schwager，2005）。在全德国范围内协调并统一制定最低标准，这一行为的必要性无可争议。然而必须强调的是，"过度"协调必须得到纠正。相关政策提出的参考标准不是保护或恢复区域多样性，而是接受和促进新的区域差异。多样性是一种面向未来的发展模式，而不是拘泥于传统[①]。

这一观点背后是政治经济学理念，即各联邦州理念竞争的结果可以完全取代国家计划的改革（Kern，2000；33ff.）。各联邦州和地区在讨论、拒绝和采纳改革倡议等相互作用中会产生改革设想，这比由脱离实际情况的联邦政府制订的改革计划来得更快，也更适合。

同样，一个在某一区域试点过的模式，如果再在其他联邦州推广，其面对的社会阻力将远远小于国家教育计划——因为该模式已经被证明是成功的。各联邦州的理念竞争也将有利于各党派之间的竞争（教育政策理念的竞争），既可以显示各党派的特色，又可以增加基于政党竞争的议会民主的吸引力和合法性。德国教育联邦制所表现出来的稳定性一直到20世纪90年代都受人赞赏。然而，本节所提出的"鼓励竞争"的观点与这一稳定性截然相反。保守派认为，联邦政府在教育政策领域的权力划分是对整个系统做出的保证，即保证整个系统不容易出错，且其进一步发展将是适度的、基于共识的。而现在有人强调，恰恰是教育联邦制的分离式发展有利于改革创新。

[①] 这一新观点首次具体体现在1994年对德国《基本法》的修正案（BGBl I，1994：3146-3148），其中将联邦政府创造平等生活条件的权限限制为维持一致的生活条件（德国《基本法》第72条）。2006年德国《基本法》修正案延续了这一趋势，给予各联邦州更大空间。

原则上，竞争说明了各联邦州在一个系统内共存发展所固有的可能性，即使没有政府机构干涉，整个系统的变化也可能是各联邦州变化累积的结果。因此，需要由跨州的机构指出变化所在，以便将新的变化视为整个国家的变化。而这样的机构并不一定是政策制定机构（Hesse/Ellwein，2004：47）。然而，到目前为止，这样的可能性更多的是一种主张和观点，而不是德国教育联邦制通过历史经验及分析结果所确认的事实。

如果说在德国教育政策中能找到关于竞争带来的作用和影响，那也只是负面描述[①]。穆勒（Müller，1975：89f）这样总结20世纪50年代和60年代的情况："德国的联邦制决策机构……原则上可以通过包容个别地区的自主发展，通过为教育政策经验交流和讨论创造可能性来促进改革。然而大家普遍认为，竞争对教育政策的影响是负面的。……各联邦州的特别举措只在少数情况下产生了超越其能力边界的改革推动作用。城市州和占地面积较大的联邦州的反对，以及基督教民主联盟或社会民主党主导的政府的反对，与其说有利于竞争和推动改革，不如说有利于这些联邦州与政党宣扬自己的主张和观点，从而推动改革。"

在哈姆-布吕歇尔（Hamm-Brücher）考察联邦德国11个联邦州后，对它们的教育发展状况进行了全面而有针对性的分析。她指出（Hamm-Brücher，1965：115）："文化联邦制可以促进竞争，这是一个人们乐于承认的积极因素。然而，这只是在20世纪50年代文化政策失败，并且失败后果无法遮掩或否认的情况下才出现的。有关数据的公布为分析这一问题提供了事实基础：在联邦州之间进行的比较越多，所公开的优点和缺点越多，各联邦州就越是努力——有些是为了保持领先，有些是为了追赶。此外，竞争起到的效果还包括推动对文化政策的讨论。"然而，相反的观点认为，竞争很难带来共识（Hamm-Brücher，1965：116）——"在11个联邦州中，对同一问题的同一解决方案不存在两次相同的理解，甚至在社会民主党和基督教民主

---

① 对于德国教育联邦制在确保跨州可比性和应对当前政策行动挑战方面取得的成功，也有（有争议的）正面评价，但此处未明确提及。

联盟执政的联邦州中也没有。新的竞争热情显然加速了各联邦州的分离"。

尽管有改革热情，但哈姆－布吕歇尔没有找到根本性学校改革的迹象或路径（Hamm-Brücher，1965：122）："不幸的是，我不得不说，在我的教育之旅中，我发现很多善意的让步，但几乎没有看到真正的改革热情。除了已经反复提到的几个联邦州，只有巴登－符腾堡州试图从长期被动的文化政策枷锁中彻底解脱出来，该联邦州的理念和规划都相当宏伟。因为某一联邦州的文化政策立场一般只有在不能再继续维持时才会被放弃。相反，哈姆－布吕歇尔发现了一种根深蒂固的地方主义，这种地方主义使各联邦州信息沟通存在障碍（Hamm-Brücher，1965：123），这破坏了州际教育统计分析的有效性，也使人们难以感知和跟踪国际发展动态（Hamm-Brücher，1965：127）。因此，每个联邦州都自行开展（或不进行）试点，收集（或不收集）自己的经验，遭受挫折后又寻找新的方向前进，然后又放弃，而没有想到共同解决各联邦州共同面对的基本问题（Hamm-Brücher，1965：123）。

2003 年，莱斯钦斯基和科尔蒂纳（Leschinsky/Cortina，2003：49）也得出了类似的结论："由于各联邦州内部和跨州的政治谈判过程相当复杂，在德国进行系统比较还不足以推动产生系统性创新和竞争。"而安韦勒（Anweiler，1991：8-9）认为："德国各联邦州之间没有一个透明、足够有效的'调解系统'推动试点和改革创新。各联邦州政府在教育领域的'行政竞争'并不等同于可以带来创新的理念竞争。KMK 要求向最低共同标准看齐，这被证明会阻碍创新发展。因为即使是力度较小的教育政策改革创新，如缩短文理中学学制，也会遭遇很大阻力。"

正如相关文献所述，在联邦竞争的作用下，德国教育政策的创新性到目前为止似乎还比较有限。

1.2.3　联邦竞争是德国教育改革的方式吗？

但这是否说明联邦竞争是德国学校系统发展的一种模式？

未来可能不会。到目前为止，缺乏改革动力的主要原因是跨州信息交流不足。自 20 世纪 90 年代后期以来，不仅各联邦州加强理念竞争的意愿出现了明显变化（KMK，2004a und b），而且跨州协调机构越来越多，可以提供关于各联邦州发展和创新实践经验的更多信息。促进信息交流的举措包括在共同确定的框架内将各联邦州学校统计调查标准化（Avenarius u.a.，2003b：48-55）；重新定位 BLK 的试点项目（Brockmeyer，1999；Wilhelmi，2000），将增加创新转移作为明确目标（Nikolaus/Gräsel，2006）。推广国家教育报告制度等（Avenarius u.a.，2003a；Klieme u.a.，2006；Rürup，2004，2007b），继续开展跨州学校成绩研究，也可以看作教育政策中强化竞争的做法。自 1998 年以来，为了让教育系统更加多样化、促进竞争，KMK 还开放了一些决策领域。这一主动减少跨州协议、促进竞争的做法，似乎将在未来继续（KMK，1999a und b；KMK，2006a）。

但是，鉴于德国学校发展历史，各联邦州之间的竞争非常有限，甚至没有，上一结论值得怀疑。毕竟，鉴于目前联邦州的分权情况，德国学校的改革基本上只能是联邦州一级的行为。只有当多个联邦州的改革累积在一起，才有可能成为新的全国性实践。从理论上讲，德国学校系统的发展一直是以联邦州竞争为基础的。联邦州之间竞争的范围和效果可能有限、有待优化，但其对学校改革的意义是不能否认的。不过也应该注意，不能简单地将联邦州之间的竞争与自由、独立的市场参与者之间的无限制竞争进行类比（Rürup，2007a）。

德国各联邦州始终是一个共同体（联邦制国家）的一部分，而非市场参与者（其他联邦制国家），应该相互团结。因此，所有联邦州的共同利益始终在各联邦州的利益之上。此外，作为整体的一部分，各联邦州经常被要求通过协调努力将各联邦州的发展差异减少至可比水平，从而有利于保证全德国范围内生活条件具有可比性、流动尽可能不受阻碍，但这样的价值观系统限制了各联邦州采取市场行为赶超其他联邦州的可能性。此外，尽管公开批评某一联邦州的学校发展水平可能会影响其公共声誉，但这并不会改变其在跨州政策制定中的基本发言权。从根本上来说，各联邦州的基本利益不会受到损害，各联邦州教育政策的独立性和联邦州政府的专属规制权仍然受到保护，在 KMK 和 BLK 的投票权和影响力也不受影响。最终，各联邦州的竞争意愿没有得到制度的长期支持。由于跨州协调的需要，原则上每个联邦州在任何时候都能影响其他联邦州的教育政策理念，从而退出理念竞争。这一情况是有可能出现的，特别是当改革方案高度偏离跨州层面的政策实践，如影响到对毕业资格认定权和毕业证书授予权的时候（Rürup，2006；Scharpf，1994）。

以上情况并不会消除各联邦州在教育政策方面的竞争。但这种竞争是有限的。发生竞争意味着竞争理念为所有联邦州长期接受，且必须对所有联邦州具有永久吸引力。这意味着，一个联邦州以牺牲其他联邦州的利益为代价取得的竞争优势只能是相对的，不会持续增加。最终，一个联邦州的发展也必须对其他联邦州产生实实在在的积极影响——尤其是有助于所有联邦州成功的改革方案。当然前提是其他联邦州愿意。因此，联邦竞争的基础是分散式发展与集中式信息交流和协调的不断交替和交错，是二元化和趋同并存。当然，联邦竞争更多的是一种理念竞争（通过试点和经验交流来提高改革创新影响力，使所有参与方受益），而不是对抗性竞争（以牺牲竞争者为代价，不惜采取任何手段，实施自己的设想和方案）。

不过，在德国教育政策领域依然存在政治"对抗性竞争"的要素。此处所指的竞争者不是各联邦州，而是争取党派成员和选票（议会席位、议会多数席位和政府责任）的各个党派。政党的"市场成功标准"很明确：把作为执政候选人的竞争对手赶走，或者以牺牲政治对手为代价增加自己的议会话语权（Lehmbruch，1976，2000a）。一个政党能否成功通过选举所得选票可以很容易判断出来，这对其后续政策行动产生直接影响。连续失败会危及政党的生存，这意味着政党需要根据不断变化的政治环境调整政治方案和人员结构，并对政治对手的活动做出反应。也就是说，政党被迫调整和改革，不断创新。此外，新的政党进入"市场"，可能打破先前稳定的竞争结构，并对原有党派的地位和存在造成冲击。

理念竞争和对抗性竞争这两种形式不仅存在于德国各联邦州政策制定过程中，而且还相互交织。各联邦州之间的竞争最终是理念上的竞争，体现出各联邦州和政党的立场。毕竟，在跨州教育政策协商中，各联邦州执政党派代表了各联邦州的立场。因此，至少在政策制定者占主导地位的 BLK 和 KMK 中，基于竞争的合作机制与政党对抗机制重叠的可能性始终存在（Köhler，1996：49；Raschert，1979；Arnold/Marz，1979；Hüffner u.a.，1986；Füssel，1988）。需要强调的是，这两种竞争形式不仅相互交织、相互削弱，还可能在政策制定者的决策过程中形成功能互补。因此，研究者普遍赞同理念竞争，因为其支持学校系统持续、完全合理化、以学科为导向的发展。然而，这样的观点可能高估了社会发展的可预测性和可塑造性；或者说，将政策行动的理论可能性视作实际建议（Fend，2003，2004，2006；Kussau/Brüsemeister，2007a）。此外，理念竞争的前提是各联邦州在当前学校改革的议题和总体目标上达成共识，以便在内容上指导经验交流。然而，考虑到选举和大众传媒制造的情绪波动会对政策制定带来影响，要想保持永久的共识是不可能的（Böttcher/Rürup，2007）。

而对抗性竞争的机制意味着创新改革的加速。在政党竞争中，如果改革创新方案能够凸显自身与对手的差异，能够证明自身行动力和能力或缓解公众期望所带来的压力，这样的改革创新方案就已经很有吸引力，成功的可能性很大。简而言之，理念竞争可以优化为现有问题寻找解决方案的机制，而对抗性竞争则可以强化对教育政策的广泛讨论，并在讨论形成对问题、政策行动选择和目标的系统描述。

一方面，理念竞争和对抗性竞争体现了相互竞争和排斥的原则；另一方面，这两种竞争形式相辅相成（其强度因时间和主题而异）。因此，如果由政策制定原则和背景所构成的决策系统灵活并且充满活力，则其在改革创新方面就会更具潜力：在政策主题和行动方案的开放和限制、去中心化和集权化、冲突和共识等的相互作用之下，形成具有建设性的成果。

1.3 研究基础、研究空白和研究视角

以上介绍了对德国教育联邦制的创新性、创新动力和创新机制（创新路径）的研究现状。

独立的研究领域应当有特定术语、特定的二级学科研究传统及系统开发和检验的理论方法。在德国教育政策研究领域的学术出版物数量众多，但教育政策研究还没有成为一个独立的研究领域。出现这一情况并不是教育科学的过错，因为教育科学最初几乎不涉及对教育政策形成机制和过程的反思。尽管德国的教育政策研究是一个以教育学为主要方向的跨学科研究领域（Weishaupt u.a., 1991），但政治学对该研究在概念、理论上系统化发展的贡献很小（Hepp/Weinacht, 1996）。路透（Reuter, 2002b: 174）认为，教育政策理论和政治学视角的教育研究理论并不存在。根据路透的建议，应该使用适合政治学研究的一般性理论。然而，从联邦制德国政治学研究来看，这里还存在另一个问题。

在沙普夫（Scharpf）、赖塞尔特（Reissert）和施纳贝尔（Schnabel）关于德国合作联邦制中的政策相互依赖性的研究中，教育领域被排除在外，"在该领域，各联邦州自主程度较大，与政策相互依赖的趋势相反"（Scharpf/Reissert/Schnabel, 1976: 21）。用来分析德国联邦制模式的案例通常是与财政法、联邦参议院相关的，以及以联邦政府和各联邦州之间密集合作为特征的政策领域（Rentzsch, 2000; Lehmbruch, 2000b; Abromeit, 1992; Scharpf, 1994）。在此基础上形成的相关概念和分析的可转移性如何？教育政策是联邦政府分权模式中的一个特例。而鉴于联邦政府在其他政策领域所取得的协同成果，教育政策领域经常被拿来与其他领域进行比较。但是，难道看不出这样的比较是无法实现的吗？

然而，相关理论和基于理论依据的论证（Rürup, 2005; Rürup, 2006）不能取代对具体对象和历史进程的概念总结、理论检验和实证研究，特别是

关于德国教育联邦制背景下政策制定的行政条例和政治环境，以及教育政策整合的各个层面的相互作用，这些方面"还没有得到充分研究"（Hepp/Weinacht，1996：429）。

关于德国教育政策宏观问题的研究汗牛充栋，其中不乏对教育政策制定机构和决策过程的描述。KMK、BLK和德国教育委员会、德国教育审议会、科学委员会等作为构思和推动学校改革的机构，常常出现在德国教育政策研究文献中。特别是20世纪70年代德国教育改革工作失败后，相关文献中出现了大量关于教育政策领域联邦权力划分的研究和观点（Lengert，1969；Führ，1973a und b；Bothe u.a.，1976；Raschert，1979；Arnold/Marz，1979；Bundesminister für Bildung und Wissenschaft，1978，1980；Schmidt，1980；Baumert/Goldschmidt，1980；Hüffner u.a.，1986；Friedeburg，1989）。1997年TIMSS结果公布后，20世纪90年代末的研究情况类似。2001年PISA结果公布后的研究情况也类似（Reinhardt，1999；Stern，2000；Fuchs/Reuter，2000；Massing，2002；Richter，2002；Hovestadt/Klemm，2002；Dedering u.a.，2003；Block/Klemm，2005；Payk，2006）。德国联邦政府和德国文化教育联邦制代表性机构（如KMK）的各种纪念日也一再激发人们对教育政策制定机制和可能性的思考（Füssel，1988；KMK，1998；Zehetmaier，1998）。

然而，这些研究均把联邦政府作为改革的主导和风向标。通常情况下，上述研究不涉及去中心化跨州扩散的教育政策改革路径——即未被德国教育审议会、BLK、KMK明确提及的改革理念（Schmidt，1980；Stern，2000）。同时，对教育政策形成背景的研究也仅限于特定部分。在这方面，相关研究重点关注并讨论KMK和BLK审议决策的局限性，这是因为决策涉及多级政府，并存在不同政策相互交织的特点（Rürup，2006）。根据沙普夫（Scharpf，1994，25）的说法，"上级决策取决于下级决策层政府是否同意"及"下级决策层必须完全或几乎一致同意"这种情况的存在，导致多层级系统的审议决策普遍存在"问题解决能力不足的特点"。这不仅使决策过程的缓慢和复杂化，决策失误也同样有可能发生。一般来说，只有当"审议讨论中每个参与者的预期利益在达成或不达成协议时一样大"（Scharpf，1994；32）时，才有可能达成协议。各方希望将妥协交易和一揽子打包交易放在一起，"形成一个整体平衡的谈判方案。而一揽子打包交易包括若干项目，每个项目都有不对称且不同的利益分配"（Scharpf，1993；30）。同样，上述研究提出建议，"只要不能立即抵消（或不可能计算出）个别规定所产生的不利因素"，就应系统排除必要的和理论上可行的问题解决方案（Scharpf，1994，39）。

以上研究集中在跨州层面的政策整合，认为德国学校改革政策整合主要是由多层级规制机制和机构来完成。然而，克恩（Kern，2000）还指出横向政策整合的可能性，这主要是基于联邦州之间的直接双边交流关系或制度化的沟通交流。

不过还缺乏这方面的系统理论研究和实证研究成果。尽管文献中经常出现对个别政策理念实施情况的州际横向比较（Avenarius/Kimmig/Rürup，2003；Holtappels，1991），但均未系统论述推动创新跨州扩散的过程和条件[1]。已有研究通常只涉及其中部分内容，且侧重点不同。在此，特别提到两项关注各联邦州教育政策影响因素的政治学研究。施密特（Schmidt，1980）分析了20世纪六七十年代德国教育政策的发展，阐述政党（基督教民主联盟、社会民主党）和各联邦州经济实力对教育政策发展的决定性影响，并提出了相关概念。斯特恩（Stern，2000）研究了1990—1996年反映教育政策立场的政党的政治纲领和政策活动。该研究比较了不同联邦州的差异，但以描述性分析为主。研究结果表明，相关纲领和政策活动依赖于执政党、区域位置、联邦州及其经济实力。

这些研究表明，政府的政党派别决定了发展动力。这一结果的得出受到

---

[1] 对各联邦州学校系统的变化进行系统、定期的分析，主要取决于官方学校统计数据的可比性。也就是说，相关研究不可能直接重建教育政策创新的扩散。相关研究会将各联邦州在教育经费、教育参与度以及学位和资格授予方面的差异考虑在内。平均班级规模、生师比、每周课时数、学生和教师人数等类似的学校发展指标的变化，也可用于各联邦州之间的纵向比较。而新的学校改革理念在德国的出现和扩散，其本身既不是一个研究主题，也不是一个明确的研究对象。

了研究重点的影响，即全德国持续高度关注的，且明确体现在政党纲领和政府政策行动中的主题（如学校组织结构、普通教育和职业教育的同等地位）。这一情况最终可以解释为掌握研究对象有难度（Arnold/Marz，1979：63）。关于改革政策的横向扩散，不一定能找到相关研究素材，因此难以观察。在全德国范围内可以观察到的是较为活跃的教育政策活动，例如某些教育政策不仅从政党政治角度看来特别有争议性，而且还影响到现有的 KMK 协议，因此需要组织跨州讨论，以便找到相互适应的改革路径。

因此，相关研究可能忽视了各联邦州之间与政党无关的、管理上的沟通和观摩的作用。与理念竞争相比，德国教育联邦制中政党政治方面的对抗性竞争的意义似乎被高估了。路透等（Reuter/Fuchs，2002：6）曾指出："越是深入了解各联邦州教育系统在法律、行政管理、组织结构和内容方面的细节，就越能清楚看到，各联邦州教育系统实际上只是（仍然）在一定程度上通过共同认可的法规联系在一起；《汉堡协定》等协议虽然仍然有效，但大部分已经过时。各联邦州利用联邦政府赋予的政策活动空间，刻意单独构建'自己'的教育体系。这是真实存在的。"

因此，教育政策的改革创新过程虽然不影响 KMK 和 BLK 形成的跨州政策，但是看起来并不是微不足道的。总的来说，只要毕业资格认定的可比性和学校系统外部行政管理机构问题没有解决，跨州政策领域的统一要求和审议讨论机制就不会产生直接的限制作用。那么，各联邦州原则上就可以自由开展活动。这类改革创新的内容如下：①所有不涉及外语教学安排、不影响学校教学内容标准可比性的课程改革和课程表重组路径；②学校和教学的时间组织安排（多于或少于 45 分钟，每周 5 天或 6 天工作日，改革半日制学校），但一般假期天数、暑假和开学时间除外；③班级和学习小组的组建原则，但在初中学制的学校除外；④特殊的成绩评价方式（高中毕业会考除外），引入行为评价，引入初中毕业资格认定（有或没有考试，有或没有统一要求）；⑤学校监督、学校管理和学校内部委员会的组织和权限。

因此，关于德国教育政策横向整合过程的研究还存在问题，特别是在评估德国学校改革的力度和动态方面。例如，当前改革的主要动力难道未被忽视和低估？从跨州协调机制相关研究中得出的判断，如系统性改革受阻、教育政策决策一直面临意识形态化的风险及决策过程受执政党的影响等，是否也适用于研究各联邦州之间的政策扩散过程？还是说理念竞争，即学校行政管理部门希望以那些看似成功、有用的理念或方案为导向，在这里更有研究意义？

1.4 小结

本章的内容可以概括为以下几点。

（1）德国的学校改革得到联邦政府和学校行政管理部门的大力支持和影响。

（2）由德国联邦州政府支持的学校改革只在联邦州一级进行，只有通过跨州协调或联邦州之间的横向政策转移才能在全德国范围内得以推广。

（3）加强联邦竞争的政治愿景降低了对跨州协同的要求，特别是在教育政策方面。本章也证实了将横向政策转移的活力作为未来学校系统发展重心的政治意愿。

（4）目前尚不清楚联邦竞争的愿景是指加强对抗性竞争还是理念竞争，即改革创新是通过政党政治竞争还是通过多样化理念和协调机制的相互作用来实现的。

（5）目前还不清楚教育政策领域的竞争机制，特别是各联邦州之间的竞争机制。迄今为止，德国教育政策研究的重点是对跨州政策形成过程和机制的分析，而未对横向政策转移开展独立和系统的分析。

以上内容是本研究选择研究问题和方法的基础。本研究旨在分析与跨州协调机制无关的德国教育政策整合过程。这一主题很重要，而当前这方面研究明显不足。

本研究将以探索式研究为主。本研究将针对德国教育政策中横向政策转移的范围、动态和机制，建立描述框架和方法，并提供基本的实证数据。

为了更好地勾勒研究主题，研究方法必须有助于尽可能具体地观察、记录研究对象，并对其进行高度结构化的处理。因此，本研究将重点放在对具体案例的研究。本研究将对德国教育政策研究做出补充，对教育政策在各联邦州之间的扩散进行实证性研究而不涉及跨州协调过程，并提出教育政策领域去中心化发展的可能路径及其现状。此外，本研究还将应用定量研究方法，而不考虑具体政策制定过程的特殊性。定量分析将以教育政策理念扩散的常规模式和系统性影响为重点，甚至可以通过统计估计的方法对其进行分类和评估——这可以为未来和进一步的研究提供新的视角。正是由于以数据为基础的比较分析结果客观性较强，因此本研究可能会激发其他研究者开展深入的、不同角度的分析。

本研究确立了应用以上两个研究方法的策略，也是因为参考了国际上关于联邦制国家政策扩散研究的理论和方法，尤其是美国的相关研究（第2章）。在这方面，本研究也有助于将德国教育政策研究与当前国际教育理论和方法的发展联系起来。与此同时，前文对当前强化联邦竞争的政治愿景的思考，也为研究开辟了新的分析视角。正如本研究所讨论的那样，德国的教育政策是倾向于对抗性竞争还是理念竞争？如果将来要加强联邦竞争，那么教育政策理念扩散的模式是什么？多大程度上继承了传统模式？

在本研究中，对抗性竞争代表了市场主体之间以对抗性为主的互动关系。而竞争成功似乎意味着，政策制定者反对替代方案，成功坚持了自己的理念主张，将竞争对手排除在市场之外。而理念竞争强调通过竞争相互推动的机制，推动各方努力寻找适当的解决方案，这从根本上否定了单纯从字面上理解竞争的做法。理念竞争的基础是在多样化理念和相互协调的共同作用下，以最佳方案确保所有竞争者实现其目标。政党政治对教育政策理念扩散过程的显著影响是对抗性竞争的表现。而在理念竞争中，跨州政策扩散过程更多受到区域位置、邻州活动及州与州之间不同社会经济条件的影响。

研究方法与研究模型

在德国教育政策研究中，关于教育政策理念对德国各联邦州影响的系统性研究目前还比较缺乏（1.3）。但这是否意味着在其他研究领域和学科中也不存在适合作为相关研究基础的模型？

本研究在国际范围内寻找相关研究文献，并扩大了检索范围，不再局限于教育政策研究方法。但是，本研究要求这些方法应当适合用于描述平等的个体参与者（即德国联邦州）之间的政策扩散程度。同时，在所选研究中，其研究内容应尽可能包含政策扩散的关联因素和影响程度，并以实证研究结果为基础为制定合理政策提出合理建议。

在本研究的理论分析和方法设计中，借鉴了两种不同的理论和研究方法。其中创新扩散理论提供了研究框架（2.1）；而美国政策扩散研究采用的事件史分析方法用于数据收集、处理和评估（2.2）。在构建具体的研究模型时，这两个研究方向是相互关联的（2.3）。最后总结本章所讨论的内容，介绍实证研究的框架（2.4）。

2.1 创新扩散理论作为基本研究框架

在社会体系中，创新扩散的实证研究和理论建模是众多学科专业下的独立研究课题（Rogers，2003：38-94）。数十年来，政策扩散研究领域学者埃弗雷特·M. 罗杰斯（Everett·M. Rogers）一直尝试以概括总结的方式将研究中的不同概念、研究方法、观察重点和实证发现联系起来。

经典著作《创新的扩散》（*Difussion of Innovation*）是罗杰斯的呕心沥血之作，该著作于 2003 年进行第五次版本更新。该著作不仅为本研究的总体框架设计提供了参考，也是本研究所使用的分析方法应用指南（类似于教育领域的政策转移研究）。德国一些联邦州个别学校制定的政策的影响有可能扩大，推动一次全国性学校改革——可以说是罗杰斯基本理论应用的特殊案例。其中研究对象"学校改革"被抽象为特定社会体系中的特定创新形式。然而，全国性改革与某地区农民使用某些玉米种子进行种植实践并没有本质区别。

2.1.1 创新的基本概念

罗杰斯（Rogers，2003：12）将"创新"定义为"凡是被个人或其他组织采纳且视为新鲜事物的观念、实践或物体"。简单来说，"如果该观念对个体来说是新颖的，那么它就是一项创新"。如此看来，只要观察者将某件事物视为新鲜事物，则创新的概念就可以适用于该种情况。然而新鲜事物如何才能被称为创新？这里没有标准答案，这不仅是因为新鲜事物是多样化的，而且对新鲜事物创新性的评判也没有统一标准。理论上，对创新性的评判是观察者的主观看法。对现有事物的新应用、新解释实际上也可称为创新（Rogers，2003：13）。更强的实用性或更大的改进并不是必要前提，即使客观上能得到这样的结果。"创新"一词特指积极进行改变的主张和需求。否则，为什么要进行创新？根据罗杰斯对"创新"的定义，创新扩散的研究范畴不包括对上述主张和需求的实用性及可行性判断。因为罗杰斯的创新概念本身并不包含任何示范性参考，只是为观察者评判提供了参考。而这正是平时使用"创新"这一概念的普遍特点。"进步"意味着社会向更好的方向发展；而"创新"不是以实用性标准来衡量的，它是关于新鲜事物（区别于旧事物)产生的一种机制(Martinssen,2001:128)。

"创新"概念的模糊性和形式性使其具有显著优势,尤其是与"学校改革"一词相比。迄今为止,后者始终主导着教育政策研究。在"学校改革"一词中,有对学校、教育及社会成功和深刻变革的全面期望,也有对以往改革尝试的研究,二者相互交织。"学校改革"是一个分析术语,也是教育学的主张(从实践中来,并以实践为目的)。"创新"的概念,尤其是 Rogers 提出的概念,为新的研究视角提供了根本可能性[1]。对"创新"概念的不同认识表明,教育政策创新未必涉及深远的制度变革——无论是从其主张、方法、措施还是从结果来看[2]。创新也可以指学校和教学活动中最微小、最偶然的变化。需要强调的是,即使是微小的、逐步的、无明确计划的学校组织机构重组,综合起来也能在学校实践活动中产生显著的改革效果[3]。

---

[1] 目前,教育科学中的"创新"研究形成热潮,并具有准则性的特征。一方面,社会变革被解读为对提高个人灵活性、流动性和创新性的挑战,教育系统必须面对这些挑战,这使创新成为一项学习任务(Gogolin, 2003)。另一方面,创新是重新审视和组织学校实践的指导性概念,其重点已从学校系统层面转向对各学校的审视。创新作为一个灵活的、具有改变意识的组织、机构及文化中的观念,推动学校实践改进(Fend, 1986; Rolff, 1993; Steffens/Bönisch, 1996; Huber, 2000a und 2000b; Baumert/Cortina/Leschinsky, 2003: 137)。这与教育政策和学校管理的新战略方向相一致。各学校的创新意愿和能力日渐被认为是学校系统发展的内在价值和动力(Holtappels, 1996; Bertelsmann Foundation, 1996; 1998; Stern, 2000; Scheunpflug, 2000; Sliwka, 2004; Dubs, 2005)。因此,在实现当前社会和教育政策愿景及应对各种挑战中,创新能力的提高似乎是关键。创新是一种意识形态。"然而,由于创新被视为经济繁荣和社会发展的动力,那么创新的概念同时也被赋予了准则——对西方民主国家的政治制度来说,民众的接受程度很大程度上取决于政府所提供的物质支持,因此推进'创新'成为社会发展的核心要务"(Martinssen, 2001: 128)。

[2] 在教育科学领域,除了以"创新"为准则,各国还尝试对"创新"的概念进行分析,其中英美两国对此进行了广泛研究(Mort, 1953, 1957; Ross, 1958; Miles, 1964; Carlson, 1965; Berman/Pauly, 1975; Berman/McLaughlin, 1974 und 1978)。然而,在20世纪70年代引入后,德国的类似研究路线并未发展起来(Husén, 1971 und 1972; Scholand, 1971; umfassed Areeger, 1976; im Überblick Theuring, 1986)。目前值得注意的是,有学者计划对教育科学领域的政策转移研究进行重新构想。该研究以概念系统为基础,且聚焦于罗杰斯和政策扩散研究。

[3] 例如,当预见到学生人数的持续减少对德国中等教育三轨制(也称"三元制")的影响是极其严重的,人们决定将具有不同教学课程的学校整合起来,以便有效利用学校场地。其中将学校类型和毕业证书脱钩的做法,有利于提高教学组织的灵活性。因此,随着学生人数的减少,无论人们关于改革的讨论是什么结果,德国中学教育第一阶段中,三轨制的撤销似乎只是时间问题。

尽管罗杰斯提出的"创新"定义很简单且没有客观标准，但至少有一个重要条件：若由观察者来判定某事物是否足够新颖，则该事物需具备基本的可观察性或可描述性，并且已经得到初步实施。因此，该术语的定义也与经济学对"创新"的定义相一致。经济学通常会区分创新和发明。森格（Senge，1990：5-6）认为："在工程师看来，当一个新想法在实验室内被证实可行时，它就被'发明'了。但只有当它能以实际成本在有意义的规模上可靠地复制时，'想法'才成为'创新'。"因此，创新被解释为进一步的发展，这些发展已经超越了创造性想法，并被视为不同参与者的各种行为协调的结果（Fagerberg，2005：5；Schumpeter，1976：132；Freeman，1982；Silver/Hannan/English，1997；Vandervert，2003）。

以上定义"创新"概念的原则，与用"政策理念"一词描述具体政策方针的原则相一致。这样处理是为了避免过早狭义化理解"创新"，特别是避免使用单一概念。"政策理念"重要的特点就是"构思中"——这是一项通过具体措施以改变现有做法的建议。"政策理念"的替代词（如政策方针）强调相关组织方案符合合理性、严格性和适当性的最低标准，而非仅关注"目标-措施"这一关系。因此，这些词似乎不适合作为普遍适用的模型的核心概念。

2.1.2 创新的特征

然而，不同创新理念、不同政策理念之间的内容差异绝不容忽视。确定创新的类型或标准，更易观察其中存在的内容差异。罗杰斯提出了5个"特征"（见于罗杰斯经典著作的早期版本），并在最新版本的论著中将它们称为"感知属性"，这些概念都可以用来描述创新，并评估其不同的扩散能力（Rogers，2003：15-16）。

（1）先进性：与过去相比创新具有相对先进性，也就是说，在潜在适应者（adaptor）[①]眼中，一项创新或多或少会与过去有一定区别。相对先进性可以表现为经济指标（如利润、效益）提升，也可表现为更高社会声望或更高舒适度。

（2）兼容性：兼容性是指在潜在适应者看来，一项创新与现有价值、过往经验和当前需求的符合程度[②]。

（3）复杂性：复杂性表示潜在用户理解或学习一项创新的难易程度。罗杰斯指出，尽管存在明显的缺陷和更优方案，但全键盘（QWERTY 键盘）的按键布局仍是打字机和计算机键盘的标准排序。若将按键重新布局，使用者需花费大量精力和时间来适应新键盘。

（4）可试验性：从潜在适应者的角度来看，可试验性描述了一项创新可以逐步、部分或有所保留地引入的程度。对于考虑采用该创新的个人来说，可试验的创新意味着较少的不确定性，因为能够在实践中学习（Rogers，2003：16）。

（5）可观察性：可观察性表示创新的结果对他人的可见程度。

除了有助于描述创新，上述特征还为评估创新的扩散难易程度提供了依据："那些被个人认为具有更大相对先进性、兼容性、可试验性、可观察性和较低复杂性的创新会比其他创新更易被采纳。"（Rogers，2003：17）

然而，对罗杰斯观点的实证研究指出，创新的各项特征对决策的影响程度不同。例如，可试验性的影响就很难被证明（Andrews，1998；Völlink/

[①] 在英语中，adoption 和 adaption 这两个词是有区别的，adoption 是指直接、不变地采用一个想法，而 adaption 并不排除某些调整和再创造。然而在德语中，将政策理念的潜在采用者称为采纳者似乎很奇怪。在德语中，"adoption"一词专指主体（人、动物），这些主体以其本身的身份被采纳。而不顺应潮流的事物则是接受调整（adaptiert）。这样的提法尤其适用于描述理念。

[②] 在政策研究中也有类似的区分，即分配、再分配和调控政策的区分（Lowi，1964：688ff.）。"分配政策是指所有短期和独立的决策，这些决策只会产生受益者而不会产生权益直接受到侵害的群体。……考虑到特定利益对其他群体利益的影响，调控措施才加以贯彻实施；在调控措施下，其他涉事人员的成本有所提高或行为选择有所限制。……而再分配政策与调控政策相类似，因为这些政策方案的建议和决定都需要不断调整。然而，再分配政策的范围要更广泛，而且影响着社会的结构性原则，纠正不平等和不公正"（Janning，1998：257-258）。

Meertens/Midden，2002）。同时，沃尔林克等（Völlink/Meertens/Midden，2002）强调了决策过程中不同创新特征的顺序，这在罗杰斯的模型中未得到充分体现。据他们的研究，理性的决策者不会同时检验创新的各个特征，而要考虑不同特征的权重。其中"相对先进性"排在首位。若一项创新不具备任何相对先进性，则兼容性、复杂性、可试验性或可观察性都没有意义。相反，在没有检验可实验性和可观察性的情况下，具有显著的相对先进性、兼容性和可接受复杂性的创新也会被采用。因此，决策过程中创新特征的顺序可以反映创新采用决策的难度，以及创新采用的概率。

2.1.3 创新扩散作为沟通过程

罗杰斯将创新扩散描述为"通过一定渠道，随时间在社会成员之间扩散的过程"（Rogers，2003：11）。因此，创新扩散可以定义为沟通的过程——这样的过程将潜在适应者与创新采用的行为联系在一起。扩散是一种特殊的沟通方式，扩散过程中所交流的信息内容与新理念的诞生息息相关（Rogers，2003：18）。

正如罗杰斯（Rogers，2003：11）所说，扩散作为沟通的基本形式，存在以下要素：①一项创新；②具备创新知识或实践经验的个人或其他采纳组织；③其他缺乏创新经验的个人或采纳组织；④连接二者的沟通渠道。其中，沟通渠道的定义为"信息从一方传递到另一方的方式"。

社会成员能通过沟通渠道传递信息。罗杰斯（Rogers，2003：18）划分了两类沟通渠道：一类是无须成员之间交互的沟通方式，如通过媒体（大众传媒）进行的信息交流；另一类是通过成员之间的交互（人际渠道）来传递信息。马哈詹和彼得森（Mahajan/Peterson，1985）继罗杰斯之后认为，根据社会体系特征或具体信息对象的不同，这两类信息沟通渠道也具有不同意义和影响。

在这两位学者看来，人际渠道作为信息沟通渠道似乎适用于以下情况：

"当一项创新复杂且具有社会可见性，若不采纳它，社会体系成员将处于'劣势'（如商业竞争中的劣势）；如果社会体系相对较小且体系成员具有相似的特征（同质性），在采纳前需了解其实践经验或合法化信息"（Mahajan/Peterson，1985：18f.）。然而，当一个社会体系的成员处于彼此孤立的状态，非公开交流中不谈论创新，或者创新的相关信息只能从社会体系外获取时，大众传媒和其他外部信息沟通渠道的影响就格外重要（Mahajan/Peterson，1985：17a；Mooney，2001）。

罗杰斯（Rogers，2003：207-208）还对沟通渠道的世界性和地方性加以区分，他指出，各个社会体系内的成员不仅彼此之间交流活跃，并且可能与体系外的信息来源进行互动。因此，创新扩散的推动既可以直接发生于体系内（地方性的），也可存在于体系外（世界性的）。罗杰斯（Rogers，2003：207）还补充道："人际渠道可能是地方性的或世界性的，而大众传媒几乎完全是世界性的。"

总体上，创新在社会体系中的扩散取决于信息传递的速度和强度，即沟通渠道或方式和人际沟通关系的制度化或网络化程度（Kern，2000）。体系成员的相似性（同质性）也被视为加速创新扩散的有利条件。也就是说，发送者和接收者具有相似的信仰、教育水平和社会地位，沟通会比较顺利。同时，体系成员之间的些许差异（异质性）也被视为加速创新扩散的有利条件。当这些差异导致人际沟通关系中的角色固化（如意见领袖、追随者）时，情况更是如此。

2.1.4 社会体系的特点

罗杰斯将上文所述的沟通网络视为社会体系的特征之一，并强调这是扩散过程的另一个基本要素。根据罗杰斯的理论社会体系具有以下3个方面的特征：社会体系的结构、社会体系的准则、意见领袖和代表外部利益群体的革新推动者的影响。

通过对社会体系结构的观察，可以得出体系成员之间的关系形式，即是否存在阶级和依存关系（社会结构），或者具有某些特定特征的人员之间是否长期保持着更密切的沟通关系，或者体系内部成员之间的沟通关系的强度和类型是否具有可比性（沟通机制）。罗杰斯对集中式和分散式的扩散体系进行区分，但其中也不排除混合式扩散体系。在集中式扩散体系中，扩散往往是单向的，即从专家扩散至处于被动状态的适应者。适应者会选择接受或拒绝所提出的创新倡议。在这样的扩散体系中，"转移"一词似乎比"扩散"更适合。通过"转移"，创新方案能够有计划且受控地从情境 A 转移到情境 B（Jäger，2004：27）。

在分散式扩散体系中，新理念首先出现在意见领袖范围中，然后通过同级网络横向扩散，并且很有可能发生改变和进一步发展（再发明）。分散式的扩散系统更接近于趋同的沟通模式，在该模式下，参与者创造并相互分享信息，以达成相互理解（Rogers，2003：398）。在集中式扩散体系中，转移是需要整个体系调控和管理的问题，因此会受到由政府组织管理机构改革的系统性影响；而在分散式扩散系统中，扩散过程更像是一种新兴现象。扩散的主题及扩散的类型、范围直接源自体系成员的沟通过程，会受到以往经验的影响，只有在体系成员内部沟通的框架内才受到体系影响。德国各联邦州在教育政策领域的互动显然是一种分散式扩散。这表明"转移"一词不适合描述德国联邦州的政策扩散形式。

罗杰斯（Rogers，2003：26）将社会体系的准则定义为"社会体系成员的既定行为模式"，准则是指可容忍的行为范围，是社会体系成员行动的指南或标准。这些准则提供了一个社会文化框架，使创新在社会体系中的扩散具有可能性，从而为体系成员及整个体系的创新设定范围。而革新推动者和意见领袖等是社会体系的特殊成员。意见领袖的出现体现了某些个体（个人或组织）在体系内部沟通网络中的特定角色和重要影响。

以上是罗杰斯所总结的沟通渠道和社会体系的特点，我们还需探究它们的具体内涵。沟通渠道和社会体系的特点彼此密切相关，具体沟通情况才是核心问题。如果说罗杰斯所提出的沟通层次和方式体现了不同沟通渠道之间的差别，那么，社会体系结构和沟通模式则描述了谁与谁沟通、基于何种巩固的互动关系进行沟通。意见领袖是人际沟通渠道中的特定角色和典型代表；而革新推动者则代表体系外部利益群体，他们试图对体系成员产生影响。因此，社会体系的特征决定了体系成员对沟通渠道的选择。同时，社会体系的特点还决定沟通渠道和具体形式，如形成沟通领域、观察网络、沟通参与者间的角色关系，或者产生沟通主题、构成互动障碍等。

如果说沟通渠道描述了基本的、正式的和初始的沟通模式，那么社会体系的特点也同样反映沟通模式。因为同样的沟通模式是基于特定的社会体系发展历史和成员的持续互动形成的。然而，实证研究模型中的沟通模式是否有助于区分理论可能性及实际发展过程中形成的体系？本研究的分析模型至少在"体系的创新性"概念下提出了整合沟通渠道和社会体系特点的方法，概括了体系成员行动的可能性和局限性。这些可能性和局限性与信息扩散的方式（沟通渠道）和范围有关，也受到社会体系的特点和历史经验的影响。体系的创新性可以体现该体系的沟通模式，通过该模式，体系成员可以根据自己的职责，定期接收体系内外事态发展的信息。

2.1.5 体系成员的特征

显然，一个社会体系的成员对创新的扩散具有独立且重大的影响，因为最终是由他们决定接受还是拒绝创新。然而，在罗杰斯对创新扩散过程的4个要素的描述中，并未特别强调体系成员。罗杰斯认为，创新扩散的核心要素是创新、沟通渠道、社会体系和时间。但在对扩散过程的深入描述中，罗杰斯对体系成员及其影响表示认可。

若不对罗杰斯所提出的扩散过程的4个要素进行扩展，很难解决体系成员在创新过程中的意义归属问题。理论上，体系成员应被视为第五要素。他们对创新扩散的特殊影响源于其不同的创新性。创新性是指个人或其他采纳组织比体系内其他成员更早采用新理念的程度（Rogers，2003：23）。体系成员的创新性取决于他们的社会经济特征、个人特征和沟通行为。

（1）社会经济特征，如教育水平、未来发展方向、财富、组织的规模等。

（2）个人特征，如同情心、坚定的信念、抽象思维和理性思考的能力等。

（3）沟通行为，如人际交往和对外交往，搜集信息的活动。

基于体系成员创新性在社会体系中呈正态分布的假设，罗杰斯（Rogers, 2003：281）划分了5类典型的创新适应者，他们具备不同的创新性，并且每类创新适应者都有典型的属性特点（图2.1）。

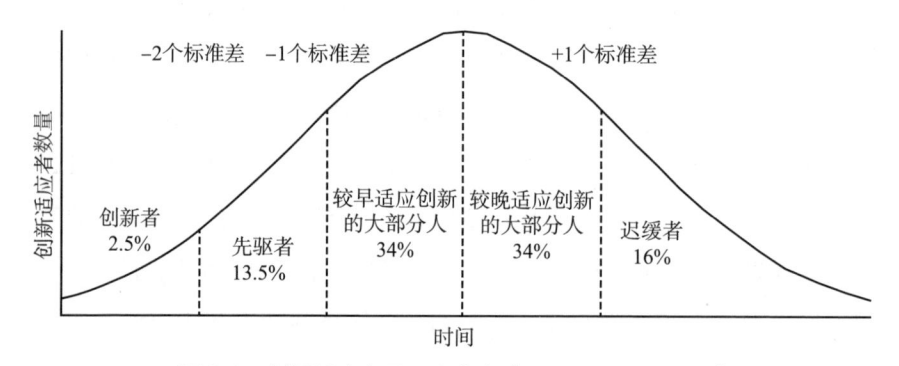

图2.1　创新适应者呈正态分布（Jäger, 2004: 95）

罗杰斯将前2.5%的体系成员（-2个标准差）称为创新者。他们往往是爱冒险、兴趣广泛的个人或组织，大多处于各自体系的边缘，并且与外界有紧密联系。在创新采用的过程中，13.5%的体系成员，即先驱者或早期创新适应者，作为意见领袖在社会体系中具有很高的地位，因此他们首先影响体系成员对创新的认知和认可，判断创新是否有用和可实施。较早适应创新的大部分人（低于平均水平1个标准差范围内）在社会体系中的地位不太突出，但与较晚适应创新的大部分人相比，他们对创新采用的决定仍具有较高自愿性。对于较晚适应且更持怀疑态度的群体来说，不得不向大多数人所形成的新准则看齐是一种社会压力。罗杰斯把创新性落后于平均值甚至超过一个标准差的群体称为迟缓者（犹豫者、落伍者）。他们在社会体系中的地位相当孤立，且极其闭塞，同时他们的资源和承担风险的意愿是有限的。

耶格尔（Jäger，2004：96）曾提议，应从迟缓者群体中划分出最终仍抗拒创新的体系成员。但在罗杰斯的方案中，存在抗拒创新者是极其正常的。罗杰斯有一个预设，即所观察到的社会体系仅由自愿的适应者组成，由于他们在体系中有一定地位且具备行动可能性，他们迟早会采用创新。

然而，在定量数学模型中，对于创新扩散影响因素的分类，罗杰斯提出的创新适应者分类方式似乎不太适用，因为罗杰斯的分类方式是根据体系成员的具体特征和条件概括得出的。因此，不同适应者群体的分类是否可以依据他们的显著特征，这更像是一个需要实践检验的假设，而并非一种适合任意社会体系、具备良好指标的分析方法。但是，最终肯定还是会回到体系成员的特征，以特征衡量他们的创新性。因此，罗杰斯提出的特征类型（社会经济条件和个人特征、沟通行为）必须结合体系和主题具体化，并补充完善（2.3.3）。

2.1.6 从时间视角分析创新性与创新采用率

显然，创新扩散过程的分析与时间有关，且有着密切联系，这一点无须赘述。创新扩散需要时间；只有按照时间顺序观察各个事件时，扩散的过程才能呈现出来。当然，对于创新在体系内部扩散或获得采用的过程，时间也具有分析意义。因此，可以以时间为基准，比较和评估创新采用的速度。

体系成员的创新性是罗杰斯提出的一个分析指标。他根据体系成员采用创新的速度对其进行区分。采用率是罗杰斯提出的另一个分析指标，他将之定义为"社会体系成员采用一项创新的相对速度"（Rogers，2003，23）。采用率是指新理念的整体扩散速度，是反映体系成员及社会体系（沟通渠道和特征）的创新性的指标。

罗杰斯（Rogers，2003：272-275）认为，某一新理念在社会体系中的扩散模型基本上呈"S"形，即采用创新的群体规模随着时间以"S"形累计增长（图2.2）。

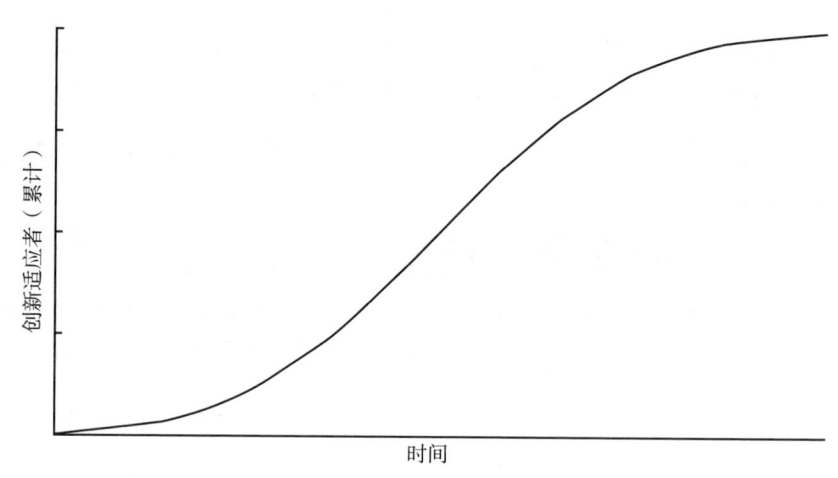

图2.2 "S"形扩散曲线（Mahajan/Peterson，1985：9）

最终，这条曲线正如前文对创新适应者的分类一样，呈现正态分布趋势。在创新扩散的初期，通常只有少数适应者；随后其数量缓慢增加，直到达到第一个转折点；从该转折点开始，创新采用的曲线急剧上升（在创新者之后，先驱者、较早适应创新的大部分人适应了创新）。然而，当一个新理念获得采用之后，还有可能采用创新且主观上愿意并能够迅速采用创新的体系成员数量就会减少。因此，创新扩散曲线出现第二个转折点，从该转折点开始，单位时间内的创新采用行为数量大幅减少，并最终停止。

上述曲线是创新扩散理论中的重要内容。偏离"S"形——假定无特殊情况——是由特殊的社会体系和沟通渠道、特别的创新内容所造成的。我们可以通过多种方式来修正"S"形曲线：加强或削弱扩散行为，或者推迟扩散峰值的出现时间，从而消除扩散过程中的一般对称性。马哈詹和彼得森（Mahajan/Peterson，1985：16）指出，大众传媒等间接或外部的沟通渠道所产生的影响则呈现出完全不同的曲线（图2.3）。

这种累积扩散过程呈现向上的曲线造型。在扩散初期，创新采用的增速是最高的，继而增速下降。克恩（Kern，2000：146）指出，通过特定机制发生政策转移时，该曲线也可能是政策横向扩散的模式。与政策制定者之间直接、双向的沟通模式不同，固定的沟通网络可以确保全部体系成员从创新扩散初期便能获取所有相关信息，从而增加集体适应创新的可能性。但是，克恩（Kern，2000）和马哈詹、彼得森（Mahajan/Peterson，1985）认为，如果政策转移不通过特定机制，而是直接发生转移，则"S"形曲线仍然是一种可能的模型。

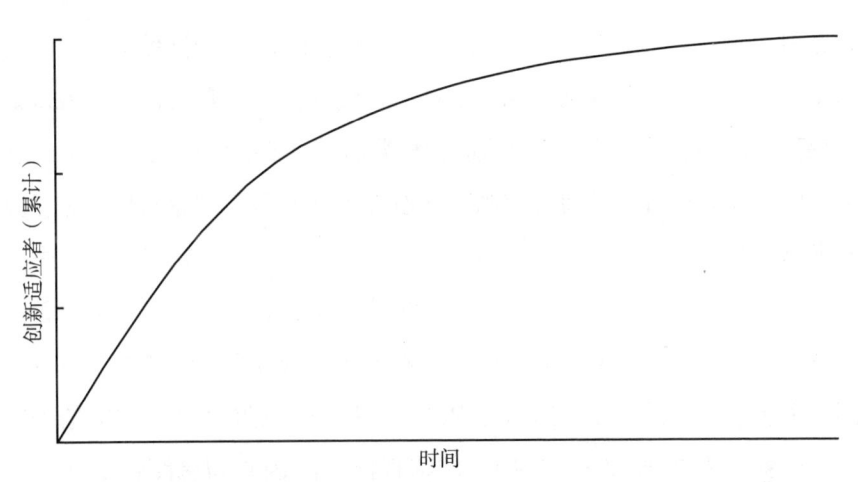

图 2.3　以间接或外部沟通渠道为主的扩散（Mahajan/Peterson，1985: 16）

在本书的后续内容中，"采用率"将被用于描述这些曲线。采用率是通过在单位时间内每个观察时间点上潜在适应者中实际采用创新的人数计算得出的。扩散曲线模型中，在考虑了不同影响因素后，理论上的曲线被修正为实际上观察到的扩散过程。在用于确定这些影响因素的强度及相关性的数学模型中，采用率成为因变量。

2.1.7　小结

本研究未能找到将创新扩散研究聚焦为某种特定方法、某一研究问题的文献。以往对创新扩散的研究都是从不同角度出发、运用不同方法来进行的，而罗杰斯的理论研究尝试系统地整合各种研究方法和研究结果，但最终结果依旧是混乱的。定量分析法、定性研究法、全局性问题、细节性问题，均有提及。例如，除已经提出的理论和概念框架，罗杰斯还讨论了创新采用时潜在适应者决策过程的类型、组织中创新管理的挑战、创新的结果等。

然而，就本研究的目的而言，我们无须进一步深入探讨罗杰斯的研究结果。本研究不关注德国各联邦州文教部及联邦州议会内部政策制定过程，也不关注其结果。本研究主要关注的是作为各联邦州之间创新路径的沟通渠道。本研究选择了一种量化的研究方法，以便在无人涉足的研究领域也能起到指导作用（1.4）。本节所讨论的概念和类别是数学建模和统计估算的基础，这些数学建模和统计估算可能反映德国联邦州教育政策理念的扩散过程所受到的影响。

（1）"创新"和"创新扩散"是本研究的核心术语。在此基础上，研究对象首先得到明确。不同于其他研究常常关注学校改革的细微差异或分析德国国家主张和方针的失败，本研究仅关注创新在社会体系成员之间的扩散过程。衡量某一事物是否为一项创新，不能根据内容上的客观标准，而应根据体系成员的主观评价。因此，教育政策数量、采用范围、适用性和结果都不是研究对象。只有扩散的广度和速度、相关影响因素才是重点。

（2）按照罗杰斯的说法，研究创新扩散可以从以下几个方面入手：创新的特征、体系的创新性（沟通渠道及社会体系的特征）、体系成员的创新性、时间。其中，时间（因变量）反映采用率体现在数学模型中。而其他方面的内容需根据具体调查领域（如德国联邦州的教育政策）进行补充。

（3）对创新扩散的要素及其特征进一步进行区分，原则上应遵循罗杰斯的理论：基于5个"感知属性"总结创新的特点，对特定沟通渠道及社会体系的特征进行区分，以及基于体系成员的特征评估其创新能力。

在特定学科领域、针对特定问题，以及在某些实证研究设计中，不仅要考虑可操作性，即研究者对概念的区分在多大程度上能得到广泛接受；更要考虑研究的实用性，即数据收集和分析过程中成本和产出的关系。

本研究根据罗杰斯的理论构建分析模型（图2.4）。此分析模型一开始便阐述了罗杰斯理论所依据的模型，整合了其理论中与本研究相关的核心要素。本研究旨在对德国联邦州教育政策的创新扩散模式进行实证分析，因此未能涉及罗杰斯阐述的某些主题。面对德国学校系统或一般学校系统的创新能力这一根本问题，创新扩散研究的丰富内容绝不是以往的研究（Wiechmann, 2002; Jäger, 2004; Gräsel/Jäger/Willke, 2006）所能覆盖的。

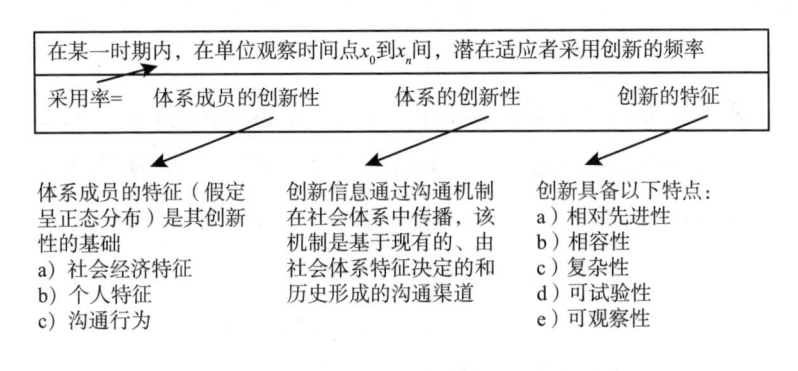

```
┌─────────────────────────────────────────────────────────────────────┐
│  在某一时期内，在单位观察时间点 $x_0$ 到 $x_n$ 间，潜在适应者采用创新的频率  │
│  采用率 =    体系成员的创新性        体系的创新性         创新的特征       │
└─────────────────────────────────────────────────────────────────────┘
              ↙                      ↓                    ↘

体系成员的特征（假定        创新信息通过沟通机制         创新具备以下特点：
呈正态分布）是其创新        在社会体系中传播，该         a）相对先进性
性的基础                   机制是基于现有的、由          b）相容性
a) 社会经济特征            社会体系特征决定的和          c）复杂性
b) 个人特征                历史形成的沟通渠道            d）可试验性
c) 沟通行为                                            e）可观察性
```

图 2.4　根据罗杰斯的理论所构建的分析模型

然而，完全照搬已有理论也有局限性。创新扩散理论概括和总结了跨学科的实践经验和系统研究成果；同时又是具体研究对象和当下研究现状的分析，其缺点和不确定性在应用过程中难以避免。一方面，得益于创新扩散研究，人们能有理论依据、跨学科、系统地应对社会体系中新事物的出现，来自各个社会领域的多项实证研究都证明了这一点；另一方面，可研究主题有限，研究方法也存在局限性。

创新扩散研究一贯支持创新、反对传统。创新扩散研究存在一种倾向——更重视成功的扩散，对其给予更高的评价，而对扩散甚少或根本没有扩散的创新，则不予关注。所使用的研究方法也自然而然地偏向对创新的关注，并因此将个别抵抗或犹豫行为视为消极行为。这与体系成员的创新性及其在扩散过程中的作用这一主题相对应。在研究成功的创新扩散的影响因素和关键时，重点一再放在各类适应者身上。因此，关于创新的意义和结果，

以及社会体系和沟通渠道对创新扩散的影响等问题就被忽视了。

在方法上，创新扩散研究关注一个时期内的变化，而不是在某一时间点进行评估，这也增加了研究难度。其难点是如何追溯扩散过程。这就需要对所观察体系的成员进行回溯调查，但此过程极不可控，使调查久远、漫长的扩散过程困难重重。另外，为了对创新扩散进行标准化描述，创新扩散研究也倾向于忽略创新的再创造现象。然而在研究时间范围之外，该研究依旧倾向于做此假设，即创新采用具有延续性，而体系成员对创新的抵抗也具有持续性。

由于扩散过程追溯很难，创新扩散研究最终以体系在某一特定时间点前的创新采用为主，然后通过相关分析追溯体系成员的某些行为倾向和特征（Rogers, 2003: 125-126）。这也适用于目前关于政党对德国教育政策影响的政治学研究（Schmidt, 1980; Stern, 2000; Payk, 2006）。而体系特征和沟通渠道会随着时间的推移产生影响，难以纳入分析。因此，研究主题和研究方法的局限性相互关联，使研究者难以确定可行的研究问题。

罗杰斯（Rogers, 2003: 112-130）指出，未来应加强对研究方法和问题的研究，以便有效解决上述不足。需要关注和研究的问题包括创新的低速度扩散，创新从发明、推动再到扩散之间的发展过程。总之，应长期关注创新扩散的过程。但与其对扩散过程进行回溯调查，不如在几个时间点进行调查以反映创新扩散的过程。因此，研究者需要在研究设计时探索新的途径，除了实地调研，罗杰斯还提倡长期跟踪研究，重视历史档案材料的价值，并使用三角测量法（Flick, 2000; Steinke, 2000）。

选择适合本研究的方法和案例时，必须考虑以上建议。

2.2 美国政策扩散研究作为研究策略参考

罗杰斯的理论概述了创新研究的概念和系统框架，对研究德国联邦州和德国教育政策具有借鉴意义。然而，在本研究实证部分，我们采用了另一种研究传统作为模型，即美国政策扩散研究。

美国政策扩散研究与罗杰斯的理论研究成果并无冲突，二者的发展也并非完全独立。罗杰斯提出的抽象概念被反复用作政策扩散研究的指导原则（Walker，1969；Gray，1973；Savage，1985；Blancke，2004）。同时，罗杰斯将美国的开创性研究视为先行者。这些研究成果为罗杰斯理论体系的建立做出了重要贡献。因此，这两种研究方法之间的关系就是一般和特殊的关系。同时，美国政策扩散研究方法的最新发展，有助于解决罗杰斯所强调的研究范式中方法方面的缺陷。因此，贝里（Berry）夫妇提出的用于政策扩散研究的事件史分析法（1990年首次提出，1999年系统提出）值得考虑。该方法需要巨大的数据储备，而且是一种量化评估的数据统计方法，可以用来研究政策理念随着时间推移在各联邦州中横向扩散的情况。

本节将概述美国以往的政策扩散研究（2.2.1）及其在20世纪90年代的发展（2.2.2），其中还特别提及一个新的方法——事件史分析法（2.2.3）。

2.2.1　以往的政策扩散研究

在美国，政策创新扩散研究是联邦制研究的一部分，重点是政策创新及其横向扩散。沃克（Walker，1969）比较了美国议会自1850年以来各领域的88项政策，并研究了美国各联邦州之间创新扩散的模式，使该类研究成为特定主题领域，具有开创性意义。沃克以美国各联邦州的立法行动为研究对象，并根据立法具体内容做出评估。沃克说，"我的目标是对创新的相对采用速度和扩散模式做出解释；我对俄克拉荷马州民权委员会的有效性不感兴趣，但对立法机关如何产生成立委员会的想法及为何要成立委员会感兴趣"（Walker，1969：882）。作为研究分析的第一步，沃克首先评估计算美国各联邦州的创新性分值。对于美国各联邦州的每项立法，他都会确定该政策理念从首次实施到全面贯彻之间的时间间隔，并将这些数值相对于创新采用过程的总时间进行标准化处理（0.000=最先行动的联邦州，1.000=最后行动或不行动的联邦州）。根据88项政策理念的单独分值，沃克构建了一个跨政策领域的创新性指数，从而获得了关于美国各联邦州采取立法行动的平均时间信息。沃克以该排行榜榜首或末尾的联邦州为调查对象，试图了解这些联邦州有什么共同点和不同点。沃克的重点是美国各联邦州的创新性和推动创新的内部特征。为此，他计算了美国各联邦州的创新性分值与社会经济特征（人口规模、城市化、工业化、财富、教育水平）、政治因素（政党竞争、基于人口的议会代表数量、政府更迭和议会专业性）的相关性。作为研究分析的第二步，沃克研究了横向沟通渠道对美国各联邦州的影响。沃克说，"我想关注各联邦州政府之间的相互认知和关系，并说明这些关系如何影响各联邦州决策者的行为"（Walker, 1969: 889-890）。沃克分析了82项政策的相关因素，以确定美国各联邦州立法行为的可能模式。美国某些联邦州（类型相似或位于相同区域）是否总是同时做出反应，或者创新采用过程是否存在规律性，以证明美国各联邦州间存在相互观察和沟通关系。调查结果显示，美国各联邦州在创新采用的过程中存在显著的区域特征（南部、新英格兰地区、北部山地区域-西北部、大西洋中部-五大湖、边境-五大湖-加利福尼亚州）。

美国各联邦州的创新性与多个因素有关，尤其是创新性分值最高的纽约州。但加利福尼亚州似乎是一个特例。沃克将此解释为这些联邦州在全美国范围内具有示范作用，"由于纽约州和加利福尼亚州始终在创新方面引领全美国，因此它们也许不是区域集团或'联盟'州的成员"（Walker, 1969: 893）。对于沃克来说，关于区域集团在创新采用过程中时间一致性的研究（将影响因素分析与1870—1929年、1930—1966年的立法法案相比较）证明，区域沟通渠道是可变化的。"基于区域间的紧密联系和共同文化，传统、既定的沟通和评估模式仍然存在，但这些数据表明，该体系正在缓慢改变。各联邦州的决策者似乎正在采用更广泛的、以国家为重点的、超越地区边界的新沟通渠道"（Walker, 1969: 896）。

沃克的理论和方法对美国政策扩散研究的影响长达20年——它们不仅推动了美国政策扩散研究的发展，而且还成为相关研究的参考，甚至被作为研究批评的对象（Savage, 1985; Clark, 1985; Eyestone, 1977; Foster, 1978;

Menzel/Feller，1977）。例如，格雷（Gray，1973b）批判沃克的论证，认为沃克的论点忽略了政策对象和政策领域的多样性，并批评他对区域沟通模式的关注。也就是说，沃克的理论忽视了实际扩散过程及不同数学模型的可能性。

格雷强调，一方面，在研究政策时有必要分析个案，根据政策的相似性和对当前法规的干预程度做个案分析；另一方面，应采用基于创新扩散一般模型形成的研究方法。艾斯顿（Eyestone，1977）指出，排除跨州活动、推动因素（如联邦层面）等变量有一定困难。但他也注意到沃克或格雷的研究设计存在的基本问题：①模型中没有充分考虑到影响变量随着时间发生的变化；②在没有独立检验的情况下，将不同时期的扩散过程相互比较；③对创新扩散研究限定时间范围是不合理的（许多政策创新的扩散期超过30年）。另外，在某段时间将一个政策理念视作常量，从而将扩散过程视为连续不断的，这也值得商榷。

美国政策扩散研究的理论基础与罗杰斯的早期著作直接相关（其经典著作的第一版于1962年出版）。创新的概念也是美国政策扩散研究的理论基础——在罗杰斯理论基础上略有修改。沃克（Walker，1969：881）认为，"'政策创新'也可以这样定义——无论一份方案有多陈旧、无论有多少联邦州已经采用了这份方案，对新采用该方案的联邦州来说，这就是新方案或新政策。"沃克的定义避免了将事物是否为创新的判断与潜在采用者的主观评价直接画上等号。在立法领域，根据当前立法情况，旁观者也能客观、明确地判定某一政策是否属于创新。

因此，可以将"政策创新"视为法律中尚不存在的事物。该定义既没有明确规范，也未涉及实质内容，仅对创新涉及的范围做出规定——在其定义下，政策创新的范围必须足够大，以至于需要立法或专门对政策方案进行解读。因为部分政策无须立法便能通过行政管理部门实施，该定义将这部分政策理念排除在外。

同时，将法律修改作为政策理念获得采用的具体体现，也解决了扩散过程的追溯问题。由于法律条例的颁布日期可以作为政策采用时间，因此相关政策制定者（如议会）做出政策采用的决定是可比较、可观察，并能明确具体时间的。即使部分立法过程时间久远、记录不全，也应可以通过各种资料和调查来重现该政策扩散过程。因此，政策扩散可以直接被量化，并通过数学模型加以分析。

这种方法也有一定缺陷，即忽略了议会决策的具体过程和讨论内容。另外，在政策理念初次被提出后，实际发生的扩散过程也被简化为连续、线性的扩散过程。在该方法中，早期活动始终被视为后期活动的基础。这样一个累积渐进的学习过程，完全是由相关政策行动者臆想而出的。

然而，直到20世纪90年代，研究人员实际使用的研究方法、分析过程和分析视角都没有统一的框架。虽然这些研究更受沃克的影响，向政治学概念和论述靠拢，但在罗杰斯扩散理论的背景下，格雷的方法代表了更抽象的跨学科和数学建模方法。直到贝里夫妇（Berry/Berry，1990，1992，1999；auch Gray，1994）的著作出版，不同方法才被明显整合起来。

2.2.2　20世纪90年代的新概念方法

贝里夫妇的著作对重构美国的政策扩散研究具有双重意义。一方面，抛开沃克和格雷之间的争论，贝里夫妇对过去几十年的研究方法进行分类，系统比较各个研究中研究问题的异同。另一方面，贝里夫妇所提出的新方法能综合处理不同的研究问题，同时有望解决扩散研究普遍存在的方法问题（未充分考虑随时间变化的变量；未充分考虑研究时间范围的局限性，因为扩散时间理论上是无限的）。

贝里夫妇区分了政策扩散研究中的两种常规模型：一种模型侧重描述个别采用者（联邦州）的特征（创新性），即内部决定因素模型；另一模型侧重描述政策区域扩散模式，即扩散模型或外部决定因素模型。据贝里夫妇（Berry/Berry，1999）对早期政策扩散研究整理，4种跨州扩散模型具有以下特征（Blancke，2004，37）。

（1）全国性互动模型。该模型的前提是国家是一个"完全混合的体系"。在该体系中，若创新还未被全面采用，所有联邦州原则上都能平等互动，随时都有同等机会采用创新。它是基于扩散过程的最抽象、最简单的数学建模，最早出现在格雷、门泽尔、格利克等的著作（Gray, 1973a; Menzel/Feller, 1977; Glick/Hays, 1991）中。

（2）区域扩散模型。该模型是对全国性互动模型的补充，假设相邻的联邦州（邻居模型）或在一个区域内的联邦州（固定区域模型）更有发生互动的可能性（Walker, 1969; Mooney/Lee, 1995）。

（3）领导-跟进模型。该模型假设各联邦州之间的互动关系是由特定角色来推动和维持的。具有较高创新性的联邦州重复扮演着榜样和先锋的角色，引领其他犹豫不决、不愿冒险的联邦州（Walker, 1969; Forster, 1978）。

（4）垂直影响模型。该模型假设国家层面的政策行动者（联邦政府和联邦议会）具有特殊的影响力，并将其单独纳入模型中（Eyestone, 1977）。

贝里夫妇（Berry/Berry, 1999）没有明确、系统地梳理影响联邦州创新性的特征指标。然而，对于后续研究，他们提出一个基于组织社会学创新研究的模型（Mohr, 1969）。

联邦制国家采用新政策理念的概率受以下因素影响（Berry/Berry, 1999: 181-183）：①政策行动者的创新动机，如距离选举时间的远近、政党竞争的强度和执政党多数席位的稳定性等因素；②创新所面临的障碍，以及克服障碍所需资源可用性，如创新的财政支持和获得资助的可能性，政府对创新提案的传达、解读及政党、议会和行政管理部门的专业性（是否配备专业人员）。

在对以往的政策扩散研究的批判性反思过程中，贝里夫妇并不关注何种理论和模型更可取、更能证明自己的观点。他们认为，对于联邦制国家的政策扩散研究来说，一切不同方法原则上都是适用的。目前的问题在于，还未能将所有方法结合在一个实证分析模型中。研究方法的差异体现为因变量的具体概念（创新采用的速度或概率）、所使用的分析方法（相关分析、回归分析或因素分析)等方面。

因此,贝里夫妇(Berry/Berry,1999)提出了一个综合研究模型。在该模型中,贝里夫妇将通常被视为竞争关系的理论方法置于一个公式(图2.5)中。

采用可能性 $_{i,t}$	=	f(动机 $_{i/t}$;资源/障碍 $_{i/t}$,其他政策,外部因素 $_{i,t}$)
采用可能性 $_{i,t}$	=	某一联邦州 i 在 t 年份中采用某项政策的可能性
外部因素 $_{i,t}$	=	在时间 t 时对某一联邦州 i 政策扩散影响的变量
动机 $_{i,t}$	=	某一联邦州 i 在时间 t 时采用政策的动机
资源/障碍 $_{i/t}$	=	某一联邦州 i 在时间 t 时采用创新的障碍和克服障碍的可用资源
其他政策 $_{i,t}$	=	某一联邦州 i 在时间 t 时现行政策对采用该项政策的影响

图2.5 贝里夫妇关于政策扩散研究的综合模型(Berry/Berry,1999:187-188)

然而,由此产生的"联邦州政府创新"综合研究模型在概念和体系上都令人不满:该模型更多的是基于假设而不是实践。由模型结构可以明显看出,该模型将外部影响因素(沟通渠道)单列,而内部因素(各联邦州政策行动的条件)包含3个因素。贝里夫妇在模型新增了一个内部因素——其他现行政策。在他们看来,其他现行政策的存在会影响某个政策理念的采用概率。从内涵上看,其他现行政策只是代表了政策理念实施过程中不同程度的障碍或支持,更应该被列入"资源/障碍"。引入其他现行政策作为影响因素只代表了一种研究策略,即在研究政策的变化时应更多关注现行政策,这些引入的政策本身不能算作一种类别。

贝里夫妇的研究模型还有另外一个问题,即对政策特征缺乏思考。不同政策是否因某些特征而出现不同的扩散情况,该问题并未体现在他们的研究设计中。就分析能力而言,该模型比不上格雷(Gray,1973)所强调的扩散模型,后者关注到政策的相关依赖性。然而,这并不该被认为是贝里夫妇所提出的研究模型的概念性缺陷。格雷将政策理念归入政策领域进行研究,该做法已然受到指责。因为理念不是明确的,会根据潜在采用者的兴趣和观点而出现不同结果(Eyestone,1977)。正如罗杰斯所提出的,对创新特征的评估是主观的、视情况而定的，因此会随时间发生变化。

因此，要想充分掌握政策特征，就需重现政策行动者对政策特征的评估——无论是在其采用政策时，还是在采时政策前。随着时间的变化，主观评估还会出现可否重现的问题。即便如此，研究人员也会对决策过程的相关材料进行内容分析，也直接与当时的政策扩散见证者进行访谈。

然而，这样的研究策略缺乏可实施性，而这正是以往的政策扩散研究所固有的优势，也是贝里夫妇所提研究模型所保留的。此处所指的可实施性，即研究者可以基于政府和立法机构的立法倡议和修正法案，大致重构政策扩散过程。在对政策发展过程进行分析的同时，还必须查阅大量档案和开展调查。因此，必须审视贝里夫妇所提研究模型的局限性，以确定其在更大背景下的合理性。不过，这只影响其模型的实用意义，而不影响其总体结构。总体而言，贝里夫妇的研究模型不够成熟；然而在政策扩散研究中，此研究模型对可行性、相关性的探索和获得的经验，还是有意义的。

虽然本研究在罗杰斯的理论基础上建立了分析框架，但以往的政策扩散研究对本研究的分析框架设计也有指导意义。本书将集中讨论本研究模型（2.3）。在此之前，还须介绍贝里夫妇提出的事件史分析法。

2.2.3 事件史分析法作为方法

贝里夫妇（Berry/Berry，1990，1999）提出了一种全新的美国政策扩散研究方法，基本上独立于迄今为止的扩散研究，具有很强的定量统计特点（Gray，1994；Braun/Engelhardt，1998）。事件史分析有时也称时间序列分析、停留时间分析或生存分析。事件史分析在人口学（出生和死亡趋势、婚姻和亲子关系等）、社会学（生平、差异、移民、职业和劳动力市场研究）、医学/组织学（疾病和传染轨迹）、经济学（市场、公司、消费行为的发展）等方面都有应用（Blossfeld/Rohwer，2002）。从方法上有，事件史分析可以区分为有参数和无参数的分析。

事件史分析具有跨类型的特点，这一特点体现在被分析数据的形式中。

被分析的数据提供"关于时间进程的信息,即在某一事件发生前的时间间隔长度,而所谓的'事件'可以是辍学、离婚、换工作、对外籍劳工态度的改变或军事政变等"(Dieckmann/Mitter, 1984: 11)。"事件"可定义为在特定时间点发生的明显(可见的)质变,"事件"明确区分了特定个体(个人、组织、机器等)的前后状态。

从形式上看,作为研究对象的事件是不可重复的(如出生或死亡),并且只区分两种可能的状态(如生或死)。除此之外,事件史分析还可用于分析不同类型的事件(换工作或被解雇)或多种状态的变化(再婚、父母身份、政府更迭、刑事犯罪)。这种与对象相关的观察策略的改变,对应的是更具差异性、更高要求的方法,以及特殊的计算机辅助分析程序(Allison, 1984; Pötter/Rohwer, 1999; Blossfeld/Rohwer, 2002)。

事件史分析的定量数据基本上由纵向观测而得。在此,必须区分两种不同形式的数据和观察方法,即对事件的观察是连续的(单次观察之间的时间间隔无限小)还是离散的(间隔观察)。虽然连续观察原则上包含更精确的信息,也可以使用统计推断方法加以处理(参数和半参数方法)(Dieckmann/Mitter, 1984; Blossfeld/Hamerle/Mayer, 1989; Rohwer/Pötter, 1999; Blossfeld/Rohwer, 2002; Box-Steffensheimer/Jones, 2004),但某些调查受客观条件的限制,只能进行离散(每月、每年)观察。对于此类数据的分析,通常无法使用参数和半参数分析方法(Allison, 1984)。

最终,贝里夫妇在政策扩散研究中提出应用事件史分析法的建议,该方法仅与时间序列研究讨论的部分可能性有关,即"过渡率模型"(Blossfeld/Rohwer, 2002: 86)。这主要是由于政策扩散研究所采集数据的性质。该方法对美国各联邦州是否采取行动并未做连续记录,只有年度记录。同时,对采用事件的观察仅限于联邦州政府最初的采用行为,通常不会考虑此后联邦州政府是否持续采用政策,或者政策会否发生变化。除此之外,该方法仅考虑事件的两种状态——发生、未发生。之所以如此,一方面是因为政策扩散研究的观察对象具有特殊性。为了使观察简单化且具有可比性,只进行离散观察；另一方面是因为在政策扩散研究中的政策行动者（联邦政府或州政府）数量往往太少，无法进行连续观察。如果连续观察分析美国50个联邦州之间的政策扩散情况，即使只有一年的研究时间范围，并且政策理念在这一年内完全扩散，365天中也会有315天始终没有变化。若要研究仅有16个联邦州的德国的政策扩散过程，即使每月进行一次观察，观察次数的数量也会在一年半后超过可能发生的事件数量。如果考虑到政策制定过程本身需要时间，而且很难有一个政策理念的完全扩散时间少于5年（艾斯顿的研究指出，许多创新政策的扩散期超过30年），那么每天甚至每月记录的方法似乎也不实际。很多时候，随时间变化而产生影响的因素只能从多年汇总的数据中才能发现，如美国学生成绩评测中各联邦州的学生人数或评测分数。另外，政策扩散效果不能由日、月来计量，但至少要半年、一年观察一次。因此，每年观察一次的方法似乎是最合适的，这样可以清楚地将政策扩散相关活动与随时间变化的影响因素联系起来。

尽管在政策扩散研究中事件史分析法具有明显局限性，但仍然是对现有政策扩散研究方法集的重要补充——利用综合研究模型，可以避免研究者在面对不同问题时所采用研究方法的不一致性，降低随时间变化的变量的评估难度，并确保考虑到发生右删失的可能性[①]。艾莉森（Allison，1982 und 1984）描述了事件史分析的基本过程，用于对具有二分法特征的不可重复事件进行离散观察，贝里夫妇的理论研究也参考了艾莉森的相关工作。

事件史分析法的基本要素是"风险集"和"风险率"，它们在针对连续

---

① 由于实证研究的时间限制，在观察时间范围内，被研究的个体（如癌症患者）未明确发生相关事件（如治愈或死亡）。因此，只对单个时间点或初始至最终状态间的变化进行统计评估。这样一来，在研究时间范围，也许会系统性地低估或高估未发生事件的重要性。右删失的观察过程相当于从左到右阅读一个句子，文本在右侧突然结束。如果只看一行的最后一个字（发展的最终状态），则极有可能出现误解。这与随着时间推移不断纳入新的发展不同，后者相当于逐字阅读文本——这样的文本解释不仅在原则上更有依据，还可根据现有的文本信息，尝试推测出丢失的句子内容。在左删失观察下，即相关事件发生在研究时间范围之前，那么时间过程分析几乎没有用处。若不能排除之前的事件对研究时间范围内事件的重大影响，那么信息缺失就会产生巨大影响。只有恰当的研究设计才能解决这个问题（Dieckmann/Mitter，1984：23）。

收集数据的大规模统计模型中具有意义。艾莉森（Allison，1984：16）将风险集定义为"在每个时间点有发生风险的个体事件集合"。风险集所包含的事件数量随时间变化：若在前一个时间点发生了相关事件，那么在每一个新的时间点，风险集所包含的事件都会相应减少。

"风险率"被定义为"当某一个体处于危险之中时，某一事件在该时间点发生的概率"（Allison，1984：16），基本上等同于罗杰斯的"采用率"。风险率可以表示有可能采取行动的联邦州在某一时间点采取或不采取某政策的概率。与风险集一样，风险率与特定观察时间点有关，并随时间变化而变化。但风险率有假设前提，即在特定时间点，所有"有风险"的联邦州都有同样的风险率。这使风险率计算方式极为简单："在每年，用事件的数量除以面临风险的个体数量"（Allison，1984：16）。

在艾莉森提出的逻辑回归模型中，事件在时间点 t 的发生概率是包含若干个解释变量的线性函数中的因变量。在经过多次数学调整后，用离散数据进行事件史分析的基础方程如下（Allison，1984：18）：

$$\log[P(t)/1-P(t)] = a(t) + b_1 x_1 + b_2 x_2(t) + \epsilon$$

$P(t)$ 是"假设某一个体在时间点 t 有发生某一事件的风险，则该个体在时间点 t 发生该事件的概率"（Allison，1984：17）；$a(t)$ 是单位观察时间的虚拟变量，用于控制时间对事件发生的单独影响；x_1 是不随时间变化的恒定值，x_2 则是随时间变化的变量，b_1 和 b_2 分别是它们的回归系数；变量 ϵ 表示模型未阐明的剩余残差。

正如艾莉森1982年所解释的，单个自变量的影响可以通过二元逻辑回归分析方法来估算。基础回归方程之所以发生变化，因为 $P(t)$（在时间点 t 有风险的个体在时间点 t 发生事件的概率）不作为因变量包含在具体的数学估算方程内，而是作为二分编码变量，即在时间点 t 有风险的个体（研究对象）在时间点 t 发生或不发生事件。"当然，风险率作为概率，是一个无法观察的变量。在事件史分析法中，用于估算效果的因变量是一个虚拟变量，当个体发生事件时，得分为1，否则为0"（Berry/Berry，1990：398）。

利用离散事件数据进行二元逻辑回归分析，首先需对数据集进行特定处理。"对于所有已知存在风险的个体，每一观察时间点都要建立单独的观察记录"（Allison，1984：18）。在每次观察时，需要为每个研究对象记录有关事件是否发生。对于那些被观察到事件发生的个体，在后续研究中无须继续观察，即对这些研究对象的观察在事件发生的那一年结束。与单纯记录所发生的事件相比，此过程意味着数据集的显著增加——研究人员将每一年无事件发生的情况也作为数据记录下来。

事件数据分析的优势是可以更好地包含右删失的事件进程，以及使用随时间变化的影响因素的可能性。这些优势可以通过以上数据集设计方法得到具体体现。对事件进行数据分析意味着在每个时间点对每个研究对象进行记录，因此每个时间点的事件状态都有相应的量化记录。此外，在整个研究时间范围内，部分研究对象持续不发生事件的情况也可以通过数据体现出来。这一数据作为独立变量纳入统计，标志着研究时间范围内可能存在干扰事件发生的阻力。与此相对，对于有事件发生的研究对象，事件发生得越早，它在数据集中出现的次数就越少。一般来说，对于事件史分析过程中的数学估算方法，应注意不考虑时间过程或事件链而仅考虑发生和未发生事件时，某些特征在数据集中出现的次数。某些年份和时间过程的影响仅通过特殊的虚拟变量体现。因此，就贝里夫妇为政策扩散研究提出的方法而言，"事件史分析"一词仍旧具有误导性，因为该方法并未进行时间过程分析，而时间过程分析本身在人口学或医学领域使用的参数、半参数方法中十分常见。

然而，这种模拟历史事件的分析方法还存在一个根本性难点：在一个联邦州尚未明确采用政策前，观察时间内所产生的人年数[①]会导致数据集规模大幅增加，其中已经发生的事件只占少数。在贝里夫妇（Berry/Berry，

---

① 人年数是人口统计分析中的一个基本概念，表示人数同生存年数成积乘之和。例如：1个人生存了一年，其生存人年数为1人年；2个人各生存了半年，他们的生存人年数也为1人年。——译者注

1990，1992）对政治学的分析及其他学者的后续研究（Mooney/Lee，1995；Mintrom，1997a，1997b，2000；Mintrom/Vergari，1998；Hays/Glick，1997；Andrews，2000；Mooney，2001；Grossback u.a.，2004）中，出现"采用"事件的记录仅为所有记录的 5%~10%。然而，这恰恰是事件史分析法的一个优势（Berry/Berry，1990：399；Gray，1994：236），即使受关注事件所发生的比例如此小，也能得到有统计意义的结果。

2.2.4 小结

美国政策扩散研究是本文实证研究方法的范本。本研究吸收了罗杰斯的基本概念和系统理论，数据收集、处理和分析的思路和方法则来自政策扩散研究领域。①政策创新是管理实践中的创新，体现在法律或法规条文的具体变化中。与罗杰斯定义的创新不同，外部能够感知到政策创新的存在（即不同于以往的法律或法规条文）和采用的具体时间（即新法规的颁布日期）。②通过分析潜在采用者在研究时间范围内颁布和修订法规的情况，可以清晰地重现政策理念在一个联邦州的扩散过程，并且理论上不受后续调查和调查者记忆力的影响。③利用事件史分析法创建数据集，并采用事件史分析法进行分析，从而估算各种因素对扩散具体过程的影响。

然而，本研究也会打破目前政策扩散研究的某些做法。

第一，不会像以往那样只研究法规层面的变化。因为人们更关注教育学视角下的教育政策研究，而德国学校法具有较大的调控空间，可以多种方式对学校进行全面指导。同时，可以比较各联邦州与学校有关的条例、法令、大纲及法规，并持续观察变化。如果不了解这些内容，也就意味着将学校在政策和行政管理方面的创新排除在外，因为这方面的创新常常不体现在法律法规层面。

第二，也不会限于单一政策扩散研究。在本研究中，若不对多个政策扩散过程同时进行研究，会影响我们对德国教育政策中稳定的创新路径的探寻。只有同时比较多个案例，才能确定是否存在相对稳定的沟通模式。

然而，必须注意的是，所选的研究案例要相对确定地反映同一体系内的沟通模式——即在时间上大体是一致的，并且政策行动者数量保持一致。因此，需要确认的是，研究对象是德国统一前还是统一后的政策理念扩散过程。最理想的情况是，不同案例的扩散过程原则上属于同一理念框架，这样才更能清晰地说明不同扩散过程的差异是否可以归因于创新扩散模式的不稳定或灵活性。

2.3 "联邦州的政策扩散"研究模型

无论是从本研究的论证布局还是从实际情况来看，创新扩散理论和美国政策扩散研究的概念和已有研究之间均不构成直接推导关系。但它们是相辅相成的。罗杰斯的创新扩散理论是政策扩散研究基本概念和系统化的基础。根据罗杰斯的理论，我们就可以确定社会体系中影响创新扩散的相关因素，并对它们的差异进行讨论（2.1）。

另外，政策扩散研究理论有助于集中研究与联邦州的创新扩散研究密切相关的某些方面。然而在罗杰斯看来，创新扩散研究的内容，并未全部体现在政策扩散研究理论中。这可以解读为缺乏反思（一种不充分的和错误的推导），或者罗杰斯界定概念时对跨州政策理念扩散这一研究领域相关经验的选择。因此，政策扩散研究有助于框定研究范围，将注意力集中在研究对象的本质上。然而，研究领域的限定并不影响罗杰斯的分析模型的基本要素（体系成员的创新性、体系的创新性和创新的特征）。

政策扩散研究有特别的分析视角和重点。在这方面，应首先参考贝里夫妇于 1990 年对政策扩散内部（联邦州内相关）、外部（跨州）影响因素的比较，以及其他学者的研究（Gray，1994；Mintrom/Vergari，1998；Kern，2000）。

基于罗杰斯的分析模型，下文将根据跨州政策理念扩散的影响因素，介绍政策扩散研究的指标选择和结果。首先讨论体系成员的特征（内部决定因素）对其创新性的影响（2.3.1）；然后讨论体系成员之间的沟通渠道和一般体系特征（外部决定因素）的影响（2.3.2）；接着讨论某一项创新（政策理念）的特征对其扩散的重要性（2.3.3）；最后对上述介绍进行总结，概述本研究分析模型和政策扩散研究的具体指标的关系。

2.3.1 体系成员的创新性

美国各联邦州的不同特征与其接受新政策理念的意愿和可能性密切相关，这是美国政策扩散研究的核心结论之一。另外还有一项重要发现——在某些方面存在相同点的联邦州，在全美国采用政策理念的过程中常常都是早期创新者，即使所涉及的政策内容大不相同（Walker，1969；Kritisch Gray，1973b；Wiederholt Eyestone，1977；Menzel/Feller，1977；Foster，1978；Lutz，1997；Mooney，2001）。

有研究指出，率先创新的联邦州和缓慢或根本未采用创新政策的联邦州的社会经济和文化背景各具特点。一般认为，更具创新性的联邦州规模更大、人口更多、城市化与工业化程度更高，并且经济实力更强。除此之外，教育水平[①]和社会经济地位较高的人口占比，立法机构和行政管理部门的人员专业水平高，也是这些联邦州典型特征。根据对研究结果的普遍性解释，这些创新性水平较高的联邦州的社会、经济变化更具活力，因而对政策创新有更大需求（Berry/Berry，1999: 183）。不仅如此，在这些联邦州，公众和政策行动者也能获得更多信息，对可能的创新持开放态度。

得益于利益团体、政党和协会更加多元化及复杂和多样化的组合，大城市所在地区对发展持更加开放的态度。因为这样的组合意味着决策过程更不正式，以及决策机构中对层级体系和意识形态的依赖性较弱（Mohr，

---

① "受教育程度"可能有不同定义，教育影响和教育社会意义的不同方面或维度。例如，除了教育参与度和最高教育水平外，有时也参考受教育人口与文盲人数的比例。该指标在城市地区很可能高于农村地区，因此在强调城市中特殊问题群体和较低社会阶层比例时，该指标比平均教育水平和平均教育参与度更能说明问题。

1969）[1]。此外，经济实力较强的联邦州通常拥有更专业、更高效的行政管理制度，因此能够更迅速地投入财力和人力资源，以便采用某些政策理念。相反，经济实力较弱或行政管理和立法机构专业程度较低的联邦州，则更有可能较晚采用创新政策。而在它们采用时，政策理念或许早已得到普及，并且其可行性和成效已经得到证实。它们不仅较晚采用创新政策，而且还没有创造性（Hays，1996：634）。这种犹豫不决的态度也可归因于它们对改革的需求较弱。实施一项创新政策，不仅需了解其是否合适和有效，而且要掌握政策方案与联邦州的相关性。

在对美国政策扩散过程的个案进行分析时，越是关注差异的研究，越关注国家创新扩散模式下的个案。例如，有研究指出，美国各联邦州采用创新政策的概率会因各联邦州选举的周期而异。因此，各联邦州的选举周期决定联邦州内政策制定和修订的节奏，并且影响创新意愿的形成。根据贝里1994年说法，政策调整最有可能在政府换届后的第一年发生；在上届政府连任后的第一年发生政策调整的可能性较小；最不可能发生在全州选举那一年。结合其他研究可以发现，政策特征的影响最大。距离下届全州选举时间越近，越有可能采用受欢迎的方案，而不太可能采用不受欢迎、有争议的方案（Berry/Berry，1990，1999；Mintrom，1997a und b）[2]。

总体而言，美国各联邦州的创新意愿不仅受到政策特征影响（Gray，1973a），还受到各联邦州社会经济状况和政治文化条件的影响（Kern，2000：99ff.）。看似更传统保守的面向农业和中小企业的政策创新，在更自由、更现代、更为城市化和工业化的联邦州扩散得较慢，或者根本无法扩散（Erikson/Wright/McIver，1993；Boeckelman，1991）。除此之外，还需考虑具体联邦州的政策调整周期和以往政策。产生过深远影响的政策改革是在多久前实施

---

[1] 例如，沙因（Schein，1972）将创新性解释为用于衡量组织中个人改变社会体系的力量的指标。

[2] 在选举前的民意调查中，如果某一政党不能拿到绝对多数票，则该政党需要调动其选民潜力，即迅速采取或声称即将采取与选民有关的极端化、片面化的政策创新。从这方面看，选举带来的影响通常可以认为是复杂的。

的，目前取得了多大成就，这些有助于判断该联邦州对新的全面改革方案的采用程度。明特罗姆（Mintrom，1997a und b）认为，那些采用过其他"现代"政策理念的联邦州往往更愿意进行改革。与此相反，若以往采用的政策在目标和管理理念方面与新政策矛盾，将阻碍创新扩散。

在以往的美国政策扩散研究中，体系成员（联邦州）的特点和政策创新环境已随着时间的推移发生明显变化，但始终受到高度关注。20世纪60年代至80年代，美国各联邦州的社会经济特征在政策中得到了集中反映［也有学者对德国的情况进行论述（Schmidt，1980；Stern，2000）］；最新的研究方法更关注个别政策，而体系成员的特点和政策创新环境在研究中的重要性有所降低。新研究方法不重视联邦州的规模、人口、城市化和工业化等因素，而这些可以反映各联邦州的创新性（Mooney/Lee，1995；Kern，2000：107ff.）。

与传统方法不同，较新的研究模型包含了更多具体案例的特征和随时间变化的影响因素。例如，明特罗姆（Mintrom，1997a und b，2000）在研究"自由择校"理念时，将美国各联邦州在全国学校成绩评测排行榜上的排名变化或私立学校的数量作为"动机"因素。贝里夫妇在1990年研究了美国各联邦州的基督教基要派人口占比，认为这也许是引入州营彩票的障碍。而海斯和格利克（Hays/Glick，1997）则考虑到了天主教徒的占比，因为他们一直反对死亡权和安乐死。

当前，所有政策扩散研究都会关注选举这一因素。一些研究关注的是选举前，另一些研究关注的是选举结束后。随着政策扩散研究方法的发展，一直到1990年贝里夫妇的理论出版之后，与政策领域相关且随时间变化的其他因素才进入大众视野，如议会多数席位、政府更迭或州长所属政党等（Berry，1994；Mintrom，1997a，1997b，2000；Andrews，2000；Hays/Glick，1997）。

政策扩散研究涉及体系成员特征的各个方面（表2.1）。

表2.1 政策扩散研究中体系成员的相关特征（影响政策扩散的内部变量）

影响层面	动力	阻碍	资源
教育政策领域	如统一测试的成绩、私立学校的占比	如教师专业协会的影响力	教育行政管理和预算范围
政府/政党	如选举、政府更迭、公共债务、政党	如政党竞争的激烈程度、议会反对的强烈程度	如政府预算规模、行政管理范围，立法机关的专业程度
联邦州	如城市化、工业化、社会经济变化的活力	如公众和社会精英对改革普遍持开放态度	如人口规模、人口规模、教育水平、国民生产总值

这一基本框架以穆哈拉姆（Mohr，1969：111；Berry/Berry，1999）的研究为基础，以多个视角，从多个层次进一步扩展，区分了特定联邦州、政府/政党和政策领域的体系成员的特点。该框架也清楚表明，在以往的政策扩散研究中，内部变量所包含的内容已发生明显变化，从一般性的文化和社会经济方面的因素，转而关注政府/政党和政策领域的具体问题。这可以解释为学术界随着认识的深入而改变了研究重点。而该框架的提出也引发了广泛的疑问。

有人提出，上述内部影响因素的分类框架很难与罗杰斯提出的基于体系成员特征的分类方法（2.1.5）对应起来——罗杰斯更关注个体。那么对于联邦州来说，首先必须重新诠释"个体"的特征（社会经济特征、个人特征和沟通行为）。一个联邦州或政府/政党具有什么"个体特征"能使其率先采用创新政策？如何将所谓的"个体特征"与社会经济特征区分开来？从本研究的关注点来看，这种澄清概念和定义的努力似乎没有意义。在政策扩散研究中，表2.1清晰地展示了一个体系内部成员特征的分类框架，可以直接反映各联邦州政策创新背景。本研究应该在分类框架下进一步展开。

需要特别注意的是，本研究与美国以往的研究有关，而非德国。这意味着无法批判性地将本研究与以前美国学者的研究区分开来。以往的研究或多或少地论及了某些影响创新性的因素，本研究将以往研究的结论作为选择指标的对照和参考。最终，本研究开创性地要求在选择指标时把表 2.1[①] 所示框架作为整体框架。当然，本研究最后只能以高度凝练的方式合理选择指标，尽可能全面地反映特定社会经济、政府/政党或政策领域的影响。在这方面，从以往的政策扩散研究中可以找到一些线索。在贝里夫妇看来，一个联邦州的经济实力是反映其完善的公共服务及专业立法机构能力的合适指标，也是其创新性的"决定性条件"（Berry/Berry，1999：182）。一个联邦州的经济实力越强，公共预算中转移支付的负担就越低；若失业率越低，其公共预算的债务水平也就越低。这意味着政府在财政方面有更大的空间，政策行动者承受更少的实施创新政策和使创新政策合法化的压力。因此，政府可以更灵活，也更愿意承担风险。同时，如以往的政策扩散研究理论所述，一个联邦州的城市化程度也是一项可以从根本上促进创新的复杂指标。在城市化程度高的联邦州，人口和政策行动者总体上更为国际化，城市地区的问题更具多样性。这就需要积极灵活的、不局限于意识形态的务实政策。这样的政策依赖于不同利益集团的建议和推动，并依托运作良好的民间组织得以实施。此外，在使用事件史分析法的研究中，选举是否临近、执政党派和政府更迭情况也是常用指标。

2.3.2 体系的创新性

对于德国各联邦州的政策行动者来说，某一政策理念与其教育政策体系设计是否相关、是否有意义，在很大程度上取决于政策行动者是否及时、全面、准确地掌握新理念。这是分析社会制度创新性的核心论点。

"体系的创新性"一词总结了罗杰斯所提出的创新扩散过程中的两个不同要素：社会体系中的沟通渠道（世界性的与地方性的，人际的与大众传媒的，相似的与多样化的）和形成沟通渠道的社会体系的特征（社会体系的结构、准则、意见领袖和代表外部利益群体的革新推动者的特殊作用）。

美国以往的政策扩散研究全面反映了联邦州之间的沟通渠道（历史形成

[①] 原文为"图 6.5"，应为"表 2.1"——译者注

的具有体系特征的沟通渠道），但同时也有局限性。因此，在沃克（Walker，1969）之后，学术界持续研究区域对政策扩散产生的影响。直接相邻地区相互协同的重要性为相关研究提供了替代或补充指标（Berry/Berry，1990，1992；Berry，1994；Mintrom，1997a；Mintrom/Vergari，1998；Hays/Glick，1997；Andrews，2000；Mooney，2001；Grossback u.a.，2004）。

在沃克的研究之后，也有研究人员对联邦州政府在政策跨州扩散过程中的不同作用进行了研究；但这只是相关研究的一部分，且在实施上有一定难度。沃克的数据似乎主张对美国各联邦州进行区域分组，认为各区域内有固定的领导者、跟随者和落后者。其他研究人员也提到了另一种分析框架，即分在同一组的具有相似社会经济条件或问题的联邦州之间存在直接竞争关系（Foster，1978；Lutz，1998）；分在同一组的联邦州在意识形态和文化方面具有相似的基本立场（Grossback u.a.，2004）。希尔和卡纳（Hill/Klarner，2002）指出，政策理念在联邦州之间扩散时，各联邦州之间相似的精英结构和权力分配特征、相似的公众支持力度，会形成相似的政策扩散效果。

然而，在使用事件史分析法的研究中，关注各联邦州特征的寥寥无几。运用事件史分析法的研究设计难以体现各联邦州的特征[①]，这也与其研究重点背道而驰。事件史分析法不关注政策行动者的身份，只关注其特征在扩散过程中的相对重要性。这意味着，这些研究无法对个体特征进行区分，即某一联邦州的个体特征（城市化、繁荣程度、教育水平）的影响是否为该联邦州特有的，还是也在跨州的沟通过程中发挥着作用。例如，在美国，当更繁荣、人口更稠密的佛罗里达州率先创新时，农村面积大、人口稀少的内华达州才会采用创新。一方面，这似乎是该研究方法的缺点；另一方面，这些研究指出，从相互独立的政策行动者采用创新的顺序中，的确很难推断它们之间的沟通和观摩关系。一个联邦州能够成为区域或全国的领导者，并不是因

[①] 事件史分析法中，"意见领袖－追随者"角色模型需包含反映每个联邦州活动的虚拟变量，来作为在时间 t 观察到的联邦州 i 的特定激发条件。就美国而言，需包含约 50 个其他变量，用于解释在无限的研究时间范围中每次只发生一次的事件。这使统计估算过程负荷过重——即使对仅拥有 16 个联邦州的德国来说，也是不可能的。

为其他联邦州做出如此评价和判断，而仅仅是因为它更积极、更愿意承担风险。也就是说，该联邦州被观察者认为在创新扩散的过程中发挥了领袖角色，仅仅是因为它更迅速、更频繁地尝试新事物，而不管其他联邦州是否采用新理念。因此，"意见领袖－追随者"这一跨州沟通模式反映了体系成员自身已有的有助于或有碍于创新扩散的特征，以及创新扩散普遍具有的加速特征，不过对创新扩散加速的评估还缺乏标准。

相似的政策行动者之间的沟通产生的影响，通常表现为高度内隐的观察。一般而言，更具创新力的联邦州之间的沟通能提高这些联邦州创新性；而创新力较弱的联邦州之间的沟通会使这些联邦州在决策过程中更加犹豫不决。如果某一区域各联邦州的互动促成了迅速的、完全由自己主导的政策扩散，这表明该政策特别有吸引力。

跨州沟通机制是直接基于成员特征而形成的，因此无法独立地对跨州沟通机制进行指标分析，在政策扩散研究中也不能单独进行观察。该局限性不仅影响对沟通渠道的分析，也影响到对成员特征本身重要性的评估。统计估算得出的结论不仅体现出体系成员的创新性，还反映出体系中某些沟通渠道的影响。显然，这是一个典型的多层次问题，无法通过现有政策扩散研究方法直接解决[1]。因此，除了追踪政策法规的发展，还需进行更多的研究，以记录州内的、跨州的沟通机制和决策过程随时间推移所产生的影响[2]。例如，明特罗姆（Mintrom，1997a，1997b，2000）就采取了相应策略，以丰富政策扩散研究的方法。他在研究"自由择校"理念的扩散时，主要分析了"政策企

---

[1] 贝里夫妇提出研究设计中的另一个难点，即如何区分扩散的决定因素（区域位置、邻州活动）和联邦州创新性的内部决定因素。若将联邦州创新性的内部决定因素视作联邦州构成的影响，似乎不成立。

[2] 另一种方法——尽管其用于分析的可能性非常小——是从时间上比较不同政策扩散的情况。沃克（Walker，1969）采取这种方法，比较了美国1870—1929年和1930—1966年的政策扩散情况，观察到政策采用的时间明显变快。联邦德国的历史相对较短（成立于1949年），国家基本制度随着1990年的重新统一而发生根本性变化，因此比较不同时间段的政策扩散情况比较困难。改革的共识土崩瓦解后，对于教育政策方面教学组织管理理念的扩散是否存在明显的政党相关性这一问题，至少可以对统一前的联邦德国各联邦州进行比较研究，即比较1950—1969年和1970—1989年的政策扩散情况。

业家"，即革新推动者的作用①。为了确定变革推动者的存在及其对特定联邦州政策行动的具体影响，他还对各联邦州政策行动者进行了标准化访谈。原则上，这种补充调查也可用于分析其他方面，如跨州沟通机制的存在和意义，或者用于重建跨州的"意见领袖—追随者"模型。然而，一旦涉及年代久远、持续时间较长及多次的政策扩散，开展调查工作就会碰到许多困难。寻找受访者困难及受访者的记忆模糊都会影响调查。此外，这样的调查研究是以回顾、总结的方式展开的，不能为了使研究方法合理化，就假设跨区域沟通机制的影响在不同时间也是稳定的。至少在政府更迭导致朝野政党互换的情况下，就应当假设政策行动者的跨州沟通机制发生了变化。沟通机制也与政策领域相关，也取决于各联邦州政策行动者对某一政策理念归入何种政策领域是否持相同意见。

在政策扩散研究中，沟通渠道是否便于掌握的问题不仅存在于区域、人际的横向沟通关系中，也存在于大众传媒和世界性的纵向沟通关系中。研究中，除了可以直接描述的相关影响，还要进行补充调查。例如，格利克、海斯（Glick/Hays, 1997）分析"生前遗嘱法"（死亡权）在美国各联邦州间的扩散时，还对各联邦州法院案件数量、跨州扩散强度和民意调查结果进行了评估。此类研究尤其关注大众传媒对政策行动者的世界性影响，因为对此类研究来说，尽可能明确议程设置具有特别意义。在其他研究中，对特定政策主题在某一时间点出现在一般跨州大众传播媒体上的情况的分析仅具有控制变量的作用。在萨维奇（Savage, 1985a）题为"一项政策的时机已到"的论文中，他是将年份作为活动发生的时间点来记录的。国家或跨州层面的政策行动引导甚至约束联邦州政府的行为，属于政策扩散总体研究框架的一部分，但在以往的政策扩散研究中几乎没有明确体现，除了艾斯顿（Eyestone, 1977）、格罗斯巴克等人（Grossback u.a., 2004）及布兰奇（Blancke, 2003, 2004）的研究。

---

① 关于理论分类，萨维奇、萨巴蒂尔、梅恩兹有过论述（Savage, 1985b: 4; Sabatier, 1993; Mayntz, 1993）。

整个联邦州的创新潜力也未在政策扩散研究中得到体现。换言之,创新潜力是一个不受关注的因素[①]。无论是特定的民族文化、社会经济条件(工业化或发展中)还是已固化成传统的制度,这些潜在因素是否促进或阻碍创新,都无法用政策扩散研究方法来评估。当然,创新潜力的影响是显著的——例如,当问及为什么德国的学校改革会如此耗时,上述潜在因素就是答案(Dresselhaus, 1997; Erk, 2003)[②]。

要想通过政策扩散研究来评估社会体系的创新性涉及哪些方面,很难得到丰富结果。罗杰斯划分的沟通渠道并不是孤立存在的,他以间接、相互关联的方式描述沟通渠道的性质(世界性或地方性的)、扩散的形式(人际的或大众传媒的),以及沟通渠道所连接政策行动者的相似性(相似或不同)。诚然,研究时间范围内特定年份的影响可以作为一个指标,反映大众传媒的世界性影响。但是,大众传媒(包括世界性的和地方性的)的影响范围和质量通常没有考虑在内;对大众传媒相关主题的研究只是零星出现在不同时期的文献中。人际沟通渠道的研究情况也是如此。地方性的沟通和人际沟通的个别形式(即区域和邻里关系)在政策扩散研究中有所体现。但是由于方法上的原因,个别政策行动者的特征或条件——可能是类似或不同的社会经济、文化、政治条件——对沟通产生的影响,只能结合政策研究者的具体情况进行具体研究。若不对政策行动者早期决策的具体条件进行个案研究,那么对体系成员创新性影响下的人际沟通渠道(最终也包括大众传媒)的意义的研究,将始终伴随巨大的不确定性。

就此而言,政策扩散研究能够评估所研究社会体系的创新性,即由体系成员的特征和跨州沟通渠道共同作用而形成的整体创新性。除了反映成员特

[①] 这里只针对美国的政策扩散研究,不涉及国际跨文化比较。关于创新全球扩散的政治学研究也不例外,不涉及国际跨文化比较。上述研究在分析时只涉及另一个系统——世界政治或世界社会。然而,人类或现代人的全球文化和政治背景也不涉及。

[②] 一般来说,可以假设同一体系所处的创新环境会带来双重的影响。一方面,联邦州之间强大的民族文化融合性能促进创新的转移;另一方面,国家的统一观念也会阻碍创新,因为部分联邦州的单方面创新和深刻改革很有可能被视作分歧(Rürup, 2005)。

征的重要指标，还增加了 3 个重要指标：区域位置作为与时间无关的变量，邻州活动作为与时间有关的变量，以及时间（研究时间范围内的时间段）作为跨州扩散范围的衡量维度。

2.3.3 创新的特征

罗杰斯所强调的影响创新扩散的第三个因素——创新的特征，在政策扩散研究中几乎没有独立意义（Blancke, 2004: 38; Mooney/Lee, 1995; Hays, 1996）。1969 年，沃克的研究重点是确定美国各联邦州的创新指数，而不是具体的政策和政策领域。而目前的研究中，政策的属性同样没有独立反映出来和得到广泛的关注[①]。然而，这并不意味着以往的政策扩散研究未意识到不同领域政策理念多样化的重要性。例如，海斯（Hays, 1996: 633）划分了存在不同程度争议的政策法规，格雷（Gray, 1973）划分了存在不同冲突类型（有或无）的政策领域。此外，在事件史分析框架下，个案研究的基础是对政策理念某些特征的判断，体现在对扩散过程影响因素的具体选择上。在这样的分析框架下，死亡权（Hays/Glick, 1997）和堕胎权（Mooney/Lee, 1995）的特征属性似乎与大众的宗教观念冲突；而引入州营彩票和"自由择校"政策背后所包含的理念，分别与公共财政需求（Berry/Berry, 1990）、全国学校成绩评测结果格外契合（Mintrom, 1997）。事实上，由于政策理念特征的不同，保守派和自由派政党执政的联邦州的政策扩散模式也不同，这也是政策扩散研究中存在的一个命题（Boeckelman, 1991）。同样，采用一条政策法规在多大程度上有利于执政党重新在选举获得成功（Berry/Berry, 1990），决定了选举（甚至选举是否即将发生或刚刚结束）具有不同意义。然而，以上研究对假定的政策属性没有用单独的变量表示（在政策行动者的主观评估和随时间变化的评估中）。不过，在研究体系成员的特征对政策理念扩散的重要性时，始终考虑政策的具体影响。政治学对政策分类（如分

---

① 安德鲁斯（Andrews, 2000）对能源市场去规制化政策的研究属于例外情况，下文将进一步讨论。

配、再分配、调节）（Lowi，1964；Janning，1998：257-258）没有明确提出明确的理论和概念——与罗杰斯（Rogers，2003：15-16）区分创新的5个"感知属性"也没有关系（2.1.2）。安德鲁斯（Andrews，2000）对能源市场去规制化政策扩散的研究是一个例外。他借鉴了罗杰斯提出创新的相对先进性、兼容性、复杂性、可试验性和可观察性等感知属性，将这些特征作为该政策扩散难易程度的预测指标。然而，他的研究模型也只是用于观察、解释执政党派（包容性与意识形态）或邻州活动（可观察性与区域推动作用）等事实情况，并没有作为一种方法用来确定创新的特征。

在以往的政策扩散研究中，已经出现了通过分析政策理念的具体实施对象和手段来评估政策属性的做法。但相关研究并不令人满意，这也说明这一做法有一定的局限性。在政策扩散研究中，政策常常被简化处理——为了能够研究创新的扩散，即使各联邦州采取的政策实施方案有细微差别，研究人员仍然会假设它们是相同的（Clark，1985）。因此政策的修订和修改往往都被忽视了（Hays，1996；Klingman，1980）。在扩散研究中，对政策的扩散媒介的研究优先于政策理念的具体内容。此外，研究扩散过程中政策属性的影响时，需对涉及的扩散过程进行比较分析；但与此相反，目前的政策扩散研究集中于案例研究。格罗斯巴克等（Grossback u.a.，2004）倾向于直接比较研究涉及意识形态问题的政策，但仅限于对政策发展3个阶段的比较，而没有明确指出政策理念的意识形态差异本身，更不用提具体实施了。在个别政策扩散过程中，通过研究预测变量的影响强度，足以体现政策扩散对特定政策属性的依赖性及跨政策领域的有效扩散模式。

我们不能认为美国的政策扩散研究对政策特征进行比较评估普遍缺乏研究。美国政策扩散研究放弃了基于理论的系统性推论，放弃了基于实证研究对个别政策扩散友好性的推论，这最终可以解释为政治学局限性的表现。对于政治学视角下的政策扩散研究来说，个别政策的扩散过程只是个例。政治学视角下的政策扩散研究与本研究不同，本研究更侧重具体的实践（教育和教学实践），而该实践是由政策影响而形成的。德国教育政策研究与教育科学研究有着密切的联系，使人们对政策的内容和实施效果产生了浓厚兴趣。政策主导的学校改革发展的可能性和局限性会在政策实施过程中表现出来吗？

应当注意，将政策属性纳入实证研究模型存在局限性。从理论上讲，当然有可能对政策调控措施和手段的影响方向与形式进行分类。但即使建立一个单独的研究方案，对其先进性、复杂性、兼容性、可试验性和可观察性进行直接评估仍存在许多不确定性。基于此，本研究将遵循3条原则：① 放弃单独对政策理念的扩散友好性指标进行调查研究；② 实证研究的设计应能同时对不同措施和手段的扩散进行分析；③ 应根据具体的理论标准，对所研究的措施和手段进行分类，并基于该标准对扩散模式进行比较。

2.3.4 理论模型和实证建模

关于政策扩散研究实践的讨论指出，在罗杰斯基础上发展起来的创新扩散理论分析模型在实证分析方面存在局限性。体系成员和体系的创新性，以及创新的扩散友好性，只能用政策扩散研究理论和事件史分析法进行总结分析。虽然这种方法可以评估德国教育政策体系的创新性，但对于相关创新特征是某一联邦州的还是跨州的，甚至具体政策实施路径中是否存在相关影响因素等问题，都不能完全确定。然而，通过同时观察具有不同属性的多个政策理念在其他条件相同时的扩散情况，可以在一定程度上控制变量，研究政策理念属性的影响。此外，可以在全德国范围研究在政策扩散中发挥作用的是联邦州之间不同的党派意识形态，还是相似的社会经济条件；是通过区域性的邻州关系，还是通过跨州的世界性大众传媒对政策的扩散。

这些有待挖掘的研究课题促使本研究决定使用政策扩散研究框架作为本书实证研究部分的模型。本书第1章提出研究问题，比较了德国教育政策创新扩散中的对抗性竞争或理念竞争。若想加强联邦州竞争，那么该采用哪一种教育政策理念扩散模式（创新途径）呢？是以党派意识形态还是以邻州活动为导向？本研究的实证分析部分（第8章）在选择预测变量时，基本不考虑对特定联邦州和跨州影响的差别。但在可能且合理的情况下，不应排除这种差别。对于本研究而言，更重要的是对扩散模式的描述，这更多地体现为对抗性竞争或理念竞争。此处介绍的影响因素类别（表2.2），已在此前基于事件史分析法的政治学研究介绍中提及。然而，选择预测变量时需要考虑具体案例研究的特点和需求，如最新政策扩散研究的基本模型中就补充了政策依赖性方面的影响因素。

表 2.2　政策理念扩散及其影响因素的分析模型

类　别	定　义	具体影响因素
采用率	在一定时期内，一个政策理念在社会体系成员中扩散的速度	政策行动者在与首次采用特定政策理念有关的离散时间观察点上，是否采取立法活动（人年）
体系成员的创新性	体系成员的特征对政策理念采用速度的影响	联邦州：人均收入、联邦州规模、人口规模、城市化、工业化、教育水平
		政府/政党：选举、政府更迭、执政党、公共债务水平
		政策/政策领域（反映政策行动者在面对具体政策时的动力、阻碍和资源）
体系的创新性	对跨州沟通网络的成员来说，信息扩散渠道对其采用某一政策理念速度的影响	同质化网络：人均收入、规模、人口规模、城市化、工业化、执政党、债务
		大众传媒的世界性影响：将各个观察时间点的影响作为变量控制
		地方人际网络：区域位置、邻州活动
		非代表性指标：异质化网络或意见领袖—追随者的角色模型/地方性大众传媒的影响/整个体系特性的影响
创新的扩散友好性	政策理念的具体特征对采用速度的影响	非代表性指标，但可通过对政策特征的分类评估和对不同政策扩散的比较研究反映

2.4　阶段性成果：从理论到实证

第 1 章和第 2 章为本研究搭建了理论-概念框架。第 1 章指出德国教育政策横向整合值得研究；第 2 章则提出合适的研究方法，即借鉴政策扩散研究理论和利用事件史分析法来研究创新扩散。这两章的目的是为实证研究确立框架，但这两章既没有系统地解释这些方法的矛盾性和互补可能性，没有关注隐含的范式假设和局限性，也没对研究对象进行深入描述。另外，第1章介绍的德国教育政策制定、政策主题和政策行动者构成了对扩散研究方面的思考，也没有继续深入。简而言之，在本书中，理论服务于实证研究，理论始终是为了勾勒、指导对联邦制国家政策思想扩散具体过程的观察和分析。因此，本研究建立了一个分析模型，对其可行性进行了检验，并以经过测试的指标为基础。除此之外，为了在德国联邦州开展教育政策创新扩散实证研究，本研究提出了研究案例选择标准。作为教育政策研究对象的学校改革应体现在对学校法规的具体修改上。作为研究对象的教育政策的扩散应该发生在以同一政策行动者为基本组成的时期，即在1990年德国重新统一前或统一后。同时，作为研究对象还应该有一个共同点，即教育政策的实施应发生在没有事先或伴随跨州协调的情况下，以便在德国教育联邦制的框架下尽可能消除政策垂直整合对创新扩散的影响。最理想的情况是，找到一个单独的、复杂的教育政策理念，既能体现德国学校系统的深刻变革，同时包含大量不同的、具有或多或少深远意义的具体理念，这些具体理念以不同的措施和手段调控或指导学校组织管理的不同方面。最后需要探讨的问题是，联邦政府对学校的调控及政策跨州扩散所带来的许多微小的、渐进的变化，最终是否会导致全德国的、影响深远的变化——带来范式转变，产生真正的学校改革。

3

以"学校自主"政策理念作为研究案例

本研究的重点是分析德国各联邦州之间具体教育政策理念的扩散，并选择"学校自主"政策理念作为研究案例，阐述旨在改变学校组织管理的相关措施和手段[①]。本章介绍研究案例的选择与原因，以及如何在德国学校法的基础上对其进行实证研究；第 4 章分门别类地介绍学校法中"学校自主"相关措施和手段，第 5 章则根据这些措施手段的扩散范围与不同时间阶段的情况，检验所选案例的适用性。第 6、第 7 章对"学校自主"政策理念随着时间推移（第 6 章）在各个联邦州的扩散情况进行描述性评价。

3.1　为什么选择"学校自主"政策理念作为研究案例

德国教育联邦制背景下，本研究将"学校自主"政策理念作为分析政策扩散的案例，这是权衡之后的结果。本书前两章讨论了政策理念的若干选择标准：①政策扩散仅发生在德国统一前或统一后；②不受政策垂直整合的影

[①] 理论上，与"学校自主"政策理念相关的各项措施和手段也可以被视为政策理念。但为了避免混淆，在本研究中，只有涵盖了所有不同方面的"学校自主"才被认定为政策理念，某一方面的具体的"学校自主"等同于"措施和手段"。

响；③蕴含深远的改革意义，以发现在全德国范围内进行实质性变革的可能性；④具有多样性，因为本研究关注各项政策的扩散情况，会采用控制变量的方式研究政策特征带来的影响。

"学校自主"理念是否符合这些要求？本研究之所以决定选择一项德国统一后颁布的教育政策作为创新扩散研究对象，是因为我们对德国教育政策的当前发展情况也感兴趣，同时希望对当前的教育政策探讨产生影响。当然，除了"学校自主"，还有其他教育政策可供选择，如"将中小学学制从13年缩短至12年""从三年级或一年级开始引入第一外语教学""入学适应教育"及"在主体中学引入实践课程"，这些政策理念也是在德国统一后才得到扩散的。这些政策理念的优点是易于观察。就其核心而言，它们是对学校组织结构产生直接影响的单一主题。一旦试点结束，这些理念就会明确体现在各联邦州学校法相关条款的修改中。

然而，这些政策理念的主要缺点同样在于它们对学校组织结构的重要影响，这也是它们未被选作研究案例的主要原因。一方面，这些政策能否被引入必然受到跨区域协调的显著影响。例如，一旦涉及学位认可、外语课程安排和国内学生流动等问题，16个联邦州的文教部部长都必须事先协商。另一方面，本研究的目的是探讨德国教育联邦制中的无须跨区域协调的创新活动。因此，需要找到一个较少涉及学校外部行政管理机制、无须跨区域协调，但更多涉及学校内部组织管理（作为学校管理的具体任务）的研究案例。

符合以上要求的案例还有很多，如延长在校时间的学校与可提供课后托管的半日制学校、学生社会性评价、减少或增加教师义务课时数等。但这些政策都未脱离"学校自主"理念对应的主题。"学校自主"理念及与之相关的措施和手段的影响范围可能超过本研究时间范围其他教育政策改革理念。甚至有些学者认为，通过实施"学校自主"政策理念可以实现学校系统的范式转变（Maritzen，1998；Frommelt/Steffens，1998；Hepp/Weinacht，2003）。

关于"学校自主"这一主题的研究，不仅从数量上，也从内容上为20世纪90年代及21世纪初的教育政策探讨带来了前所未有的影响（Fuchs/Reuter, 2000：64）。即使是21世纪之初因PISA冲击而被提上政治议程的"质量保证和质量发展"主题，也没有挤压学校自主的权限和责任、国家调控措施手段的讨论空间——相反，相关话题得到进一步扩散（Altrichter/Brüsemeister/Heinrich, 2004；Heinrich, 2007）。因此，"学校自主"作为一种理念和决策方案，为1990年德国统一以来所有围绕教育政策的讨论提供了总体框架和参照点。

根据教育文献数据库（FIS数据库）的数据，将关于"学校自主"政策理念的研究时间范围限定在1990年后是合理的。从数据库中检索到1985—2005年以"学校自主"为关键词的德文文献，得到745份文献，然而其中最早的文献只能追溯到1992年；从1994年起，相关文献的数量才明显增加（图3.1）。

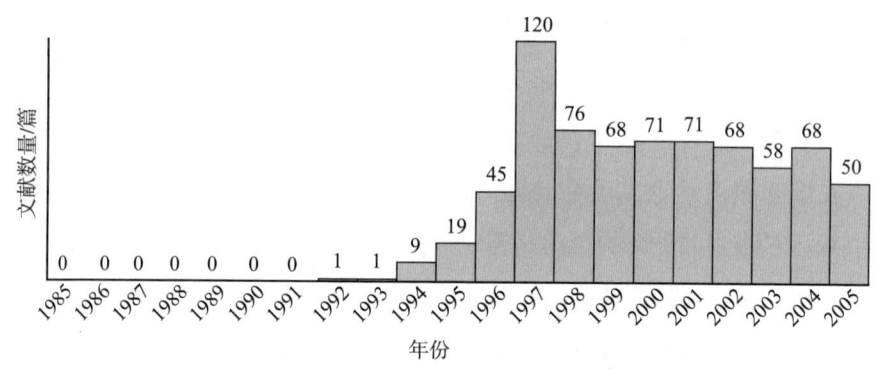

图 3.1 1985—2005年以"学校自主"为关键词的德语文献 [①]

历年数据变化反映了关注度变化过程。"学校自主"在20世纪90年代初开始受到关注，在1994—1997年受到更多关注并引起争论，关注度在20世纪90年代末稳定在中等水平，并且一直持续到2005年。令人意外的是，之前德国教育委员会（1973年）和德国律师协会（1981年）对"学校自主"的

---

① 图中数据来源于FIS数据库，检索关键词为"学校自主"，语种限定为"德语"，检索时间为2006年5月。文献类型包括专著、文集及期刊论文。

讨论并没有作为教育学领域独立的行动建议出现在这条数据曲线中。FIS 数据库的资料显示，至少在 1985—1992 年没有专门讨论"学校自主"的文献[1]。

对本研究来说，选择"学校自主"这一政策理念作为研究案例更具吸引力。本研究不仅能够借此了解一项单独的教育政策措施的扩散，而且通过实证研究方法收集、检验变革过程中积累的各种路径和手段，以便推动全国性的、意义深远的学校系统变革。如果说研究目的促使本研究选择将"学校自主"政策理念在德国的扩散作为研究案例，那么在设计实证研究方案时就需付出更多努力。

下面将阐释德国围绕"学校自主"政策理念所展开讨论的总体方向和基本特点，并分析对如此复杂、多样化、不均衡的改革方案进行实证研究可能会面对的困难与挑战（3.2），并据此提出本研究所采取的资料收集和研究策略（3.3）。"学校自主"政策理念是作为一套具体的行动方案提出的，政策行动者可以根据自己的利益和决策背景对其进行取舍。因此，将"学校自主"作为一种可实践的政策理念来收集资料，本身就是一个只能通过实证研究回答的问题。后文还介绍了"学校自主"相关措施和手段的分类框架（3.4），以及"学校自主"案例研究的数据基础与收集过程（3.5）。

3.2 关于"学校自主"政策理念的讨论

"学校自主"政策理念并不属于单一问题解决方案，它是一套复杂的解决方案，旨在对学校组织管理的各个层面进行变革（Posch/Altrichter, 1993; Ahrens, 1996）。诚然，我们可以将"学校自主"政策理念看作一种基本趋势——尽可能提升或促进各个学校教学组织的自主性，以便各学校成为能够独立运作、自我管理的机构。然而，本研究对"学校自主"主题框架的讨论

---

[1] 这一结果也可能是由教育政策研究者在特定时间对特定主题重要性的认知程度所导致的。20 世纪 80 年代末至 90 年代初，"学校自主"在当时还不是一个独立的研究领域。该主题作为一个独立研究领域是在 20 世纪 90 年代逐渐形成的。

仅能针对具体改革方案得出有限结论。是否有必要将决策权移交给学校、移交多少决策权，是否需要调整国家调控和支持机制，是否要让学校直接面对社区、当地环境、区域经济甚至家长……这些问题还没有定论，也没有在概念中完全体现并得到解决[1]。相反，"学校自主"作为一个颇具争议的理念，与学校组织管理活动中站在不同角度的参与者的不同利益密切关联。

这一点至少可以从"学校自主"理念的不同论述中看出。从"学校自主"的角度看，其他改革建议都具有指导意义，并且似乎是不可或缺的（Lorent/Zimdahl, 1993）。关于实现"学校自主"政策理念的系统化路径，人们有不同认识（Richter, 1994, 1995, 2000; Dubs, 1995; Maritzen, 1997; Hübner, 1998; Altrichter, 1998; Brockmeyer, 2000; Baumert/Cortina/Leschinsky, 2003）。关于"学校自主"，目前至少有4种不同观点[2]。

（1）可以将"学校自主"理解为教学组织改革，其重点是提升教师的专业素养和能力，提升教师队伍整体的专业水平，在最大程度上提升教育教学质量。从教育改革传统来说，"学校自主"是教育科学领域的一个重要理念（Beetz, 1997a, 1997b, 1999; Heinrich, 2006），同时也整合了实证教育研究的新方法（Bargel, 1995; Lehmann, 1997; Squarra, 1997; Ditton, 1997;

---

[1] 当然，在关于"学校自主"政策理念的讨论中，有些学者建议可以从概念上加以整合（Altrichter/Posch, 1993; Bildungs-kommission NRW, 1995; Heinrich-Böll-Stiftung, 2002）。但也有相当多的方案只涉及个别方面或特定环节，它们不会被视作未被提及的整个政策体系的一部分，而是作为拥有独立意义的重要部分存在。

[2] 这里无法对各个观点的优缺点展开讨论。根据作者的背景与所在地，可以发现不同观点都在一定程度上过分强调某些方面，存在片面性。里希特（Richter, 1994）对6种关于"学校自主"的不同理论方法的划分，源于他作为法律学者的学科视野，以及他在20世纪七八十年代参与"学校自主"的研究方法的构建。而教育学者鲍默特、科尔蒂纳、莱斯钦斯基等（Baumert/Cortina/Leschinsky u.a., 2003）所提出的对当前趋同的教育政策核心主题进行区分的建议中，缺少对宪法合理和民主理论的论证。相比之下，在这些学校研究理论方法中，实证研究方法的权重明显更高。然而，这两类系统化路径存在一个共同点，即对科学秩序的关注。它们强调通过科学使社会讨论普遍合理化，并强调个别观点具有不同学科定位。另外，利益计算、政策合理性及具有话语权的各利益团体的决策权，几乎没有在这些研究方法中体现出来。这些利益团体会从不同角度对科学上已经确定的概念逐字逐句地进行分析，并对其进行阐释、修改和补充，并推动德国关于学校自主的争论。

Fend，1998）。"学校自主"政策理念也符合教育专业协会的自我定位和战略利益。"学校自主"政策理念在具体实施过程中，也结合了组织发展和组织咨询的具体方法（Rolff，1995a，1995b；Altrichter/Posch，1996；Haas，1999；Schratz/Steiner-Löffler，1999）。"学校自主"相关关键词包括教学组织的自主性、微观政策、学校发展、学校质量及教学效果。

（2）"学校自主"政策理念可以理解为目的是让公民更直接地参与社会活动——尤其是学校活动。因为公民广泛参与和公民投入本身不仅意义重大，而且还可以作为开展民主教育和增强民主合法性的手段。"学校自主"政策理念曾经出现在政治学和法律学的规范准则中，尽管它也反映了具体政策参与者（家长和学生）的利益（Deutscher Bildungsrat，1973；Deutscher Juristentag，1981；Holzapfel，1992；Lorent，1993；Richter，1993；Severinski，1994；Kell，1997；Unruh，2003）。加强学校和社区之间的联系（开放学校）（Burkard u.a.，1992；Götte，1991），将学校设计成一个社区（社区学校）（Sliwka，2002；Hentig，1993）或促进私立学校的发展（Vogel，1997；Jach，2000）——这些设想的目标是一致的，并且基于"学校自主"政策理念形成了大量行动方案。

（3）20世纪90年代，"学校自主"作为公共管理框架下的一般性组织改革应用于学校管理，并带有明显的经济效益导向。当时的"学校自方"政策理念借鉴了公共管理和经济学理论，即优化资源配置、提高企业生产力和产品质量（Lemme，1994；Stryck，1995；Weiß，1995；Kommunale Gemeinschaftsstelle，1996；Schwarz，1996；Dubs，1997；Bartz，1998；Lange，1999；Bellenberg/Böttcher/Klemm，2001；Stiepelmann，2003；Saalfrank，2005）。在具体的经济学解释中，"学校自主"这一概念最接近于在国家层面（学校员工和教学设施的配置）和地方层面（学校基础设施和建筑管理）充分利用公共预算，符合财政利益。这一视角下"学校自主"的关键词是"新的公共管理"或"新的学校管理"。

（4）"学校自主"政策理念还可以解释为对学校教育政策总体战略进行重新调整的建议。也就是说，通过责任分散，增强个体参与者对自身融入组织利益和目标的情感认知。此处再次涉及公共管理和经济学理论。然而，这里的"学校自主"政策理念很少关注具体实施过程的优化方式（学校的微观组织管理），而是更加重视新的国家调控管理构想（宏观组织管理）。鉴于有限的政策行动范围和可能性，可以考虑首先用国家调控管理的构想来应对制度缺失的问题。这样的"学校自主"能够提高政治影响力，降低公众期望带来的压力，以及改善社会运行状况（Lange，1996；Pelinka，1996；Vieluf，1997；Maritzen，1996，1997；Altrichter/Brüsemeister/Wissinger，2007；Brüsemeister/Kussau，2007b）。这样的阐释方式对教育行政管理机构的政策制定者特别有吸引力。除了德国，在世界上许多国家都可以找到类似的关于国家和学校关系的改革论述（Liket，1993；Döbert/Geisler，1997；Kotthoff，2003；Arbeitsgrupp Internationale Vergleichsstudie，2003；Ackeren，2003）。一些活跃的国际组织（经济合作与发展组织、世界银行）也积极参与相关政策的制定、交流和实施（OECD，1991；Munin，2001；Weymann/Martens，2005）。这种"学校自主"理念的核心关键词是去规制化、去中心化、产出导向、标准化和新的教育治理，以及更有利于释放竞争力的建议——自由化和新自由主义。

　　这些观点并非不重要，不应被排除在德国20世纪90年代关于"学校自主"政策理念的讨论之外（Schwarz，1996：433f.）。各个观点都有独立的理论体系，探讨相对独立的主题，为其提出的问题提供解决方案，并且代表不同利益团体的改革诉求。不过，对相关著作进行分析后可以发现，不同观点的论述范围差异很大。就此而言，不同观点不是同等重要的。另外，还必须考虑到的一点是，不同社会利益团体的公共沟通能力与沟通策略是不同的。例如，科学界和文教部之间进行的交流集中反映在期刊论文、会议论文和专著等学术出版物中，而教师专业协会、地方政府和家长则会更多地利用行政管理部门、议会，甚至政党内直接、内部的交流形式，以使他们的需求和想法得到重视。从这一角度看，应考虑到学术出版物中提出的"学校自主"理念与该理念在政策制定过程中的实现形式存在概念上的差异——至少不能假设它们完全一致。

此外，关于"学校自主"政策理念的讨论可谓众说纷纭。这并不仅是因为政策行动者、利益、观点的多样性，也因为有关"学校自主"的不同观点和方法没有形成一致的互补关系，无法将它们完全整合于同一个框架内。例如，学校发展规划中的教学专业化与学校组织管理的经济考虑和标准化存在一定程度的冲突，而当持不同立场的利益团体更多参与其中时，"学校自主"理念的贯彻实施更可能受到阻碍，而非推动（Fischer/Rolff，1997；Rittelmeyer，1997；Oelkers，1998；Markstahler，1998；Buer u.a.，1997）。因此，在教育政策的制定过程中，考虑到目前的实施条件和利益团体的影响力，不仅要务实地将各种方法结合起来，还必须在内部观念冲突、矛盾和风险之间找到一个能在公开批评面前站得住脚的立场。关于"就教育政策而言实施'学校自主'意味着什么"的问题，只能根据德国关于"学校自主"政策理念的讨论中占据主导的解释对其进行有限的推断。我们必须详细了解政策的具体内容、政策选择的方向与重点（Zedler/Fickermann，1997）。

以上认识对研究"学校自主"政策理念在德国各联邦州之间的扩散非常重要。对于"学校自主"政策理念，在一个联邦州得以实施的全面且具体的行动方案，在其他联邦州可能只会得到部分采纳，或者与其他源自不同基本概念、不同目的及产生不同效果的措施和手段联系在一起。不仅如此，反对者认为，"学校自主"一词往往会被政客用于证明其动机迥异的政策提议的合法性或争取更多的支持。德国教育和科学工会（GEW）开办的期刊《教育与科学》(*Erziehung und Wissenschaft*)在 1994 年第 1 期封面上将"学校自主"政策理念描绘成特洛伊木马。这意味着"学校自主"政策理念将掩盖掏空国家教育财政预算的政治企图（Böttcher，1994），或者将教育政策中解决冲突与问题的责任从政治层面转移到学校层面（Viehluf，1997）。"学校自主"政策理念也被用来实现曾经失败的或难以执行的改革野心。如果学校在设计和实施基于成绩的差异化教学方面被赋予更多责任，或者有机会开展跨学科教学，能够建立更多的学习领域，能够将自由活动作为教学形式——这说明，传统的教育政策理念如今不是通过由上至下的命令得以贯彻实施的，而是通过提供可能性来扩散的。

最后，由于相关政策行动未明确"学校自主"的概念内涵，各方对"学校自主"这一政策理念的理解不同。在关于学校法的讨论中，"学校自主"一词本身有专门内涵，在实际的教育管理中也是如此。有批评指出，在政治和法律语境下，"学校自主"意味着给予学校无限的自主权，以便让国家摆脱宪法规定的对学校系统的责任（Avenarius, 1995a; Höfling, 1997; Stock, 2000）[①]。因此，在相关讨论中，经常出现一些与"学校自主"类似的概念，但这 些概念只是明确表示出，相关政策措施只涉及部分自主化或扩大学校的自主权，同时声称是优化而非减少国家的调控[②]。然而，这些概念中没有一个可以用于公开辩论，或者用于整合不同政策建议和手段。因此，尽管"学校自主"一词是德国各联邦州和德国教育界、科学界相关讨论和活动的关键词，以及最为概括的概念，但这个词并不适合区分个别措施和个别理念。不同文献基于不同框架论述学校系统的不同方面，采用不同名称和概念提出关于"学校自主"的不同论点、条件要求和行动建议。

那么，无论是狭义还是广义上，是否都可以将"学校自主"理解为一种理念，而不是大量无序、多变、随意、动机多样、影响不同的论述、个人设想与政策措施？如何通过实证研究把握"学校自主"这一体现在德国学校法中的改革理念？

3.3 针对"学校自主"政策理念的资料收集策略

学校"自主理念"的扩散过程可以勾勒为一个凤凰模型，这样的修辞形象

[①] 至少从组织理论的角度可以说，"学校自主"意味着学校拥有原则上的独立。然而，自主性不应解释为自主立法，而应解释为自主阐释。它主要代表了行政管理层面对学校采取行动的期望。

[②] 杜伯特（Döbert, 1997: 127）列出了一份常用的"学校自主"替代术语列表，如相对自主、有限的自我管理、个别学校的教学组织自主性、有限的自主、自主性的增强、个别学校决策和行动能力的提高、学校的自我管理、部分自主或责任的扩大等。

是基于神话故事而得名的：一个想法或事实首先被认为是拯救性的或极有帮助的（如作为德国教育政策中创新扩散研究案例的"学校自主"理念），随后又遭到广泛质疑和批评，最后出现了令人惊讶的转折，所有的障碍都被扫除，主角恢复了往日的辉煌。"学校自主"政策理念至少已经完成前两步，但第三步能否取得成功，还有待证明。在20世纪90年代的德国，"学校自主"是否已不仅仅是教育行政管理部门多方面展望讨论的标签（Beetz, 1997b）。

20世纪90年代后的"学校自主"与德国教育委员会（1973年）、德国律师协会（1981年）提案中的"学校自主"至少有很大不同。虽然这些提案在提出时同样受到重视，并引发一定的公众关注，但并没有在教育政策中得到体现。直到20世纪90年代，德国学术界和政治界关于"学校自主"的讨论才开始密集出现，并最终通过项目试点、颁布行政法规和立法产生较大影响。20世纪90年代，"学校自主"不仅出现在讨论中，而且通过法律和文教部制定的行政条例得以明确（Leschinsky, 1995；Döbert, 1997；Avenarius/Kimmig/Rürup, 2003）。从讨论到实施的发展过程中，"学校自主"理念发生深刻变化：从不均衡、意见不一的理想化讨论中选择符合政策意图且可行的措施，使相关设想的争论、思考进一步具体化，转化为对现有学校法的修改和补充。在这个过程的最后，"学校自主"基本上是以两种形式存在：一方面是概念上难以整合的全方位、多角度的讨论，另一方面是各种政策措施和手段的具体组合。目前来看，如果认为这两种"学校自主"的形式大体上是一致的，还为时过早。最终，"学校自主"政策理念必须被解释为一个选择空间——政策制定者可以从中受到或多或少的启发，然后根据自己的情况和目标采取措施和手段。这意味着，"学校自主"并不拘泥于一项具体的、自洽的、有充分理论基础的计划，同时也不排除这样一种可能：在"学校自主"政策理念的实施过程中，或多或少会形成一些新的措施和手段。这些新的措施和手段没有直接对应的理论，因此必须首先对其命名和解释。例如，对于学校自主开发课程来说，采用统一出题的初中毕业考试意味着什么？如果学校一方面有权独立地管理大额经费，并跨预算年度使用计划经费，另一方面由于整体预算过于紧张，学校只能在紧缺领域执行财务预算，这又会产生什么影响？虽然学校可以参与教师招聘，但却无权解雇不合适、不符合学校发展需要的教师，尤其是在德国教师纳入公务员编制进行管理的情况下，解雇教师更加困难。那么，对这种现象应该如何进行评价？如果学校被要求明确定位，但这并不意味着学校可以选择在未来是否要继续作为普通中学、实科中学还是文理中学而存在，那么学校自主权在哪里？

"学校自主"政策理念推动学校重组，而这其中表现出的问题，说明了话题提出发展到政策实施的过程中分析视角的转变。也就是说，正在扩散的政策理念不再是简单的话题，而是改变学校管理的措施和手段，具体反映在法律条例、行政法规和教学计划的变化上。这些措施和手段并非总是按照政策意图与制度惯例、监督机制有机结合在一起，最终效果不尽相同，也无法预测。措施和手段的选择、安排和组合方式是不同的，不能从理论上推断其中存在不可或缺的核心要素，而只能通过比较各联邦州一系列措施和手段的实施情况来证明。

这些思考对了解本研究案例的全貌和确定研究方案有一定帮助。这里可以得出以下结论。①不应将"学校自主"视作封闭完整的、轮廓清晰的政策行动方案，而应视为由多样化的学校活动选择、措施和手段组成的选择空间。②"学校自主"政策理念在各联邦州之间扩散的评估指标无法直接从这些政策方案中得出。对于什么是"学校自主"，只能根据实施的措施和手段来理解。换句话说，就是根据教育政策实施本身来理解——"学校自主"必定是具体的、可观察的政策实施过程。③不应将"学校自主"一词理论化、概念化，而应仅仅将其作为一个标签，用于标记德国教育政策中可观察到的发展趋势。作为话题讨论的"学校自主"充满了各种各样的提法，而作为标签的"学校自主"基本上是没有内容的——只有在分析教育行政管理部门关于"学校自主"相关措施和手段的共性时，才会涉及具体内容。④对"学校自主"政策理念的推断和描述，不是以论证和理论指导的方式实现的，而是一项需要从实证出发的任务。建议采用一种准现象学的方法，即只有被标记为"与'学校自主'有关"的教育政策行动，才能用来确定政策理念的内容和范围。

本研究剥去"学校自主"理念的"外衣"——它可能代表的主张和预期效果，而只考虑它客观存在的可理解的实质性内容——通过政策引入的与"学校自主"有关的变革学校组织管理的措施和手段。

本研究将与学校有关的法律、行政法规和教学计划作为各联邦州之间可进行比较、有文件记载的调查基础。这一决定基本遵循美国政策扩散研究的总体策略。不同之处在于，本研究不仅关注议会立法层面，也重视以书面形式记录的行政管理层面。正如本研究最初假设的，"学校自主"作为一项重点关注学校组织管理细节的改革方案，在次级立法层面得到广泛实施。因此，将这一层面的规定纳入研究范围，将有助于本研究更全面地把握德国"学校自主"政策理念。然而，用这种方法收集到的关于"学校自主"的资料是有限的。无论是直接修改措辞还是废除个别条款或整个条例，只有体现在学校法[①]具体变化中的政策和学校组织新定位才会受到关注。这样一来，"学校自主"的概念就被简化为教育行政管理部门明确赞成学校在组织管理实践方面的变革。对现有法规的重新解释不仅支持学校组织管理实践方面的变革，而且在联邦州文教部官方公告中以明确的形式记录下来。如果一个联邦州的学校法没有发生变化，将会被解释为不存在学校变革的意图。

在政策实施方面，本研究提出两个假设：①议会和教育行政管理部门在德国 16 个联邦州中对学校组织管理的影响强度和范围原则上是相当的，每个联邦州都同样被强制要求明确修改部分法律和行政法规，以贯彻实施"学校自主"的政策理念；②议会和教育行政管理部门的调控措施必须以书面形式记录下来，并以政府出版物的形式公开，以便向公众和教师明确学校组织管理要求。

[①] 通常来说，只有狭义上的法律和法规才构成法律规定。尽管如此，此处使用的"学校法"一词是对法律、法规、行政规定和教学计划的统称。行政规定和教学计划同属行政条例，只是在教育行政管理层面才具有调控作用（Avenarius/Heckel, 2000: 9–12）。本研究对上述所有文件类型进行平等评估和分析，需要一个概括性的概念，因此这里提出"学校法"一词。

这两个假设在调查研究中得到证实——至少在各联邦州绝大多数政策文件中都可以找到文字记录（无论是否与"学校自主"有关）。只有在研究时间范围内，在"学校自主"理念框架下出现全新的手段和观点，而不只是对以往规定和做法加以调整或解释，说明"学校自主"政策理念未在此前的教育政策中体现出来。对于个别联邦州和个别主题来说，这样会导致"学校自主"政策理念在所谓采用和实际公开描述之间存在偏差。例如，德国16个联邦州全部声称在2003年6月之前已经引入了"学校发展规划"这一手段（Avenarius u.a., 2003a: 263），然而本研究收集的资料显示，只有13个联邦州有相关书面记载。这种差异可以解释为，在没有相关记载的联邦州，即使学校可以自行制订学校发展规划，并且得到教育行政管理部门的支持（通过学校监管、教师培训和地方政府机构），但学校发展规划并没有被有意识地用作对学校发展施加影响的手段。

鉴于各联邦州学校法的可比性，在引入"学校自主"政策理念时，必须区分相关政策实施方案的具体化程度。在政策实施方案中，比起确定目标、提出行动建议，具体实施措施更需要以法律文件形式记录下来。虽然必须用学校法来解释和定义学校的组织管理方式（尽管各联邦州学校法之间的差异可能很大），但个别政策的背景、意义及教学活动的要求无须作为单独条款出现在文件中，但可以找到相关陈述。例如，每部学校法都有介绍性文字，其中包括学校的总体目标，并根据不同学校类型对目标做具体规定。然而，关于师生之间教学互动或学校作为教学空间的进一步规定，并未作为独立段落统一出现在16个联邦州的学校法中。与其他部门相比，各联邦州文教部较少使用学校法表达发展愿景。从最终文本的法律规范性方面看，各联邦州学校法的可比性也相应降低了——只确定了目标和提出了行动建议，而缺少具体措施。然而，有一点是显而易见的，即几乎所有联邦州的学校法中都有关于"学校自主"的声明性内容——即使在某些情况下只体现在通告和教学计划层面。在这方面，由于各联邦州的制定标准普遍一致，不确定的情况较少，保证了学校法的可比性。

然而，就"学校自主"的声明性内容而言，我们有理由认为各联邦州学校法的可比性会受到一定影响。如果教育行政管理部门或议会有意从根本上塑造新的学校形象，并想要以声明性内容作为政策主张与学校的行动准则，就必定会将相关内容以文字形式记录下来，并明确指出新政策不同于以往规定之处，因为新政策的变化具有决定性意义。新旧差别不一定体现在法律法规中，但很有可能以流行语的形式出现在联邦州文教部和学校行政管理部门的沟通中。

需要注意的是，由于关于"学校自主"政策理念的讨论复杂，意见也很不统一，以这种方式收集到的资料只代表一个特定部分，即德国学校法中的"学校自主"。只有与"学校自主"相关的政策和行政管理活动受到了关注，对这些活动的分类和讨论还不系统，且缺乏相关术语。尽管通过直接记录与"学校自主"有关的学校政策的具体变化，能够细致分析"学校自主"政策理念的复杂性和差异，但这样也只是罗列相关措施和手段，作为分析评估"学校自主"政策理念扩散情况的指标。"学校自主"理论至少为某些发展提供上位概念，并区分主要与次要变化；但是，放弃了对相关理论结构的深入探讨，因为这样会重新带来分类的问题。

3.4 "学校自主"相关措施和手段的分类框架

那么，"学校自主"政策理念是以哪些措施和手段实现的？本研究建议采用如下分类框架。1990年后，德国关于"学校自主"的讨论中隐含一种非常务实的分类，它是根据与"学校自主"发展有关的文献而得出的，其中包括会议报告集（Avenarius u.a., 1998）、关于学校法的专家意见（Avenarius, 1995b；Avenarius/Kimmig/Rürup, 2003）及伴随模型实验的研究报告（Avenarius/Döbert, 1998；Posch/Altrichter, 1993；Tillmann, 1997；Meraner, 1998）。这些文献的共同点在于，将"学校自主"看作学校组织管理在某些方面的变化，而不是作为一个整体的范式。可以说，"学校自主"政策理念体现在教学与课程、学校组织管理和行政管理决策等多个领域，涉及人事管理、物质资源管理和财务管理等具体问题，并改变了学校监督管理、教师培训的工作方法和机制，以及学校内部委员会的决策过程。

相比于根据具体讨论参与者和语境得出分类框架，从这些文献中得出分类框架似乎比较困难。因为这些文献更多地反映了讨论参与者对修改学校组织管理条例的尝试，它们只在当时各自的背景条件下具有合理性。

然而，我们从这些分类框架中可以得到重要启发，学校组织管理的变化似乎存在两个相互矛盾的基本趋势：①学校在不同决策领域获得更大的权力；②教育行政管理部门对学校及其发展采取新的调控措施和手段。

从这些文本中也可以得到关于理论概念和分类框架的进一步建议，后文介绍的分类框架便是根据各类文本提出的"学校自主"相关措施和手段而构建的。分类框架所要描绘的不是单个措施和手段之间的概念联系，而是这些措施和手段在学校组织管理决策领域间的相似性，或者在学校组织管理形式方面的相似性。此外，分类框架最终应能独立于"学校自主"政策理念之外。"学校自主"相关措施和手段不是独特、唯一的，在某种程度上都是具体的行政管理活动。这些措施和手段的分类框架和指导思想同样适用于其他政策理念的具体行动方案。

"学校自主"政策理念的第一个发展趋势是去中心化和去规制化（Leschinsky, 2003; Posch/Altrichter, 2003）。去中心化是指以前由更高或更集中的决策层做出的决定，现在由较低的决策层负责，尤其是学校管理层和各个学校委员会。而去规制化不仅是决策权力的转移，而且权力转移伴随着非中心层面决策的可能性。因此，去规制化并不仅仅是简单的决策权力的转移，而是真正开放决策权力。最终，在关于"学校自主"政策理念的讨论中，可区分两种不同形式的决策权力再分配：第一种为分包式决策，即个别决策事项从目前的联邦州政府负责中外包出去，学校可以独立制定政策，基本不受政府规定、要求和监管的影响；第二种为功能区分式决策，即目前的联邦州政府层面的决策权力部分移交给非政府性质的参与者，但仍然与政府集中决策紧密联系。第一种形式可以解释为教学组织管理的自由，具体体现在各学校教学活动中；而第二种形式则是一种实施责任，它只有在各个学校的教学活动中才能看出是否适用。从概念上讲，第一种形式可以用"去规制化"一词来描述，但第二种形式不用"去中心化"一词来描述（去中心化是两种形式的上位概念），而是使用"权力下放"一词（表3.1）。

表3.1 去中心化的不同形式

去规制化	权力下放
• 去中心化决策在很大程度上独立于政府规定、要求和监管 • 是一种学校教学组织管理自由，只有在教学活动中才变得具体 • 可以释放教学活动自由	• 去中心化决策与其他决策者的决策/影响紧密联系 • 是一种实施责任，只有在教学活动中才能看出是否适用 • 教学行动自由可能会面临风险，被教育学以外的意义所掩盖

在"学校自主"相关文献中，对相关措施和手段分类方法的讨论非常少，更别说具体、明确、不受语境影响的分类方法。在细分领域，关于去规制化和权力下放的进一步分类方法同样少见。去中心化和去规制化主要是作为规范性术语发挥作用，仅仅负有实施责任的"学校自主"很难激发各个学校的自我发展潜力。在促进学校发挥"教学组织单位"与"学校发展引擎"作用方面，"学校自主"首先要求去规制化（Posch/Altrichter，1993）。因此，如何描述"学校自主"这一政策理念——去规制化或权力下放的策略，最终需要通过实践找到答案。研究需要观察各个学校的行动是否受到教育行政管理部门强制登记和批准的约束。此外还需讨论，法律法规授予学校的自主决策权限是如何相互关联的，从而使各个学校自我规划过程真正实现——这意味着学校拥有全面的自主权，不仅在确定工作目标、提出实现目标的措施和手段方面，而且在确定以目标为导向的资源分配方式方面。最终，在学校法的基础上，只能对"学校自主"政策理念进行初步分析。对于各个学校的发展而言，教育行政管理部门的计划不如各个学校管理者的认识和阐释重要。学校管理者不仅对教育管理行政部门制定的政策进行主观性、选择性理解，

而且将对相关政策的理解置于学校具体问题和可用资源（员工、经费、时间和设备）的背景下。"学校自主"最终是倾向于去规制化还是权力下放，主要取决于分配给各个学校的资源是否从一开始就具有支配空间，或者必须通过节约资源和学校内部的重新分配获得支配权。这很难通过观察学校法得到结论。在去中心化框架下，"学校自主"相关措施和手段可以分为权力下放和去规制化两类，这两个类别可以作为两种解释模式总结不同的发展趋势。

在关于"学校自主"政策理念的讨论中，还可以发现另一种分类方法，似乎更适合分类研究去中心化措施和手段。该方法不对"学校自主"的自由度或效果加以区分，而是区分学校组织管理的各个领域。在这些领域中，学校的权力范围可以是确定的，也可以是不确定的（Avenarius u.a., 1998; Avenarius/Kimmig/Rürup, 2003）。这些领域包括教学与课程、学校组织管理、物质资源管理和人事管理。此外，还有一些涉及学校法律地位的问题（包括合同审签权利、独立法人地位），独立组织学校内部委员会和政策制定的可能性，以及学校能够根据自己的标准和程序选择学生的权利。

教学与课程方面的权力涉及学习内容、过程监管及文件，具体包括学习内容和对象、教学方法、教学材料、学习监管的形式和方法，对学习成果的评估和记录等。本研究将"学习组织管理"一词用于描述这一政策领域。学校组织管理权利相关文献讨论的内容各不相同，但共同核心是与学习活动组织管理有关的政策，其中包括教学活动的主客体、时间、地点和主题。这些政策还涉及学习小组的组成和规模、师生比例、教师遴选和使用、学习场所、学习时间、科目和课程表等。对于以上具体内容，本研究使用"教学组织管理"一词概括，而将"学校组织管理"一词专门用于描述人事管理、物质资源管理和财务管理。因此，与企业管理概念相类似，学习组织管理、教学组织管理方面的政策可以归入主要组织管理活动（业务）的范畴，而学校组织管理的概念则与次要组织管理活动（管理）的决策有关。

在员工选拔、使用、管理和监督领域，以及在个人发展管理方面，都可以实施去中心化的人事管理措施和手段。人事管理的各个领域并不是学校所特有的，与企业人力资源管理要求是类似的。同样，财务管理主要是经费筹措和分配使用。财务管理的第三个任务是会计（记账与列报）。与财务管理密切相关的是物质资源管理。就学校而言，物质资源管理包括对校园、教学楼、教室、室内设备及教学材料的采购、管理和维护活动。在一般情况下，学校组织管理相关政策是办学主体的责任——也就是说，与其认为相关政策是由狭义的学校法规定的，不如说是由地方法律法规规定的。因此，在本研究的框架内，学校组织管理领域可研究的内容有限。

通过研究学校法和行政法规中的变化来把握"学校自主"政策理念，通常会忽略物质资源管理（设备的采购、合同的签订等）相关政策的变化，从而出现盲点。在"学校自主"政策理念的框架内，往往无法对这些相关措施和手段进行观察。从基本形式来看，"学校预算"主要指学校关于物质资源的预算，因此相关计划也会出现上述情况。与采购组织管理的情况不同，学校预算在与学校相关的法律、法规和条例中都有所体现。然而，这些相关条款只能理解为教育行政管理部门采取去中心化措施，向办学主体提出的具有约束力的要求，要求其承担相应责任。根据1990年后德国学校法修正案，找到学校预算算理中权力下放的领域并不难；困难在于对学校法中关于学校预算责任的变化进行分类分析。在一些联邦州，尽管学校法中没有关于学校预算的条款，个别学校也可能拥有物质资源预算的决定权；或者即使有相关规定，但学校不具有或不完全具有学校预算的决定权，或者学校自主决定预算管理的时间不在相关法律规定的时间范围内。

类似问题也出现在政府向办学主体转让合同签署代理权，以及扩大或缩小可选学校范围等方面的决策中。这些决策是由市政府负责的[1]。尽管存在这些问题，物质资源组织管理这一类别仍被保留下来，以便对去中心化趋势明显的学校组织管理决策领域进行系统化分析。基于实证研究发现的"学校自

---

[1] 国际上普遍认为，各学校竞争财力雄厚家庭学生的做法十分有必要，因为学生对某一学校的选择可能直接影响该校的经费资源。但德国学术界直到2004年年底之前都认为，相关做法无显著意义（Magotsiu-Schweizerhof, 1999; Timmermann, 1996）。

主"相关措施和手段决定了是否保留"物质资源管理"这一领域，以体现学校法中的"学校自主"。

为了清晰描绘学校组织管理、教学组织管理和学习组织管理的政策，本研究尝试将其他文献中单独论述的政策问题（合同权利、自我管理、学校选择）归入目前的政策领域框架。学生选拔、内设机构与领导层的组建被纳入人事管理领域；学校的法律地位被纳入财务管理领域，因为独立缔结合同的权利首先与财务管理（收入和支出）有关。

结合以上所述，本研究对学校组织管理政策领域进行了细分。该分类框架应能涵盖学校法所规定的向各个学校下放权力的相关措施和手段（表3.2）。

表3.2 学校组织管理政策领域去中心化措施和手段的分类框架

分 类		定 义
业务管理	学习组织管理	关于有组织的学习的内容、程序、监管和记录的决策
	教学组织管理	关于学习组织活动（学习小组、时间安排、课表）的决策
非业务管理	财务管理	关于经费筹措与分配、财务管理责任的承担（合同签订、合同履行）以及记账与列报的决策
	物质资源管理	关于校园、教学楼、教室、教室设备及教学设施的采购、管理和维护的决策
	人事管理	关于员工选拔、任用、管理、监督，以及个人发展方面的决策，关于学生选拔的决策，关于组建学校领导层和委员会的决策，以及关于法律、服务和技术监督方面的决策

就理论属性而言，该分类框架不仅仅是针对"学校自主"相关措施和手段的分类建议，更是一种普遍有效的、独立于政策之外的对学校组织管理政策领域的区分。在该分类框架中，"学校自主"仅仅是对先前组织管理的改革。

虽然"学校自主"相关文献中已经出现了相对完善的政策领域分类框架，但在新的调控策略方面却找不到类似的分类模型。相关文献将去中心化措施和手段及调控措施和手段进行分类，从多角度对调控策略进行讨论分析（Döbert，1997；Rolff，2004）；或者单独介绍个别调控措施和手段，如学校发展规划、初中毕业统一考试、内外部评估、学校监察、学校开放等（Maritzen，1998；Lange，1999；Acke–ren/Bellenberg，2004）。因此，必须首先借鉴学校组织管理政策领域类似标准，构建各项调控措施和手段的分类框架，并且独立于对"学校自主"政策理论的讨论。在此，可以借鉴政治学概念模型。戈里茨和伯斯（Görlitz/Burth，1998）提出基于不同媒介的调控理论框架，划分出4种不同类型的调控策略，即规制、资助、结构调整和信息支持（表3.3）。

表3.3 政策调控策略的4种类型

调控策略	媒介	作用机制	方案	类型	存在问题	调控方式
规制	权力	约束制裁→遵守规定	规制方案	强制性和禁止性的规范、标准，以及强制登记和批准等要求	监管负担、实施制裁、数据不透明	直接调控
资助	货币	成本/效益计算→发挥优势	激励式资助和根据业绩资助的方案	福利、补贴、征税、纳税、无形服务项目的转让等	监管负担、成本支出、无谓损失	通过激励式资助方案间接调控，通过根据业绩资助的方案直接调控
结构调整	刺激	行动建议→做出响应	程序性调整方案	框架条件、去规制化、基础设施方案、参与权等	成本支出、需求评估、参与意愿	软性调控直到学校能自主调控
信息支持	信息	知识→动力	信息提供与宣传方案	咨询、信息、解释、通告、象征性的奖励等	信息处理能力、学习能力、缺乏兴趣、偏见	软性调控

这种分类框架与上文提到的学校组织管理政策领域的分类框架类似，均为覆盖面较广的理论框架。任何政策调控策略及具体措施和手段都能反映在该表中。"规制"一词是指通过国家政权和立法直接制定行动指示，进而规范被调控对象行为的调控措施。被规制对象应严格遵守相关指示和禁令。相

比之下，"资助"这一调控策略试图通过货币这一媒介来影响利益相关者——通过激励式资助方案间接调控，或者通过根据业绩资助的方案直接调控。"结构调整"这一调控策略则期望通过改变社会行为模式来实现目的。"结构调整"以间接方式达到状态结果，即仅通过调整行为规范、组织模式和基础设施，来引导被调控对象的行为，使他们最终具备自我调控的潜力。

"信息支持"这一调控策略进一步减弱了政策行动者的影响，他们仅仅是通过信息提供和目标宣传来实现调控意图。通过信息沟通，可以改变被调控对象的认知情感或行为倾向，使被调控对象更能感知某些政策行动的必要性、更倾向于采用某些政策行动。

这一框架较全面地覆盖了各种调控措施和手段。可以断言，凡是受到"学校自主"政策理念的影响而发生改变的调控措施和手段，都能归入上述4种类型中。考虑到德国学校政策领域的具体情况，以及教育科学研究中所反映的"学校自主"政策理念的特殊性，还需对戈里茨和伯斯提出的分类方法进行细微调整。教育政策领域有一个需要注意的情况是，调控者（议会和教育行政管理部门）极有可能从一开始就影响被调控对象的具体行动条件。所以，教育行政管理部门几乎可以调控，甚至随时监管学校的一切事务——从办学所需资源的分配和使用，直至具体的教学安排。同时，教育行政管理部门不仅影响学校的经费筹措，而且影响人力资源、工作时间和物质资源的配置——具体而言，教育行政管理不仅可以轻松、准确地设定资金激励额度，而且可以提供额外的人力资源或物质资源。因此，建议扩大"货币"这一调控措施的应用范围，将其更广泛地理解为对资源（时间、经费、物质资源）的调控。这里也包括建立明确的咨询支持体系，因为至少在"学校自主"政策理念框架内，可以将相关咨询活动具体解释为"通过合法的、强有力的、人员方面的支持，减少学校中个别对某些发展形成阻碍的做法"。

与戈里茨和伯斯提出的分类方法相反，我们建议将结构调整这一调控方法定义得更窄一些（仅限于重组决策领域和决策程序的措施），最重要的是将去规制化的活动排除在外。这一建议是基于概念上的考虑。毕竟从形式上看，去规制化只是减少现有的规章制度，也就是说，它是指政府有意识地放松调控要求。去规制化（或者去中心化/权力下放）措施也与对调控对象的期望相关，这一点在政策沟通中可以观察到。然而，很多研究只是表面上假设它们存在一种线性关系。除了去规制化的效果，政策行动者更期待未被废除、仍具效力的规章制度可以起到更为精准的调控作用（条款内容更简单、更容易理解、更有效），或者是曾受规章制度约束的程序和谈判会更为有效，最终更能达到预期效果（利用市场力量、释放自我管理潜力、发挥原则性规定的辅助作用）。去规制化与更深远的调控意图之间的这种联系，恰恰表现在去规制化（废除规制）通常只是诸多不同却又相互协同的政策措施中的一项。去规制化通常会采取以下措施：公布教学组织管理和选择自由，从而激励人们自由选择"学校自主"相关措施和手段（信息支持）；建立临时激励系统来推动制度变革（货币）；重组政策领域的行为规范、组织模式和基础设施，以消除习惯性力量的影响并激发发展活动（结构调整）。因此，与其说去规制化是为了实现某些意图和取得预期效果的独立调控活动，不如说是用来开启政策调控新路径的策略。去中心化是国家行政管理部门主动放弃调控，并且主动承担超预期发展风险的表现。从"学校自主"政策理念的讨论中，我们已经基本明确了去中心化（国家对学校的影响减少）和新的调控策略（国家施加影响的新路径）的发展趋势是相互区分、相互对立的。

在本研究中，戈里茨和伯斯的分类方法最终只是一种工具，可以根据其调控方式（直接/间接）和使用的调控媒介（权力、货币、刺激、信息），对"学校自主"政策理念中的调控策略进行区分。只有涉及学校法中的具体措施时，才有必要讨论是否仍然有必要保留戈里茨和伯斯所提出独立于政治领域和政策之外的分类框架与概念，或者是否有其他分类的可能性。第4章将对此进行深入讨论。但本章首先必须系统阐释本研究纳入了哪些具体数据和采用了什么方法。

3.5 德国学校法中的"学校自主"相关措施和手段

3.5.1 数据来源和范围

本研究分析德国教育政策理念的产生和扩散,研究基础是 1990 年 10 月至 2004 年 12 月德国 16 个联邦州的学校法中与"学校自主"相关的所有变化[1]。本研究所指的学校法主要是狭义的学校法,即那些专门为学校设定,并不适用于其他法律领域的法律法规(Avenarius/Heckel,2000:7)。这一限制体现在对法律法规的选取过程中。

本研究采用两种方式选择各联邦州的相关法规文本:一是对研究时间范围各联邦州文教部的官方公报[2]进行系统分析;二是以各联邦州的学校法汇编[3]为出发点,通过研究现行法律文本对以往法律和参考法规的引用,追溯整个研究时间范围的立法历史。为此,本研究还查阅了官方公报,作为法律法规变化的文件依据[4]。

此外,本研究对官方公报中法律文本对以往法律法规的引用也进行了追溯,以确保对所有相关文本完成两次分析。第一次是按时间顺序进行的对官方公报的分析,第二次是基于对学校法汇编对立法历史的追溯。在调查过程中,本研究还分析了同一时期适用于小学、初中的数学和语文等科目的教学计划。因为很明显,部分联邦州(尤其是北莱茵-威斯特法伦州)将这些教学计划广泛用于规划教学组织管理和学习组织管理,甚至所有的在校活动。因此,这些科目的教学计划也发挥了其他联邦州的某些相关法规条例所具有

---

[1] 结构化定性内容分析方法参考梅林的研究(Mayring,2003)。

[2] 在不来梅市,参议院联合官方公报中没有记载与学校有关的法规,因此本研究对不来梅市学校法的变化进行了追踪。自 2002 年以来,不来梅市出台的法规在网上(见 www.bildung.bremen.de)发布,这为研究提供了便利。

[3] 本研究分析了 Luchterhand 出版社定期更新的各联邦州学校法汇编。在 2004 年 1 月至 2005 年 2 月调查期间,研究人员反复翻阅学校法汇编,以排除错误判断,同时补充了新增的法规。对相关文本材料的最后一轮整理完成于 2005 年 1—2 月。

[4] 法律法规官方公报来源于德国文教部长联席会议(KMK)教学大纲数据库(见 www.kmk.org);同时,KMK 教学大纲数据库还于 2005 年 1 月被用于进一步深入检索、分析较早的法律文本内容。

的作用①。

对官方公报的分析不仅限于官方文本（法律、法规、公告），其中包含的通知、倡议、公告、新闻稿等也是本研究的数据来源②。尽管这些文本没有提出政策行动方面的具体要求，但还是对学校提出及提供了变革的政治意图，因此也同样受到重视。

各联邦州文教部关于"学校自主"的方案、报告和自我陈述也为数据完整性提供保证。调查发现，在个别联邦州，并非所有与学校有关的公告都通过文教部官方公报发布，部分公告会直接向学校或办学主体发布。

在本研究力所能及的情况下，只要能通过特别检索方法查到这些公告文件，或者通过其他来源确认文件存在并记载了"学校自主"相关措施和手段，本研究就会将其一并纳入。但如果不能确定文件具体内容，就会将其排除。本研究无法排除在某些联邦州和调控领域存在疏漏。

不来梅市和汉堡市的情况可能便是如此——在这两个城市州，教育行政管理部门有书面形式记录的行政管理行为普遍少见。这可能与城市州通过个别接触和个案处理进行行政管理调控的可能性较大有关，也可能与通过邮政或电话直接传达行政管理决定的传统有关。在后续分析"学校自主"政策理念在各联邦州的扩散时，应考虑到这一情况（详见第7章）。在这些城市州，政策规定不一定是通过具有法律约束力的法律法规条款规定下来的，而是在官方公告的形式记录下来的，这说明城市州研究数据的代表性不足。

只要是学校法汇编收录的法律法规，包括作为参考文献的非专门针对学校制定的法律法规（广义的学校法），均会被纳入研究范围。然而，采用这种方法就无法分析学校法的某些领域，特别是在办学主体任务领域对学校系统行政管理和筹措经费非常重要的地方法律条例，以及地方办学主体自行制定的章程。这直接影响了本研究对"学校自主"这一概念的把握。学校预算

---

① 本研究的文献检索工作主要完成于德国国家图书馆（美因河畔法兰克福）和吉森大学，但也有部分文献检索工作完成于哈雷大学和德国国际教育研究学院（DIPF）图书馆。

② 然而，非官方文本如教师培训和进修活动的公告，并没有在官方公报中全部反映出来，因此本研究未对其进行分析。

理念的扩散、物质资源管理权利的转移，以及家长和学生自由选择学校的理念，也都不能以这种方式纳入研究范围。

另外，《德国联邦公务员法》和薪酬制度的变化没有像其他学校组织管理领域的法规变化那样受到持续关注。这是基于这样的考虑：如果法律法规的重大改变将某些任务和权力转移到各个学校，或者为各个学校设定了重要的、有约束力的要求，那么至少需要对此进行具体解释。基于该原则，《德国联邦公务员法》和薪酬制度的一般变化还不足以用来判断学校也正在发生重大发展。

最终，本研究将重点放在与本研究有关的政策行动者在学校教学组织管理方面所表现出的政策意图。也就是说，仅考虑立法者（议会）和文教部的相关文本，而各市镇政府及各联邦州财政部、内政部的发展情况则被排除。同样被排除的还有在学校系统内酝酿并扩散的"学校自主"相关设想，因为各联邦州政府部门并未明确宣布它们支持、接受或资助这些设想[①]。

3.5.2　缩小研究范围

关于学校法，本研究从一开始就限定了范围——与公立小学、初中有关的法律法规。关于私立同类学校、职业学校和文理中学（高中阶段）的法律发展情况则被排除在外。此外，那些招收特殊学生的学校（特别学校、特殊学校）的法律法规也没有纳入研究。

这种限定主要是公办小学和初中的属性、类型所带来的学校组织管理的特殊性决定的。其特殊性要求就是各联邦州需要对各项专门调控措施做出解释。就职业学校而言，这就涉及双元制——双元制需要企业和学校协商培训内容、行业协会和教育行政管理部门协调合作模式。这就导致这些特殊类型

[①]　虽然可以对相关活动和变化进行研究，如查阅各联邦州的教师教育和继续教育机构、教学计划和媒介发展研究机构的活动目录和出版物目录，但要将整个研究时间范围16个联邦州的所有相关文件资料收集齐全，投入的精力与预期信息收益是不成正比的。毕竟，仅从标题就可以推断出活动的内容。而要收集完整资料则必须假设，文件资料的所有主题都与相应政策意图有关，但是这样做仍然无法评估文件资料的意义或明确具体参与者。

的学校在学校组织和教学安排方面与其他学校没有可比性。例如，20世纪90年代，职业学校引入了"集中教学周"作为新的教学组织管理形式：一个班级的学生每周交替去学校上学或在企业工作。20世纪70年代后，班级组织和成绩等级作为文理中学（高中阶段）的评价制度被取消了；同时，科目选修和能力水平评价也得到了发展。

这样的措施很早就为学校的独立组织管理、学校形象塑造和学校发展创造了自由空间，而这是小学和初中所没有的——至少在1992年之前还没有。特殊学校与其他学校不同，特殊学校高度重视学生的具体需要；相应地，国家对其实施的规范管理也更为谨慎和灵活。

相比之下，小学、主体中学、实科中学和综合中学，以及文理中学（初中）的组织管理模式不仅彼此非常相似，而且基本符合德国学校传统的理想型社会理念。这些学校以固定的班级为单位，教学活动安排在工作日的半天，根据课程表开展课程教学，每堂课45分钟。学业成绩以等级形式体现在成绩单上，可以作为接受进一步教育或从事某些职业的证明。学校遵守国家行政管理规定并接受行政管理机构的严格监督，学校组织管理（人事、财务、物质资源）主要由市级教育行政管理部门和州级教育监管部门等校外组织管理机构负责。只有在学校内部的组织管理和流程中，学校管理层才拥有档案整理、班级组建、课表安排和颁发毕业证书等方面的权限。至少在1990年，情况基本上还是这样；不仅小学和初中的各类型学校具有可比性，而且各联邦州的学校具有可比性。

通过对1990—2004年学校法变化的深入研究，以及对1990年9月30日被确定"学校自主"相关的法规的初步，上文关于小学、初中学校具有可比性的判断得到证实。对这个日期及研究起始时间的确定，是出于对德国在20世纪90年代初特殊历史状况的考虑。1990年10月，联邦德国和民主德国统一，这一事件决定了本研究选择研究数据的时间范围。从该时间节点开始，德国16个联邦州在教育政策方面是独立的，而这16个联邦州政府机构原则上有接受或发展新教育政策理念的平等机会。在过渡时期继续用于新联邦州的民主德国学校法不在研究范围内。新联邦州的教育政策制定参与者需要明确，1991 年以后民主德国哪些法律法规能转化为德国法律法规并继续沿用[①]。

联邦德国和民主德国统一后，新联邦州必须制定自己的学校法，这不影响本研究的目标。一方面，新联邦州的政策行动者虽然要制定新的学校法，但绝不是被迫采取"学校自主"相关措施和手段。另一方面，新联邦州的改革可能激发整个德国的改革活力。1991—1992 年，在新联邦州相对不受传统束缚、政党政治环境不稳定、两极分化较小的情况下，新的改革设想更有可能实施，从而使"学校自主"政策理念第一次在全德国范围内接受检验。

联邦德国和民主德国统一后，新联邦州是否普遍存在特别明显的改革动机，这个问题本身也可以根据所观察到的情况来研究——即在统一后的前几年内，新旧联邦州的各级团体组织是否表现出明显不同的改革动向。

3.5.3 数据收集程序

本节所述数据准备与收集的各个步骤应被理解为相辅相成、系统的研究过程，而不是可以明确区分的不同工作阶段。总体而言，数据收集过程是循环往复的，直到进入内容分析阶段，研究人员才借助文本材料的梳理对"学校自主"政策理念的范围和内容进行勾勒和分析。在数据收集过程中，如果在学校组织管理和调控的各个领域发现关于"学校自主"的新发现或假设，就必须回到数据收集这一步骤，并再次研读已经分析过的文件。在数据收集过程中，避免主题内容范围的过小也十分重要。应尽可能将德国学校法中体现"学校自主"理念的文字记录下来，并展开分析。因此，本研究没有将科学文献中发现的或政策行动者自创的关于"学校自主"政策理念的理论或概念作为检索词，而是搜索是否存在以下变化：①更多的决策权被移交给各个

[①] 但在梅克伦堡-前波莫瑞州，1990 年之前民主德国最后一届政府的某些法律法规在较长的过渡期内仍具效力——1990 年 10 月之后可查询到的官方出版物可以确认这一点。民主德国法律法规得到沿用的基础是新的梅克伦堡-前波莫瑞州议会通过相应法律，并在法律附件中记录这些法律法规。

学校（去中心化）；②文教部对各个学校及其发展的调控措施和手段的改变或革新（新调控策略）。

第一步，研究人员根据研究对象的基本范围（公办小学、初中，不包括特殊学校）对出版物（官方公报、学校法汇编、教学计划）进行检索，从中选取可能有"学校自主"相关规定的文件资料。刚开始，与"学校自主"无关的内容被排除在外，如关于义务教育和纪律管理的规定、关于地方学校发展规划的规定，以及关于学生选择科目和课程难度的权力的规定。然而，因为数据收集过程是循环往复的，初步排除后的结果并不是最终结果。一旦在某个联邦州、在某些文件资料中发现某些之前被排除在研究范围之外的调控领域"突然"被确定为与"学校自主"有关，原则上就应对纳入的文件资料进行重新研读。例如，"学校自行决定学年中有限休息日（浮动假期）的日期"这一主题，直至内容分析阶段才被明确为与"学校自主"有关，而本研究却要因此分析所有联邦州关于假期规定的文件资料。如果在整个研究时间范围内缺少某个联邦州的数据，那么就要从文件资料清单入手，检查确定是否真的不存在相应规定，还是未考虑到某些文本类型。总的来说，研究过程中根据文件之间的交叉引用关系（参考法条、法条前身）不断追溯，才能确保纳入研究范围的文件资料的完整性。

各联邦州最终纳入研究的文件资料数量有很大差异（表3.4）。

表3.4 各联邦州学校法中"学校自主"相关措施和手段的文件资料数量

联邦州	调查文件资料数量/份	相关文件资料数量/份	法律方面/份	法规方面/份	规章方面/份	教学计划方面/份	其他方面/份
勃兰登堡州	232	59	6	17	30	6	0
柏林市	179	54	7	1	40	6	0
巴登-符腾堡州	216	59	5	16	21	12	5
巴伐利亚州	192	56	6	20	20	9	1
不来梅市	96	37	8	5	13	10	1

续表

联邦州	调查文件资料数量/份	相关文件资料数量/份	分类					
^	^	^	法律方面/份	法规方面/份	规章方面/份	教学计划方面/份	其他方面/份
黑森州	197	68	7	26	13	11	11
汉堡市	73	42	7	6	9	14	6
梅克伦堡-前波莫瑞州	161	67	5	7	34	16	5
下萨克森州	283	109	9	8	60	18	14
北莱茵-威斯特法伦州	232	76	8	17	35	11	5
莱茵兰-普法尔茨州	150	61	6	12	29	7	7
石勒苏益格-荷尔斯泰因州	250	62	2	7	30	6	17
萨尔州	205	55	8	18	14	15	0
萨克森州	117	37	4	9	15	7	2
萨克森-安哈尔特州	340	83	8	7	46	9	13
图林根州	128	54	6	10	17	16	5
合　计	3051	979	102	186	426	173	92

但表 3.4 的数据仅仅反映了各联邦州学校法的不同内容结构和传统，并不能说明"学校自主"调控力度。各项政策是集中在个别政府文件中，还是分布在许多不同文件中？这些政策是每年出台新的文件加以确认或修订，还是继续执行旧文本要求直到需要修改为止？在教学安排方面，有些联邦州在小学或中学阶段所有类型的学校中，为所有科目拟订一份纲领性的教学计划；而有些联邦州则为每一类学校，甚至每一个科目编制单独的教学计划。萨尔州编制的教学计划最多，但不能因此就得出该联邦州调控力度较高的结论[①]。萨尔州不仅为每一类学校和科目的拟订计划，而且还为不同年级的拟订相应

---

① 这与德国第一份教育报告的表述矛盾。该报告对各联邦州 KMK 确定的教学计划数量进行了全面比较，而未考虑各联邦州的调控历史情况（Avenarius u.a., 2003a: 105）。仔细观察可以发现，在每个联邦州，每一类型学校的每一课程只会设置一份教学计划，不能称为数量繁多。有时可能会有第二份（新）教学计划处于试验阶段，但也不应在国际比较时将此类情况形容为"在数量和多样性方面独一无二"（Avenarius u.a., 2003a: 108）。

的计划。

萨克森-安哈特州纳入研究范围的文件资料数量最多（340份），这是由该联邦州特殊的政治形势导致的。在该联邦州，拥有议会多数席位的政党频繁更替。在教育政策领域，这种现象表现为学校系统外部行政管理机制的多次调整和对教育时间长度的多次修订，每一次都导致学校法的进一步修改。不来梅市和汉堡市的文件资料数量非常少，如前文所述，是因为这两个地区行政法规、条例数量普遍较少。

第二步，对所选文件资料进行系统评估，以确定这些文件资料所述政策与"学校自主"的相关程度。第三步对每个联邦州的文件资料进行审查，以了解文件资料中的某项政策与以往相比是有重大变化，还是简单的重复。只有前者才被用于内容分析。文件资料中记载的与以下方面有关的权责扩大或受限均被视作重要变化。①学校自主权限大小或形式；②约束力（学校是"应当"遵守规定还是"可以"遵守规定）[①]；③规定的有效时间（永久或非永久）；④规定所针对的学校范围（所有学校、部分学校或特殊学校）和学校类型（小学、主体中学、实科中学、文理中学和跨类型学校[②]）；⑤在新的调控战略框架内，学校政策与教育行政管理部门的政策（自主性、通知义务、批准义务、共同的行政决定）或行政干预形式（授权或规定）的关联情况；⑥各个学校内部的组织管理参与者（校长、全体教师、学校办公会、家长委

[①] 本研究没有区分"必须"和"应当"遵守的规定，因为在法律上"应当"也表达了一种必须遵守的义务，只有在特殊情况下例外（Fankhauser，2000）。

[②] 所谓跨类型的学校包括合作性和一贯制的综合中学，以及预科学校；另外，在某些联邦州，主体中学和实科中学作为普通学校，在组织架构上有联系（KMK，2006b：7f.），因此有必要对这两种形式区分。在一些联邦州，"在组织架构上相互联系的主体中学与实科中学"只是学校组织的方式，以体现学校的地位，尤其是在农村地区（如莱茵兰-普法尔茨州或梅克伦堡-前波莫瑞州的地区性学校）。而在其他一些联邦州，"在组织架构上相互联系的主体中学与实科中学"取代了单独的主体中学和实科中学，成为一种独立的学校类型（如在萨尔州、梅克伦堡-前波莫瑞州、萨克森州、萨克森-安哈尔特州和图林根州）。在后一种情况下，提到关于"在组织架构上相互联系的主体中学与实科中学"的规定，会将其理解为适用于独立的主体中学和实科中学的规定。勃兰登堡州在德国是一个特例，该联邦州只有实科中学、综合中学和文理中学3种初中类型，因此，政府没有颁布过任何一项针对主体中学的与"学校自主"相关的规定。

员会、学生委员会、教师个人）之间的权责分配。⑦法规文本中设立条款的原因（促进独立、民主，做出更有效的决定，减少官僚主义，提高质量，促进教学活动，根据情况组织协调）发生变化。

如果一项政策受到重视，即不再体现为行政管理条例，而是法规甚至法律，这种情况值得注意。为此，本研究的数据收集和分析涵盖了法律、法规、规章、教学计划及其他调查中发现的非官方文件资料。非官方文件资料要么发表在官方公报上（如通知、新闻稿等），要么体现在文教部正在实施或计划实施的方案中。尽管原则上教学计划和法规是同等重要的，但在某一文本中出现新政策时，对于研究另一文本来说应当引起关注。

对各级各类学校来说，法规文本具有不同的调控力度。本研究从一开始就计划只收集"学校自主"特征较为明显的政策文件。

即使对以这种方式筛选出的相关文件资料数量进行比较（表3.4），也还不能就各联邦州的"学校自主"参与度得出任何结论。根据各联邦州是从一开始就打包发布对各级各类学校都适用的所有创新政策文件，进而发布"学校自主"相关措施和手段；还是谨慎地以试点的方式，先在特定学校类型和级别的有限数量的学校中引入相关措施和手段——各联邦州的策略选择可以反映各联邦州参与"学校自主"的程度。此外，各联邦州学校法有不同的内容结构和传统。在下萨克森州和萨克森-安哈尔特州，学校法往往更加全面，因为这两个联邦州在1990年后参照下萨克森州的模式对学校法进行重组。在这两个联邦州，每种学校类型都有单独的规章，其中包括关于教学组织管理和学习组织管理的所有基本规定。因此，如果对各类学校的调控目标发生变化，需要同步修订7个并行文件。

第四步，将从各联邦州选定的法律法规内容归入数据集中。其中详细记录了德国16个联邦州公办小学和初中的情况：①截至1990年10月1日，该联邦州有哪些"学校自主"相关的规定，具体文件资料数量及调控力度；②截至2004年12月31日，该联邦州是否在某一时间出台了某一具体规定，对以往规定是否有实质性修订，以及具体涉及哪些方面。

如果文件资料没有明确的发布日期，则将包含该文件资料的出版物的发布日期作为文件资料的发布日期；如果该出版物也没有发布日期，则根据出版周期，将该月或该季度的最后一天作为发布日期。至于教学计划，在某些情况下只能确定其公开年份，那么就以 12 月 31 日作为发布日期。

由于各联邦州学校法的内容结构不同，可能需要针对不同类型的学校制定不同法规文件，因此在出台某一法规时必须同时修改多个文本。本研究从一开始就注意到各联邦州学校法内容结构的特殊性，并对数据收集策略做出调整。本研究将那些在时间上密切相关的文件资料（首次和最后的颁布日期之间最多相差 3 个月）视为数据集中的一个文本，这些不同文件资料不过是将同一政策意图运用于不同学校类型。同一批文件资料中，以首份文件的发布日期作为该批文件资料的共同发布日期。不过，即使同一批文件资料在法规内容、权力分配和约束力方面存在极小差异，也有必要对其进行比较分析。在另一种情况下，不同文件资料也会被视为一个整体：如果与某一法律法规同时发布的条例和规定是对相关法律做出的具体解释，则将相关解释性文本视作并定义为法律文本的一部分，而不是新的条例。这里的先决条件是，首份文件和最终总结性文件的发布时间最多间隔 6 个月[①]。

3.5.4 分类和界定

为了建立一个方便对所有联邦州进行比较的数据库，研究应该从一开始就对各联邦州的"学校自主"相关措施和手段概念进行规范。对于如何为德国"学校自主"相关措施和手段确定通用术语和定义，这里不作详细介绍，第 4 章将详细说明。数据集对各联邦州采用"学校自主"相关措施和手段的调控力度或表现形式进行持续而完整的记录，以便在整个数据收集和分析阶

---

① 在德国伍珀塔尔大学 2007 年夏季学期一门研讨课的后续项目中，4 名师范学生对"学校自主"法律法规文本的可靠性进行了调查研究。为了保证分析质量，研究纳入了 194 项在联邦州首次观察到与"学校自主"相关的政策法规。但 1994 年以前的教学计划，以及汉堡市、柏林市和不来梅市等的政策法规未能纳入，因为很难获得相关文件资料。在检索过程中，这些学生借助《编码计划》重新找到相关法律法规文本。

段，可以根据需要追溯相关文件资料。

第一轮数据收集发现了122个不同方面的措施和手段，它们在文件资料中出现2000多次。为了便于对"学校自主"的内容和框架展开描述性评价和讨论，必须对数据集收录范围加以限定。一般而言，在研究时间范围内无法观察到扩散现象的政策规定，即仅存在于各联邦州内部的政策规定，将被排除。例如，萨克森–安哈尔特州明确提出的为学校和家长之间的合作拟定年度计划便未纳入研究范围。那些在"学校自主"分类框架仍然无法清晰归类的措施和手段也被排除，如各联邦州为引入全日制学校或可提供课后托管的半日制学校而采取的措施或手段。此外，如果内容方面存疑及不能确定所有联邦州教育行政管理部门对采取某项调控措施的需求具有可比性，这样的文件资料也被排除。这主要涉及学校外部事务有关的措施和手段，如学校按片区招生的具体组织管理及确定开学和放假时间的权力，这些事项不一定需要由议会或教育行政管理部门决定。

在完成数据分类和筛选后，用于描述"学校自主"政策理念扩散情况的数据集中仍然有82项措施和手段，出现了3602次采用。措施和手段采用次数明显增加，是因为现有的数据集不仅记录了某一法律法规生效或变化情况，而且还记录了1990年10月1日至2004年12月31日未出现某一法律法规的情况。

4 德国"学校自主"政策理念的选择空间

如前文所述,在德国各联邦州议会和文教部的教育政策行动中存在"学校自主"政策理念的扩散。因此,在研究德国学校法的变化时,可以找到多达82项"学校自主"相关措施和手段。但该数字的意义并不大,因为还有许多问题有待研究:这里谈论的是什么样的措施和手段?是去中心化的措施和手段还是改变学校调控方式的措施和手段?单个措施或手段会对德国学校改革或整体学校系统改革产生什么影响?真的发生了根本性改变吗?

教育政策行动中有82项措施和手段看似与"学校自主"政策理念相关,但并未回答以上问题。研究人员还需要对调查结果进行更深入的分析。接下来将专门探讨这一问题,介绍并分析在学校法发生变化后"学校自主"政策理念的具体表现。换言之,本章将基于前文介绍的分类框架(3.4)对"学校自主"相关具体措施和手段进行详细介绍。与之相对应,去中心化的措施和手段(4.1)和新的调控措施和手段(4.2)是有区别的。本章最后将就"学校自主"政策理念选择空间的具体内容展开讨论,并对措施和手段的分类框架进行分析总结(4.3)。

4.1 去中心化的措施和手段

作为一个政策理念,"学校自主"包含两个方面:一是给予学校教学组织管理的自由;二是通过新的政策调控策略对其进行约束。本节将通过介绍德国学校法的具体措施和手段,对"学校自主"所包含的第一个方面进行探讨。哪些以前由上一级政府做出的具体决策,如今由下一级负责?为了更好地梳理去中心化变革趋势,本研究划分了学校组织管理中的 5 个不同决策领域——学习组织管理、教学组织管理、人事管理、财务管理和物质资源管理领域(3.4)。

4.1.1 学习组织管理领域的去中心化

在"学校自主"政策理念框架内,学习组织管理领域的去中心化涉及两个方面:学习内容和成绩评价。

关于学习内容去中心化,可以根据具体教学场景或学校整体安排做进一步区分。与教学组织管理相关的灵活性重点体现为教学计划的宽松度,如教师在教学内容方面具有更大的选择权。一方面,教师准确计算出教学计划所要求的内容所需要的课时,以便为增加自选内容预留时间(每学年最多不超过单个科目教学时数的 25%),或者不规定课程必须涉及的内容,而规定学生在该学年或该课程中需要达到的能力(以能力培养为目标的教学计划)[①]。另一方面,教学计划取消对各个教学科目具体课时的规定,也取消对各个教学科目在各学年的时间安排。教学计划仅要求某个较长时间段(几个学年)内完成教学内容,或者明确允许对不同学年的教学内容进行调整。

某一教材是否适合作为学习材料也与课程大纲有关。虽然采购教材一直

[①] 在数据收集的过程中,没有实施政府总体教学计划或将规定运用于教学大纲,视作采取"学校自主",纳入研究范围。因为一方面,德语和数学的教学计划无法充分体现课程间的具体差异。另一方面,虽然总体教学计划在形式上明显与"学校自主"政策理念有关(而不是只设定一个框架),但由于 20 世纪 70 年代以来一直存在关于总体教学计划实施的党派争论,总体教学计划被赋予更多含义。这些含义并不侧重表达去中心化的理念,而是侧重体现解放教学的改革愿望。

由学校具体负责，但批准某一教材作为学习材料历来是教育行政管理部门的职责。而目前德国的学校法规定：在遵守宪法、符合专业标准和教学要求的前提下，学校有权决定所有科目或部分科目所使用的教材。

在学校层面也可以看到有关学习内容决策权的转移。这些转移不是针对个别教学内容，而是针对原则上需要做出一定调整的内容。在国家统一规定的课时安排方案下，学校有一定的空间，可以自行安排授课内容。在这种情况下，必须对不同程度的"学校自主"进行区分：有时，这些"学校自主"只是学校法的书面表达，没有实际意义；但有的时候，这些"学校自主"可以通过具体数字加以明确。例如，在自主安排课程方面，有一个时间要求——如果学校每周自行安排的授课时间超过了规定课时，似乎需要证明其行政合法性，并与教育行政管理部门进行单独沟通。在学校法中，另一种与"学校自主"有关的学习内容灵活化的实现方法是设置不同的课程表，学校可以根据学校类型和需求，在不同课时安排方案之间进行选择。此外，出于"学校自主"的要求，学校有权在校内调整课程表，即根据某个学习小组的具体学习需求，增加或减少某些科目的课时占比。在这一方面，各联邦州法律规定有所不同：有些联邦州仅允许调整某些科目的时间安排；而有些州不限定科目，允许在校内调整时间安排。除了学习内容的主题和范围，学校还有权将学习内容分配给具体科目或学科领域。一方面，该政策不再限制课程表中的科目的具体构成，从而使学校有机会自行构建跨学科科目；另一方面，该政策允许在某些学科领域（自然科学、艺术/审美科目、社会科学）的某些科目之间进行课时调换[①]。

还需要注意的是成绩评价方面的权力转移，这也是教学组织管理的核心内容。学校的权力包括：①确定单项成绩（笔试和口试）在该科目学年总成绩中的权重；②根据教学计划给出的框架，确定各个科目的课堂测验次数；③确

---

① 在德国，学科领域这一概念长期存在争议。在这方面，教育行政管理部门划分学科领域并没有体现"学校自主"的政策理念。但是，行政管理规定中也包含了一些措施，使学校能够自行划分学科领域。

定某些年级（小学）或中学的成绩评价形式（报告或分数）；④开展行为评价（是否开展，何时开展，如何开展）；⑤确定某些年级的半年成绩报告的形式（在家长会上的口头或书面形式报告）；⑥共同确定成绩等级评定原则，特别是口头表现的成绩。

1990—2004 年，各联邦州政府通过学校法的修订，出台了 14 项学习组织管理领域的去中心化措施，其中 8 项为学习内容方面的措施，6 项为成绩评价方面的措施（表 4.1）。

表 4.1　学习组织管理领域的"学校自主"相关措施和手段

分类		措施和手段
学习内容	教学层面	教学内容的选择：教学计划明确规定可调整教学内容对应的课时安排，或者不限定内容，根据教学计划提出的素养培养目标开展教学
		课时数量：没有规定各个教学内容的课时
		每学年教学内容分配：没有规定各学年应完成的教学内容
		教科书的适用性：学校有权选择教材（所有科目或部分科目），前提是遵守宪法，符合专业标准和教学要求
	学校层面	课时安排方案留有空间：每周 3 课时可由学校自行安排
		替代课时安排方案：学校可以在不同课时安排方案之间进行选择
		可调整的课程表：学校可以改变一个学习小组的课程，或者改变增加或减少某些课程的占比，以满足具体的学习需求
		学科领域的设计：在一个学科领域或在不同学科领域之间调整某门课程的课时
成绩评价		单项成绩权重：确定笔试和口试成绩在该课程学年总成绩中的权重
		课堂测试的数量：根据教学计划给出的框架，确定每门课程的课堂测验次数
		成绩评价形式：决定以分数或报告形式评价学生的成绩
		行为评价：是否、何时及如何评价学生的行为
		半年成绩报告：在以口头形式或书面报告形式向家长提供信息
		成绩等级评定原则：确定口头或书面成绩的评价原则，划分成绩等级

4.1.2　教学组织管理领域的去中心化

教学组织管理领域的去中心化措施涉及 3 个方面：一是学习小组（年级、

班级）的组织，二是教学时间安排，三是在一个教学周内为各个科目分配课时——课程表。

关于学习小组的组织，学校有权确定学习小组的规模。他们可以根据每周可用的课时数、课程表的具体要求和学生的具体人数，自行决定班级的组成。此外，学校能够突破以年级为单位建立学习小组的传统做法，甚至针对某些科目组建跨年级的班级。

同时，在以年级为单位的学习小组之外，学校还可以引入其他形式的学习小组（如课程、讲座等）。此外，学校在差异化教学（对不同学习小组有不同要求）方面也有更大权力。一方面，学校有权制订差异化教学计划；另一方面，学校能够在给定时间范围内自行确定引入差异化教学的具体时间节点。

在教学时间方面，也可体现出"学校自主"政策理念。随着权力的转移，学校能够独立决定在一学年中安排一定数量的假期（有时多达 5 天）。关于教学周，学校可以自行决定周六上课（一周 5 天为工作日）。此外，学校也可以自行决定课时长度，即 1 课时不一定是 45 分钟。教育行政管理部门给予学校自由安排教学活动的空间，甚至允许学校对课时安排进行全面调整，例如，1 课时不再为 45 分钟，而是为标准的 1 小时（60 分钟）。

在确定各个学习小组的每周课程表时，学校也可以将某些科目的内容组合在一起，以集中教学周的形式安排在某一学年中（整体教学）；或者在课程表中不以周为单位体现与科目相关的教学内容，而只显示学年内总课时数，即使用年度课程表。因此，学校可以改变某一学年内各个科目的课时占比。另外，学校也可以在不同学年之间调整科目课时占比，但不得超过一定规定课时数——根据学校类型、科目不同而异。

1990—2004 年，各联邦州政府通过对德国学校法的修订，出台了 10 项课程组织管理领域的去中心化措施，其中 5 项涉及学习小组的组织，3 项涉及教学时间的安排，2 项涉及课程表的安排（表 4.2）。

表 4.2　教学组织管理领域"学校自主"相关措施和手段

分　类	措施和手段
学习小组的组织	学习小组规模：在基准人数、可接受范围内根据学生确定班级人数
	跨年级教学：按课程授课或跨学科授课时，临时或永久撤销以年级为单位的学习小组
	学习小组组建的灵活性：取消与学科相关的班级原则（合班上课、分班上课、全班上课）
	差异化教学的开始时间节点：在给定时间范围内将学生分配到有不同课程要求的学习小组（排除综合中学）
	差异化教学的概念：根据成绩差异、水平等级，将学生分配到具有不同课程要求的学习小组的方式（综合中学除外）
教学时间的安排	工作日上课：自行决定星期六是否上课
	灵活假期：自行确定学校放假日，最多 5 天
	课时的时长：可以不以 45 分钟为 1 课时
课程表的确定	在学年内调整课程内容：在某一学年中可以自由调整课程（整体教学、年度课程表）
	跨学年调整课程内容：在不同学年之间调整课程内容（不超过规定课时数）

4.1.3　人事管理领域的去中心化

人事管理领域需要进一步细分。在"学校自主"框架内，各个学校在以下 4 个方面具有更多权力：员工遴选、使用、管理和自我管理。

在员工遴选、使用、管理等方面，未能找到可以体现"学生是学校组织管理参与者的"措施。法规条例偶尔会提到学校选择学生的问题，但这主要是为了体现这种选择受到严格的监管，而不是为了权力下放。除此以外，关于学校选择学生，本研究只涉及特定一些学校（如特殊文理中学、综合中学），因为这些学校的招生名额有限，而家长需求较大，学校必须制定学生选择办法。本研究所发现的人事管理措施只涉及学校管理人员、教师和工人。

在员工遴选方面，因岗位职责不同，学校的权力不同。一方面，学校可以根据学校特色选择教师；另一方面，学校负责从公布职位到正式聘用的整个招聘过程。学校在选择校长方面也被赋予更多权力，各联邦州对选择办法的规定各不相同。有时，学校有权从上级教育行政管理部门认为合适的申请人中选择校长。在这种情况下，给定的申请人必须在两人以上，并且至少可以被学校完全拒绝一次（学校的选择有限）。另外，学校也有权从收到的所有申请材料中决定申请人的排名。在这种情况下，如果上级教育行政管理部门在任命校长时不符合排名次序，必须给出理由（文教部的选择有限）。最后，还有一种办法是由学校（家长、学生、教师）、办学主体和学校监督部门的代表组成委员会（各类代表在委员会中所占比例可以不同），委员会共同决定校长人选。在某些情况下，这种办法能够让学校获得一定的协商权或反对权。

此外，为完成特定教学任务，或者在人员严重短缺的情况下，学校可以根据特别预算（经费而非职位预算）聘用合同制工作人员。各个学校针对合同制工作人员的预算存在差异，这些预算不是由学校管理，而是由学校监督部门管理。除此以外，在行政管理人员的遴选（学校法要求办学主体提供学校参与决策的机会）及校长的试用期方面，学校被赋予更大的决策权。

学校在教学人员使用方面也获得了更多权力，这体现在教育行政管理部门提供的岗位数量所决定的每周教学课时方面，学校拥有更大的分配决定权。学校的课时预算是指根据学生人数和课程表确定的教学时间。在这方面，学校的权力越来越大。各个学校可以更自行决定每位教师的课时分配，以及教师课时在各个学习小组的分配。通常情况下，教师的周课时计划会超过学生的直接教学需求，这是为了应对额外的补习和分班教学，以及避免因疾病请假、出差等造成的短期人员短缺。另外，由于个别教师在校内承担特殊任务，学校有权减少他们的教学任务。对此，学校同样有课时计划，并按照自己的标准进行分配。此外，在安排使用教学人员时，学校可以选择临时增加或减少教师的必修课时数，以便应对短期内增加或减少的教学需求。在这种情况下，需要在同一学年或最迟下一学年，对应地减少或补足课时数。在教学人员使用方面，还提出了研究和试行新的工作量计算方法的想法，目的是寻找新的方法来确定和核算教师承担的教学任务量，以及他们在教学组织管理方面的工作量。

在人事管理领域，"学校自主"政策理念首先体现为校长获得批准教师事务的更大权力，而以前这是由联邦州一级学校监督部门负责的。这些事务包括批准短途公务出差、短期特别休假、兼职工作和临时加班，以及直接承担部分管理职责。具体地说，政府部门授权校长处理监督投诉、签发证书、行使纪律处分权（训诫、警告、解雇）等[1]。校长在人事管理方面的权力，还体现对教师进行评价和发放绩效奖金。

在学校自我管理方面，一方面，学校有权组建学校委员会和建立决策程序，这首先体现为确定学校会议中各代表团体的投票和席位比例时无须遵照政府规定。在某些联邦州，学校还可以决定是否允许家长和学生代表参加教师会议、班级工作会议，以及他们是否也可以享有投票权。但学校在决策程序和委员会组织形式方面的"自主"是有限的，这些措施通常只允许在有限范围内试行[2]。另一方面，学校在领导组织架构（合作式或扩大化的学校领导层）或教职工参与管理的方式（新学校管理结构）方面有决定权[3]。

1990—2004年，各联邦州政府通过对德国学校法的修订，出台了14项人事管理领域的去中心化措施，其中5项涉及员工遴选，4项涉及员工使用，3项涉及员工管理，2项涉及学校的自我管理（表4.3）。

---

[1] 在巴伐利亚州及部分其他联邦州，个别类型学校的校长一直发挥着监督职能。如今，这一职能在其他学校、其他联邦州也出现去中心化转移的新趋势，但仅限于以前没有监督权限的学校。在收集数据时必须考虑到这一点。因此，在巴伐利亚州，只观察到了针对小学和中学的人事管理权限去中心化转移。

[2] 事实上，权力只在有限时间内转移到学校，或者只转移给某些类型的学校或某一级别内的部分学校。

[3] 政府要求学校对自己员工的发展负责，这一点未纳入本研究的数据收集范围。鉴于政府推动学校员工发展的手段是分别作为数据记录的（如校本培训、员工谈话），在此不单独记录"员工发展"这一术语。

表4.3 人事管理领域"学校自主"相关的措施和手段

分　类	措施和手段
员工遴选	教师的选拔：根据学校需求填补教师空缺
	校长的选拔：根据学校需求填补校长职位空缺
	合同制工作人员的选拔：在特定预算（经费而非职位预算）框架内选择和临时聘用教师或其他员工
	行政人员的选拔：向办学主体提出要求，让学校参与行政人员的遴选
	关于校长试用期的决定：在最终决定是否任命校长之前，学校委员会参与关于其试用期的决定
员工使用	教师课时量：根据学生人数和与学校类型拟制课程表，对教师、课程和学习小组的教学时间进行合理分配
	评价性课时量：因个别教师在办学过程中承担特殊任务（学校管理、咨询、计算机房维护等）而相应地减少教学任务
	灵活安排教学人员：在教学需要的情况下，临时增加或减少教师的工作，并在一个学年或最迟在下一个学年内相应地减免或补足课时
	核定工作量的方法：摒弃了界定和计算教师工作量的传统方法，结合固定的教学任务和不固定的课前准备、课后跟进及随堂任务等活动核定工作量
员工管理	赋予校长教师事务管理权限：校长有权批准出差、短期特别休假、兼职工作、加班等事项，修改聘用合同等，处理监督投诉，签发证书和行使纪律处分权（训诫、警告、解雇）
	校长对教师进行评价
	发放绩效奖金
自我管理	自行组建学校委员会和建立决策程序
	学校管理结构的新形式：学校领导层扩大化，教职式参与管理的新方式

4.1.4 资源管理领域的去中心化

在目前发现的"学校自主"相关措施和手段中，财务管理或物质资源管理的措施和手段尚无法明确区分开来（3.4）。

本研究所收集的学校法相关文件资料中，未能找到关于学校购置新设备、办公材料权力的任何信息，也未能找到关于物质资源管理具体规定和程序的任何数据。这一情况也适用于学校财务预算——经费主要来自办学主体。信息不足的原因是文教部官方公告、法律法规、条例文本中的学校法，原则上只以非常模糊的方式描述办学主体和各个学校之间的关系。根据联邦州和地方政府之间的权力分配，这些学校法主要涉及学校内部事务问题——课程、成绩评价、教学计划和教师队伍（1.1.2）。因此，在上述文件中，只有少数措施和手段与学校财务管理和物质资源管理相关，而且往往以要求办学主体采取某些行动的形式体现。本研究将财务管理措施与物质资源管理合并，以应对数据收集面临的困难。

在文件资料中能够体现"学校自主"政策理念的财务管理与物质资源管理措施和手段，可以分为两个方面：一是收入方面，涉及学校增加其财务预算的可能性；二是支出方面，涉及学校自行决定经费使用的可能性。此外，财务管理和物质资源管理领域还会涉及学校的法律地位及其独立签订合同、承担相应的法律义务等问题。

在学校经费来源方面，学校在得到教育行政管理部门批准后通过赞助获得部分经费，但赞助要符合若干常规标准——不含政治色彩、符合道德标准及教学要求。学校通过这一途径获得经费的可能性会受到限制，因为主管部门要求所有学校获得的赞助经费应基本相当。此外，各联邦州赋予学校签订赞助协议、接收和管理经费的权力大小不同。另一项增加收入的措施是节余经费，节余经费可在下一个财政年度作为额外经费全部或部分拨给各个学校。与学校预算不同，在节约开支方面，学校没有权力来决定他们想节约开支的领域，这些都是由教育行政管理部门规定的。可节约的开支主要包括能源和水的费用及清洁费用。学校改善财务状况的第三项措施是通过自己的经济活动获得更多经费收入。一方面，学校可以将经济活动列入具体的教学计划，如学生模拟运营公司；另一方面，学校可以通过出租校舍、举办成人教育研讨会及类似活动、提供学校可用设备等方式来增加经费收入。由学生经营公司获得的经费，通常只能用于教学目的；学校开展的经济活动不得影响学校的正常工作，不得与学校的教育教学任务冲突。

然而，这些措施和手段无法对各个学校的经费收入产生实质性影响。赞助、节余经费和经济活动对财务状况的改善仅具有补充作用,学校经费主要还是来自公共资金[①]。

相比之下,那些与经费使用有关的去中心化措施似乎对各个学校开展工作更为重要。例如,学校法对办学主体提出要求,在经费使用方面增加学校可支配额度。

在资源管理领域的去中心化方面,学校除了有权管理教学和学习材料预算及行政开支外,在资产维护与采购、小型工程实施、能源消耗、清洁费用等方面也有更多的权力。一些联邦州甚至呼吁在大型工程和投资方面给予学校更多权力。另一项有效的措施涉及学校预算——在直接分配给学校的经费框架内,经费可以在个别领域打通支付(某些预算科目相互可打通),以及未使用的经费可以转移到下一个财政年度。

总体预算的概念必须与学校预算区分开。在总体预算的概念下,学校能够通过办学主体和文教部之间的协议,在学校内部和外部事务预算之间协调经费使用——例如,把购置教学设施设备节余的经费用于学校自我管理,反之亦然。除此以外,学校法还要求办学主体授权学校代表办学主体缔结法律协议。

在德国各联邦州,普通教育学校从未发生过从非法人机构变为法人机构的根本性变化。只有职业学校和高等学校发生过法人变化的情况(Avenarius/Kimmig/Rürup, 2003: 83; BLK, 2003; Avenarius/Rux, 2003; Sterzel, 2005)。

1990—2004年,各联邦州政府通过对德国学校法的修改,出台了7项资源管理领域的去中心化措施,其中3项涉及学校经费来源,3项涉及经费使用,1项涉及学校的法律地位(表4.4)。

[①] 此处未将学校协会的新规定及家长和学生为学校募捐的要求纳入研究范围。虽然学校协会的建立为各个学校提供了额外收入的可能性,如收取年费或通过举办活动在社区筹集资金和物质资源。但从形式上看,这些活动是在校外进行的,学校(学校管理层、教学人员)不可能为其进行宣传。在实践中,学校管理层和学校协会之间存在极为密切的联系和协调关系,这是事实;但学校法没有对此做出相关规定,也并未表示支持。家长和学生可以通过义卖和跳蚤市场为学校募集资金,这样的做法以前就有,并非20世纪90年代学校法的创新。在学校法中,学校协会的收入和学校内部募集的资金均未被明确视为收入来源。

表 4.4　资源管理领域"学校自主"相关措施和手段

分　类	措施和手段
经费来源	赞助：学校可以通过赞助获得经费
	节约：教育行政管理部门规定了支出领域，在这些领域中，学校可以通过节约开支获得节余经费，并在下一个财政年度获得更多的分配经费
	通过经济活动创收：学校可以通过经济活动获得增加经费收入
经费使用	经费使用权力扩大：在经费使用方面给予学校更大的权力
	物质资源预算：部分预算科目可打通及经费向下一财政年度转移的可能性
	总体预算：协调用于学校内部和外部事务的经费，以此实现科目之间打通的可能性
各学校的法律地位	授权缔结法律协议：学校可以代表办学主体或文教部签订合作、赞助、临时就业、采购等合同

4.2　新的调控策略

将权力下放至各个学校的趋势，是由教育政策行动者所采取的关于"学校自主"的第二大类行动所决定的，即对学校实行新的调控策略。我们可以看到，对学校实施新的调控策略不仅扩大了学校的决策范围，而且也对学校的选择加以限制和给予引导（Lange，1999；Altrichter/Brüsemeister/Heinrich，2005；Altrichter/Heinrich，2007；Böttcher，2007）。各个学校计划做什么、怎么做、为什么做，都不能脱离政策框架的约束。相关政策和行政法规的特点是，也许不会直接下达命令，也不会在形式上构成很强的约束力。然而，相关政策和行政法规也体现了一些传统理念，如德国学校系统中对政府调控的普遍主张。行政管理部门正在积极弥补由于去中心化导致的权力与影响力的丧失。

下文将参考去中心化趋势分析方法，对"学校自主"政策理念框架内新的政策调控措施和手段做系统性介绍。上文提到了政治学家戈里茨、伯斯提出的分类方法，该方法声称原则上可以为所有政策调控活动提供了一个分类框架，即从规制、货币、结构调整和信息支持等角度进行区分。在此，我们应该首先研究这些类别在概念与内容上是否与"学校自主"政策理念框架下的调控措施和手段有关。由于这种分类方法提供政策调控的总体框架，与本研究所发现的"学校自主"具体措施和手段相比，此前的定义可能过于模糊。

因此，下面我们将会介绍各种新的政策调控措施及分类，并明确每一个类别的具体内容。以下对各个调控策略的讨论顺序，是对"学校自主"相关的新调控措施和手段观察的结果。首先是结构调整的措施，然后是货币、规制的措施，最后是信息支持的措施。对调控策略的重新排序并不意味着第一种或最后一种策略具有更大效力或重要性；相反，这种排序是为了使整个章节具有戏剧张力。先描述的是更加间接、柔和与开放的路径，它们对各个学校的政策选择的约束较小；后介绍直接引导学校发展的策略，即通过支持性措施、问责制度和明确的导向或准则向学校施加影响。

4.2.1 结构调整或引导反思

戈里茨、伯斯（Görlitz/Burth, 1998：264）建议，"结构调整"一词用于描述通过程序性规定、组织模式和基础设施来影响被调控对象的政策调控措施和手段。这些都是间接调控形式，即政策理念发挥作用的前提是政策行动者有能力将某些利益群体引入决策过程，或者有能力构建决策场景。在"学校自主"政策理念框架内，可以划分出3种路径。

（1）第一种路径是"区域融合"。其方向是将学校内部决策过程与校外利益群体和倡议者联系起来，让区域相关群体（市政府、协会、企业、其他学校）参与决策过程，并提高家长和学生代表的地位。

（2）第二种路径是"加强学校内部管理机制"。其中包括让教师、校长就其工作中发现的问题进行更深入沟通的措施和手段。

（3）第三种路径是"制订学校发展规划"。与上述路径相比，这一路径的措施和手段不是为了促使学校更深入讨论某些具体问题，而是普遍要求各个学校参与制订长期、系统的学校发展规划。

从上述三条路径看，结构调整这一调控策略可以贴上一个新标签，即

"引导反思"。最终，这一调控策略所包含的措施和手段都反映了一个共同趋势，即学校和教师个人都更强烈地感受到期望、愿景和发展，既不局限于教师个人的课堂，也不局限于某一个学校。通过提高学校、学校领导层和教师的话语权，自话自说、闭门造车的现象得到改变。

"区域融合"方面的措施不少。例如，各个学校应更多地参与社会活动，从而丰富课堂内容和反思总结自己的工作（开放学校）[①]；与其他学校合作并构建网络；通过教育协议明确家长的愿望达成方式和争取资助。家长对学校的影响力得到增强，特别是他们获得了更多的听课权。此外，学校会议由沟通场所升级为学校的集中决策机构，而家长和学生也在学校会议上获得更多席位和投票权。与此同时，市政府、教会和类似的校外利益代表也在学校会议中获得席位和投票权。在某些情况下，还会设立具有科学和专业知识、了解地方情况的教育咨询委员会作为学校咨询机构。

"加强学校内部管理机制"则通过教学人员紧密合作（课堂观摩、经验交流、统一备课，甚至以团队形式教学）[②]或制订联合教学计划而得以实现。该路径要求在学校内部开展年级统测，以便学校对教师的评价标准、对基本相似的学习小组的教学效果进行总结反思[③]。该路径重视

[①] "开放学校"一词通常有两种含义，其中一种在这里被解释为"学校自主"政策理念框架内的具体措施和手段。一方面，"开放学校"意味着将外部专家或家长引入课程；另一方面，"开放学校"要求学校更注意区域环境，并相应扩展活动范围。考虑到与"学校自主"政策理念的相关度，本研究只涉及"开放学校"的第二个方面的含义。

[②] 在表述层面，呼吁教师进行合作是"加强学校内部控制机制"的一部分，在数据采集时包括了不同术语（协作、合作、团队化工作）。这些术语有时很难绝对区分开。部分联邦州的文教部通常交替使用教师协作、合作、团队化工作等词。只有通过对教师合作方式加以解释，才能理解教师合作在强度和性质上的差异。然而，本研究已为教师合作的具体方式单独编码。因此，呼吁教师进行合作在此仅作为一项数据进行记录。

[③] 在关于教育政策的讨论中，未对比较考试、平行考试、诊断考试、年级测试及学习水平测试等术语做明确区分（Avenarius u.a., 2003a；Ackeren/Bellenberg, 2004）。不管确切的名称是什么，一般来说，可以根据由谁先收到学生的学习成绩和表现结果并对其进行评价，区分两种测试类型。如果评价主体是学校教师，那么这些测试更具有激励学校内部交流和推动学校发展的功能。这种测试就是"平行测试"。相反，如果文教部统一组织评价，而学校"仅仅"收到反馈，那么这些学习水平测试就更具有文教部向学校追究原因的意味，并与问责制度密切相关。对于这种类型的测试，本研究统称为"学习水平测试"（4.3.3）。

校本培训（schulinterne Fortbildungen，SCHILF），使教师培训活动与学校统一确定的学习和发展需求联系起来。此外，该路径还建议或要求校长定期与员工谈话，以协调个人和组织的利益需求（Lange，1995；Terhart，1998）。

通过引导反思进行调控的核心手段是学校发展规划（Maritzen，2000；Brückner，2001；Holtappels，2002；Holtappels/Müller，2002）。在引导反思这一策略中，制订学校发展规划可以归为第三种路径。学校应以书面形式明确工作目标和价值，并据此反思总结工作情况、制订具体实施措施同时规定时间进度和提出标准要求，以更好地实现目标。然而，在引导反思这一调控策略中对"制订学校发展规划"这一手段的分类，还未能完全反映出该手段的多方面影响。如果政府不仅规定学校的发展内容和实施方式，而且还给予学校监督部门检查和评估学校的发展能力，那么学校发展规划的调控效果就有可能偏移。这样一来，学校发展规划就不应仅仅被当作确定学校内部共同目标和战略的手段了。作为学校内部决策过程的行政报告，学校发展规划具有论证性和建议性。学校监督部门等有关部门的审批是学校发展规划的要求，因此本研究将学校发展规划定义为要求制订发展规划进行调控的具体手段。然而，在通过问责制度进行调控的策略框架内，学校还必须对学校发展规划进行评估（4.2.3）。

原则上，在评估学校发展规划这一手段时，需将要求学校初次制订规划或要求学校在系统自我评估方面定期检查和更新规划区分开。政府可以通过不同方式授予学校自我评估的权力，学校发展规划的周期性调整只是其中一个方式。有时，政府要求学校自行制定评估方案，或者每年对学校工作的一个方面进行评估。

1990—2004年，各联邦州政府通过对德国学校法的修改，出台17项引导反思的调控措施，其中9项涉及区域融合，7项涉及学校内部管理机制，还有2项是制订学校发展规划的要求（表4.5）。

表4.5　引导反思调控策略涵盖的措施和手段

策　　略	措施和手段
区域融合	开放学校：呼吁将社会环境视为学校活动领域，让学校外部利益群体（市政府、协会、企业、其他学校）参与学校工作
	学校的合作（学校网络）：鼓励学校之间加强合作，举行区域校长会议，以区域协调地方式制订学校发展规划，教师相互观摩，建立直接合作，以更好地进行财务和人事管理
	跨学校成绩评价：鼓励学校开展联考并交叉阅卷
	改善家校合作（教育协议）：学校、学生和家长签订类似合同的协议，规定为实现学生的个人教育目标，各方应完成哪些工作
	家长听课权：学校法律规定，家长可以进入课堂（经过协商）
	加强家长和学生代表在学校会议中的作用：家长和学生在学校会议中获得更多的席位和投票权
	将学校会议升级为学校内部决策机构
	校外利益代表在学校会议上有席位或投票权
	学校咨询委员会：由来自政府、企业、协会、学术界的代表组成学校咨询机构
学校内部管理机制	呼吁教师合作：教师应相互合作、支持，尝试团队教学
	工作计划：教研组应起草联合课程工作计划，以达到课程大纲要求
	平行考试：鼓励教师将学生学习水平测试作为讨论成绩评估标准和必要课程开发的基础
	校长听课：要求校长定期听课
	员工谈话：要求校长与教师进行谈话，以了解教师的专业发展愿望和需求，并制订具体发展协议
	校本培训：学校可以根据自己的需要，计划并实施校本培训
学校发展规划	学校发展规划：学校应制订关于未来工作的愿景，并根据当前形势，计划并实施实现愿景的措施
	内部评估：鼓励学校定期评估自身工作，无论是通过学校发展规划的周期性调整还是对具体某一方面工作的评估

4.2.2　资助或支持性措施

政府间接调控学校政策的第二大策略总体上可以概括为"通过支持性措施进行调控"，这里是指教育行政管理部门有选择地将更多时间、经费或人力资源提供给学校用于特定目的；或者建立特别的支持机构，以推动学校在某些方面的发展。

在戈里茨、伯斯（Görlitz/Burth，1998：261f.）的分类框架中，支持性措施与货币调控策略相对应。在这里，"货币"的概念得到明显扩展。教育行政管理部门干预公办学校的媒介不仅有经费，还有物质资源和人力资源，这些都被当作政策调控措施和手段。

然而，考虑到德国学校系统的具体结构，提供基础设施——在戈里茨、伯斯提出的分类模型中属于结构调整这一调控策略的要素——在此也被划入货币调控策略范围内。这一考虑的原因是，各个学校紧密嵌入教育行政管理部门的管理中，这使学校和教育行政管理部门在组织架构上的严格划分变得十分困难。学校和教育行政管理部门在工作过程和结构上密切相关。人事管理是学校监督部门的重要职责。教师进修和培训、课程教学的进一步发展，首先由政府专门为此设立的机构（如教师进修学院、研究所）负责，学校无须承担这些任务。如果学校要在"学校自主"政策理念的框架内接管上述任务，就应该对行政管理制度做出调整。原本指定负责具体工作的行政资源得以释放。为学校自身发展提供咨询和支持的任务更加突出，并且要求额外的经费。扩展后的"货币"调控首先表现在其新的表述方式上——"通过支持性措施进行调控"。支持性措施有一个共同点，就是向学校提供额外支持，更有力地推动"学校自主"的发展。

在德国学校法中，基本上看不到对学校产生直接影响的关于资源管理或"学校自主"的相关措施和手段，这也符合资助或支持性调控策略的最新定义。与学校直接有关的资源调控活动（将经费、人力资源、物质资源具体分配给某些工作和任务，而这一过程不受学校影响）确实存在，但它们并非"学校自主"政策理念下的教育政策的反映，而是教育行政管理权限在人事、财力和物质资源管理领域内有限的去中心化的体现。就"学校自主"政策理念下促进某些学校活动（学校自我管理、独立制订学校发展计划等）而言，没有任何政策是想通过限制资源或管理资源分配方式获得直接的调控效果。本研究时间范围内，未发现任何一所学校在统一学习水平测试中取得的成绩与所分配的资源之间存在的联系①，也未发现通过教育券向各个学校分配资源的做法。对教育行政管理部门来说，学校争取尽可能多的学生似乎并不是政策调控的主要目标②。不可否认的是，学习水平测试确实被用作调控措施。然而，政府不是通过将学习水平测试结果与绩效奖励挂钩，而是通过对学校宣布行政干预或问责对其进行调控（4.2.3）。此外，政府也将对学校不利的学生流动视作对地方学校发展规划制订有用的参考信息，但更多的是用于预测学校就读率，指导中期规划。这些措施都不属于货币调控策略的范畴。

总的来说，本研究将货币调控定义为一种新策略——"通过支持性措施进行调控"，即提供额外资源和基础设施作为支持，从而间接影响学校发展。该策略包含三个路径：提供资源、提供咨询和教育行政管理部门的结构改革。

在提供资源方面，教育行政管理部门根据学校是否参与某些项目或开展某些活动（如开放学校、制订学校发展规划等），向学校提供额外的教学岗位或课时补偿；教育行政管理部门还宣布，将在分配特别资源（额外的经费和物质资源）时优先考虑开展了与"学校自主"有关活动的学校。同时，除了组织校本培训的权力，学校还可以获得一笔培训经费，这也是激励的一种

---

① 学校可以参加特定主题的学校竞赛（项目展示、创新课程设计、"德国最佳学校"评比），成功后获得额外经费。然而，竞赛基本上与"学校自主"政策理念无关，除非每一个可能引导学校独立活动和特色化发展的政策都被称为与"学校自主"政策理念有关（这种情况有时会出现在文教部的通知文件中）。本研究没有遵循这一划分原则，也是因为竞赛通知文件通常属于非行政行为，不一定要通过学校法（文教部的官方文件）公布。因此，不能将竞赛通知文件视作学校法记录下来。

② 至少，家长对学校的自由选择权并非政府特意采取的调控措施。一方面，在传统上，对某些类型学校的选择本身就不受学区限制（首先是文理中学，在某些情况下也包括实科中学）。另一方面，确定学区是属于学校发展规划的任务，由办学主体负责，因此没有体现在学校法中。然而2004年后教育政策发展发生了一些变化。例如，2006年北莱茵－威斯特法伦州的学校法修正案表明，通过取消学区来促使学校竞争，可能越来越成为德国"学校自主"政策理念的重要内容。

形式①。

面向学校提供咨询有两种方法。第一种方法是要求学校监督部门改变工作重心,更加重视为学校提供咨询,支持其学校自主发展(学校监督部门提供咨询)②。对学校监督部门工作的重新定位在其新的工作方针——"支持学校发展"中得到充分体现③。第二种方法是建立咨询机构,为学校发展提供建议。一方面,负责教师培训与进修、教学计划和媒体发展的各联邦州文教部及相关机构需作为支持性咨询机构承担更为艰巨的任务。为此,政府将建立配有学校发展顾问的专门部门,为有兴趣的教师提供相关培训,使其成为学校发展促进者。另一方面,学校还可以从外部聘请发展顾问(有企业发展经历的人员)。一些联邦州表示,愿为学校发展提供明确的支持体系。

"通过支持性措施进行调控"的第三个路径——教育行政管理部门的结构改革,与"学校自主"政策理念没有特别具体的联系。结构改革包括教育行政管理部门下设机构的组织结构变革式发展,这不仅涉及学校行政管理部门,还涉及教育研究机构和教师培训及进修机构。在最高层级的学校行政管理部门——文教部,只能看到组织结构上的微小调整。结构改革要么是政府更迭后各联邦州政府部门权力的根本性重组(不属于"学校自主"的范畴),要么是不受学校法约束的机构或部门的重组及内部行政程序的重组。

---

① 此外,教育行政管理部门还要求办学主体将转移给学校的物质资源管理方面的权限与向学校分配所得的额外行政职位联系起来,以便学校有能力承担额外任务。在这一点上,必须对两种形式进行区分:是学校本身行政职位数量得以增加;还是政府职位重组和重新分配后,学校获得了更多职位,从而可以在处理物质资源方面获得更大力。然而,本研究最后不得不决定放弃对这方面内容的收集和分析,因为总计只发现3项相关活动,其中3项记录在非官方文件(新闻稿、信息)中。正如研究有关办学主体职责时经常出现的问题一样,行政文件数量不足,无法保证研究具有可比性。

② 学校监督部门一直承担提供咨询的任务,1990年以前的学校法对此有明确规定。然而,咨询任务的变化也是显而易见——第一,提供咨询在学校监督部门的任务清单中的地位有了提升(包括法律监督、学科监督、行政监督);第二,咨询任务被认为与"学校自主"直接相关。

③ 提供咨询的另一种形式是教育行政管理部门向办学主体提出要求,为学校改革提供咨询支持。然而,学校法中的相关规定过少(只出现了2次),故此无法证明该形式在学校法中存在的必要。

学校监督部门属于不同类型、不同区域学校行政管理部门的中下层机构，其工作结构和工作方式正在发生广泛变化。这些机构因为合并或取消层级而被精简，他们对不同类型学校开展监督的功能也不复存在，其相对于一般政府行政管理机构（如地区政府）的特殊地位被取消[①]。实际上，这样做使学校监督的职能相对集中，并增加学校督查官员所要监督的学校和教师的数量。这意味着，无论职责范围和工作方法如何变化，学校监督部门的实际权力在减少。相应地，学校监督部门精简的趋势可以总结为"远程调控"，即通过削弱学校监督部门的干预和影响能力，进一步加强学校的自主性。

然而，通过将权力全面下放给学校以精简行政管理或改革学校监督工作方式，绝不是强制性的。精简行政管理也可以仅仅指降低监管力度，而不意味着政府放弃规制和监管。在这方面，"远程调控"概念的提出不带有任何更深层次的调控理论设想，与马里岑（Maritzen，1996：28f.）的观点不同。这里仅想说明"学校自主"政策理念框架内可以看到的趋势：学校监督部门的干预范围在缩小，资源需求相应减少或改作他用。

然而，"学校自主"政策理念并不仅仅包括对改革学校监督部门的工作方式、职责范围和组织结构提出建议（Weinacht，2003），教师培训机构、教学计划和学习材料开发，以及政府组织开展的教育研究与教育规划，也应纳入教育行政管理部门相关工作范围。在本研究时间范围内，政府设立的上述研究机构也经历了重组、合并或拆分，甚至直接被撤销了文教部下设机构的地位。在教师培训方面，存在某些职责区域化和集中化相互交织的趋势。政府在为中小学教师教育建立区域性培训机构时，与高校展开合作，就特定主题开设集中课程，如针对校长或学校发展促进者的培训。此外，学校法还提出"滚雪球"培训模式，即首先培训相关负责人，然后由他们负责在本区域扩

---

① 在部分联邦州，学校监督部门的结构不同，出现了不同的政策选择。在城市州，一般只设有一级学校监督机构。而在联邦州，直到20世纪90年代初，学校监督机构几乎都分为三级，至少对小学和主体初中来说是这样；20世纪90年代末，只有巴登－符腾堡州的学校监督机构仍然为一级，且独立于区域行政管理部门。

散课程内容。从学校法的变化中可以观察到，政府机构和教师培训及进修体系的结构调整要么是以法律法规的形式体现，对机构进行正式改组；要么是与具体调控意图有关，对职责范围进行重新分配和再次明确。对于教育行政管理部门的结构性改革，这里只涉及第一种情况，即机构的正式改组。而职责范围的重新分配则根据具体内容体现在不同调控策略中：如果是建立支持机构的问题，可以在"支持性措施"调控策略中找到相关措施或手段；如果是对学校进行系统性外部评估的问题，可以在问责这一调控策略中找到相应的组织改革方式。

1990—2004年，各联邦州政府通过对德国学校法的修改，出台了8项支持性调控措施，其中3项为提供资源，2项为提供咨询，还有3项与教育行政管理部门的结构性改革有关（表4.6）。

表4.6 支持性调控策略所涵盖的措施和手段

策　略	措施和手段
提供资源	专项经费：对学校发展、规划制订、学校开放、团队工作等方面表现突出的学校，文教部在专项资金的分配方面给予优先考虑
	教师课时补偿：教育行政管理部门允许灵活调整课时，以减免教师参与调控小组、学校评估或学校发展规划制订占用的课时量
	培训预算：学校除了能够组织校本培训外，还获得一笔培训经费
提供咨询	咨询作为学校监督部门的任务：学校监督部门应以咨询的方式支持学校自主发展
	建立咨询机构：由政府机构对教师进行培训，使教师成为学校发展促进者，为学校发展提供建议，或者学校从外部聘请发展顾问
教育行政管理部门的结构性改革	远程调控：通过合并或撤销层级的方式精简学校监督部门，简化对不同类型学校监督功能的划分，取消其相对于其他行政管理机构（如地区政府）的特殊地位
	重组教育研究机构：重组政府设立的应用导向型教育研究机构
	重组教师培训和进修机构

4.2.3　规制或问责制度

在"学校自主"理念框架下，政府仍然对学校为教学组织管理提供的条件提出规制要求，这并不奇怪：去中心化并不意味着不遵循教育行政管理部门制定的标准。何种毕业证书可以基于何种教育经历和学习成绩获得，这不是由学校决定的——学校无法确定某一学校类型应当开设的科目及课时比例，只能在有限的范围内进行调整（4.1.1）。同时，各个学校的班级规模和教师工作安排，也与教育行政管理部门在周课时计划框架内的岗位数量分配情况有关，即相应取决于政府预算中的可用资金。总体来说，学校的公办性质、政府所承担的整体责任和学校系统由政府组织的基本原则保持不变，这些原则和相关规定仍然有效。

这些原则与规定对德国"学校自主"政策理念的扩散和具体实施至关重要，虽然其具体内涵和影响也可能在"学校自主"政策理念框架内发生一定变化，但不能将其定性为"学校自主"相关措施和手段。因为这些原则是德国"学校自主"政策理念的规范框架，并不属于新的措施和手段。那么，在"学校自主"政策理念下，能否找到新的学校规制形式？

只有2项新的"学校自主"相关措施和手段可以直接对学校形成规制作用：教育标准及衡量学校工作质量的指标（后者也称作学校质量的指导框架或参考框架）[①]。教育标准基本上就是教学计划中关于调控内容的进一步发展。一方面，与定义知识体系相比，教育标准多定义需要培养的能力。从这一点看，教育标准具有去规制化的特点。因此，教育标准对目前教育计划未尽之处做了补充，这体现在"以能力培养为目标的教学计划"框架中。另一方面，教育标准中的规制基于这样一个事实：对预期能力的定义与能力发展的可测量性、可检查性直接相关。测试项目不仅可以说明预期学习成果，而且在能力水平分级的基础上，以一种有别于以往的方式将学生对学习内容的认知渗透程度展现得更为具体化、差异化。在这方面，教育标准在评估预期学习效果上优于教学计划，特别是教育标准消除了教育实践者和学科专家个人对教学计划的主

[①] 学校"自主"政策理念框架内的决策权进一步集中在学校内部，教师个人的决策空间受到学校、学科和教师会议所设立规定的更大限制和约束。如在学校法中可以具体观察到相关限制性和约束性规定，相关措施或手段就会纳入引导反思这一调控策略的范畴，即对以前的自主决策进行更有力的形式约束。

观影响，使学校课程的发展因此更为科学、全面。

作为学校开展具体工作的行动指南，"优质学校"质量指标也是一种对学校进行更科学调控的措施和手段。学校会收到一份清单，其中罗列了学校应该在哪些领域和方面提高工作质量和改善学校系统整体表现。除了教师应尽其所能、尽心尽力地履行教书育人这一基本职责，清单还包括同事合作、与学生和家长的关系等方面的要求。也就是说，"优质学校"质量指标对学校工作的质量提出了比以往更全面、更详细的标准。

这 2 项规制措施和手段不仅以明确的、可衡量的方式对学习效果加以评估，对优质学校工作的特点加以总结，而且还与学校的行政评价措施相联系。通过统一的学习水平测试可以定期检查教育标准达成度，以便持续跟踪各个学生群体的学习发展情况和各个学校的教学质量。与此相对，"优质学校"质量指标是教育行政管理部门针对学校工作定期进行系统化评估所提出的评价标准。评估形式为评估小组对学校的直接检查，并将质量指标作为审批学校发展规划、评估学校监督评估报告的标准（Avenarius，2006，2007；Maritzen，2006）。因此，这 2 项规制措施和手段的真正创新之处不在于其内容，而在于其与问责制度和报告制度紧密相关。在这方面，"学校自主"政策理念背景下部分联邦州引入并推广到不同类型学校的初中毕业统一考试也拥有了新的意义。

这 2 项规制措施和手段不仅对学校提出新的要求或期待，而且具体期待内容也从一开始就确定下来，成为系统化评估的标准。规制所提出的要求或期待与引导反思之间的区别很细微——引导反思的部分目的也是将外部要求或期望融入学校决策，但是二者的差别不容忽视。现在，学校遵从外部要求或期望不再是自愿的，也不是学校内部委员会讨论的结果，而是一种对外部要求或期望的预判。因为有出现不良决策和发展时实施行政干预的可能性，学校必须接受教育标准和质量指标：学校不作为会导致自主权的丧失。因此，"权力"这一调控媒介与其说是发挥直接影响，不如说是起到了威慑作用。如果行政管理部门观察或记录到个别学校在决策、工作方法和工作结果上不符合政策预期，就可以使用权力限制学校的自由。

　　基于以上现象，我们需要重新定义规制这一调控策略。本研究提出的概念是"通过问责制度进行调控"，并将其区分为3个路径：新的规制（教育标准、质量指标）、报告制度及外部评估。报告制度和外部评估都是学校系统内评估的策略，它们的区别只在于评估过程中被评估者的主动性。通过报告的方式，被评估者可以通过自我陈述为自己辩护；而在外部评估中，被评估者是被动的，是行政考核和评估的对象。

　　通过报告制度进行调控这一措施就是引导反思这一调控策略下的学校发展规划。学校发展规划不仅用于学校内部交流和规划（反思），同时也服务于学校面对监督部门时对外展示自我形象，尤其是当学校发展规划需要得到监督部门批准时①。在学校以上层面，还涉及联邦州的教育报告，这些报告是引导学校系统高质量发展的指标文件。在本研究时间范围内，各联邦州学校法重新引入联邦州教育报告并重新设计教育报告的结构框架。这一做法将教育行政管理部门置于公众监督的压力之下，同时这种压力也会转移给各个学校。报告制度促使有关部门对政策和行政管理层面的规制活动持续进行反思，要求有关部门采取新的措施和手段，并且所采取的措施和手段应当建立在统计数据的基础上，合理合法。政府有关部门和教育研究机构一直在利用官方统计、试点研究和实证教育了解学校工作、收集数据（DGBV，1987）。如今，这些活动更多，主题更深入，融合性更强，方法更科学，并推出了德国国家教育报告（Hutmacher，1998；Spangenberg，2002；Rürup，2004，2007b；Krüger/Rauschenbach/Sander，2006）。德国国家教育报告由各联邦州文教部长联席会议（KMK）于2003年首次发布（KMK 2003a und b；Avenarius

---

　　① 报告的具体形式还可以是引入各个学校基于标准的自我报告。其中的质量指标，如学生和教师人数、取消的课程、特别教育活动或学生的民族构成等，都为感兴趣的公众提供相关信息。然而，仅一个联邦州（萨克森州）的学校法提到这种报告形式；而下萨克森州在2002/2003年度选举活动的最后阶段提出了相关概念，但不久后就遭到了投票否决。除此以外，人们还可以在各个地区的网站主页上看到标准化程度不同的学校自我报告。由此可见，这一报告形式在德国确有应用，只是没有体现在文教部和议会的战略内容之中。

u.a.，2003a und b；Konsortium Nationale Bildungsberichterstattung，2006），成为教育系统问责的一个重要工具。本研究的重点是德国各联邦州之间的教育政策理念扩散，因此德国国家教育报告只是比较各联邦州教育报告的辅助工具，仅从政策框架层面体现各联邦州学校系统的发展变化。

这里对"通过报告制度进行调控"和另一些新的政策措施进行了区分。尽管后者的目的也是扩大教育行政管理部门的评估范围，但在此过程中，教育行政管理部门对学校的评估活动已变得十分活跃。我们将这些新的政策措施概括为"外部评估"。"外部评估"一词关于"学校自主"的讨论和学校法有独立的意义。外部评估的基本原则是从外部对各个学校进行评估，以便充分评估学校工作质量和指导学校开展工作。作为教育行政管理部门的常规做法，"外部评估"一词在学校法中出现时基本上与单个措施和手段的实施无关。因此，本研究对学校法中出现的外部评估单独进行记录。

除了扩大初中毕业统一考试[①]的范围，外部评估的另一核心手段是定期组织统一的学习水平测试（Peek，1997；Baumert，2001；Lange，2001；Ackeren/Bellenberg，2004）。各个联邦州对这一手段的叫法不同，因此学习水平测试极其有可能与平行考试混淆（Avenarius u.a.，2003a：Teil D）——后者属于"通过引导反思进行调控"范畴。虽然平行考试有时也是由政府统一组织，但评价只在学校内部依据标准化程度不同的评价方案实施。考试成绩也仅在学校内部公开，旨在加强学校内部的沟通和反思。相比之下，统一的学习水平测试的主要目的是向教育行政管理部门汇报学校的教学成果，以便教育行政管理部门能在评估的基础上确认政府采取行动的必要性，并确定是否应该及如何要求学校改进工作。在"学校自主"政策理念的框架内，可以通过引入教育标准，进一步优化组织统一学习水平测试的方式。教育标准规定了学生在接受教育的每个阶段应达到的知识水平和应具备的能力。这对学校

[①] 本研究没有记录高中毕业统一考试，即文理中学（高中阶段）的毕业考试被排除在外。本研究仅将初中毕业统一考试纳入研究范围。

提出明确的要求，并将其作为评估学校工作的核心准则（可衡量的学习效果才是最重要的）。

外部评估的具体措施还包括教育行政管理部门委托专人对学校进行定期监察和评估（学校监察）。一直以来，这都是学校监督部门或学校委员会的任务，如今依然如此。然而在"学校自主"政策理念框架内，学校监察工作进行了重组和整合（Maritzen，2006），周期性更加明显，并且更加依赖特定科学研究方法。在监察对象上，从对个人的监察扩大到对团队的监察；在主题上，从对个别教师工作的评估扩大到对整个学校的评估；监察主体包括来自政府部门、教育研究机构或其他学校的代表。

一些联邦州成立了新的学校监察机构，另一些联邦州则仅仅改革了监察程序（Burkard，2001；Schelle，2001；Schlemmer，2001；Spieß/Gruner，2001；Maritzen，2006；Bos/Holtappels/Rösner，2006）。因此，监察方式也存在差异。有时，监察由外部评估专家完成，然后形成报告交给学校及学校监督部门，评估专家有权提出建议；有时，监察者本身又对接受监察的学校拥有指导权。可以认为，监察结果与教育行政管理部门对学校采取的行动之间存在密切联系。不过，肯定也存在与预期不同的情况，因为外部评估通常会带来更有价值的信息和形成更有针对性的措施和手段。

1990—2004年，各联邦州政府通过对德国学校法的修改，出台了9项通过问责制度进行调控的措施，其中2项涉及新的规制/标准制定，2项涉及报告制度，还有2项与外部评估有关（表4.7）。

表4.7 "问责制度"调控策略所涵盖的措施和手段

策　　略	措施和手段
新的规制/标准制定	教育标准：是学校教育工作的基本方向和学习水平测试的基础，其中必须明确学生在学校教育的每一阶段应达到的知识水平和应具备的能力
	"优质学校"质量指标："优质学校"质量指标是指教育行政管理部门针对学校工作评估提出的一个标准

续表

策　略	措施和手段
报告制度	学校发展规划的审批：学校发展规划是学校和监督部门共同认可学校发展目标和举措的书面协议
	联邦州的教育报告：教育行政管理部门、监察部门或教育研究机构（有时与教育研究专家合作）利用官方统计、试点研究和实证教育了解学校工作和收集相关数据，形成教育报告
外部评估	学习水平测试：作为"学校自主"政策理念的一部分，定期组织统一学习水平测试，以了解学校在某一方面教学的效果
	学校监察：由外部专家定期对学校工作进行评估
	初中毕业统一考试：在"学校自主"政策理念框架下，正在进一步推广由政府统一组织的书面期末考试

4.2.4　信息支持或提供导向、设立准则

戈里茨和伯斯创建的分类体系中，最后一个调控策略是"通过信息支持进行调控"。有时，政策理念的实施既需要机遇，也需要面对挑战。然而，政策理念的宣传和推广活动通常不在法律规定范围内，政策理念大多出现在期刊论文、研究报告、大型活动及会议中。鉴于本研究在方法上的局限性，人们可能会认为，无法找到关于"学校自主"相关的信息支持的措施和手段。严格地说，这种想法不无道理。对于政府机构、教师培训和进修机构传递了哪些关于政策理念，我们很难进行系统性分析（3.5）。尽管如此，在学校法中依然可以找到信息支持的"身影"。根据这里提出的方法，至少政策行动的意图在学校法中的体现可以这样解释信息支持：根据社会发展的愿望和普遍关心的问题提供信息支持，但所提供的信息往往不在政策措施和手段的影响范围内，且需要特别说明。因为如果没有提供补充信息，政策指导方针可能仍然无法起效，或者具有误导性。

特别是在"学校自主"理念中，对行动背后所蕴含政策理念的宣传具有特殊意义。毕竟，将权力转移给学校并不是真正目的，去规制化应该引起某种政策行动并带来某种效果。学校也应该利用"学校自主"政策赋予它的决策

权，主动地、有目的地采取行动。在这方面，行政裁量权自由空间的释放也是为了让学校积极利用决策权。学校不仅仅要变得更加独立，学校本来就应该更加独立。学校法中也可以找到这样的指导方针，特别反映在某些词语的使用上。

这里有两条具有特殊指导意义的基本准则。其中一条准则要求学校具有创新性，至少要适应工作中持续不断的变化。另一项准则则是要求学校将自身视为一个独立的组织，并对其内部工作过程负责。这体现了"学校自主"这一政策理念的基本思想——各个学校应该具有自主性。在学校法中，很多描述都体现了"学校自主"政策理念，如学校应该是独立的、能自我负责的、自力更生的或独立开展活动的。"学校自主"政策理念还反映在学校特色化建设中。鉴于这两种基本准则（创新与自主）在学校法中的意义和实证研究中的可查性，还需要对它们加以区别，并做进一步阐释。

"创新"准则

"学校必须改变"，这是一个支撑所有学校改革政策的想法。在"学校自主"政策理念框架内出现的新策略的特别之处在于，改革和变化不再被视作目标明确、自上而下实施的活动，而是持续不断的、学校可能无法完成的活动，需要对其进行独立的系统性研究。"学校自主"政策理念重新定义学校，将其从一个固守传统与经验的静态行政单位，变成一个致力于适应当前环境变化和满足发展要求、努力塑造自身理想形象的动态组织。根据"创新"准则，学校绝不能安于现状，而必须从根本上变得更开放、更具发展能力。一般来说，学校法中的"创新"准则被认为是对学校或组织发展的特别呼吁和明确要求。

根据学校任务与文教部关于"学校内部改革"目标的相关性，文教部建议和提出的学校可持续发展模式可以划分为2种：学校创新发展和高质量发展学校发展模式（Fischer/Rolff, 1997; Rolff, 2004）（表4.8）。

表 4.8 "创新"准则下的发展模式

项目	创新发展	高质量发展
目标	学校质量	教学质量
路径	学校自行确定发展重点、改革计划和目标	学校努力提高教学质量
标准	一般标准：优质学校、良好的学校氛围（过程导向／具体标准：具体的行动需求和各个学校的愿景）	一般标准：可衡量的教育成果（产出导向／具体标准：鉴于迄今为止取得的教育成果和预期可实现的目标，采取行动）
特征	放弃密集的外部评估，侧重于内部评估	作为学校的一项任务，优质发展，接受外部评估与统一学习水平测试

在学校创新发展模式中，学校内部改革作为一项专门活动，其目标只能根据学校内部具体条件和发展需要来确定（Altrichter/Posch，1996）。同时，学校发展的重点及具体改革的计划和目标，必须由各个学校自己决定。改革成效最终也只能由学校自行评估。教育行政管理部门应允许和鼓励学校决策。相关做法可以从学校法中找到，学校法中没有明确学校发展的目标及采用什么标准衡量其发展情况。此外，学校法放弃通过学校工作监察及统一学习水平测试等措施和手段对学校工作进行密集的外部评估，而是更多地呼吁学校进行内部评估和团队合作，这些将成为新的评估方法。与此相对，狭义的学校发展模式的特点恰恰是目标性更强。在这种模式中，学校发展首先应该努力保证和提高教学质量，具体评估各个学校的标准则由外部评估组织确定。除了学校监察的标准化程序外，政府统一组织的学习水平测试也十分重要。学习水平测试可以将评价结果与涵盖能力水平模型的教育标准联系在一起，进一步加强对学校的监督。

"自主"准则

无论学校工作的中心目标是宽泛的还是具体的，也无论去中心化目标实现程度如何，德国学校法所反映的"学校自主"政策理念都想表达这样一个意图：学校的任务是将外部目标转化为自我目标，并根据目标，明确自身情况和发展需要。简而言之,"学校自主"意味着学校要进行自我观察与自我塑造。

"学校自主"一词本身就是这一思想最精准的表达。学校应该把自己看作是独立自主的机构,并相应地采取行动。从系统论的角度理解,学校应该发展成为一个独立系统,为构建独立的意义和沟通情境设立可观察的系统边界。除了学校法中对学校做出的新描述(学校是独立的、自主的),"自主"准则也具体体现在对学校特色发展的行动中。这里,我们应该把它与1990年之前的学校法出现的和某些类型学校提到的"学校自主"概念区分开。以往的"学校自主"仅限于某些领域的自主权(如教学或组织上的自主权)。

以往对学校特色发展的要求主要针对文教部指定的部分学校类型,并且主要面向文理中学。而1990年以后,"学校自主"政策理念明确了学校的个体责任,解除了对学校类型的限制,向各类型学校提出了特色发展的要求。对于学校法所赋予的学校自主权,各联邦州之间存在较大差异(Döbert,1997;Avenarius/Kimmig/Rürup,2003)。唯一共同的是,"学校自主"一词本身没有出现。尽管如此,还是可以清楚看到许多概念与"学校自主"有关。这些概念认为学校可以(相对)独立或自主,能够自我管理、自主发展,能够独立行动(表4.9)。

表4.9 "学校自主"和"学校特色发展"的新旧概念

项 目	学校自主	学校特色发展
核心概念	独立的、自主的学校	学校特色,学校特色化
定义	各个学校应该把自己看作是一个独立的组织	各个学校应该形成自己的特色,以区别于其他学校
旧版本	学校仅在某些领域(教学、组织)获得自主权	对于某些类型学校(文理中学)来说,根据课程表的不同,存在系统性差异
新版本	各个学校拥有广泛的自主权	学校特色化发展是一项开放式发展任务,不针对特定学校类型

除了试图对学校发展进行根本性重新定位（如创新和自主），学校法还明确了教育行政管理部门提出的指导方针，这反映在"创新"和"自主"准则中。将权力移交给学校这一举动表达了政府的愿景，即教育行政管理部门希望学校应当将这些权力用于哪些领域。然而，本研究最终并没有将这些愿景纳入德国"学校自主"政策理念扩散实证分析中。或许是因为这些愿景与某些去中心化措施密切相关，因此更倾向于将其理解为目的（如提高资源使用效率，做出更好的组织决策等）。然而，由于学校法不会对每项措施都说明理由，而且各联邦州法律对理由陈述的详略程度不同（3.3），所以各联邦州法律所规定的准则未必具有可比性。同样，在政策-行政解释方面，对于可以或应该在决策范围内使用哪些具体措施，本研究也未开展全面的跨州评估。有些联邦州要求学校关注细节，相关政策行动案例包括学校引入学习记录方式，如个人档案袋或自我绩效评估。在给予学习小组和课程组织的自由度方面，学校法也给出了一些建议，鼓励学校利用这些自由度，让自由作业、项目作业、跨学科或跨领域课程、大课尽可能自由化。但是与此对应的是，本研究的数据收集再次遇到困难，即难以在学校法中找到关于这些取向和准则的记录。例如，自由作业或项目作业的概念在 1990 年之前就已经十分普及，这些概念在学校的贯彻实施只是它们在"学校自主"政策理念框架下以新的方式推进。因此，在分析学校法的变化时，这些概念仅被认定为再次出现。相比之下，像大课教学这样的做法，即学校对某些科目采取先合班授课、后分班授课的形式，在学校法中很少体现，因此无法观察到它们在全德国范围内的扩散过程。

因此，本研究仅将"创新"和"自主"准则记录在"通过信息支持进行调控"这一策略的框架内，每个准则包含 2 项单独的指标（表 4.10）。本研究将"通过信息支持进行调控"的策略重新解释为"通过提供导向、设立准则进行调控"。这种调控策略以一般或抽象的方式向学校指明应该朝哪个方向发展及如何发展。

表4.10 "提供导向、设立准则"调控策略所涵盖的措施和手段

准则	措施和手段
创新准则	学校创新发展：鼓励学校对其组织结构和工作方式进行有计划、有步骤的改革
	高质量发展：鼓励学校对其组织结构和工作方法进行有计划、有步骤的改革，以提高教学质量
自主准则	独立的、自主的学校：学校法将学校描述为独立组织，学校自我管理、自主发展，能够独立行动
	学校特色/学校特色化：学校法要求学校根据自己的组织条件、区域环境及目标框架，形成自己的特色（如课程和教学特色）

4.3 小结

本章对去中心化和新的调控策略所做的系统介绍，不过是德国"学校自主"政策理念下的政策选择空间。这就意味着，我们目前仍然无法估计各个联邦州选择了哪些具体措施和手段。在政策选择空间内，本研究不加区分地记录了1990—2004年德国学校法中引入的"学校自主"相关措施和手段。因此，想要评估德国"学校自主"中已采用政策的内容结构，目前还缺乏各联邦州已经采取的具体政策行动的信息。各联邦州在对相关措施和手段的具体选择方面可能存在很大差异，"学校自主"政策理念框架下也可能存在目标不一的方案。

即使如此，我们仍可以将德国已经基本实现的"学校自主"相关措施和手段汇总在一起，并在此基础上进行深入研究。本章所得出的选择空间已经代表了在"学校自主"背景下政策行动和改革方案的选择空间。基于该选择空间，我们至少可以观察到"学校自主"的对立面——什么行为是"非自主的"，什么政策行动仍然被排除在"学校自主"政策理念框架之外。下面首先对主要观察结果进行总结（4.3.1），然后再次详细探究选择空间的局限性，从而对整个研究的方法进行批判性反思（4.3.2）。核心问题在于，具体措施和手段数量能否体现德国"学校自主"政策理念框架不同领域和策略的权重和内容框架。

4.3.1 受限的"学校自主"

在探讨各项措施和手段时,人们一再指出,与"学校自主"相关的行动建议相比,政策的选择空间仍然受到限制。因此基本上可以认为,德国在政策上实现"学校自主"的同时,仍然会对学校系统加以限制。行政干预空间受到挤压或发生改变,并不意味着德国学校系统可以脱离政府的监管。学校法特别强调,在向学校下放权力的情况下,教育行政管理部门仍然具有通过新的问责手段(统一学习水平测试、学校监察)评估学校工作和教学成效的最高权力。与其他国家相比,德国"学校自主"政策理念释放市场力量的倾向要小得多(Weiß,2004),事实也支持了这一判断。虽然存在学校为了争夺学生而相互竞争的情况,但至少根据德国学校法来看,政府并未表示积极支持——家长和学生在选择学校的过程中并没有得到教育行政管理部门的信息支持(如通过统一学习水平测试对地方学校进行排名),学校组织发展计划和经费筹措政策也不存在始终开放并与学生人数直接相关的情况。德国的"学校自主"仍然以实际需求为导向。

在这种情况下,在学校组织管理的任何领域,都无法完全释放学校选择的可能性。学校决策在原则上仍然纳入政府法规,不允许违反,并且应当保证达到政府设立的标准。政府设立的标准绝对不能过于抽象,以免导致学校发展不均衡(差距过于显著)。最终,学校自主安排课程表的自由度仍然很小:如果说学校至多可以自行安排每周教学任务中 10% 的课程,那么 90% 的课程安排仍然要遵循政府规定。学校预算也是一个例证。学校法使学校在面对整体财政预算时,能够自主决定预算开支领域(如教学、行政、建筑、清洁等)和额度,以及是否需要节约开支,以便在后续财政年度内有更大的财政调整余地。然而,关于预算总额本身的决策权并没有下放,如果涉及学校内部事务(教学人员、教学材料),仍由议会和教育行政管理部门负责;如果涉及学校外部事务(行政管理费用和行政管理人员、建筑设施、教学设备、餐饮），则由办学主体负责①。关于"学校自主"政策理念的讨论还包括学校如何增加经费收入。然而，相关建议还处在讨论阶段（例如，以教育券的形式资助学校相互竞争，以便学校在自由择校的背景下吸引尽可能多的学生），并且有观点认为，教育券对联邦政府的拨款只是起到补充作用，而不应导致公办学校的经费资源存在差异。

总的来说，中心化决策的内容只涉及特定领域，即不同的改革方案对学校仅产生轻微影响的领域。即使学校有权自由安排课程表的部分内容或课程，也应当在所属学校类型的标准下开展这一工作，考虑到教学和课程特色化发展的要求，这种对教学组织管理自由的限制就更加明显了。"学校自主"无法改变学校类型。即使在"学校自主"政策理念的框架内，一所实科中学也不能自由决定变为文理中学、普通中学或综合中学。此外，关于教师资格能力的评定也不是由学校灵活掌握的。教师培养的标准（通过第一次和第二次国家考试，获得至少两个科目的教学资格）仍然是固定的；例外情况（非重要岗位的，临时或替补的合同制员工）则应得到行政管理部门的批准。

同时，学校也无法改变教师的薪酬。还应注意的是，学校获得的某些权力仅仅是下放解决实际问题的权力，但对决策过程的组织最终由谁负责，还没有定论。而这对"学校自主"相关措施和手段来说至关重要。将权力下放学校通常不是完全放开，而是将相关决策权交给学校中特定的人。教育行政管理部门有权代表学校决定决策主体和决策问题的类别。在这其中，学校会议首先被升级为代表所有群体的联合决策机构。同时，个人和团体（家长、校长）的影响力也得到了提高。基于教育行政管理部门预先设定的关于决策主体和决策问题的类别，可以大致判断出决策倾向。例如，关于使用书面分数还是口头评价结果来记录成绩的问题，当决策主体是由大多数教师组成的组织（教师会议）或家长组成的组织（家长委员会）时，可能会出现不同的

---

① 由文教部和办学主体共同分配给学校、可由学校规划使用的总体预算被纳入了"学校自主"理念的讨论范畴，但这并没有改变学校内外部事务经费开支由不同机构负责的基本事实。

决策倾向。

就评估学校的教学组织安排自由度而言，学校决策程序的反面——学校受到的限制更为重要。即使学校法规定了政府应向学校转移权力，但未规定学校委员会是否对整个决策过程负责，或者是否拥有唯一决策权。一般来说，教育行政管理部门（特别是学校监督部门）保留对学校所有决策的监督权和反对权；当然，校长可在学校决策的事先审查方面起到辅助作用，但作用有限。此外，许多移交给学校的决策权只能被解释为扩大了申请权，因为学校监督部门仍然负责对学校决策的审批。在某些联邦州，权力转移只体现在学校委员会更多地参与学校监督部门的决策程序，因此，必须进一步区分听证程序（无约束力的参与咨询）和参与程序（有一定约束力的参与咨询）。为了更准确评估"学校自主"政策理念为学校带来的行政决策空间，本研究必须将这些关于决策程序和决策规则全部纳入研究范围。

但如果说去中心化在本质上并不存在，那是对"学校自主"政策理念误解。可以肯定的是，德国学校行政管理部门已经放弃了自上而下直接实施规划的设想。这虽然不意味着学校系统的根本性重组，但至少说明，德国学校系统对职责进行了更明确的划分和界定。学校仍然是教育系统中最低层次的行政单位，是政府负责的、有组织的、对公民进行系统教育的执行机构；但是在职责框架内，学校被赋予更多责任。相关职责领域常常是学校最擅长、决策效果最佳的领域，并且不会对上层行政管理部门和社会公众的利益不会产生负面影响。转移的权力越广泛、越多样，学校自我发展和自主决策的潜力可能越惊人。还应注意的是，各个学校本身就有一定的自主权，并且基本上不受行政活动和法规的影响。这主要是由学校组织及其教育教学任务的特殊性决定的（Rolff, 1993; Weick, 1976; Vanstraeten, 2004; Terhart, 1986; Kuper, 2001; Fuchs, 2004b; Fend, 2006）。"以人为变革对象的组织（people change organzisations）"在生产（知识、福祉或健康）时的自由、内容和限制，基本取决于变革对象和变革者的具体情况，学校组织也是如此。因此，提前对内部组织程序做好统一且详细的规划，基本上是不可能的。学校、教师个人及其他政策制定参与者始终面临挑战，即根据自身专业知识、决策空间与优先事项对行政规定进行补充、发展和重塑。

鉴于教育的构成性价值是自由及最终只能相对实现的去中心化，向学校转移新的权力似乎只能作为一种补充方法发挥作用。即使如此，还是必须重新审视本章论述的新调控措施和手段。这些措施和手段是否真的能使学校按照政府指导方针发展？毕竟，引导反思、支持性措施、问责制度和提供导向等调控策略更强调调控对象（学校）的主动性、独立性和自主性。在这方面，这些措施和手段除了向学校转移权力，还具有声明性意义。政府不一定能确保学校享有更大的自主权，但会宣布将相关决策权赋予学校，并建议学校自行做出解释。最后还需要说明的是，所有观察到的调控措施和手段都存在规制上的缺失，只能由各个学校在具体工作中加以弥补，这时就需要发挥学校的自主性。因此，引导反思领域的措施应该避免限定具体决策内容，而只决定决策的事项、程序和场景。而支持性措施在确定支持内容和程序的同时，基本上没有对调控对象进行限定。也就是说，学校必须积极主动，以便为自己争取支持。问责制度和提供导向的调控策略设定了政策目标和基准，但对学校实现目标的方式持开放态度。虽然学校被赋予自主性和能动性，但其自身发展的空间仍然有限。最重要的是，问责制度向学校传达了这样一个理念：学校不仅要为自己做出正确决策，也要考虑学校系统的整体发展。

4.3.2 关于选择空间的分析

本书后续章节将不会对分析"学校自主"相关措施和手段时需要考虑的因素再做讨论。对德国16个联邦州学校法的变化进行复杂而冗长的内容分析之后，可以总结得出德国"学校自主"的各个领域的措施和手段的数量（表4.11）。除此之外，本书后续章节还将以表格形式展示各个联邦州首次采用、调整或取消"学校自主"相关措施和手段的时间及其他情况。但是，正因为观察发现的局限性和抽象性，我们有必要做出权衡：在德国"学校自主"政策理念的选择空间内，统计分析和定量比较最终传递了怎样的信息。通过对各联邦州"学校自主"政策理念框架中不同措施和手段的出现频次进行简单相加和比较，可以得出什么结论？各类措施和手段的占比怎样计算？"学校自主"政策理念框架内各个领域的措施和手段是否具有可比性？

表 4.11 德国"学校自主"各个领域中所发现的措施和手段的数量

领　　域	数量 / 项
去中心化	45
学习组织管理方面	14
教学组织管理方面	10
人事管理方面	14
资源管理方面	7
新的调控策略	37
引导反思	17
支持性措施	8
问责制度	8
提供导向	4

在德国"学校自主"政策理念框架内，不应将不同领域的措施和手段的数量与该领域的重要性等同起来，这是需要引起注意的问题。在资源管理领域发现的措施和手段相对较少，是由于这些领域存在一定的特殊性，或者在所研究的学校法中这些措施和手段出现的次数较少。不过，在教学组织管理领域，学校法相关规定发生变化的情况同样较为少见。由于职责要求，具体学习环境的创设一直由各个学校负责。学习组织管理领域涉及许多事务，包括将学生分配到学习小组，安排授课教师、班级、课程和时间，还包括根据现有教师情况和官方规定的时间安排，在保证学年教学计划的前提下编制各个班级的课程表等，以及负责以上事务机构和教学人员的安排。

因此，在"学校自主"政策理念框架内可以找到的措施或手段从一开始就十分有限。与其说是学校获得新的权力，不如说是学校的原有的权力得到扩展，而且学校法并不总是对这种权力扩展做出明确表述。在通过支持性措施进行调控的领域，也存在类似情况。在本研究中，虽然各联邦州学校法记录了政府给予学校大量理念性或信息性的支持，但是这些数据不具有跨州可比性。此外，支持性措施往往只发挥补充作用，用以提高其他调控措施和手段的有效性。也就是说，支持性措施会用于辅助推动原有的趋势，或者优先服务原有趋势的发展。以资源管理为导向促进学校发展规划和学校发展，是支持性措施这一概念的具体表现。因此，支持性措施无法像学校发展规划的概念那样在各联邦州之间独立扩散。简而言之，一般很难在学校法中找到与支持性措施相关的内容。

而引导反思领域的措施和手段非常多，导致了对这一领域的质疑。由于学校法提到了太多该领域的措施和手段，这可能意味着分类标准过于宽泛。虽然就数据而言，问责制度领域的措施和手段数量远远少于引导反思这一领域，但问责制度领域的措施和手段的实际数量可能很大。在"学校自主"政策理念框架内，可以找到通过问责对学校进行调控的新的措施和手段，这本身就令人惊喜，而且也确实需要如此——不应仅仅将"学校自主"认定为释放学校的教学组织自由和自我发展动力。

与此同时，各项措施和手段的影响力差异也受到关注。例如，学校定期组织学生参加统一学习水平测试，这在"学校自主"政策理念的具体实施层面，可能要比学校自主组织学生行为评估更具影响力。此外，学校发展规划也在学校行使决策权力、推进学校发展及自我反省方面发挥着重要作用。由于广泛的推动作用及对学校活力的直接作用力，学校发展规划对促进教师合作、整合区域环境条件和对标外部专家提出的优质学校和优质教学的标准具有深远影响。尤其是当学校发展规划形成一份具有约束力和计划性的报告，并经由学校监督部门批准时，其影响力更加显著。但某些措施和手段的影响范围相当小，如允许家长在课堂上旁听，或者通过促成赞助、节约开支或自主创收的方式获得额外经费。

总的来说，向学校转移权力并不完全等同于教学组织安排自由。与只能在学年内自行安排最多 5 天的假期相比，学校如能在学年内和学年之间自主改变各个科目的课时数，则意味着更广泛的教学组织安排自由。但何时引入成绩报告的决策由家长投票席位比例增加后的学校委员会做出，所以该权力被看作是对教师的教学决策的限制。

还应注意的是，各项措施和手段在共同作用时发挥的效果与单独实施时不同。针对学校提出"学校发展规划"和"特色发展"的口号仍是空洞的，激励效果不佳。如果没有将它们与学校决策权力的扩展联系起来，它们就失去了原有的价值。学校把人事管理或物力资源管理方面的权力扩展看作是对学校发展的激励，还是管理方面的负担，要看这些权力转移是否与释放教学组织管理和学校组织管理决策权的做法相匹配。如果引入统一学习水平测试和统一期末考试，学校将可衡量的学生表现当作学校发展的重要标准，学校当然会对反思总结学校课程设计并给予不同于以往的重视。

在这方面还应强调的一点是，对各领域的措施和手段进行单纯的数量比较必须绝对谨慎。将德国"学校自主"政策理念框架下各领域的措施和手段数量相加、整合及比较，进而试图展示这一政策理念的框架和内容结构，并不能作为可靠的评估基础。不仅各领域的措施和手段没有可比性，而且还缺乏明确的、经实证研究检验可用于衡量各项措施和手段重要性的标准。

以上提出的不同看法并不是针对政策分类本身，而是仅仅针对使用政策分类结果的方式。不同领域的措施和手段数量不同，原则上不能根据数量将某些方面的决策排除在本研究构建的政策选择空间之外。每个领域都包括若干措施和手段，对德国"学校自主"政策理念的实现都具有重要的影响。德国"学校自主"由各细分领域内的措施和手段的组合而成，去中心化的措施和手段与新的调控措施和手段互相交织、互相补充。

然而，就各联邦州实施的措施和手段而言，可能会有不同的优先级——不同联邦州会赋予"学校自主"不同领域不同的权重。毕竟，所有联邦州（从形式上讲）的机会是平等的，政府可以采取所有措施和手段。然而，如果个别联邦州较多或较少采用某一领域的措施和手段，那么这属于有意识的选择，应引起注意，政府需要对之做出解释。从全德国范围来说，联邦州政府在"学校自主"政策理念框架中对措施和手段的选择可能会产生叠加效应。最后，本研究将德国教育政策中所有"学校自主"相关措施和手段都纳入选择空间的框架中——无论仅有2个联邦州还是16个联邦州全部都采取了相关措施和手段。就本研究区分的"学校自主"类别而言，如果可以确定各项措施和手段具有相同扩散力（非常弱、一般或非常强），那么基本可以认为各项措施和手段在选择空间内同等重要（即吸引力）。

总体而言，本研究对相关措施和手段的划分只能作为一级指标，通过这些指标可以反映各联邦州在"学校自主"政策理念框架内采用的教育政策优先级，但并不能说明政策行动的影响方向和影响力。然而更为重要的是，这一分类框架对于分析"学校自主"相关措施和手段来说具有开拓性意义——该框架为分析相关措施和手段的内容特点和意义及措施和手段在德国各联邦州扩散的范围和速度开辟了新的思路。

5

德国已实现的"学校自主"

"学校自主"相关措施和手段组成了学校决策的选择空间。第4章对这一选择空间的构建与呈现只能表明哪些政策有可能以"学校自主"的标签名义在德国扩散。然而，第1章并未说明政策扩散的范围，也没有说明各项措施和手段对政策行动者的吸引力。本章将会围绕这一主题展开进一步讨论。在研究"学校自主"政策理念在德国的扩散情况时，主要是为了了解德国的"学校自主"这一调查对象。1990年10月到2004年12月，出现了哪些新的政策？

德国教育政策行动可能比相关学术研究更早对"学校自主"政策理念给予重视。也存在一种可能，即某些措施和手段早已存在于德国教育政策的改革实践中，并且在1990年之前就已经在部分联邦州得到实施。"学校自主"一词只是对这些措施和手段的概括并建立起新的概念表述框架。本章首先论述缩小案例研究范围的必要性和可能性（5.1）；接着根据对政策理念扩散情况的观察，系统介绍新框构下"学校自主"相关措施和手段（5.2）；然后讨论不同措施和手段在扩散范围方面的差异（5.3）；最后则对所有观察结果进行总结（5.4）。

5.1 德国"学校自主"政策理念的扩散范围

作为一种政策理念,"学校自主"通过德国学校法表现出来的扩散情况如何？1990年10月至2004年12月，权力转移在所有政策采用事件中所占比例是多少？本章将回答这两个问题，并进一步界定本研究所关注的"学校自主"政策理念。本研究将把德国学校法内容分析框架内创建的数据集作为论述基础，一方面用以说明1990年10月3日（德国统一日）之前哪些相关措施和手段已经在旧联邦州得到采用；另一方面用以体现1990年后哪些相关措施和手段在新联邦州得到采纳。通过这种方式，我们可以比较"学校自主"相关措施和手段哪些是在1990年10月之前、哪些是在1990年10月之后出现的；同时可以了解2004年12月之前"学校自主"政策理念作为一个整体（即所采取的相关措施和手段的总和）在德国的扩散情况。因此，本章关于德国"学校自主"政策理念扩散的讨论中所使用的反映"学校自主"不同领域和各联邦州情况的数据只包含两个观察点：相关措施和手段的采用发生于1990年10月之前或1990年10月至2004年12月。

本章没有从法律层面对措施和手段的实施方式进行区分：没有区分这些措施和手段是否只针对某一学校和某些类型的学校，还是面向所有学校；没有区分相关措施和手段是长期还是短期的，或者是试验性质的；也未讨论不同措施和手段的实际效果，即权力下放的做法是否真的给予学校更自由、广泛的决策空间。此外，本章也未研究不同措施和手段在各个联邦州的推广力度和形式。第4章介绍的措施和手段分类框架使各联邦州政策活动具有基本可比性，但未考虑某些联邦州已经实施的政策后来被撤销，或者由于政策时限、试行期满，相关政策在2004年12月时已不再有效。就此而言，以下关于德国"学校自主"相关措施和手段的介绍，描述了"学校自主"政策理念在研究时间范围内的扩散情况（5.2.4，6.4.1和7.4.1）。

5.1.1 总体情况

本研究纳入了 82 项"学校自主"相关措施和手段，分析它们被各联邦州学校法采用的情况（表 5.1）。

表 5.1　82 项"学校自主"相关措施和手段被采用的情况

采用时间	去中心化措施和手段（最大采用 720 次） 采用/次	采用率/%	调控措施和手段（最大采用 592 次） 采用/次	采用率/%	合　计 采用/次	采用率/%
1990 年 10 月之前	186	26	67	11	253	19
1990 年 10 月至 2004 年 12 月	315	45	342	56	657	50
合　　计	501	70	409	69	910	69

值得注意的是，"学校自主"相关措施和手段被 1990 年 10 月之前的学校法采用的次数和占比已经很高了。在那时，与 16 个联邦州可能出现的最大采用次数（1312 次）相比，"学校自主"相关措施和手段的采用率就已达到 19%。当然，1990 年 10 月至 2004 年 12 月，"学校自主"理念的扩散也明显增加。截至 2004 年 12 月，采用率达到 69%，即 910 次采用。这里必须强调的是，在德国，超过 1/4 的"学校自主"相关措施和手段并不是出现在 1990 年 10 月至 2004 年 12 月。另外，这里必须对去中心化措施和手段与新的调控措施和手段进行区分（表 5.1）。1990 年 10 月之前，去中心化的措施和手段采用次数已经明显多于调控措施和手段（采用次数分别为 186 次和 67 次，采用率分别为 26% 和 11%）。相比之下，1990 年 10 月至 2004 年 12 月，调控措施和手段数量增加明显。就"学校自主"相关措施和手段的采用率而言，截至 2004 年 12 月，德国各联邦州对新的调控措施和手段的采用率（69%）几乎与去中心化措施和手段的采用率持平（70%）。

将各项措施和手段归入学校组织的各个领域之后，可以更准确地反映 1990 年 10 月之前"学校自主"相关措施和手段的重点，以及以后形成的新

"学校自主"相关措施和手段的重点（表5.2）[①]。由于"学校自主"框架内各领域措施和手段采用次数不同，不具有跨领域可比性。

表5.2　82项"学校自主"相关措施和手段被采用情况

采用时间	去中心化措施和手段（720次最大采用）				调控措施和手段（592次最大采用）			
	学习组织管理/次（224次最大采用）	教学组织管理/次（160次最大采用）	人事管理/次（224次最大采用）	资源管理/次（112次最大采用）	引导反思/次（272次最大采用）	支持性措施/次（128次最大采用）	问责制度/次（128次最大采用）	提供导向/次（64次最大采用）
1990年10月之前	68	56	44	18	52	9	3	3
1990年10月至2004年12月	103	66	96	50	128	82	73	59

注：各领域相关措施和手段的采用率依次为76%、76%、63%、61%、63%、71%、59%、97%。

如表5.2所示，1990年12月之前德国学校在学习组织管理和教学组织管理领域有较多的决策权（采用次数分别为68次和56次）。同时，在人事管理（44次采用）、引导反思（52次采用）和资源管理（18次采用）领域也有较多的权力。尽管1990—2004年，"学校自主"各领域的措施和手段采用次数都有明显增加，但早期"学校自主"相关活动的强度还是值得我们注意。

还需要指出的是，只有旧联邦州有机会在1990年10月就实施"学校自主"相关措施和手段，因为只有这些联邦州在1990年10月之前有学校法的传统。相反，民主德国的学校法没有被列为1990年后德国学校法发展的前身和参照对象（3.5.2）。考虑到新旧联邦州数量的差异，如果仅以11个旧联邦州数量计算，以1990年10月的最大采用次数［82×11=902（次）］作为

[①] 与吕鲁普和海因里希（Rürup/Heinrich，2007：170）的研究结果相比，表5.2中的占比略高，这是因为此处展示的是"学校自主"的最大扩散范围。如实际采用出现回落，特别是学校在某些方面的自主权被撤销的情况，则不在表5.2的考虑范围之内。因此表5.2中的数据与吕鲁普和海因里希的数据略有不同（5.2.4，6.4.1和7.4.1）。

基数，早期"学校自主"相关措施和手段的采用率将从19%提高到28%，学习组织管理和教学组织管理领域措施和手段的采用率将分别从30%提高到44%、从35%提高到51%。

以上发现说明，将所有"学校自主"相关措施和手段都归入"学校自主"政策理念框架而将其视作与其他理念无关，是不合理的；只考虑1990年之后的"学校自主"政策理念的扩散，也是不恰当的。"学校自主"作为一种理念，与德国学校系统和调控管理的早期发展、现有条件有很大关系。在这种情况下，不能排除早期德国各联邦州对"学校自主"相关措施和手段采用，也是为了后期将某些传统措施和手段整合到新的政策理念之中。也许在教育政策的扩散过程中，"学校自主"作为学校组织管理变革的一种新策略，也倾向于赋予原有政策新的概念，并将其纳入新的调控策略框架之中。

以上数据所展示的早期学校法对"学校自主"相关措施和手段的高采用率，也可能是此处采取的数据统计方式导致的。只要政策行动者在提出某项措施或手段时称其与"学校自主"政策理念有关，本研究就将该措施或手段认定为与"学校自主"政策理念相关。但实际上，很可能个别政策行动者只是谎称其行动与"学校自主"政策理念有关，或者对"学校自主"理念缺乏理解，有意甚至无意地称某些措施和手段与"学校自主"政策理念有关，但其实他们所提出的措施和手段并没有体现1990年之后"学校自主"的新特质。最后还应注意的是，因为各联邦州学校组织管理和调控管理传统不同，对于哪些措施和手段可以视为与"学校自主"政策理念有关的创新，各联邦州也有不同认识。某些措施和手段在某些联邦州看来是与"学校自主"相关的创新，而在其他联邦州已经实行了很长时间。这里只能列出早期采用率较高的"学校自主"相关措施和手段的影响因素，但无法检验这些因素的相关性。本研究将"学校自主"政策理念作为研究德国统一后教育联邦制中创新扩散的案例，只有实证研究分析结果可以从根本上说明该案例的选取是否具有代表性。尽管可以观察到早期较高的采用率，但仍无法说明情况，还需要进一步确认该案例的代表性。目前确定的82项措施和手段所描绘出的"学校自主"还不够具体，特征还不够明显。但是除此之外，还有什么标准可以用来筛选德国"学校自主"相关政策？

5.1.2 新"学校自主"相关措施和手段

根据相关措施和手段的扩散历史可以区分新旧"学校自主"。本研究收集的数据已经清楚地记录一项措施是在德国统一前就已被采用，还是在统一后才被采用。为了说明"学校自主"政策理念在1990年10月至2004年12月的具体表现，有必要找出在该时间范围内扩散的所有相关措施和手段。筛选后可以发现，82项措施中只有30项符合条件（表5.3）。与82项措施和手段的分布情况（表4.11）相比，"学校自主"政策理念框架内措施和手段的变化较为显著。

数据显示，筛选后的去中心化措施和手段比新的调控策略所包含措施和手段要少得多（11：19，筛选前为45：37）。新的措施和手段主要集中在与教学无关的人事管理和资源管理领域，而不再是学习组织管理和教学组织管理领域（9：2，过去为21：24）。

表5.3　1990年10月至2004年12月新出现的"学校自主"相关措施和手段

领　　域	措施和手段	数量/项
去中心化		11
学习组织管理	成绩评价形式	1
教学组织管理	开始实行差异化教学（综合中学除外）	1
人事管理	教师选拔、合同制员工选拔、核定工作量的方法、绩效奖励	4
资源管理	节约资源、自主创收、学校预算、总体预算、法人代表授权	5
新的调控策略		19
引导反思	跨学校成绩评价、外部成员参加学校会议、教育协议、学校咨询委员会、员工谈话	5
支持性措施	专项经费、额外课时数、培训预算、行政管理集中化、学校机构重组、教师培训重组	6
问责制度	在学校监督影响下制订的学校发展规划、外部评估、统一学习水平测试、学校监察、教育标准、质量指标	6
提供导向	呼吁学校高质量发展、呼吁学校自主（学校特色发展）	2

引导反思这一领域的措施和手段的数量也比筛选前大大减少。在筛选之前，该领域共有 17 项措施和手段①，筛选后只有 5 项是在 1990 年 10 月后才被采用。但在新的调控策略的其他领域，相关措施和手段各减少了 2 项；也就是说，各有 2 项"学校自主"相关措施和手段被认定为是"早期存在的"。总的来说，支持性措施和问责制度领域的措施和手段的数量上处于领先地位，每个领域均有 6 项措施和手段。

然而对统计数据进行解释时，同样不应忽视的事实是，这里只介绍了在学校法中找到的措施和手段的数量，而没有讨论它们的扩散情况及具体意义和影响。因此，"学校自主"政策理念根据时间筛选后而发生框架性变化，只是说明 1990 年以后"学校自主"政策理念发生哪些方面的变化。相比之下，更值得注意的是，将"学校自主"相关措施和手段限定为 1990 年 10 月以后才出现的措施和手段，考虑到这一过程中采用和取消（这点更值得注意）的措施和手段，这一分析方法似乎过于严格。德国"学校自主"政策理念的一些核心内容，现在只能在被取消的措施和手段中找到。这些内容包括学校特色化、学校开放和赞助、教学时间安排的自由度、教师每周课时数、平行考试、学校自我评估和学校发展等；甚至学校发展规划也不在分析范围内；仅当其被作为对学校发展进行行政监督的手段时，才被纳入进一步分析范围。最初的学校发展规划仅仅是呼吁学校开展自我反思，应当忽略。

以上论述表明，"学校自主"政策理念在德国的扩散至少可以追溯到 1990 年 10 月之前。表 5.3 所展示的是当时未发现，后来才被纳入学校法的措施和手段，可以将它们视为已经实施的"学校自主"的边缘措施或后续措施。因此，1990 年 10 月后才发现的支持性措施常常都不是独立的手段，而是传统手段的延续。毕竟，专项经费和教师课时补偿都是为学校发展工作、学校发展规划、学校开放和学校特色化等目的而设计的，而这些目的在 1990 年之前

---

① 原文为 18 项措施和手段，但根据表 4.11 列出的数据，此处应为 17 项措施和手段。——译者注

就已经讨论过。同时，培训预算实际上也代表了学校组织校本培训活动权力的扩大，因此至少要以同时实施这一想法为前提。

这里应当强调的是，学校自主或自我负责完全可以被称为1990年以后才出现的特别现象。这一说法表明，"学校自主"相关措施和手段是在1990年后才有了明确的名称表述。"学校自主"政策理念作为整体，直到20世纪90年代才在学校法中形成。但需要注意的是，在构建"学校自主"政策理念的内容框架时，政府已将它与旧的有限或特定的"学校自主"（自我管理、教育上的自我负责）明确区分开来（4.2.4）。因此，1990年10月以后的学校法中，只有明确符合以下立场的声明才可以算作新的"学校自主"，即认同学校整体上作为一个独立的组织，有自己的发展潜力和发展挑战，应该得到尊重和支持。将学校自主权理解为学校的固有价值，当然是20世纪90年代的一种创新；相比之下，将学校自主权理解为教学活动开展的基本条件则已经存在了较长时间，并非创新。

基于以上分析，这里建议稍稍放宽对1990—2004年"学校自主"相关措施和手段的选择标准。如果截至1990年10月，没有在2个以上的联邦州内发现某一措施或手段，但随着该措施或手段的扩散，能观察到更多的联邦州采用该措施或手段，则也应考虑将其归为1990—2004年出现的"学校自主"相关措施或手段。只要某项措施或手段有被排除在外的风险，就要认真考虑该措施或手段从其形式和强度来看是否可以被认定为研究时间范围内的创新。这样一来，除了表5.3中的30项措施和手段外，本研究又选择了34项措施和手段，仅将18项措施和手段排除在"学校自主"政策理念的选择空间之外。

将截至1990年10月最多只在2个联邦州扩散的"学校自主"相关措施和手段纳入选择空间，这不仅使以前在少数联邦州采用的个别措施和手段也能进入研究视野，而且还确保本研究不会忽视学校法在"学校自主"政策理念下颁布的新措施和手段所呈现的特点。例如，石勒苏益格－荷尔斯泰因州早在20世纪70年代就引入了定期撰写报告汇报学校发展情况的制度，如果未将这一做法纳入"学校自主"政策理念的选择空间，我们对20世纪90年代末之后其他联邦州发布教育报告这一措施的观察研究就会受到一定影响。另外，在部分联邦州，传统的法律法规已赋予部分类型学校的校长一定权限；如果不放宽筛选标准，则会将"学校自主"相关活动排除在相关措施和手段的研究范围之外。

根据首次采用时间，下文将部分"学校自主"相关措施和手段排除在选择空间之外（5.1.3，5.1.4）；然后梳理、介绍并讨论所有保留下来的"学校自主"相关措施和手段（5.2），以及截至2004年12月这些措施和手段在德国各联邦州的扩散情况（表5.4，表5.5）。

表5.4 1990年采用率较低的"学校自主"相关措施和手段的采用情况

领　域	措施和手段	联邦州/个 截至1990年10月	联邦州/个 截至2004年12月
学习组织管理	课程表	2	8
	行为评价	1	9
教学组织管理	跨年级教学	1	6
人事管理	校长试用期	1	4
	学校管理结构新形式	1	5
资源管理	—	0	0
引导反思	开放学校	2	15
	学校会议作为决策机构	2	8
	学校发展规划	1	13
	自我评估	1	15
支持性措施	建立专业的咨询机构	2	15
问责制度	撰写教育报告	1	6
	初中毕业统一考试	2	11
提供导向	学校发展	1	15
	学校特色化	1	16

表 5.5　1990 年采用率较高的"学校自主"相关措施和手段的
采用情况（82 项措施，最大采用）

领　　域	措施和手段	联邦州 / 个	
		截至 1990 年 10 月	截至 2004 年 12 月
学习组织管理	教学计划中的教学主题顺序	9	16
	每课时的时长	10	16
	成绩权重	4	12
	半年成绩报告	1	2
教学组织管理	学习小组形式	9	14
	差异化教学的概念	3	11
	灵活假期	6	14
	每周 5 天工作日	7	14
人事管理	校长的选拔	6	11
	行政人员的选拔	1	2
	灵活安排教学人员	3	11
	校长对教师进行评价	4	12
	学校内部委员会的组织	4	8
引导反思	学校会议参会代表的三等分制	5	11
	家长的听课权	6	10
	校内工作计划	5	15
	校长听课	7	15
	校本培训	7	16

5.1.3　早期"学校自主"相关措施和手段

本研究发现，要想研究"学校自主"政策理念在德国的扩散情况，不能仅仅关注 1990 年之后的扩散情况。因为在此之前，很多相关措施和手段已经通过早期学校法得到了实施。这里需要特别注意的是，哪些与"学校自主"政策理念有关的措施和手段可以被贴上"传统自主"或"传统调控策略"的标签，或者被定性为"学校自主"的前身。

早期最有代表性的措施当然是"校本培训",本研究将其归入引导反思领域。该措施首次出现于 1977 年的不来梅市,并于 1990 年初在另外 6 个联邦州获得采用。直到 2004 年,校本培训被所有联邦州采用。在这组数据的基础上,可以将早期"学校自主"解释为学校内部决策过程更加民主化:无论是学校委员会组织中的选举自由,还是将学校会议升级为教师、家长和学生平等参与代表的学校内部决策机构,这些做法早在 1990 年 10 月之前就已采用,采用范围已经超过了 2 个联邦州。这一情况与以前德国关于"学校自主"政策理念的讨论吻合——至少 20 世纪 70 年代和 80 年代关于"学校自主"政策理论的讨论就已具有明显的学校制度民主化特征(Deutscher Bildungstrat,1973;Deutscher Juristentag,1981;Zusammenfassend Richter,1994)。因此,即使在 1990 年之前,学校在选择校长方面就已经有很大的权力。

一般来说,德国早期的"学校自主"政策理念更多体现在去中心化领域,尤其是其中的学习组织管理和教学组织管理领域。在教学主题顺序、每课时的时长、成绩权重、课堂测试次数等具体问题上,相关决策自由实际上都属于学校或教师的"传统自由"。甚至在 1990 年之前,有 5 个联邦州已做出这样的规定:学校内部应根据教学计划共同制订联合课程工作计划。除此之外,在教学组织管理领域,确定一定数量的浮动假期或决定是否实行 5 天工作制的"学校自主"相关措施和手段,在 1990 年就已经十分普遍。与之不同的是,在资源管理,以及在支持性措施、问责制度和提供导向领域,都找不到早期"学校自主"相关措施和手段。因此,上述领域的措施和手段全部保留并纳入研究范围。

5.1.4 "学校自主"概念的深化

1990 年之前出现在 2 个以上的联邦州的"学校自主"相关措施和手段,并没有都排除在 1990—2004 年"学校自主"政策理念选择空间之外。如果考虑"学校自主"的不同形式和力度,就能够将 1990—2004 年出现的概念明显深化、呈现出新样态的措施和手段与以往的措施和手段明确区分开,本研究保留这些新的措施和手段。共计20项措施和手段能够满足以上标准，这些"学校自主"相关措施和手段的名称及定义与第4章的描述有所不同（表5.6）。

表5.6　在研究时间范围内表现出概念深化特征的"学校自主"相关措施和手段

相关措施和手段		定　义	采用/次 截至1990年	采用/次 截至2004年
课程表的自由安排空间	旧	仅仅是从表述上提出自由安排空间	3	13
	新	明确学校自由安排教学内容的空间	2	11
课程表的灵活性	旧	在各个学习小组的教学内容中，可以灵活调整课程内容	4	11
	新	可以在不同学习小组之间调整课程内容，即可以减少一个班级的教学时间，以加快另一个班级的教学进度	1	5
学科领域	旧	学校可以自主安排设定的学科领域	5	14
	新	学校完全自主安排学科领域	0	5
教学内容	旧	在限定的课时范围（最多25%）内，学校可以自由选择教学内容	9	16
	新	学校用于自由安排教学内容的课时可以超过25%	0	12
教科书审批	旧	学校可以独立开发或试用教科书和学习材料	4	14
	新	学校可以批准使用所有或部分课程的教科书	2	10
课堂测试次数	旧	规定自由安排课堂测试次数	9	16
	新	没有明确的次数限定	0	2
成绩等级评定原则	旧	未在成绩等级评定原则上做进行表述	6	16
	新	学校有权自行确定成绩，特别是口头考试成绩	0	5
学习小组规模	旧	可以在规定范围内灵活调整学习小组的规模，并维持学校内部平衡	7	15
	新	在教师周课时数框架内，不规定学习小组的规模	2	10

续表

相关措施和手段		定　义	采用/次	
			截至 1990 年	截至 2004 年
跨年级教学	旧	跨年级教学仍有时间限制和课程限制	6	14
	新	学校自行设立永久的、不局限于课程的跨年级班级作为学习小组	0	12
每课时的时长	旧	明确规定学校的课时长度	6	16
	新	取消每课时 45 分钟的规定	0	2
年度课程表	旧	可以在学年内自由调整课程	10	16
	新	明确年度课程表的概念：不规定每周教学安排，只规定每学年教学内容	1	6
教师周课时数	旧	为了完成某些特定任务（补习、分班教学等），设置额外的教师课时量	11	16
	新	不直接指定教师课时量用途，由学校自行安排教师的周课时数，并自行完成所有人事资源管理	0	11
工作量核定	旧	允许学校在内部分配工作量时，减少部分教师的教学任务，以便这些教师承担某些特别任务	9	15
	新	允许学校在内部分配工作量时，减少教师的教学任务，但不对具体情况做明确规定，或者为学校管理划定可灵活调整的工作量范围	2	6
监督员工的任务完成情况	旧	原则上扩大校长的管理权限	4	15
	新	深一步扩大校长的管理权限（包括修改雇佣合同、处理公职监督投诉等）	0	7
赞助活动	旧	允许学校通过第三方捐款获得额外经费，包括将捐赠作为初步赞助形式	6	16
	新	明确使用"赞助"这一概念	1	16
物质资源管理	旧	提高物质资源预算，包括扩展行政资源和学习材料预算	12	16
	新	提高物质资源预算（至少包括设施设备、资产预算）	1	9
校际合作	旧	存在不同的组织形式，包括校际合作	4	15
	新	呼吁设有一定机制（如学校领导会议，学校网络）的学校进行合作	1	12

续表

相关措施和手段		定义	采用/次 截至1990年	采用/次 截至2004年
教师合作	旧	存在不同的合作组织形式,包括课堂观摩	5	13
教师合作	新	存在不同的合作组织形式,但不包括课堂观摩(而是通过联合备课、团队教学进行相互评价)	1	8
内部评价比较	旧	仅仅要求在学校内部进行评价比较	6	15
内部评价比较	新	学校内部评价比较通过校外途径实施(平行考试)	0	13
学习监督咨询	旧	原则上将咨询定义为学校监督部门的一项任务	7	15
学习监督咨询	新	将咨询具体定义为服务于"学校自主"的支持性措施	0	10

从内容上看,有选择地保留"学校自主"相关措施和手段,可以称为德国"学校自主"政策理念的一个特点。

从某种程度上讲,"学校自主"是对已经存在的决策权力或调控措施的深化,或者说是正式确认。在学科领域的组织安排、教学内容的选择、学习小组规模的确定、跨年级学习小组的组建或某些科目内容在学年中的调整等方面,学校本来就拥有一定自主权。即使在教师周课时数安排、物质资源支配等方面,学校也一直有自由空间。在研究时间范围内,"学校自主"政策理念在这些方面表现得更加突出,本研究也对此进行了单独分析。对于属于新的调控领域的内部评价比较和学校监督咨询,本研究也同样进行了比较。只有对上述措施和手段进行具体分析时(如统一的平行考试、直接向学校提供监督咨询等手段),才会将之纳入数据集中。

"学校自主"概念深化或特色强化主要体现在去中心化领域(16项措施和手段),特别是在学习组织管理和教学组织管理领域(分别为7项和3项措施和手段)。与此相对,只有4项措施和手段属于新的调控领域,其中3项属于通过引导反思进行调控,即对已经存在的调控措施或手段进行重构。

5.2 1990—2004年的"学校自主"政策理念

本研究最终筛选出 1990—2004 年"学校自主"相关措施和手段 64 项（表 5.7）。筛选后，去中心化措施和手段及新的调控领域的措施和手段数量相同，这意味着新的调控领域的权重相对升高。本研究共排除 18 项不具代表性的"学校自主"相关措施和手段，这些措施和手段在各个领域的分布并不均衡。在"学校自主"政策理念的 8 个领域中，有 4 个领域的措施和手段数量没有发生变化，分别是资源管理、支持性措施、问责制度和提供导向。

表 5.7 "学校自主"政策理念相关措施和手段的分布

领　　域	筛选前（82 项措施和手段）分布/项	筛选后（64 项措施和手段）分布/项
去中心化	45	32
学习组织管理	14	10
教学组织管理	10	6
人事管理	14	9
资源管理	7	7
新的调控策略	37	32
引导反思	17	12
支持性措施	8	8
问责制度	8	8
提供导向	4	4

5.2.1 总体情况

上文对 1990—2004 年德国"学校自主"政策理念选择空间进行了更清晰的界定，也导致德国"学校自主"相关措施和手段被学校法采用次数发生变化。

在德国 16 个联邦州学校法中，与 82 项"学校自主"相关措施和手段相比，64 项措施和手段的最大采用量［"学校自主"理念框架中去中心化措施和手段、调控措施和手段的采用次数均为32×16=512（次）]明显减少。与此同时，德国各联邦州"学校自主"相关措施和手段的采用次数在1990年的初始值明显变小，这是筛选后的结果。根据这一筛选方式，"学校自主"相关措施和手段在1990年10月之前仅采用了34次（表5.8），采用率为3%。

表5.8　64项"学校自主"相关措施和手段被采用情况

采用时间	去中心化措施和手段（512次最大采用）采用/次	去中心化措施和手段（512次最大采用）采用率/%	调控措施和手段（512次最大采用）采用/次	调控措施和手段（512次最大采用）采用率/%	合计 采用/次	合计 采用率/%
1990年10月之前	18	4	16	3	34	3
1990年10月至2004年12月	229	44	311	58	540	53
合　　计	247	48	327	64	574	56

1990—2004年，德国"学校自主"相关措施和手段采用次数（再次）有了明显增加。截至2004年12月，共有574件政策采用事件与全德国范围内"学校自主"政策理念的实施相关，采用率达到56%，与1990年10月相比增加了53个百分点。与82项措施和手段的采用情况研究结果相比，64项措施和手段中新的调控领域的措施和手段的增加更加显著。在1990年10月之前采用次数几乎相同和最大采用量相同的情况下，新的调控领域的措施和手段采用比去中心化措施和手段多82次。也就是说，"学校自主"政策理念更多是作为教育行政管理部门的新调控战略得以在德国推广。至少，新的调控措施和手段似乎对政策行动者更有吸引力，并相应得到更大范围的扩散。

虽然截至2004年12月时去中心化措施和手段的采用率仅为48%，而新的调控措施和手段的采用率达到64%，但这只能说明德国政府赋予调控策略相对较高的重要性，不能将去中心化措施和手段48%的采用率解读为认可度低于平均水平，并因此判定存在放弃"学校自主"的倾向。去中心化相关措施和手段有48%采用率本身就很能说明问题。在2004年12月之前的"学校自主"政策理念扩散过程中，可以发现许多措施和手段通过法律规定推广实施。从数量上看，2004年年底，德国"学校自主"相关措施和手段的采用次数是1990年的初始值的14倍（从18次增加到247次）。当然，这一自主性又在一定程度上受新的调控策略、保留的规制手段或学校内部决策过程的程序和规定的约束（4.3.1）。然而，学校法中所能观察到的去中心化措施和手段代表了政府在政策和行政管理方面的决心，即认为学校应该获得更多决策空间，这本身就值得关注。

应该指出的是，1990年10月之前"学校自主"政策理念框架中各领域措施和手段的采用情况仅有细微差别，采用率普遍较低。

"学校自主"政策理念框架中各领域措施和手段的最终采用率存在差异，最低为39%，最高达到97%（表5.9），这直接体现了各领域措施和手段的不同扩散情况。在与教育教学关系更密切的学习组织管理、教学组织管理及人事管理领域，采用率均不到50%；而在提供导向领域，采用率接近100%。特别是从1990年10月到2004年12月，教学组织管理领域的措施和手段似乎未受重视。这并非是因为教学组织管理领域不重要，而是因为此前学校已经在该领域拥有较大的决策权力。相比之下，1990年以后出现新的措施和手段可能过于激进，或者缺乏创新，所以无法吸引政策行动者。

然而，"学校自主"各个领域措施和手段采用率，并不能说明什么问题。只有当某一领域措施或手段（如提供导向和教学组织管理领域的措施和手段）的采用率明显不同于其他领域的措施和手段时，采用率才能说明一些问题。此外，必须研究"学校自主"各个领域的措施和手段的平均采用率是否与这些措施和手段的采用率类似。也就是说，具体措施和手段的采用率，是否可以解释所属领域采用率较高或较低的情况。相反，如果同一领域的个别措施和手段的采用率与其他措施和手段非常不同，则表明存在特定因素影响了该措施和手段的扩散。后面将会处理上述问题（5.3），从而更清晰地勾勒1990年10月至2004年12月德国"学校自主"政策理念的整体轮廓。

表 5.9　64 项"学校自主"相关措施和手段被采用情况[①]

项　目	去中心化措施和手段（512 次最大采用）				调控措施和手段（512 次最大采用）			
	学习组织管理/次（160 次最大采用）	教学组织管理/次（96 次最大采用）	人事管理/次（114 次最大采用）	资源管理/次（112 次最大采用）	引导反思/次（192 次最大采用）	支持性措施/次（128 次最大采用）	问责制度/次（128 次最大采用）	提供导向/次（64 次最大采用）
采用率/%	49	39	49	54	54	68	59	97

基于本节内容，可以得出以下研究策略，即可以用本研究所提出标准界定"学校自主"，并且将"学校自主"称为 1990 年 10 月至 2004 年 12 月德国教育政策领域者的一个特别的政策理念。无论是从整体还是各个领域来看，"学校自主"相关措施和手段的初始平均采用率为 2%~5%，而最终平均采用率提高到 56%，不同领域的采用率从 39% 至 97% 不等。

5.2.2　被撤回的"学校自主"相关措施和手段

从目前的讨论来看，人们似乎普遍认为"学校自主"政策理念的扩散是线性、连续发展的，其具体表现为从较少的去中心化的措施和手段到更多的去中心化的措施和手段，或者调控策略发生改变。然而实际情况并非如此。在分析学校法的变化时，本研究还观察到政府对已授予决策权加以限制（缩减）或对已实施调控措施或手段的取消，这些情况都缩小了在德国被称为已实现的"学校自主"的范围。在这种情况下，必须根据撤回方式是普遍式的还是渐进式的，区分被撤回的"学校自主"（表 5.10）。渐进式的撤回方式是指缩小措施和手段的力度、与之相关的学校决策权或适用范围。在受到约束的"学校自主"方面（表 5.6），当措施和手段的力度逐渐缩小，最终导致相关措施和手段从 1990—2004 年的措施和手段数据集中完全消失时，也就意味着政府采取了混合方式撤回"学校自主"。

[①] 原文呈现的部分数据有误，故此处仅保留了采用率一项。——译者注

表 5.10 "学校自主"相关措施和手段的撤回方式（64 项措施和手段）

领域	缩减 具体措施和手段（次数）	合计/次	取消 具体措施和手段（次数）	合计/次
学习组织管理	课程表中的自由空间（1），课程表（1），学科领域（1），评价方式（2）	5	课堂测试次数（1），评价方式（2），行为评价（1）	4
教学组织管理	跨年级教学（2），年度课程表（1）	3	非45分钟制课程表（1），跨学年课程表（1）	2
人事管理	教师选拔（1）	1	课时数（1）；新的核定工作量的方法（1）	2
支持性措施	—	0	额外课时数（2）	2
合计		9		10

64项相关措施和手段中，政府取消的"学校自主"相关措施和手段被归入"取消"一栏。这种取消"学校自主"措施和手段的情况在1990年10月至2004年12月出现过两次：一次是取消学校决定课堂测试次数的自主权，另一次是取消学校自由分配课时数的权力。

"学校自主"相关措施和手段的撤回多发生在去中心化领域，只有"为学校发展提供额外学时""开放学校"和"制订学校发展规划"不属于去中心化领域。在资源管理领域，只要相关措施和手段得到实施，学校就有较大的决策空间。与此相反，"学校自主"相关措施和手段的撤回主要发生在学习组织管理和教学组织管理领域。上文筛选出来"学校自主"相关措施和手段已经说明学习组织管理和教学组织管理念领域的措施重要性正在弱化，如今更高的撤回次数再次证明了这一点。

从整体上看，"学校自主"相关措施和手段被撤回的次数较少。截至2004年年底，就观察到的"学校自主"总体采用率而言，缩减力度及取消措施的次数仅占3%；而只有取消"学校自主"相关措施和手段可以直接评价为"学校自主"范围缩小。全德国范围内"学校自主"相关措施和手段的采用率从56%降至55%，只减少了1个百分点；而去中心化措施和手段的采用率也从48%降至46%，只减少了2个百分点。

但是，学习组织管理领域和教学组织管理领域中被取消的措施和手段的数量仍然引人注目。学习组织管理和教学组织管理领域的措施和手段采用事件中，均有5%属于完全取消；如果考虑缩减的相关措施和手段，这两个领域的"学校自主"相关措施和手段撤回率分别为12%和13%。然而从总体来看，"学校自主"相关措施和手段的撤回仍然是边缘事件和个别案例，并没有从根本上改变"学校自主"各个领域的措施和手段数量占比。相反，上文提及的调控措施和手段相较于去中心化措施和手段的优势，以及人事管理和资源管理领域相较于学习组织管理和教学组织管理领域的优势，只是进一步说明了这一点。然而，在本研究中，只能观察到由政策行动者明确提出的对"学校自主"相关措施和手段的取消，这一点明确体现在对学校法的具体修改中。也有一些情况很难观察到，例如，当学校做出需要政府批准的自主决策时，教育行政管理部门的审批会更加严格；学校悄无声息地逐步取消试点。即使是某项措施或手段针对所有学校且永久适用，尽管相关法律规定始终有效，适用范围和意义也未必始终不变。

因此，能够观察到的"学校自主"相关措施和手段被取消的情况只是冰山一角，其确切范围和总体轮廓难以描述。然而，几乎可以肯定的是，"学校自主"相关措施和手段被取消或不再实行，并不能改变"学校自主"政策理念在20世纪90年代就已引入德国的事实；相反，它再次说明了各联邦州选择相关措施和手段的自由（4.3.1）。

5.3 "学校自主"相关措施和手段的扩散范围

事实上，"学校自主"政策理念在不同方面和在不同程度上得到了实现，这是因为各领域的措施和手段都在不同程度上得到采用。根据前文的介绍可知，一些措施和手段可能仅在2个联邦州被采用，而另一些措施和手段则被所有联邦州采用（表5.11）。表5.11概括展示各项措施和手段的采用情况，但仅仅说明了所选的"学校自主"相关措施和手段的扩散范围明显不同，而且个别措施明显具有扩散优势。大部分措施和手段的采用范围不大不小，因此呈正态分布曲线。如果根据采用范围进行更严格的分组，这一点会变得更加明显。在表5.11中，有10项措施和手段仅在1/8~1/4的联邦州得到采用，14项措施和手段在绝大部分联邦州得到采用。

表5.11 "学校自主"相关措施和手段的扩散范围（64项措施和手段）

采用相关措施和手段的联邦州数量/个	措施和手段数量/项	措施和手段
2	4	无每课时45分钟的要求、差异化教学的开始时间节点、学校会议的外部成员、质量指标
3	2	课堂测试次数、学校咨询委员会
4	4	校长试用期、总体预算、教育协议、员工谈话
5	4	课程表的灵活性、学科领域、成绩评价原则、学校管理结构新形式
6	7	年度课程表、跨学年课程表、绩效奖金、节余经费、自主创收，跨学校成绩评价、教育报告
7	3	课时数分配、校长的管理权限、专项经费
8	6	课程表、合同制员工的选拔、教师合作、培训预算、学校监察、学校会议作为决策机构
9	4	行为评价、核算工作量的方法、可用物质资源、授权缔结法律协议
10	6	教科书审批、评价方式、学习小组规模、额外课时数、学校监督咨询、教育标准
11	7	课程表的灵活性，教师每周课时数、学校预算、行政管理集中化、教师培训重组、在学校监督影响下制订的学校发展规划、期末考试
12	3	跨年级教学、教学内容、校际合作
13	4	教师选拔、平行考试、学校发展规划、外部评估
14	1	学校机构重组
15	6	开放学校、自我评估、专门的咨询机构、统一学习水平测试、学校发展、高质量发展
16	3	赞助、学校自主、学校特色化

"学校自主"不同领域的措施和手段的扩散范围存在差异（表5.12）。

表 5.12 "学校自主"不同领域的措施和手段的扩散范围（64 项措施和手段）

领　域	采用相关措施和手段的联邦州数量/个	<5 个联邦州	5~8 个联邦州	9~12 个联邦州	>12 个联邦州
去中心化	14	5	15	10	2
学习组织管理	9	1	4	5	0
教学组织管理	10	2	2	2	0
人事管理	9	1	5	2	1
资源管理	12	1	4	1	1
新的调控策略	14	5	6	9	12
引导反思	13	4	3	1	4
支持性措施	8	0	2	4	2
问责制度	13	1	2	3	2
提供导向	1	0	0	0	4

在扩散范围为 5~8 个联邦州这一区间，去中心化措施和手段的数量较多，但在扩散范围大于 12 个联邦州这一区间，新调控措施和手段有绝对优势。相比之下，在扩散范围小于 3 个联邦州这一区间，去中心化措施和手段与新调控措施和手段数量相当。对政策行动者来说，新调控措施和手段更有吸引力，绝大部分联邦州都采取了这些措施和手段。

5.3.1　各领域"学校自主"相关措施和手段的扩散范围

基于以上数据，我们对"学校自主"相关措施和手段划分领域提出质疑——领域的属性是否可以作为判断该领域措施和手段具有吸引力的依据。如果在某个领域观察到明显偏离正态分布的情况，就会出现以上疑问。

这一点在去中心化领域的措施和手段中不太明显，也就是说去中心化各个领域的措施和手段的扩散范围差异较小。虽然在去中心化领域，低于平均扩散水平的措施和手段数量较多，但这种情况在各个领域普遍存在。因此，某一领域的措施和手段的扩散范围小可以归因于去中心化措施和手段的扩散范围整体较小。

相反，新的调控策略各领域相关措施和手段的扩散有明显差异。提供导向领域的4项措施和手段被绝大部分联邦州采用，说明提供导向这一领域对"学校自主"政策理念框架内的政策行动具有非常大的吸引力。由于提供导向这一领域的措施和手段仅仅呈现为准则表述，所以比较容易实施。此外，这些措施和手段代表了"学校自主"政策理念的基本框架：学校应该更加自主和创新。这当然可以通过实施具体的"学校自主"相关措施和手段来实现，然而，所有联邦州都感到有必要对学校发展、高质量发展、学校自主和学校特色化做出明确的声明，这一事实说明了所有具体措施和手段在"学校自主"政策理念框架内融合统一，"学校自主"作为一个整体理念在德国学校系统扩散。另外，通过提供导向进行调控的重要性清楚表明，在德国提到"学校自主"首先会用到某些特定词汇。关于教育政策的调控战略范式转变的讨论，可能正是在这一点上找到经验。"学校自主"政策理念本质上代表对学校这一组织单位及其与学校监督部门、政党和政府的关系的新看法，政策行动者将各方关系与不同政策行动联系在一起。

然而，在分析"学校自主"相关措施和手段的扩散范围时，引导反思这一策略也应该给予单独处理。在该领域，扩散范围最大和最小的措施和手段都较多，均为4项；扩散范围为5~12个联邦州的措施和手段仅有4项。这也表明引导反思这一领域在内容上还可以做进一步区分（4.3.2）。在扩散范围较大和较小的措施和手段之间，是否存在系统性差异？以下对引导反思这一领域扩散范围最大和最小的措施和手段进行比较（表5.13）(4.2.1)。

表5.13 对引导反思不同路径下扩散范围最大和最小的措施和手段进行对比

路径	少于5个联邦州采用的措施和手段	多于12个联邦州采用的措施和手段
区域融合	学校会议的外部成员、学校监督咨询、教育协议	学校开放
加强学校内部控制结构	员工谈话	平行考试
制订学校发展规划	……	学校发展规划、自我评估

引导反思领域的措施和手段的扩散范围呈现相对明显的两极化。将学校内部决策与地方条件结合起来的做法，往往会导致扩散范围较小，而学校制订发展规划的做法则扩散范围较大。另外，加强学校内部控制结构的做法，可以体现出引导反思领域的措施和手段扩散范围不同的特点。

总体来说，引导反思领域的各项措施和手段的共同目的都是将学校工作与外部影响和利益联系起来。这些措施和手段还试图通过正式的行政程序来强化外部影响：建立新的机构（学校咨询委员会），在现有机构中建立新的影响群体（学校会议中的外部成员），或者通过家长和学校之间的协议（教育协议）明确义务。员工谈话这一做法的特点也是将以前在日常的领导和员工之间的沟通正式化。与将外部影响纳入决策考虑范围的其他引导反思领域的措施和手段相比，"正式化"这一程序性特点对扩散的阻碍更大。几乎所有联邦州都有"开放学校"的具体措施，虽然该措施也是为了使学校工作更好地融入社会环境，但基本上是由学校自己决定是否、以何种方式及在何种程度上开放。因此，在措施和手段实施过程中，冲突和阻力来自教职员工代表和教师协会的可能性较小。同时，学校内部的权力关系没有受到限制或发生改变，这与引导反思领域扩散范围较小的措施和手段形成对比。

平行考试、学校发展规划及呼吁自我评估也是引导反思领域内扩散范围较大的措施和手段。尽管这些措施和手段确实体现了政府对学校内部决策的干预，但并没有导致现有权力结构和权力关系的改变，而是以优化学校内设委员会的职能为目标。教师应该就各自的教学实践相互交流，这是教师个人、学科教研组和班级会议的一项传统任务。在平行考试这一措施的支持下，传统任务的核心不会发生改变。平行考试的实施范围和能否取得成功最终取决于每位教师自我反思的意愿和学校委员会的合议能力。教师个人的选择（提出反对意见、按部就班地工作、在课堂上专注于教学）基本上保持不变。这一点与学校发展规划和自我反思的手段类似。学校内现有的权力结构往往得到进一步巩固，也不受影响。此外，平行考试、学校发展规划和学校自我评估很可能对政策行动者有很大的吸引力，因为这意味着学校对学校发展和高质量发展承担主要责任——而不会让人质疑政府作为教育监督机构的意义和文教部发布指令的权威性。相反，在学校会议、学校咨询委员会、教育协议及员工谈话中引入外部成员，往往会导致非政府的、较少受行政控制的人员及决策情况出现。

因此，措施和手段扩散范围的差别，似乎可以通过新的权力分配方法和引入新的行动者群体，以及进一步发展（利用和优化现有权力结构和决策过程）体现出来。这种区分在很大程度上与引导反思的路径类似——学校内部控制结构、制订学校发展规划的方法将被归为一个路径，已有的区域融合路径保持不变。也就是说，只有个别的"学校自主"相关措施和手段需要重新分配。现在，开放学校和校际合作的想法应被归入"深入发展"的路径中，而员工谈话应被归入"重新分配"的路径中（表 5.14）。

表 5.14　引导反思领域新的路径

路径	相关措施和手段	采用相关措施和手段的联邦州的数量/个	不同扩散范围的措施和手段的数量/项			
			<5 个联邦州	5~8 个联邦州	9~12 个联邦州	>12 个联邦州
重新分配	学校会议的外部成员 学校咨询委员会 教育协议 跨学校成绩评价 决策机构 员工谈话	6	4	2	0	0
深入发展	校际合作 学校开放 教师合作 平行考试 学校发展规划 自我评估	6	0	1	1	4

5.3.2 对"学校自主"政策理念的不同认识与共识

各领域"学校自主"措施和手段在德国受到的重视程度不同,这一发现不仅可以用于分析各领域"学校自主"措施和手段的权重或吸引力,而且还可以用于更清晰地描绘"学校自主"政策理念的内容轮廓。因此,根据在 12 个以上联邦州普遍获得采用的措施和手段,可以了解哪些措施和手段体现了德国对"学校自主"政策理念的共识;而根据扩散范围较小(最多只有 4 个联邦州采用)的措施和手段,可以获知哪些措施和手段似乎没有特别的吸引力,无法获得大多数人的支持,即存在异议(表 5.15)。

表 5.15 最多只有 4 个联邦州采用的"学校自主"相关措施和手段(64 项措施和手段)

领　　域	相关措施和手段	数量 / 项
去中心化		32 项中的 4 项
学习组织管理	……	10 项中的 0 项
教学组织管理	开始实行差异化教学、每课时 45 分钟	6 项中的 2 项
人事管理	校长试用期	9 项中的 1 项
资源管理	总体预算	7 项中的 1 项
新的调控策略		32 项中的 5 项
引导反思	学校会议的外部成员、学校咨询委员会、教育协议、员工谈话	12 项中的 4 项
支持性措施	……	8 项中的 0 项
问责制度	质量指标	8 项中的 1 项
提供导向	……	4 项中的 0 项

扩散范围较小的措施和手段最常出现在引导反思领域(5.3.1);此外,只有教学组织领域可以找到较多扩散范围较小的措施和手段。值得注意的是,在学习组织领域不存在没有吸引力的"学校自主"相关措施和手段——这与人们的预期相反。然而,这也是"学校自主"政策理念选择空间在筛选之后缩小的结果。例如,学校(小学阶段)应能自主决定是否要把半年成绩

报告确定为仅给家长提供口头信息，该项措施仅在 2 个联邦州小范围扩散。然而，因为此类采用事件是在 1990 年 10 月之前发生的，所以这项措施不能保留在本研究的"学校自主"相关措施和手段数据集中[①]。

允许学校不以 45 分钟为 1 课时的措施则相反。如果未对"学校自主"相关措施和手段进行筛选，就可以看到该措施在德国各联邦州的扩散。总体来说，除了引导反思领域，对各项扩散范围较小的措施和手段进行分类，并不会造成显著影响，使某一领域被认为普遍缺乏吸引力。相关措施和手段扩散范围较小，是由于其扩散友好性较差。

参照罗杰斯提出的 5 种不同的创新特征，我们可以解释不同措施和手段的扩散范围或吸引力。也就是说，如果创新能给潜在采用者带来更大优势、与以前的做法更兼容、不那么复杂或庞大、可以更容易地引入、受到的阻力更小，那么创新就会扩散得更快、更广泛。同时，当创新具有更好的可观察性时，其他政策行动者可以更容易找到引入创新的理由，创新的扩散范围或吸引力更大。

与此相对应，阻碍创新的特征也可以体现在扩散范围较小的措施和手段中。引导反思领域的措施和手段的扩散范围较小，最终可以解释为这些措施在学校内部决策过程中和权力结构中表现出较高的冲突性及干预深度，只有通过专门的政策声明才能抑制或克服——如平行考试。另外，质量指标这一措施的重要性较低，可能是由于它在 2004 年年底之前一直未能充分展现其潜力。与教育标准类似，质量指标在调控方面的作用与同时建立与之相适应的具体评价体系有关，这些评价体系将政策行动指导方针从单纯的提供信息支持转为有问责制度支持的规制。尽管在 2004 年年底，教育标准的评价体系（如统一学习水平测试）几乎已在全德国范围内实施，但学校监察作为实施质量指标的检查程序还没有得到比较广泛的采用（仅在 7 个联邦州实行）。质量指标扩散范围较小可以归因于质量指标与现有机制或当前所处的发展阶

---

① 此外，学习组织领域有 2 项措施和手段只在 5 个联邦州得到采用，它们是课程表的灵活性和学科领域的决策自由（表 5.11）。

段仍然不够匹配。

将引入差异化教学的时间节点的决策权移交给学校这一措施的扩散范围也不大。这一方面是因为学位教育时限和学习组织结构的灵活化存在高度冲突，另一方面是因为学校必须具备一定的先决条件才能做出这样的决策。学校确定开始引入基于成绩的差异化教学的时间节点，前提是这样的差异化教学在学校的计划之中。由于综合学校被排除在之外（4.1.2），最终只有跨类型的学校，或是在初中阶段就有课程体系的学校，可能采用这一措施。不存在上述学校结构的联邦州，不太可能采用这样的措施。因此，除了对政策行动者的吸引力有差别，差异化教学这一措施还与原有学习组织结构和做法较难匹配，这似乎是其扩大扩散范围的一大障碍。

实行总体预算这一措施需要首先教育行政管理部门和办学主体之间达成广泛协议。毕竟，在总体预算框架内，州级经费和地方经费可以打通使用，这可能会导致出现这样的情况——州政府或地方政府中有一方试图以牺牲另一方的利益来逃避自己的义务。此外，总体预算也要求学校有独立管理物质资源和人力资源预算的经验。也就是说，实行总体预算这一措施是基于并依赖于以前的"学校自主"相关措施。除此以外，校长试用期这一措施的扩散范围较小，这也可以解释为这一措施的冲突性较高（公职法赋予政府最高权力，削弱校长在学校内部权力结构中的地位），以及这项措施实施时要求较高（如校长选举等）。此外，学校实施校长试用期这一措施似乎并不是1990年10月至2004年12月特有的现象。至少，在评价这一时期有代表性的"学校自主"相关措施和手段时，必须排除校长选拔这一措施（表5.5）。

虽然对"学校自主"相关措施和手段没有集中分布于某一领域，但在采用方面，情况显然不同。去中心化领域，只有教师选拔和赞助获得普通采用；而在新的调控领域，有12项措施和手段在绝大多数联邦州得到了采用（表5.16）。

表 5.16 扩散范围超过 12 个联邦州的措施和手段（64 项措施和手段）

领　　域	措施和手段	数量/项
去中心化	—	32 项中的 2 项
学习组织管理	……	10 项中的 0 项
教学组织管理	……	6 项中的 0 项
人事管理	教师选拔	9 项中的 1 项
资源管理	促进赞助	7 项中的 1 项
新的调控策略	—	32 项中的 12 项
引导反思	开放学校、平行考试、制订学校发展规划、自我评估	12 项中的 4 项
支持性措施	咨询机构、学校机构重组	8 项中的 2 项
问责制度	外部评估、统一学习水平测试	8 项中的 2 项
提供导向	学校发展、高质量发展、学校自主、学校特色化	4 项中的 4 项

由此可见，在"学校自主"政策理念的整体框架中，去中心化措施和手段的重要性较低，这基本上可以体现去中心化作为德国政策活动的轮廓。在"学校自主"政策理念的背景下，将决策权移交给学校是必要的，但是各参与方仍持有保留意见。相反，应该强调的是，只要去中心化措施和手段能够体现"学校自主"可以给学校发展带来更大物质支持，就会对政策行动者产生吸引力。在这方面，教师选拔和赞助具有开创意义，可在学生人数增加和经费不稳定的情况下弥补教师或经费的普遍不足。

此外还需强调的是，具有较高的吸引力是提供导向领域的所有措施和手段的共同特点。对"学校自主"政策理念的表述和解读似乎会发挥特别作用。同样值得注意的是，要求制订计划的 2 项措施（学校发展规划、内部评价）都属于对"学校自主"政策理念的共识。学校自我发展过程应该伴随外部评估的做法也几乎出现在所有联邦州。同样明显的是，对学生进行标准化成绩比较的两种形式——学校内部的平行考试和统一学习水平测试，被大多数联邦州采用。至少从表 5.16 可以看出，各联邦州对"学校自主"政策理念具有共识，认为其目的是通过加强对学校创新的挑战和支持，以及通过更密集的政府统一组织的教育指导，使学校系统的发展充满活力。只有与这些意图无关的措施和手段，各联邦州的采用情况似乎才会出现差异。

特别值得注意的是，在"学校自主"问题上，德国各联邦州在支持学校自我发展、自我推动，以及强调行政管理标准化、产出控制和问责制度的学校管理新结构方面几乎没有差别。对学校发展和高质量发展的呼吁是互相联系的，因此，不能将这两项呼吁假设为两种不同的政策行动对立起来（4.2.4）。至少就2004年12月之前实现的"学校自主"政策理念而言，这两个词在几乎所有联邦州都同样重要。但这并不排除以下可能性：这两项措施实行于不同时期，即一项措施为另一项措施的先导。因此，这两项措施也许可以用来区分德国"学校自主"的不同概念或发展阶段（6.3）。在此，本研究只分析了总体调查结果。数据表明，1990—2004年，几乎所有联邦州都将这两项措施写入法律，并积极向学校传达。

然而，是什么使得这些措施和手段特别具有吸引力？这些措施和手段与上文所探讨的扩散范围较小的措施和手段有什么相似之处？

"学校应该更加自主和创新"，这样的规定只是表述性文字，必须通过进一步措施和手段来体现。只要这些措施和手段看起来很有吸引力，那么几乎没有什么可以阻止政府将它们写入学校法，因为这些措施和手段代表了对教育政策发展方向最基本的共识。在这方面，提供导向领域的措施和手段具有开创意义。学校法中提供的导向可以显示出政策行动和创新的能力，而不会因此具有强制性。此外，这些导向有一个核心思想——在各联邦州学校系统的进一步发展过程中，学校必须承担更多的责任，而教育行政管理部门承担的调控责任相应减少。从手段来说，要求学校制订发展规划、组织自我评估及平行考试，是政府转移责任的具体方式。这些措施和手段涉及的支出不是由联邦州政府承担，而是由学校承担，大多为额外（大部分是无偿）的时间支出。相比之下，建立咨询机构、重组学校机构或引入统一的学习水平测试则需要大量额外的经费，至少在短期内如此。除了经费，这些措施和手段对政策行动者吸引力还可能会受到以下事实的影响：这些措施和手段常被用来应对目前紧迫的教育政策挑战。此处的挑战是指1997年TIMSS和2001年

PISA 结果的公布在社会上引起了广泛讨论。

测试结果所造成的主要影响是打破了德国号称拥有极其成功和高质量的教育体系的自我陶醉。虽然德国的测试成绩并非垫底，但排名结果确实体现出愿望和现实之间的明显差距。在这种情况下，统一的学习水平测试似乎可以有效避免在未来出现类似意外，并将对发展质量的预期依托于实证研究，而不是理想化的比较标准。咨询机构、教育研究机构、学校监督部门是教育行政管理部门的具体执行机构，这些机构可以直接向学校提出高质量发展的要求。在这方面，似乎有必要对这些机构进行重组，以便强调学校系统发展的新政策或指导方针。

然而，对"学校自主"相关措施和手段具有不同扩散友好性的背景分析，最终必须考虑措施和手段的合理性。在本研究的数据收集方案框架内，无法记录政策创新的个体特征对其扩散范围的具体影响，因为相关特征评价在学校法中没有得到充分体现。这就需要对政策行动者进行访谈，了解他们的行动动机，并对具体措施和手段的特点进行主观评估。出于可行性考虑，本研究最终不得不放弃这种做法[①]。尽管如此，本章所述及的德国"学校自主"相关措施和手段扩散范围的实证研究结果、对德国"学校自主"政策理念的观察和基本评估，以及在德国各联邦州对"学校自主"政策理念的共识仍然存在。

5.4 小结

本书第 3、第 4、第 5 章全面介绍了德国"学校自主"政策理念的内涵、外延和扩散，并提供实证研究数据。在此过程中，放弃了从德国教育科学相关讨论中推导出"学校自主"政策理念核心内容的方案，因为从两个方面

[①] 如果补充开展相关研究，例如开展与学校法内容分析平行的调查，则会有一个缺点，那就是只能收集、评价当前对各项措施和手段扩散情况。实际上，评估会随着时间的推移而发生变化，并且这种变化可能对吸引力的突然增加特别重要，但无法通过这种方法挖掘出来。因此，调查所得的结论可靠度也会受到相当大的影响，必须通过定性方法（合理性分析，强化对特别案例的加权）来补充。

讲，这似乎是一个无意义的做法。一方面，学术界所讨论的路径和论点似乎过于复杂、不统一，甚至缺乏自主性，无法从中得出完整的"学校自主"政策理念；另一方面，是否可以假定关于"学校自主"政策理念的讨论和政策行动者所采取的"学校自主"行动是一致的，这一点有待商榷。因此，本研究将"学校自主"简化为与"学校自主"有关的德国学校法的修订（扩大学校决策范围、引入新的调控策略）。在数据收集过程中，本研究确认1990年10月到2004年12月有82项不同措施和手段可代表德国"学校自主"政策理念的选择空间。然而根据标准筛选后，只有64项措施和手段是1990年10月至2004年12月的创新（5.1.3）。

一方面，"学校自主"是德国统一后框架清晰的政策理念；另一方面，"学校自主"政策理念也明显包含并整合了近些年的政治学或教育学理念。在全德国范围内，可以确定根据时间筛选过后的"学校自主"政策理念扩散率为56%（1024个可能采用事件中，实际采用574次）。相关数据清晰记录了"学校自主"政策理念在德国的扩散情况——尽管相关数据也表明，"学校自主"政策理念在德国的实施并不完整、也不全面。在记录德国各联邦州实施"学校自主"相关措施和手段的实际情况时必须指出，与"学校自主"政策理念相关论述提出的路径和论点比较，可以看到实际采用的措施和手段受到了限制（4.3.1）。德国学校法既没有将竞争的做法写入法律，向学校施加压力，也没有反方向朝着政府规制程度低、学校自主程度高的方向发展。学校私有化和向教育行政管理部门之外的政策行动者转移权力的措施，吸引力似乎要小得多。这一情况也体现在对相关措施和手段的扩散范围分析结果中。通过推行"学校自主"相关措施和手段，学校确实获得更大的决策权和教学组织安排自由，并且政府也会引导和鼓励学校积极运用这些权力或自由。然而，学校仍然不会脱离政府监督、准则规范的约束。

根据学校法而得出的"学校自主"是一个通过区分相关领域决策权和责任来优化国家调控行为的方案，目的是提高学校系统的效率。基于此，本研究面临这样一个问题：调查结果和学术讨论中出现的基本概念，哪一个概念适合用于从整体上探讨德国的"学校自主"政策理念。第3章从理想角度对"学校自主"政策理念的4个概念进行了对比：①"学校自主"是教与学的教育改革；②"学校自主"是使公民能够更直接地参与社会活动的具体途径；③"学校自主"是行政改革在学校领域的应用；④"学校自主"是对学校教育政策总体战略进行重新调整的建议。

本研究的结果似乎表明，最后一种"学校自主"概念——侧重于调控策略的重新调整，在德国教育政策中占主导地位。然而，判断这一概念是否准确的难点在于，本研究的结果完全是基于对学校法的内容分析而得出的。学校法首先体现的是政策行动者的意图，以及对调控策略做出调整的考虑。此外，学校法本身作为一种文本体裁，只能用某种语言文字描述决策自由的理念，即将相关理念作为规定和规范表述出来。因此，即使"学校自主"以教育教学为核心，将学校理解为自主决策的空间和实施载体，在学校法中也多以调控措施的形式出现。这一情况也体现在本研究所选择的术语中——本研究以"新的调控策略"用来指代与"学校自主"有关的部分政策。总体而言，这非常接近于通过"学校自主"政策理念对教育政策总体战略进行调整的想法。然而，这一术语仅能指代体现在学校法变化之中的多样化的教育政策意图：要么是权力的转移（去中心化），要么是为"学校自主"决策程序及教育行政管理部门、学校监督部门与学校之间的关系提出新框架（新的调控策略）。然而，即使部分措施和手段作为调控措施出现，却不能由此判断其真实意图。本研究认为，无法将各项措施和手段明确地划分领域，至少在大多数情况下不能。关于学校预算，甚至是学校自主组织的教师招聘，既可以单纯看作是行政程序的优化（更有效地使用资金，解决教师短缺问题），也可以看作是在教育方面开放学校的自主决策空间。"开放学校"既可以解释为使社会环境更多参与学校的组织安排和发展，也可以理解为重新分配资源（临时工作人员、服务、设备、经费）的机会。"开放学校"也表达了一个理念：学校是一个具体负责教学单位，面临挑战，也拥有机遇。各项措施和手段与不同背景能够关联，可能是德国"学校自主"政策理念具有执行力与吸引力的原因，对政策行动者而言更是如此。也就是说，可以将德国的"学校自主"政策理念理解为不同观点和利益的融合。

在学校法中，只有当向学校转移权力的措施扩散范围小于为学校发展确定的新框架、新定位的扩散范围时，"学校自主"的意义才会变得清晰。可以这样说，向学校转移权力并不是德国"学校自主"的"引擎"。如上文所述，将"学校自主"相关措施和手段选择空间限定在1990年10月之后，很多学习组织管理和教学组织管理方面的措施和手段被排除在外。因此，德国"学校自主"也可以被看作是新旧自由形式的重新组合。如果将"旧"的决策自由置于新的调控准则中，或者使其与其他决策自由共同发挥作用，那么"旧"的决策自由也可能获得新的意义。提供导向领域的措施和手段的广泛扩散也证明了这一点。因此，就核心内容而言，"学校自主"政策理念正如本研究所描述的，是看待学校和学校调控的全新视角。换言之，"学校自主"是将其他一切传统方式置于新视角下的一种范式转变。

然而，新范式的轮廓框架基本上还是模糊的。虽然可以基于学校法找到具体措施和手段，但要想在同一框架中对不同措施和手段进行分类解释，还是比较困难的。在学校系统各个层面，持不同立场的政策行动者可能会以不同方式解释这些措施和手段，并将之与不同政策行动机会和存在的障碍联系起来（Fend, 2006: 181; Kussau/Brüsemeister, 2007 a und b; Rürup/Heinrich, 2007）。

然而近年来，在学校系统中构建系统性问责机制的趋势应当引起注意。教育标准、统一学习水平测试、教育报告和学校监察等措施和手段的引入表明，德国"学校自主"政策理念并不意味着政府干预甚至政策行动的减少。无论"学校自主"政策理念为学校、政府或家长群体提供了何种解释、描述了何种发展前景，德国"学校自主"政策理念的一个核心内容是，教育行政管理部门有权决定、调整和执行评价学校质量和工作完成情况的标准。因此，"学校自主"也是文教部支持的政策理念："学校自主"是相对的，只能是部分得到实施，只有在与以往政策理念比较（更独立、更自主的学校）时才能显现出来，并且从一开始就明确学校的职责（自行负责、自主活动、自主的教学组织管理）。

6

"学校自主"政策理念的扩散过程

"学校自主"政策理念是德国统一后广泛扩散的政策理念。本书前几章描绘了"学校自主"政策理念的框架,并限定了研究时间范围,而这只是本研究的第一步。本研究旨在重建政策理念的扩散过程,而不仅是描述其范围。本研究希望重建创新在德国各联邦州的扩散方式,并探讨创新扩散是政策行动者之间的合作还是竞争促成的(1.4)。

为了对德国学校法展开内容分析,本研究从一开始就记录了各联邦州采用的"学校自主"相关措施和手段,还记录了相应法规的颁布时间,以及其后续是否被修订或取消(3.5)。如此一来,便能对"学校自主"政策理念的内容和发展进行详细的比较分析。对本研究来说最重要的是,可以准确追踪1990年10月至2004年12月哪些联邦州(如果有)在"学校自主"的哪些领域采取了措施和手段。这也使统计并研究"学校自主"政策理念在德国联邦州扩散过程中的影响因素(包括部分联邦州特有的和跨州的影响因素)及其影响程度成为可能。这便是本书第8章的主题;而第6、第7两章则将为此做好铺垫。第6章将对"学校自主"政策理念在德国的扩散过程进行一般性概述,第7章则将讨论各联邦州"学校自主"相关措施和手段的差异。第6、第7章节不仅为第8章的统计过程提供解释框架,而且还将探讨了具体问题。第 6 章将探讨"学校自主"政策理念在研究时间范围内的主题一致性。第 7 章则提出疑问：在"学校自主"政策理念扩散的基础上，能否找到不同联邦州发挥不同作用的证据，如部分联邦州会率先采用某些措施和手段，其他联邦州则是追随者或迟缓者。

第 6 章和第 7 章的讨论基于特定数据集，因此本章首先介绍数据集的范围及局限性。第 5 章使用了截至 2004 年 12 月"学校自主"相关措施和手段的最大采用次数作为数据计算基础，并且每个联邦州、每项措施仅涉及两个观察点，即 1990 年 10 月之前是否有学校法提及，以及如果没有，1990 年 10 月至 2004 年 12 月是否有学校法提及。而第 6 章和第 7 章按时间顺序对采用事件进行展示，即假定本研究对整个研究时间范围内每个联邦州的政策行动进行连续观察，并使用具体颁布日期来记录政策行动的主体、时间和领域。本研究选择自然年作为观察点，一是为了保证数据的可视化效果，二是试图避免高估具体日期数据的重要性[①]。因此，本研究将同一年内各联邦州对某一具体措施或手段的采用视为平行事件，不会将其归因于政策行动者互相学习观摩的结果，而是归因于各联邦州共同努力或跨州行动的挑战。这反映了一个事实，即各联邦州之间的政策创新扩散的过程有时需要相当长的时间。特别是在立法层面，由于议会的协商和决策程序，预计政府通过立法的速度不会快于一年。教学计划的情况与此类似，其制订通常基于相关委员会长达数年的工作。由于行政部门的传阅程序和共同签署原则，以及议会委员会和参会代表所拥有的发言权，即使是行政级别较低的条例和行政法规，其颁布时间也只有在特殊情况下（迫切需要采取行动时）才会短于半年。因此，1990 年 10 月至 2004 年 12 月被划分为 15 个观察时间点（自然年），以呈现"学校自主"政策理念在德国的扩散情况。

---

① 逐日记录只会使得"学校自主"政策理念呈现累计渐进的扩散结果，但是实际上，对政策活动做逐日记录并无意义。因为不会每天都有超过一个联邦州通过颁布学校法的方式采取某一措施或手段，不仅如此，各联邦州的政策采用事件也只会集中发生在某几个日期（新的法律条例或行政法规往往包含若干项与"学校自主"有关的条例），而且在后续一段时间内不会马上就有政策更新。因此，记录采用事件发生情况的数据会呈现高度不连续的活动爆发情况，而在更常见的非活动阶段，很难在内容上对其赋予直接意义（如缺乏政策行动意愿）。

应当注意的是，1990年与其他观察时间点不同，仅包括3个月而不是12个月。因此，在基于年份讨论"学校自主"政策理念的扩散范围时，不能包括1990年。

根据研究策略，在分析"学校自主"政策理念的扩散过程时，仅统计每项措施或手段在每个联邦州的初次采用。为了展示德国各联邦州"学校自主"政策理念的扩散过程，有时还会统计各联邦州后续相关政策采用活动，即已经实施的"学校自主"相关措施和手段在其内容、对象和与之相关的权力分配方面有重大变化的事件。只有与"学校自主"相关措施或手段实施力度缩小或调控措施取消无关的活动才会列为后续相关政策采用活动。与第5章一样，本章将分类别研究这些事件。

以下各章的分析仅涉及1990年10月至2004年12月64项"学校自主"相关措施和手段。不过，出于具体案例对比的目的，本章将提及筛选前的"学校自主"相关措施和手段清单（82项措施和手段），并提及1990年10月以后初次出现的"学校自主"相关措施的手段清单，即仅涉及30项措施和手段（5.1.2）。本章对"学校自主"政策理念扩散过程的分析不包括1990年10月前的政策采用事件。只有在第7章比较各联邦州"学校自主"政策理念扩散时，才会再次提到早期"学校自主"相关措施和手段的采用情况。

为了便于后续分析，这里先介绍本章使用的数据集情况（表6.1）。此处最重要的信息是相关术语的确切定义。"初次采用"仅指记录联邦州各项措施和手段的第一次采用。"新规定"是指联邦州在最初通过某一政策后，对其进行升级、补充或扩展的所有措施和手段。"撤回"是指各联邦州的政策行动导致学校自主决策空间的缩减或取消。

表6.1　用于分析扩散模式的数据集特征

数据集特征	初次采用	新规定	撤回
观察对象	首次出现	扩展	限制
在每项措施、每个联邦州可以观察到的观察对象次数	1次	多次	1次
观察时间点	14个	14个	14个

续表

数据集特征	初次采用	新规定	撤回
观察时间范围	1990年10月至2004年12月	1990年10月至2004年12月	1990年10月至2004年12月
事件（82项措施和手段）	648次	634次	—
事件（64项措施和手段）	540次	285次	20次
事件（30项措施和手段）	254次	104次	—

正如在介绍各联邦州"学校自主"相关措施和手段的最高采用次数时一样，在分析扩散过程时，只要采用事件符合属于1990年10月至2004年12月"学校自主"政策理念选择空间的最低标准，所有采用事件基本上都被视为同等重要的和可比的，无论其行政级别、实施对象范围、实施力度和形式。

6.1 1990—2004年"学校自主"政策理念的扩散

"学校自主"政策理念在德国以何种方式扩散？

数据显示，德国"学校自主"政策理念的扩散可分为2个阶段（图6.1）。在第一阶段，即1990—2000年，"学校自主"政策理念呈现一条近乎理想的扩散曲线：对"学校自主"政策理念的兴趣最初迅速增长，在政策采用事件高峰（1997年）之后，又明显、快速地下降。在此期间，唯一例外的是1991年"学校自主"相关措施和手段的采用事件增幅略快。然而以后的扩散情况与预期相反——从2001年起，"学校自主"相关措施和手段的采用次数再次显著增加。这是"学校自主"政策理念扩散的第二个阶段开始。到2004年年底，采用次数再次减少，但仍然不可忽视。2004年新规定的大量增长提示，不能排除2005年之后"学校自主"相关措施和手段的采用次数再次增加的可能性。首次采用次数的第三次增加也是可能的，因为到2004年12月为止，"学校自主"相关措施和手段的采用次数只占最大可能采用次数的56%（5.2）。

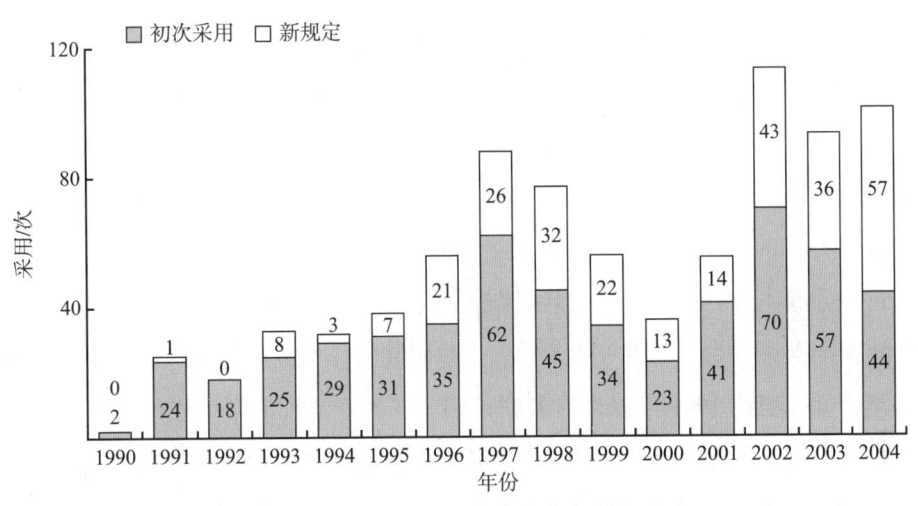

图6.1 1990年10月至2004年12月"学校自主"政策理念的扩散（64项措施和手段）

对于德国"学校自主"政策理念的扩散曲线，存在两种不同的解读。第一种解读认为1998—2001年的扩散偏离了正常曲线。"学校自主"政策理念的扩散是持续的。而1997年和1998年政策环境发生了较为深刻的变化，且对所有联邦州均产生了影响，这对全德国采用次数的稳步增加造成阻碍。2001年，当教育政策方面的普遍问题得到解决，或者发生新的改变之后，"学校自主"活动才再度活跃起来。第二种解读认为应对2001年起采用次数重新增加进行解释。也就是说，原则上扩散过程已在1997年和1998年完成；而现在的问题在于，新千年伊始，新的扩散动力是否来自同样的"学校自主"政策理念？1990年10月至2004年12月，可能扩散着两种截然不同的"学校自主"政策理念，一种是20世纪80年代至2000年的"学校自主"政策理念（Ⅰ），另一种是20世纪90年代中期至2004年及之后的"学校自主"政策理念（Ⅱ）。

这两种解读很可能都是合理的："学校自主"政策理念的扩散既源于1997年和1998年后教育政策总体形势的变化，也源于"学校自主"政策理念为应对挑战而进行的调整。

TIMSS结果的发布是德国教育政策领域的大事件之一。TIMSS对学生在数学和科学学习领域的表现进行国际比较（Baumert u.a., 1997）。尽管当时公众的反应比 2001 年 PISA 结果首次问世时要小得多，但媒体的反应巨大[①]，并将德国初中阶段学生科学能力过低的问题列入教育政策议程。学校发展和教学质量成为 KMK 的中心议题，并触发 BLK 启动相应试点项目（Jäger, 2004; Nikolaus u.a., 2006）及德国科学基金会（DFG）的特别研究计划。德国进一步参与学习水平测试国际比较研究（PISA、IGLU 及后来的德国中学生语文与英语科目学习水平测试）。这些研究的样本范围非常广泛、调查方案相当全面，堪称 1949 年以来对各联邦州和各类型学校的学生成绩所开展的最大规模的调查研究。此外，德国政府还针对当前必要的教育改革成立"教育论坛"（Forum Bildung），以此作为临时跨州咨询机构。该论坛一直运行至 2000 年年底。2001 年 11 月，PISA 结果的公布（Baumert u.a., 2001, 2002）造成了更激烈的媒体反应。但在教育政策讨论中，只有一点毋庸置疑——1997 年 TIMSS 结果公布使政策行动的紧迫性更加突出，之后"教育论坛"上给出的问题诊断也证明了这一点。因此，德国各联邦州文教部部长为 PISA 结果的公布已做好充分准备。针对研究结果，各联邦州文教部部长决定在 7 个行动领域[②]加强政策行动，并从一开始就提出具体措施和手段（KMK, 2002; Avenarius u.a., 2003a, Teil D）。"教育论坛"出版物（如 *Arbeitsstab Forum Bildung*）及后 PISA 时期 KMK 的讨论（Handlungsfeld 5 im KMK–Maβnahmenkatalog, KMK, 2002）均指出，学校作为行动单位的自主性有待加强。

如果通过相关迹象判定 1998 年起德国教育政策框架发生了明显变化，那么"学校自主"政策行动的具体变化将更难把握。作为对 TIMSS 和 PISA 的

[①] 1997 年，"教育困境"一词入选德国年度词汇。德国总统罗曼·赫尔佐克在其著名的鲁克演讲中把教育政策作为改革的优先领域（Herzog, 1997; Rutz, 1997）。

[②] 7 个行动领域分别为：提高学生在学前教育阶段的语言能力；改善幼小衔接，确保儿童及时进入学校学习；改善小学教育，不断提高阅读能力和对数学和科学的基本理解能力；有效帮助教育上处于不利地位的儿童，特别是有移民背景的儿童和青少年；在结合教育标准和以结果为导向的评价政策的基础上，充分发展并保障教育教学质量；提高教师专业素养，尤其是教师诊断和应用方法的能力；扩大全日制学校和课外活动规模，目的是扩大教育和支助机会，为那些教育不足的学生与天才学生提供教育和支持的机会。——译者注

回应，学校发展和教学质量这一主题在"学校自主"政策理念整体框架中变得更加重要。作为"学校自主"政策理念的核心手段，学校发展规划——根据2002年年初KMK提出的行动领域——被赋予"在具有约束力的标准和以结果为导向的评估基础上，持续进一步发展并保证教学和学校质量"的意义。总体来说，统一组织的分析总结和学校评估越来越重要。具有此类目标的措施和手段包括统一学习水平测试、教育标准、质量标准、学校监察和教育报告，可能还呼吁学校内部和跨学校成绩评价，以及外部评估和高质量发展的要求。

根据本研究的数据集可以推知，在德国"学校自主"政策理念的扩散过程中，2002年后新的调控措施和手段的采用次数明显增加（图6.2）。

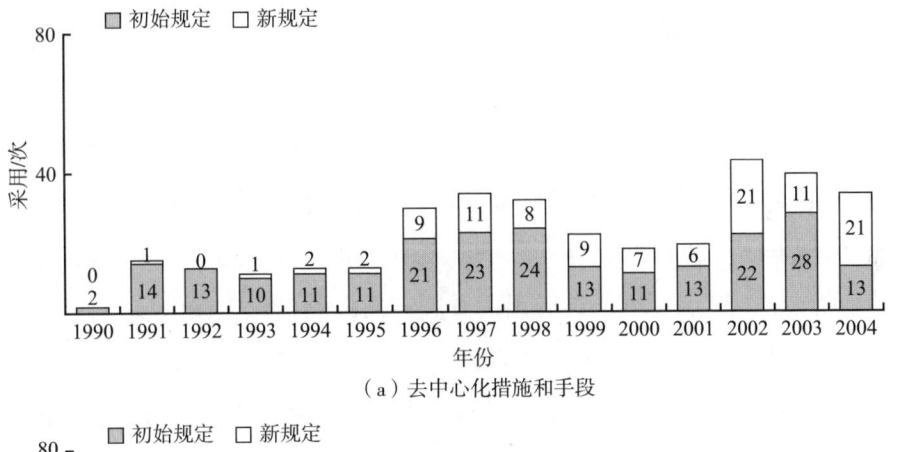

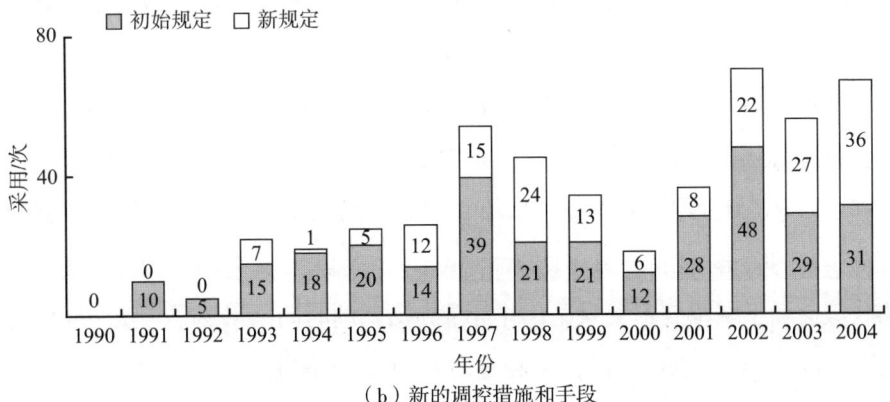

图6.2 1990—2004年去中心化措施和手段及新调控措施和手段的扩散
（64项措施和手段）

从图 6.2 可以看出，新的调控措施和手段对德国"学校自主"政策理念的扩散曲线做出了更大贡献；1991 年、1992 年和 1996 年例外，在这些年份，去中心化措施和手段采用次数更多。然而在其他年份，特别是 1997 年和 2002 年出现的采用次数高峰，主要归因于新的调控措施和手段。这也证实第 5 章得出的结论，即德国"学校自主"政策理念主要是通过新调控策略实现的，而不是向学校转移权力的去中心化措施和手段。然而新的结论在于，新调控策略的贡献也体现在"学校自主"政策理念的动态变化的扩散过程中。因此，原则不能将"学校自主"单一描述为，在决策权普遍开放的过程中通过新调控策略重新规制和指导学校工作（Bastian，1998）。

应该注意的是，"学校自主"政策理念框架下的政府调控，并不是站在去中心化趋势的对立面。本研究将去中心化措施和手段（图 6.3）和调控措施和手段相互比较，仅仅是为了探究学校的决策自由是否与政府对学校发展的支持和目标期望存在关联。具体调控领域可以划分为具有间接影响的领域（引导反思和支持性措施）或直接影响的领域（问责制度和提供导向）（图 6.4）。

可以看出，20 世纪 90 年代前期，德国政府主要是基于对学校内部决策过程的规制（引导反思）和对预期发展方向提供信息（提供导向）进行调控。直到 1993 年，目的性明确的激励结构（支持性措施）才作为政策影响手段获得更突出的地位，而直到 1997 年，才出现了问责制度这一调控策略——刚一出现便显示出相当大的影响。

然而，各领域措施和手段采用次数高峰的分布与"学校自主"相关措施和手段的总体分布基本相似。只有在教学组织管理领域出现了较明显的偏差：1997 年，教学组织管理领域的措施和手段采用次数突然降至零，这与其他领域的措施和手段形成鲜明对比。此外，在支持性措施领域，1998—2000 年的政策活动下降幅度不太明显，并且重新活跃的时间来得更早（从 1999 年开始）。学习组织管理领域的措施和手段在 1990 年德国统一后不久出现了另一次采用高峰。因此，作为促进学校教育独立的政策改革运动，"学校自主"政策理念再次被证明是传统的政策理念，并且在 20 世纪 90 年代又补充吸收了人事管理、资源管理领域的措施和手段及新的调控措施和手段。此外，1997年和1998年，在学习组织管理、资源管理和提供导向领域，采用次数高峰和次数下降之间，均相差1年。而2000年是"学校自主"部分领域措施和手段采用次数出现低谷的一年。

(a) 学习组织管理（10项措施和手段）

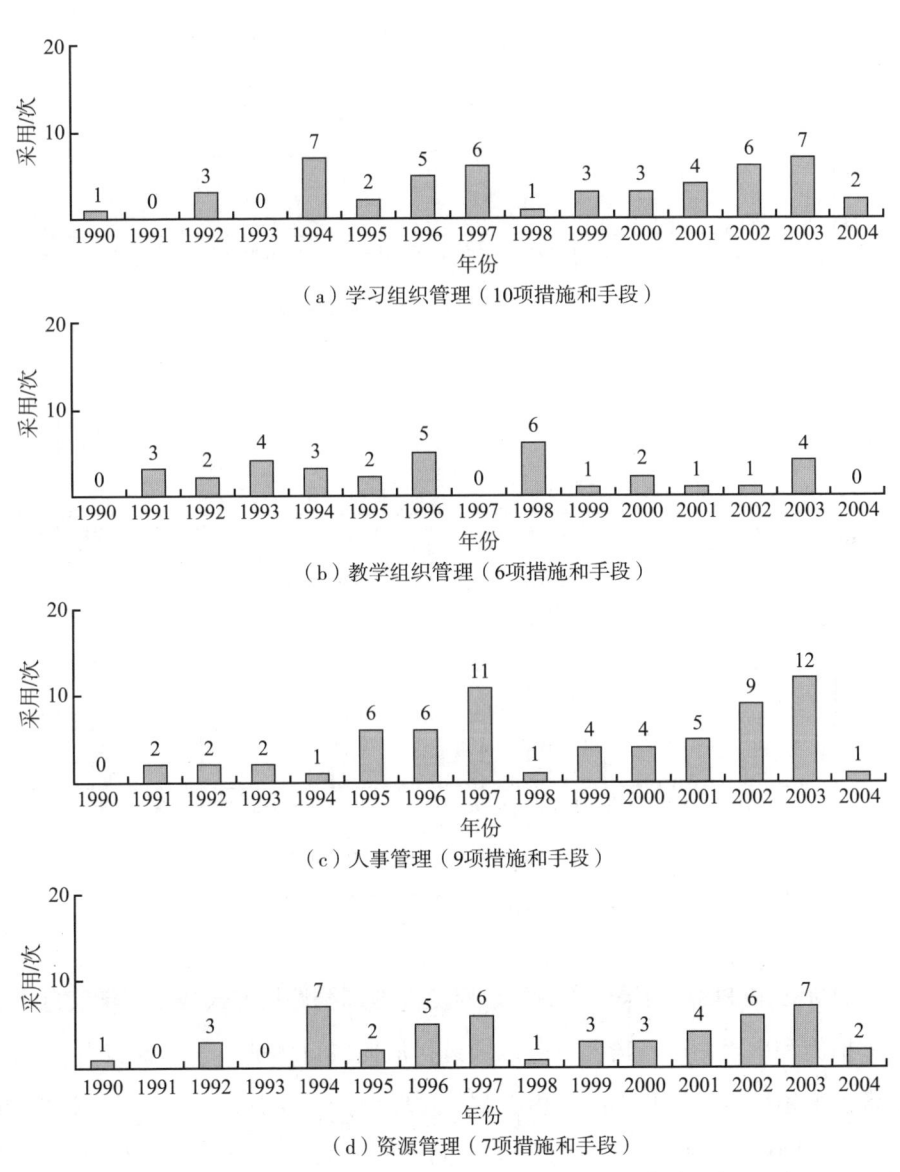

(b) 教学组织管理（6项措施和手段）

(c) 人事管理（9项措施和手段）

(d) 资源管理（7项措施和手段）

图6.3　1990—2004年去中心化措施和手段的扩散（初次采用）

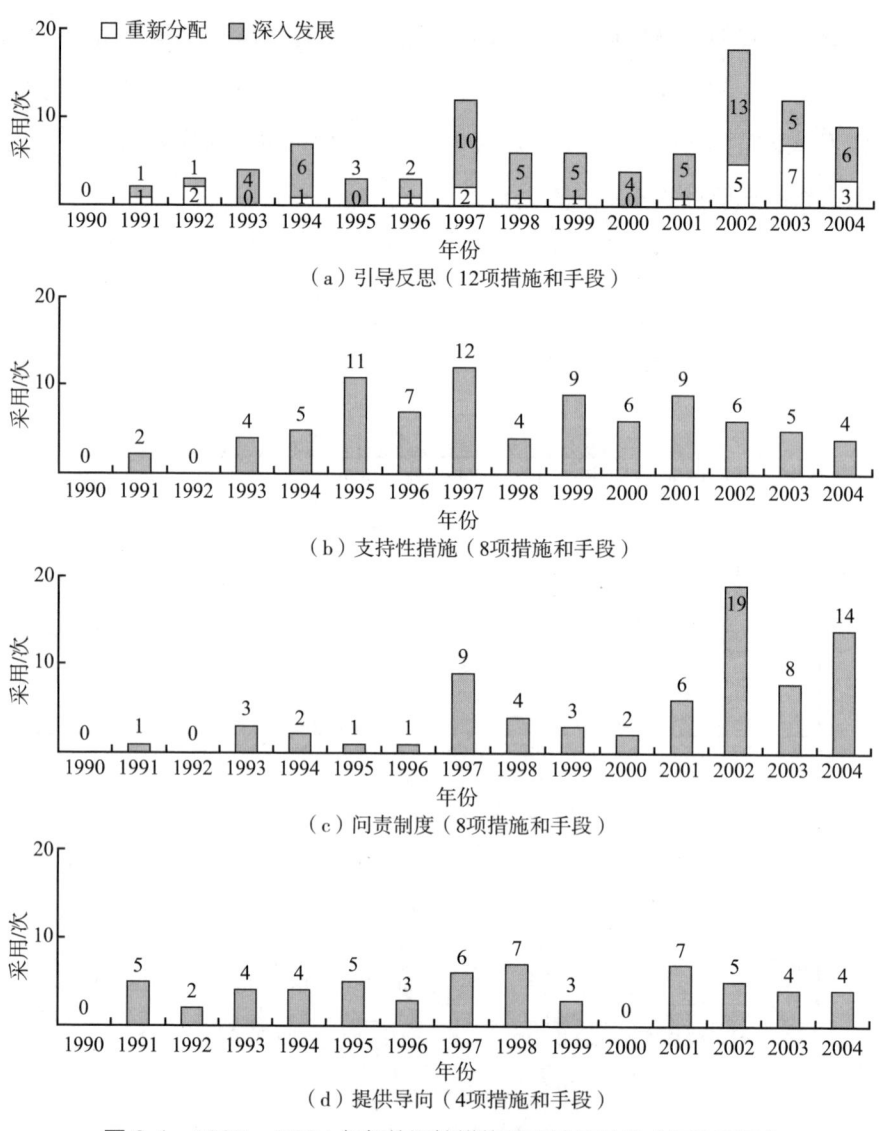

图 6.4　1990—2004 年新的调控措施和手段的扩散（初次采用）

TIMSS 和 PISA 结果公布后，政府更多地围绕评估方式提出"学校自主"相关措施和手段，这一情况也可以通过扩散曲线得到证实——2002 年之后，问责制度领域的措施和手段采用次数明显增加。只有引导反思领域的措施和手段具有同样的影响，这主要是由于 2002 年德国政府引入了统一学习水平测试，同时使学校内部成绩比较（平行考试）形成制度。

然而，我们还无法得出任何结论。在得出结论之前，还需比较分析各项措施和手段的扩散过程。如果关注措施和手段本身，或许可以在"学校自主"政策空间选择空间中找到随时间和主题变化的更多要素（6.3）。在此之前，需要对"学校自主"政策理念扩散的连续性进行研究。毕竟，不能直接假定所有"学校自主"相关措施和手段都以同样速度扩散。我们需要研究措施和手段是否随着时间的推移始终不变，以及在"学校自主"政策理念扩散的背景下，是否可以找到证据证明各联邦州之间存在着相互模仿的学习过程。在形式上，扩散过程必须满足基本连续的标准。这一考虑的背景在于，某一联邦政策行动的激发作用会随着时间推移而降低——而当越来越多的联邦州在相对较短的时间内采用相应创新时，这种激发作用又会增强。

6.2 "学校自主"政策理念扩散的连续性

研究一个政策理念（及创新）扩散的连续性，首先需要确定对观察政策行动者的时间标准，并以特定政策领域和主题为观察研究的出发点。政府多久才能获得其他联邦州理念发展的最新信息，并将之作为当前创新路线的范例或通过政策体现出来？可普遍适用的时间标准到目前为止尚未确定，在德国教育政策领域更是如此。美国政策扩散研究通常忽略了这个问题，要么只关注个别极为迅速、广泛的扩散过程（Mintrom 1997a und b, 2000），要么将个别政策理念长达数十年的普遍采用过程视为整体加以分析研究（Walker, 1969; Gray, 1973a; Eyestone, 1977）。除了这些实证研究，有政治学文献指出，教育政策领域的决策过程相当缓慢（Müller, 1975; Grammes/Riedel, 1999; Fuchs/Reuter, 2000）。这一方面是由于教育话题可能引致较大的社会冲突，存在限制政策行动的可能性；另一方面，深刻改革的实施往往需要较长时间，因此很难在一个立法周期内完成[①]。然而，这些理论思考对确定"学校自主"政策理念预期扩散连续性的最低值毫无意义。此外，本研究选择"学校自主"政策理念作为研究案例的原因在于，在该政策理念的扩散过程中，可以从根本上排除 KMK 中的跨州协调程序对相关政策行动的限制。但对该研究案例的选择也意味着，本研究所关注的是不太可能引起社会冲突且耗时较短的教育政策主题。"学校自主"政策理念并不是指教育体系的结构问题，也不涉及学校系统授予学位的资格及相关认定问题。总体来看，"学校自主"是一个强调学校系统内部发展和优化现有结构的政策理念。从这个角度讲，与其他教育政策主题相比，可以假设"学校自主"政策理念的实施过程较快。

本节选择 3 年作为学校法未采用相关措施和手段的最长时间间隔，用于正式区分连续扩散和不连续扩散过程。只有当某一措施的扩散过程包括了 2000 年，即使超过 3 年（不超过 4 年）未被学校法提及，仍会被视为连续的。应当考虑到，1998—2001 年"学校自主"相关措施和手段采用率均有所下降。这样一来，可以确定"学校自主"相关措施和手段不连续扩散的两种不同形式：一方面，许多措施和手段的扩散总体上不连续，即在各次采用之间存在明显的未采用时期，即使仅观察部分扩散过程，仍无法找到连续采用的情况；另一方面，部分扩散过程的不连续性大多是部分联邦州过早或过晚地决定采用这些措施和手段造成的，因此有必要筛选出此类措施和手段采用事件。对此，要确定其核心扩散过程，从扩散过程中剥离部分异常值。

在 64 项"学校自主"相关措施和手段中，38 项为连续扩散，13 项为不连续扩散，其他为过早采用或过晚采用的措施和手段（表 6.2）。虽然过早采用的异常值在去中心化和新调控策略领域相差不多，但过晚采用的异常值更

[①] 通常，教育领域的结构性改革只能对新教育体系中新入学的群体实施。例如，在初中课程也完成重新设置的前提下，完全实施以高中毕业为结束方式的 12 年制义务教育，用以取代 13 年制义务教育，大约需要 8 年时间。

多地出现在去中心化领域。表 6.2 还显示，新的调控措施和手段扩散的连续性明显高于去中心化措施和手段，这进一步证明了前者对描述"学校自主"政策理念的重要性。在学习组织管理和教学组织管理领域，政府对许多措施和手段的采用极其犹豫，或者说研究人员无法确定相关措施和手段的采用是否可以归因于跨州学习过程。

表 6.2 不同领域"学校自主"相关措施和手段扩散过程连续性

领　　域	不连续的 / 项	其中过早采用 / 项	其中过晚采用 / 项	连续的 / 项
去中心化	9	4	5	14
学习组织管理	4	2	2	2
教学组织管理	3	—	1	2
人事管理	2	2	—	5
资源管理	—	—	2	24
调控策略	4	2	2	24
引导反思	3	—	—	9
重新分配	3	—	—	3
深入发展	—	—	—	6
支持性措施	—	—	1	7
问责制度	1	2	—	5
提供导向	—	—	1	3
总　　计	13	6	7	38

下面通过分析扩散过程不连续的措施和手段（表 6.3）深入讨论相关措施和手段遭遇扩散障碍的可能原因。表 6.3 统计了在本研究时间范围内观察到的所有采用事件（首次采用和新规定）及相关联邦州数量，其中联邦州数量还包括在 1990 年 10 月前已经采用相关措施和手段的联邦州。此外，该表还记录了观察时间范围内一个自然年的最大采用次数。

表 6.3　扩散过程不连续的"学校自主"相关措施和手段

措施和手段	首次采用 / 次	新规定 / 次	采用相关措施和手段的联邦州数量 / 个	一个自然年内最大采用 / 次
课程表	6	3	8	2
学科领域	5	4	5	2
课堂测试次数	3	0	3	1
成绩等级评定原则	5	1	5	4
差异化教学的时间节点	2	0	2	1
每课时 45 分钟	2	0	2	2
跨年级课程表	5	7	6	2
校长试用期	3	0	4	1
课时	5	1	7	1
学校会议外部成员	2	0	2	1
决策机构	6	1	8	1
学校咨询委员会	3	3	3	1
质量指标	2	2	2	1

　　扩散过程不连续的措施和手段首先包括扩散范围非常小的措施和手段。然而，即使是扩散范围为中等水平（7~8 个联邦州采用）的"学校自主"相关措施和手段也会呈现不连续的扩散过程。其中，允许学校自由调整课程表的措施影响较广，因而颇具争议；除此以外，扩散过程不连续的措施和手段还包括将学校会议提升为学校内部决策机构，以及允许学校自行分配教师课时。这 2 种措施和手段的具体扩散过程[①]表明，在扩散过程中可能存在 2 个相互完全独立的扩散阶段：一个阶段是 20 世纪 90 年代初的政策采用，这很有可能是因为德国统一的推动作用；另一阶段是 2000 年后的政策采用。2 个扩散阶段之间较长的时间间隔表明，如果某一措施（如开放学校）的概念内

---

① 关于"学校自主"相关措施和手段扩散过程的更多信息可查阅项目主页（http://dipf.de/bildungsforschung/finanzierung_steuerung_innovationswege.htm）。

容没有发生变化，那么至少其理论基础发生了变化。确定成绩等级评定原则这一措施的扩散时间过短、采用事件过于密集，无法合理体现其扩散过程（研究时间范围内共计5次首次采用，但主要集中在一年，在这一年中采用了4次）。这与每课时45分钟的措施有相似之处——这一措施在一个月内就在2个联邦州得到实施，但并未激发进一步的政策行动。另一个特例是跨年级课程表。虽然该措施采用次数较多，但采用事件之间的间隔较长、分布不密集，只有在观察该措施的首次采用情况时，才将其判定为不连续的扩散过程，即3个活动阶段之间的时间间隔均为4年。

新规定的次数说明，随着时间的推移，已经积极采用创新政策的联邦州还在不断增加新的内容。这表明，这些联邦州在学校法中连续提及相关措施和手段。新规定可以体现某一措施或手段对相关联邦州的重要性，而首次采用时的犹豫不决则表明，某一措施或手段对尚未做出采用决定的政策行动者缺乏吸引力。总体而言，对不连续扩散过程的观察似乎说明了这样一个事实：个别措施或手段本身扩散友好性较低导致了该措施或手段的扩散过程不连续。在此，应当注意学校自主分配课时、学校会议作为决策机构这2项措施的扩散过程，其中可以发现2个相互分离的均不存在异常值的扩散阶段。

过早或过晚采用"学校自主"相关措施和手段虽然都属于异常情况（表6.4），仍能在其核心扩散过程中观察到连续扩散。

表6.4 过早或过晚采用的"学校自主"相关措施和手段

	措施和手段	异常采用/次	出现异常值年份	距离正态分布的间隔/年
过早采用的措施和手段	教学内容	1	1990	7
	行为评价	2	1991、1992	5
	教师选拔	1	1991	4
	校长的管理权力	3	1991、1995、1997	4
	教育报告	1	1996	6
	期末考试	4	1991、1993	6

续表

措施和手段		异常采用 / 次	出现异常值年份	距离正态分布的间隔 / 年
过晚采用的措施和手段	教科书审批	1	2004	6
	评价方式	1	2003	4
	年度课程表	1	2003	7
	节余经费	1	2003	5
	可用的物质资源	2	2004	4
	行政管理集中化	1	2004	4
	学校特色化	2	2001、2004	4

在此，需要对 2 项措施做特别说明。对这 2 项措施的选取，并不仅仅是因为密集发生的主要采用事件和分散采用事件之间存在时间间隔。其中一项措施是实科中学和主体中学的初中毕业统一考试。可以发现，这一措施在 20 世纪 90 年代初的采用次数与 2000 年后的采用次数几乎相同。但是，重新观察那些在 20 世纪 90 年代初积极引入初中毕业统一考试的联邦州就会发现，这一措施似乎不太可能与"学校自主"政策理念有关——这些联邦州均为新联邦州。可以推断，这些联邦州均重新引入了民主德国时期已经很普遍的做法。其中，只有勃兰登堡州放弃了初中毕业统一考试。因此，本研究将这些过早采用事件标注为异常值，而这一措施的主要扩散实际上发生在 2000 年以后。

另一项措施是扩大校长的管理权限。对于该项措施扩散过程，我们同样需要进行更全面的审视。从形式上看，的确可以认为这项措施的扩散过程是不连续，因为在过程中可以观察到 2 次 3~4 年的活动中断。从有关"学校自主"政策理念的文献看，最晚从 20 世纪 90 年代中期开始，学校法就赋予了校长越来越重要的角色（Wissinger, 1996, 2000; Bonsen, 2003; Rosenbusch, 2005）。这就提出了一个问题，即在 1990—2004 年，对该措施具体形式的限定是否过于严格，以致无法在文本中找到（表 5.5）。在所划定的研究时间范围内，政府向校长转移更多权力的情况或许是存在的。从这一角度看，学校法所描绘的政策采用活动不过是"被云雾环绕的山峰";事实上,该措施的扩散过程是连续不断的。因此,我们对限定与不限定形式的措施的扩散过程以及首次采用和新规定情况进行比较(图6.5)。

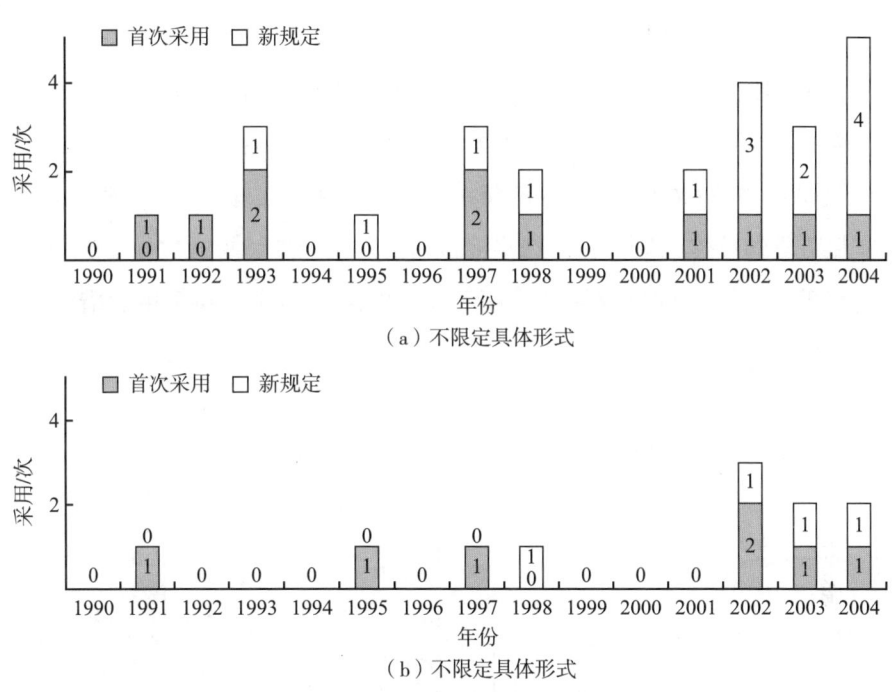

图6.5 扩大校长管理权限这一措施的扩散

从图6.5可以看出,校长的管理权限并未持续扩大。即使在具体形式不受限定的扩散过程中,1993—1997年也能看到采用事件的中断。只有从1997年开始,考虑到2000年"学校自主"政策活动普遍减少,才能假定存在相对连续的扩散过程。限定具体的扩散过程使迟发性连续扩散更为清晰。从2002年起,校长的管理权限受到更多重视。这表明,所有发生于2000年之前的校长的管理权限的扩大都是过早的政策采用行为。该措施的扩散尽管过晚且未完成,但仍应被视为连续的扩散过程(6.4)。

对个别"学校自主"措施和手段扩散过程连续性的考察证明了筛选标准

是恰当的，所选择的措施和手段可以反映德国教育政策行动中的跨州学习过程。在所有措施和手段中，只有 13 项扩散过程是不连续。这意味着这些措施和手段的扩散只能基于有限或极其缓慢的跨州学习过程。这些措施和手段大多未得到广泛实施。因此，本研究将扩散过程的不连续性解释为某项措施或手段扩散友好性欠佳的另一种表现（5.3.2）。但本研究并不认为，必须将某些措施和手段排除在"学校自主"政策理念扩散研究范围之外。

根据扩散过程对个别措施和手段进行筛选后，我们得到核心扩散过程曲线（图 6.6）。图 6.6 反映了 1990 年 10 月至 2004 年 12 月部分"学校自主"措施和手段的总体扩散情况，这些措施和手段仅为连续扩散过程首次采用的措施和手段。不连续扩散的措施和手段，以及过早或过晚采用的措施和手段，已被排除。

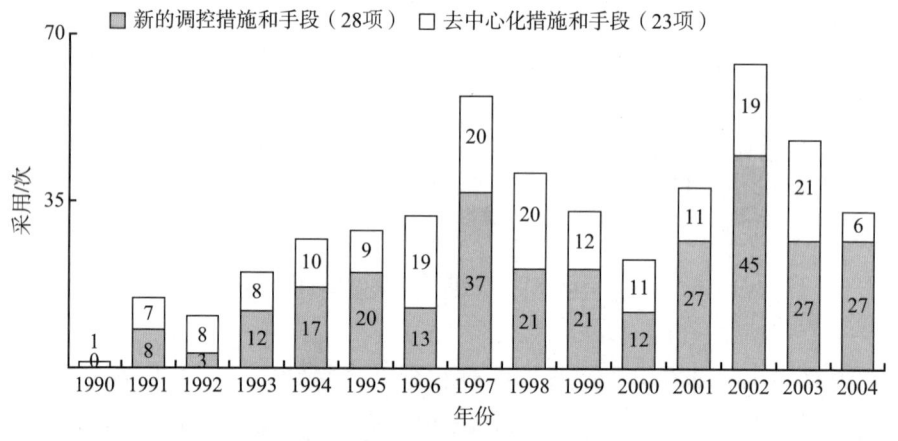

图 6.6 "学校自主"政策理念的核心扩散过程

从核心扩散过程来看，新的扩散曲线与未做筛选前的"学校自主"政策理念扩散曲线（图 6.1，图 6.2）相比，未发生明显变化。1997 年和 2002 年的采用次数高峰、2000 年前后的采用次数下降仍然明显。在 1992[①] 年和 1996 年，去中心化措施和手段与新的调控措施和手段相比，优先地位依然存在。

---

① 原文为 1991 年，但根据图 6.6 给出的数据，此处应为 1992 年。——译者注

从以上统计结果看，仅选择连续扩散的"学校自主"相关措施和手段，不足以清晰反映德国"学校自主"政策理念的扩散。因此，本研究将继续基于 64 项"学校自主"相关措施和手段开展研究。只有在下一节研究"学校自主"政策理念随扩散过程出现不同侧重点时，才会排除不连续扩散的措施和手段，并继续阐述初中毕业统一考试、扩大校长管理权限这 2 项措施在数据统计时的局限性。这与这些措施无法被归入扩散过程中特定时间阶段有关。

6.3 "学校自主"政策理念侧重主题的阶段性变化

2000 年前后是否明显存在不同的"学校自主"政策理念？前文（图 6.2）已经提到，从 2002 年起，德国政府更重视引导反思和问责制度领域的措施和手段。但同时也有人指出，"学校自主"各个领域的措施和手段，实际上存在着与总体扩散曲线相当的扩散曲线。因此，无法对 1997 年或 2002 年前后的"学校自主"做出明确区分。本节将探究，"学校自主"政策理念侧重主题是否存在明显的阶段性变化，即是否可以表明"学校自主"政策理念随着时间推移发展出不同概念；在扩散过程中，是否可以将相关措施和手段分配到特定的时间段？

对于已经确定为连续扩散（无论是否存在异常值）的"学校自主"相关措施和手段，本研究比较了 1997 年前后的采用次数，并根据时间确定是否可以观察到明显的采用峰值（表 6.5）。

在纳入研究范围的 51 项"学校自主"相关措施和手段中，23 项在"学校自主"政策理念整体扩散的过程中表现较为平稳，而 28 项可以根据采用高峰出现的时间归入"学校自主"政策理念扩散的不同阶段（表 6.5）。1997 年之前（第一次扩散阶段），只有 8 项措施和手段具有典型的"学校自主"特征，它们主要来自去中心化领域；而 1997 年之后（第二次扩散阶段）则有 20 项措施具有该阶段的典型特征，这些措施和手段属于调控策略。根据措施和手段属于哪一领域，能否发现 1997 年前后"学校自主"政策理念不同的侧重点？

表 6.5 "学校自主"相关措施和手段的采用高峰出现时间分布

领域	扩散过程平稳（无明显峰值）的措施和手段 / 项 合计	低谷值出现在 2000 年	扩散过程有起伏（有明显峰值）的措施和手段 / 项 发生于 1997 年前	发生于 1997 年后
去中心化	11	2	5	7
学习组织管理	1	—	2	3
教学组织管理	2	—	1	0
人事管理	4	1	1	2
资源管理	4	1	1	2
调控策略	12	6	3	13
引导反思	4	2	1	4
重新分配	1	1	—	2
深入发展	3	1	1	2
支持性措施	5	1	1	2
问责制度	1	1	—	6
提供导向	2	2	1	1
总和	23	8	8	20

在"学校自主"政策理念扩散的 2 个阶段表现较为平稳的 28 项措施和手段（表 6.6），大多扩散范围较大，经常出现在学校扩大自主性的相关文献中。如果学校法的具体规定表述为"学校自主"，应受到重视；如果不是表述为具体措施，则很难分类。

由表 6.6 可见，学校在编制课程表方面有较大的自由，对教师和合同制员工选拔有更大的责任，要求办学主体给予更多的预算经费，引入学校预算的概念，这些均为预期中的德国"学校自主"政策理念的普遍特征。同时，"学校自主"还包括学校发展规划、学校自我评估等措施和手段。与"学校自主"政策理念相关的学校行政管理集中化和教师培训重组，以及明确针对学校的咨询机构的设立，均为跨阶段扩散的"学校自主"相关措施和手段。

表 6.6　扩散过程平稳的"学校自主"相关措施和手段

领　　域	扩散过程平稳（无明显峰值）的措施和手段数量/项	措施和手段
去中心化	11	
学习组织管理	1	课程表中的自由安排空间
教学组织管理	2	学习小组规模、跨年级班级
人事管理	4	教师选拔、合同制员工选拔、教师周课时分配、新的工作量核定方法
资源管理	4	自主创收、可用的物质资源、学校预算、授权缔结法律协议
调控策略	12	
引导反思	4	
重新分配	1	员工谈话
深入发展	3	学校发展规划、校际合作、自我评估
支持性措施	5	专项经费、额外课时数、专门的咨询机构、行政管理集中化、教师培训重组
问责制度	1	学校监察
提供导向	2	学校发展、学校自主

与预期相反，在员工谈话和学校监察这 2 项措施上未能发现明显的扩散阶段性特征。1996 年，员工谈话作为校长和教师之间关于相互期望、发展愿望和行动需求的系统沟通方式，首次出现在德国学校法中，但此后直至 2004 年 12 月仅出现了 3 次。该措施难以被归入某一扩散阶段，很有可能是因为扩散范围较小。而学校监察措施首次出现在 1994 年；在 1997 年的 2 次过早采用之后，于 2002 年又有 5 次采用，出现第二次扩散高峰。然而，该措施的扩散未能明确纳入某个时间阶段，可能是由于学校监察这一措施内容的主题发生转变，造成必须对两个扩散阶段加以区分。早期的学校监察出现在不来梅市，在性质和机制上独立于学校监督；然而正如资料显示，该措施并未取得成功（Rolff，1998；Schlemmer，2001；Füssel，2007）。相比之下，1997 年采用的学校监察采取了不同的检查方式。此时的学校监察是由学校监督官

员、教育专家及市政府代表组成的监察小组所实施的检查，而不是对学校监督部门的根本性重组。1997年引入的学校监察具有试验性质。与此相反，2002年起开始实施的学校监察大多为强制性的——强制、非强制两种形式都有。同时有其他证据表明，学校监察在2004年12月之后取得突破性进展（Maritzen，2006；Bos/Holtappels/Rösner，2006）。在这方面，学校监察未能明确纳入时间阶段，也可能是由于受到本研究设置的时间范围的限制。

本研究还对扩散过程平稳的措施和手段做进一步观察，以确定它们在2000年前后的扩散过程中是否存在与总体趋势相当的采用次数减少的情况。在"学校自主"的23项措施中，有8项措施符合条件（表6.7）。尽管不能将这些措施和手段归入特定时间阶段，但这些措施和手段对德国"学校自主"政策理念整体扩散曲线的形成仍然有一定作用。

表6.7 扩散过程平稳但在2000年呈现下降趋势的"学校自主"相关措施和手段

领　域	低谷值出现在2000年的措施和手段数量/项	措施和手段
去中心化	2	
人事管理	1	教师周课时分配
资源管理	1	学校预算
调控策略	6	
引导反思	2	
重新分配	1	员工谈话
深入发展	1	自我评估
支持性措施	1	专门的咨询机构
问责制度	1	学校监察
提供导向	2	学校发展、学校自主

但哪些措施具有明显阶段性，可以体现1997年之前和之后不同的"学校自主"概念？为此，本研究选出采用高峰明确出现在1997年前的"学校自主"相关措施和手段（表6.8）。

表 6.8 采用高峰出现在 1997 年前的"学校自主"相关措施和手段

领　　域	采用高峰出现在 1997 年前的措施和手段数量 / 项	措施和手段
去中心化	5	
学习组织管理	2	教科书审批、评价方式
教学组织管理	1	年度课程表
人事管理	1	学校管理结构新形式
资源管理	1	节余经费
调控策略	3	
引导反思	1	
重新分配	—	
深入发展	1	开放学校
支持性措施	1	学校监督咨询
问责制度	—	
提供导向	1	学校特色化

从表 6.8 可以看出，采用高峰发生于 1997 年之前的措施和手段数量很少。这也可能是因为本研究将对"学校自主"政策理念的研究限制在 1990 年 10 月至 2004 年 12 月，忽略了可能在 20 世纪 90 年代初就已有普遍影响的"学校自主"政策理念。从表 6.8 列出的措施和手段看，1997 年之前的"学校自主"更加强调去中心化趋势及学习组织管理和教学组织管理领域决策自由的重要性。与之相对应，在早期的调控措施和手段中，政府更关注学校的进一步发展（学校特色化、开放学校、学校监督咨询）。因此，20 世纪 90 年代初的"学校自主"更倾向于以实际条件为导向，由学校重组学习情境；而非以政府调控为导向，为相关决策设立准则。从概念内涵来看，这一时期的"学校自主"政策理念完全可以描述为向"学校内部发展"提供行政支持，以及政策行动发生了向学校系统微观层面的转变。

然而，采用高峰出现在 1997 年前的具体措施和手段数量很少，对此也可以解释为，这一时期"学校自主"的观念已出现，但无具体措施和方法支撑。对于这一观点，表6.8所列的8项措施中有2项相当具有争议性的措施——学校对教科书审批的自主权及学校在管理结构新形式上的决策自由，也提供了支持。

另外，节余经费这一措施的扩散也受到阻碍。该措施是指根据上一年度节省的能源、用水和清洁开支，按比例增加学校新一年度的预算。该措施扩散受阻的原因在于，经费问题属于办学主体的工作范畴。只有在柏林市、不来梅市和汉堡市，上述政策行动才与教育行政管理部门有密切关系。在其他联邦州，要想将这一措施写入学校法，只能向地方政府提出建议，但不太可能获得采纳。因此，以上措施在1997年后扩散力度不足，也可以归因于这些措施不属于各联邦州政府对"学校自主"政策理念的共识。所以在初次采用的峰值过后，政府未进一步采用这一措施。1997年之前，"学校自主"政策理念的典型特征是相关措施和手段的扩散与时间无关——这是由教育行政管理部门的调控准则决定的，旨在更好地激发学校的决策潜力。

而在1997年后才获得重视的"学校自主"相关措施和手段中，数量最多的措施和手段来自问责制度这一领域（表6.9）。在该领域的8项措施和手段中，有6项的采用高峰出现在1997年之后，仅学校监察（表6.7）和质量指标（表6.3）不属于此列。数据还显示，在提供导向领域，对高质量发展的呼吁是1997年后德国"学校自主"政策理念所特有的。这也与TIMSS和PISA结果公布后德国教育政策的预期走向一致。

表6.9 采用高峰出现在1997年后的"学校自主"相关措施和手段

领　　域	采用峰值出现在1997年后的措施和手段数量/项	相关措施和手段
去中心化	7	
学习组织管理	3	课程表的灵活性、教学内容、行为评价
教学组织管理	0	
人事管理	2	校长的管理权限、绩效奖金

续表

领　域	采用峰值出现在1997年后的措施和手段数量/项	相关措施和手段
资源管理	2	赞助、总体预算
调控策略	13	
引导反思	4	
重新分配	2	跨学校成绩评价教育协议
深入发展	2	教师合作、平行测试
支持性措施	2	培训预算、学校机构重组
问责制度	6	教育报告、学校发展规划、外部评估、初中毕业统一考试、统一学习水平测试、教育标准
提供导向	1	高质量发展

在可以观察到采用高峰的各种措施和手段中，表6.9所列出的采用高峰出现在1997年之后的措施和手段所占比例更大。这也可以归因于注重产出的理念在当时占据了主导地位。绩效奖金、教师合作和教育协议，都可被视为促进学生和教师提高成绩与绩效的动力的措施，平行测试和跨学校成绩评价也是如此。

相反，培训预算、赞助或总体预算等措施在1997年之后的高水平扩散，还存在其他原因。赞助这一措施的扩散迅速，但与"学校自主"政策理念的整体扩散情况略有不同。赞助这一措施主要实施于1997—1999年，其中1998年表现尤为突出，同时有6次采用。2000年后只有3次采用，而1997年前已有4次，其中一次出现在1990年10月前。由此可见，赞助不能明确归入第一或第二扩散阶段。但在其整体扩散过程中，赞助也不是反复出现的具有绝对优势的措施。因此，赞助似乎是特例，是一个特别新颖的观念。它迅速扩散且独立于重大教育政策发展或其他主题。

采用培训预算和总体预算的前提是事先采用其他"学校自主"相关措施和手段，如校本培训和学校预算。所以培训预算和总体预算这些措施大多在1997年之后才获得采用。

从表 6.9 还可以看出，学习组织领域的措施和手段占比较高。在该领域的 10 项措施中，有 3 项的采用高峰出现在 1997 年后。在行为评价方面赋予学校的一定权力，对此可以解释为政府后续计划谨慎引入学生社会性评价，即通过将决策权转移给咨询委员会和学校会议以避免阻力。而扩大学校在教学组织管理和学习组织管理领域的决策权，可以体现为更灵活的课程表、较少受到行政干预的教学内容。与完全开放课程表编制、完全由学校自主审批教科书等做法不同，上述措施和手段致力于优化教学安排和教学人员使用，从而提高学生成绩。课程表的灵活性首先体现为在班级和年级之间调整部分科目的课时比例，以便满足学生对额外教学指导的需求。由于教育标准和学习水平测试的引入，教学内容的开放性更多地体现为规制程序的变化，而非规制力度。如果说教师在教学内容和方式的选择上更为自由，那么同时也会面临更多的教学目标方面的要求。新的教学目标与旧教学计划所规定的教学目标不同——新目标是有科学依据的、经过检验的可量化概念（Klieme u.a., 2003）。因此，在学习组织领域，近些年"学校自主"政策理念的典型措施和手段是以绩效和质量为导向的。

总体来看，"学校自主"政策理念在德国的扩散可清晰地分为 2 个阶段：一个阶段强调学校自主发展活力，另一个阶段则重视评估和问责（Altrichter/Brüsemeister/Heinrich, 2005；Altrichter/Heinrich, 2007）。这种新的"学校自主"政策理念应被视为对旧理念的补充，并为高质量发展和质量保证提供新的措施和手段。而 1997 年前个别措施或手段缺失，对于描述 1997 年后"学校自主"政策理念的新特征来说并不重要。

6.4 扩散过程未完成的和被撤回的"学校自主"相关措施和手段

"学校自主"政策理念的扩散势头在 2004 年 12 月仍未减弱，这可以从 2003 年和 2004 年观察到的超过 6 次采用（包括首次采用和新规定）的措施和手段反映出来（表6.10）。

表6.10　扩散过程未完成的"学校自主"相关措施和手段

领　域	措施和手段数量/项	相关措施和手段
去中心化	6	
学习组织管理	0	
教学组织管理	1	跨年级班级
人事管理	4	教师选拔、合同制员工选拔、教师周课时分配、校长的管理权限
资源管理	1	授权缔结法律协议
调控策略	10	
引导反思	3	平行测试、学校发展规划、自我评估
支持性措施	2	咨询机构、学校机构重组
问责制度	3	外部评估、统一学习水平测试、教育标准
提供导向	2	高质量发展、学校自主
总　计	16	

基于评估开展的"学校自主"措施和手段的采用次数在后来明显增加。从2002年起，学校法对这些措施和手段的采用更加频繁（包括校长的管理权限、平行测试、外部评估、学习水平统一测试、教育标准等）。与此同时，还有其他措施和手段也在2004年12月甚至之后仍然得到采用。在学校发展规划、自我评估、教师和合同制员工选拔、教师周课时分配或授权学校缔结法律协议等方面，也常出现首次采用和新规定。特别值得注意的是，有一个理念在2004年12月之前已经形成，即学校的自主权应该得广泛重视（将"学校自主"作为指导方针）。很明显，"学校自主"政策理念在此时是学校组织架构变革的基本准则框架。

与此相反，研究时间范围还存在已实行的"学校自主"相关措施和手段复又撤回的情况（表6.11）。

表 6.11 "学校自主"相关措施和手段撤回情况（64 项措施和手段）

年　份	数量/项	缩减的措施和手段	完全取消的措施和手段
1996	1	—	课时数
1997	1	学校课程表	—
1998	1	—	跨年级班级
1999	5	课程表的自由安排空间、跨年级班级	评价方式、非45分钟制的课程表、核定工作量的方法
2000	3	年度课程表	跨年级课程表、额外课时数
2001	3	评价方式	课堂测试次数、行为评价
2002	3	教师选拔、跨年级班级	额外课时数
2003	3	评价方式、学科领域	评价方式

研究人员在研究时间范围的中期后，发现已实行的"学校自主"相关措施和手段的采用次数有所减少。这不足为奇，因为措施和手段的撤回总是发生在其实施之后，中间需要时间。然而，在1999年和2001年——即1997年和2002年两个采用高峰之间发现了较多的被取消的措施和手段，这值得注意。这为1997年后"学校自主"政策理念扩散范围缩小提供了补充说明。撤回几乎只与此前给予学校的权力有关。然而，最终只有少量"学校自主"相关措施和手段被缩减或取消，因此本研究无须对被撤回的"学校自主"相关措施和手段做进一步阐释。1997年后通过权力转移能否强化学校的自主性，这一点的确令人怀疑。但无论如何，这种做法并没有被明确撤回或修正。

6.5　小结

本章介绍德国"学校自主"政策理念的扩散过程。这一过程可以分为2个阶段：一个阶段是1997年前，另一个阶段是1997年后。1998—2001年，"学校自主"政策理念的年扩散范围有所减小，对此可以从两方面做出解释。一方面，1997年和1998年后总体教育政策环境的变化，以各种国际成绩测试比较研究结果的公布为标志；另一方面，"学校自主"政策理念的概念成功调整，以应对上述挑战。1997 年后，德国"学校自主"的政策理念因质量保证和高质量发展等措施和手段的出现得以丰富。从 2002 年起（第一次 PISA 结果发布后），1997 年之后新提出或新引入的方法广泛扩散，甚至在 2004 年 12 月也未曾中断。然而在整个研究时间范围内，无论主题概念如何变化，学校拥有更大自主权的理念仍是德国学校发展的整体框架。尽管自 1997 年后"学校自主"政策理念的内容有所扩展，但从扩散情况可以看出，该政策理念始终未变，只是随着时间推移逐渐清晰、明确。

7

各联邦州实施"学校自主"政策理念过程中的差异

本书前几章认为"学校自主"政策理念在德国的扩散是其概念内涵或措施和手段的扩散友好性的体现。本章将换个角度,分析各联邦州对创新扩散的具体影响。

前文的分析隐含着这样的假设:"学校自主"政策理念的扩散是一个在全德国范围内以同样方式、统一进行的过程。人们忽略了这样一个事实:德国"学校自主"理念的扩散规模——在最大采用事件中所观察到的采用率56%,仅代表全德国平均水平。可能有些联邦州根本没有采用"学校自主"相关措施和手段,而其他联邦州则几乎采用了所有相关措施和手段。也就是说,各个联邦州可能采取了非常不同的措施和手段,因此,最终只有被超过12个联邦州采用的"学校自主"相关措施和手段,才可以认定为跨州的概念性共识(5.3.2)。

针对上述问题,本章对各联邦州"学校自主"相关措施和手段的采用情况进行比较,找出各联邦州的差异和不同的关注重点。本章首先介绍并讨论各联邦州"学校自主"相关措施和手段扩散的基本情况(7.1),并探讨这样一个问题:所发现的差异仅因为采用次数不同,还是由于各联邦州对"学校自主"的概念有不同理解(7.2);然后探讨"学校自主"政策理念在各联邦州的扩散过程,进而讨论"学校自主"政策理念在各联邦州大不相同的扩散过程和实施策略（7.3）；最后介绍各联邦州与"学校自主"相关的创新指数（7.4）。无论是整个政策理念还是各个具体领域，对创新指数的关注都可以使研究人员更深入分析哪些联邦州通常作为先驱者或迟缓者（犹豫者、落伍者）出现，以及各联邦州的"学校自主"实施方案是否会形成冲突——如果没有出现在2004年12月之前，那么是否会随时间推移而出现这种情况。

本章还将初步探讨德国"学校自主"政策理念的扩散典型模式，并讨论党派和区域位置对"学校自主"政策理念扩散的影响。最后总结本章分析得出的结论（7.5）。

7.1 各联邦州在"学校自主"政策理念采用方面的差异

在德国"学校自主"政策理念的研究中有一个普遍认识，即德国各联邦州对"学校自主"政策理念的采用程度不同（Avenarius/Kimmig/Rürup, 2003）。本节将展示德国各联邦州学校法发生变化的情况，以便进行量化比较。研究人员汇集截至2004年12月各联邦州对"学校自主"相关措施和手段的采用情况，并根据采用次数进行排序，采用次数最低的联邦州是萨尔州，采用次数最高的联邦州是勃兰登堡州和下萨克森州（图7.1）。

虽然在全德国范围内，"学校自主"政策理念的平均采用率为56%（5.2），这意味着每个联邦州平均采取了约36项措施和手段。但从图7.1可以看出，各联邦州采用次数的差距相当明显。截至2004年年底，下萨克森州和勃兰登堡州所采用的"学校自主"相关措施和手段是萨尔州的3倍。

然而，图7.1也清楚表明，萨尔州对研究德国在"学校自主"方面的创新转移具有特殊意义。与其他采用次数不高的联邦州（巴登-符腾堡州、图林根州）相比，该联邦州的政策采用活动非常少，甚至可以判断萨尔州是唯一在2004年12月之前没有参与"学校自主"政策理念创新扩散的联邦州。另外，有4个联邦州的采用率明显高于其他联邦州，它们是下萨克森州、勃兰登堡州、黑森州和柏林市。其余11个联邦州中，有5个联邦州（萨克森-

安哈尔特州、巴伐利亚州、萨克森州、图林根州、巴登－符腾堡州）的采用次数低于平均水平，有6个联邦州高于平均水平或与之持平（莱茵兰－普法尔茨州、汉堡市、石勒苏益格－荷尔斯泰因州、不来梅市、北莱茵－威斯特法伦州、梅克伦堡－前波莫瑞州）。采用次数低于平均水平的5个联邦州似乎有明显的区域关联性，采用频次高于平均水平或与之持平的6个联邦州也是如此。德国南部的联邦州对"学校自主"相关措施和手段的采用次数低于平均水平——只有莱茵兰－普法尔茨州略高于平均水平[①]。

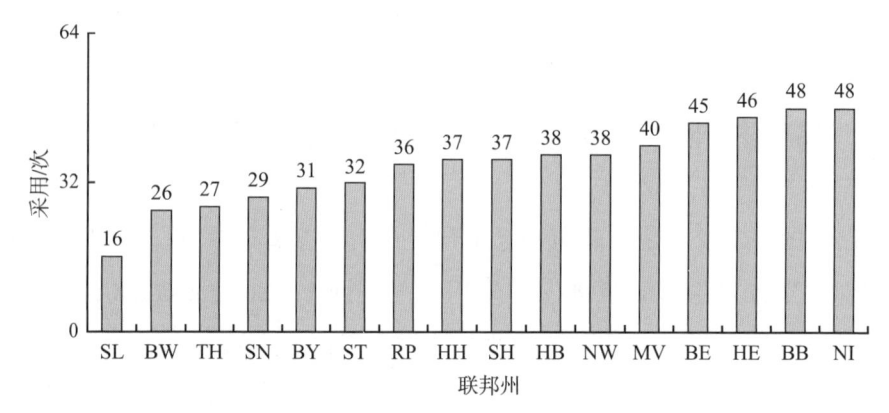

SL—萨尔州；BW—巴登-符腾堡州；TH—图林根州；SN—萨克森州；BY—巴伐利亚州；ST—萨克森-安哈尔特州；RP—莱茵兰-普法尔茨州；HH—汉堡市；SH—石勒苏益格-荷尔斯泰因州；HB—不来梅市；NW—北莱茵-威斯特伦州；MV—梅克伦堡-前波莫瑞州；BE—柏林市；HE—黑森州；BB—勃兰登堡州；NI—下萨克森州

图7.1　德国各联邦州"学校自主"相关措施和手段的采用情况
（1990—2004年，64项措施和手段）

这可能是与政党的影响有关。在研究时间范围内，莱茵兰－普法尔茨州政府由社会民主党主导的时间最长，而最终数据结果显示，该联邦州的相关措施和手段采用率较低。萨克森－安哈尔特州的政府也长期由社会民主党主导，其相关措施和手段采用率比基督教民主联盟主导的巴登－符腾堡州、巴伐利亚州、图林根州和萨克森州要高一些[②]。下萨克森州和黑森州政府分别从

---

① 关于各个联邦州的区域分配，可以参见表8.6。
② 在巴登－符腾堡和图林根州，尽管20世纪90年代中期出现了大联盟政府，但文教部部长及大部分官员均为基督教民主联盟成员。

2002 年和 1999 年起由基督教民主联主导，这 2 个联邦州在"学校自主"方面的领先地位值得关注。柏林市在 2001 年之前也是由基督教民主联盟领导的大联盟执政，直到 1990 年年中，学校参议员的职位一直由基督教民主联盟代表担任。至于哪些因素（区域位置、政党）更重要，这里还无法得出可靠答案。这需要对政策理念在各个联邦州的扩散过程分别进行观察，并对庞大的数据进行统计分析。

然而，首先应比较分析各联邦州"学校自主"政策理念的扩散情况。哪些联邦州撤回了部分"学校自主"相关措施和手段（7.1.1 节）？哪些旧联邦州的政策活动在 1990 年 10 月前已经特别活跃（7.1.2）？截至 2004 年 12 月，各联邦州通过学校法实施"学校自主"相关措施和手段的情况是否稳定（7.1.3）？

7.1.1 各联邦州对"学校自主"相关措施和手段的撤回

如前文所述，研究人员发现观察到"学校自主"相关措施和手段在采用后又被取消的情况（图 7.2）。

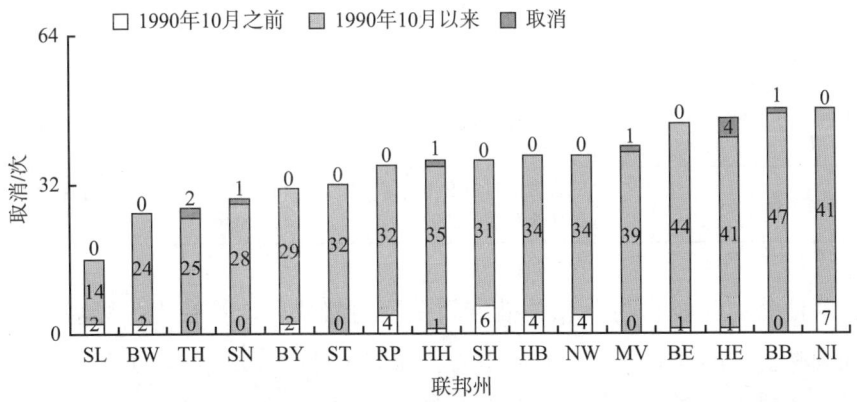

SL—萨尔州；BW—巴登-符腾堡州；TH—图林根州；SN—萨克森州；BY—巴伐利亚州；ST—萨克森-安哈尔特州；RP—莱茵兰-普法尔茨州；HH—汉堡市；SH—石勒苏益格-荷尔斯泰因州；HB—不来梅市；NW—北莱茵-威斯特法伦州；MV—梅克伦堡-前波莫瑞州；BE—柏林市；HE—黑森州；BB—勃兰登堡州；NI—下萨克森州

图 7.2 德国各联邦州"学校自主"相关措施和手段取消的情况

从图 7.2 可以看出，在黑森州，一度广泛采用的"学校自主"措施和手段明显减少。研究人员共观察到 4 次相关措施和手段被取消，这几乎是该联邦州所实施的相关措施和手段总数的 9%。截至 2004 年年底，黑森州采用的措施和手段只剩 42 项。

其他联邦州也有"学校自主"相关措施和手段被缩减和取消的情况（表 7.1）[①]。

表 7.1　各联邦州对"学校自主"相关措施和手段的撤回（64 项措施和手段）

联邦州	措施和手段数量/项	缩减的措施和手段（年份）	取消的措施和手段（年份）
勃兰登堡州	2	评价方式（2001）	行为评价（1997）
黑森州	6	跨年级班级（1999）、年度课程表（2000）	评价方式（1999）、非 45 分钟制课程表（1999）、工作量核定方法（1999），跨年级班级（2000）
汉堡市	2	学科领域（2003）	评价方式（2003）
梅克伦堡-前波莫瑞州	1		额外课时数（2002）
下萨克森州	1	课程表（1997）	—
石勒苏益格-荷尔斯泰因州	1	教师选拔（2002）	
萨克森州	1	—	课堂测试次数（2001）
萨克森-安哈尔特州	1	评价方式（2003）	
图林根州	4	课程表的自由安排空间（1999）、跨年级班级（2002）	课时数（1996）、额外课时数（2000）

即使将"学校自主"相关措施和手段的缩减也计算在内，黑森州仍是撤回项数最高的联邦州。从时间上看，撤回事件主要集中在 1999 年和 2000 年。这充分表明政党更迭可能发挥了重要影响，因为 1999 年 2 月黑森州政府由社会民主党领导变为由基督教民主联盟领导。图林根州是撤回事件发

[①] "缩减"是指范围、有效期、对象范围或分配给学校的决策权减少，但还未达到取消的程度（5.1.5）。

生次数第二多的联邦州，但这些撤回事件均为独立发生，不可能存在共同原因。这还表明，图林根州的教育政策的立场和教育行政管理部门对扩大学校自主权的想法相互矛盾①。

除此之外，在个别联邦州出现"学校自主"相关措施和手段撤回事件，这可以归因于这些联邦州各自的政党组合，而不是"学校自主"政策理念本身在扩散过程中出现了变化（5.1.5 和 6.4）。

7.1.2 旧联邦州早期对"学校自主"相关措施和手段的采用情况

图 7.2 显示了 1990 年 10 月之前各联邦州对"学校自主"相关措施和手段的采用情况。该表只涉及旧联邦州，因为只有这些联邦州才有可能在德国统一前通过学校法采取行动②。

引人注目的是，1990 年 10 月之前每个旧联邦州都至少采用过 1 项"学校自主"相关措施和手段——采用次数在全德国排在末位的萨尔州，甚至都有 2 项。早期采用次数最高的联邦州有德国北部的下萨克森州、石勒苏益格－荷尔斯泰因州、不来梅市和北莱茵－威斯特法伦州。此外，莱茵兰－普法尔茨州也有较多采用。莱茵兰－普法尔茨州是位于南部，却有比较广泛的早期"学校自主"政策活动。特别值得注意的是，该联邦州的早期法规表述中就已出现了"学校自我负责"等措辞。早在 1980 年 1 月，该联邦州就曾颁布一项在标题中明确写出以扩大学校教育自由为目标的行政法规，并列出相关具体措施，其中一条是关于学校在课程表编制方面的自由空间。然而，这一早期规定并没有在该联邦州接下来几年的教育政策中得到直接延续，也没有在其他旧联邦州引起明显的采用活动。因此，直到 20 世纪 80 年代末该项措施仍然仅在该联邦州得到采用。

---

① 2004 年图林根州选举给文化行政部门的带来重大人事变化（新的部长、国务秘书）。一直到 2004 年之后，"学校自主"才明确作为"学校的个人责任"这一概念写入该联邦州政治纲领。

② 民主德国的学校法未被列为新联邦州学校法的参考基础（3.5.2）。

各联邦州早期"学校自主"相关措施和手段属于不同领域（表7.2）。在去中心化领域，除了莱茵兰－普法尔茨州，还有下萨克森州较早关注并采取去中心化措施，不过重点是给予学校教学组织管理方面更大的决策权。特别值得一提的是，1990年1月，下萨克森州较早引入了具有灵活性的课程表，学校可以在常规课程表和替代课程表之间进行选择，并且1982年就已广泛采用的学校拥有决定学习小组规模的权力。

表7.2 旧联邦州早期对不同领域"学校自主"相关措施和手段的采用

联邦州	去中心化措施和手段 / 项					调控措施和手段 / 项					总计 / 项
	学习组织管理	教学组织管理	人事管理	资源管理	小计	引导反思	支持性措施	问责制度	提供导向	小计	
柏林市					0	1				1	1
巴登－符腾堡州				1	1			1		1	2
巴伐利亚州				1	1			1		1	2
不来梅市		1			1	1	1		1	3	4
黑森州	1				1					0	1
汉堡市		1			1					0	1
下萨克森州	2	3			5	2				2	7
北莱茵－威斯特法伦州					0	3			1	4	4
莱茵兰－普法尔茨州	3		1		4					0	4
石勒苏益格－荷尔斯泰因州	2	1			3	1	1	1		3	6
萨尔州			1		1					1	2

总的来说，早期的去中心化措施主要来自学习组织管理和教学组织管理领域，而不是人事管理和资源管理。这与第 5、第 6 章的结论吻合。也就是说，"学校自主"政策理念在早期扩散阶段更多以教育教学而不是行政管理为导向。从数据看，调控措施和手段也有较高的权重（7.2）。从表 7.2 可以发现，北莱茵－威斯特法伦州是调控策略的先驱者，它所采用相关措施和手段后来广泛采用，如开放学校（1989 年）、学校发展规划（1985 年）、自我评估（1989 年）和学校特色化（1989 年）。

与之相反，不来梅市早期的措施和手段后来较少采用（包括学校管理结构新形式、学校会议升级为学校内部决策机构及学校发展），或者仅仅达到平均水平。石勒苏益格－荷尔斯泰因州早期采用相关措施和手段次数较高，其中去中心化措施和手段和新调控措施和手段数量各占一半。1990 年 10 月之前，石勒苏益格－荷尔斯泰因州与莱茵兰－普法尔茨州同样在课程表（1989 年）和教科书审批（1983 年）方面给予学校自由。除此以外，石勒苏益格－荷尔斯泰因州还有一项传统措施，也是该联邦州的特点，即定期向议会公开提交教育报告。石勒苏益格－荷尔斯泰因州自 1977 年以来就有发布教育报告的传统。虽然直到 2004 年，有关部门才开始以高质量发展为直接导向，并基于评价指标编写教育报告（Ministerium für Bildung, Wissenschaft, Forschung und Kultur des Landes Schleswig-Holstein, 2004）。然而，教育报告的发展并未以立法形式呈现，因此不能独立纳入本研究的范围。在观察旧联邦州早期对"学校自主"相关措施和手段的采用情况时，可以发现巴伐利亚州和巴登－符腾堡州也发挥了相对特殊的作用。截至 1990 年 10 月，仅有这 2 个联邦州采用初中毕业统一考试这一措施，并且赋予学校拥有更大的资源管理自主权（巴登－符腾堡州从 1985 年开始实行赞助措施，巴伐利亚州从 1986 年开始扩大学校物质资源预算自主权）。此外，萨尔州早期采用的"学校自主"相关措施和手段包括取消对学校内部课时分配的具体规定，以及呼吁初中利用选修课来发展学校特色（1986 年）。

从新的调控策略看，旧联邦州早期的"学校自主"相关措施和手段多集中在引导反思领域。在这其中，开放学校和将学校会议升级为学校内部决策机构的措施起着重要的作用。与此同时，可以在1990年10月之前的学校法中找到关于提供导向（学校特色化、学校发展）和支持性措施（不来梅市和石勒苏益格－荷尔斯泰因州于1990年夏季提到的咨询机构）的最初提法。

7.1.3　以施行或试行方式实施的"学校自主"相关措施和手段

关于德国各联邦州对"学校自主"相关措施和手段的实施情况，还有另一具体问题：截至2004年12月，"学校自主"政策是否得到落实？是否所有学校都能真正利用所获得的决策权，或者说，是否所有学校都同样受到新的调控措施和手段影响？

在研究德国学校法的过程中，本研究不仅记录了政策采用事件是否发生及何时发生，还记录了其他信息，以便更准确地描述所观察到的法规（3.5.4）。例如，本研究特别记录了法规的性质（临时的或永久的），以及该法规的适用范围（针对所有学校或只针对不同学校类型中的部分学校）。如果某项措施或手段是临时的且非针对所有学校，则可以理解为该项措施或手段是以试行方式实施的，因为它具有试点项目的典型特征。在统计数据的基础上，研究人员逐一检查了各联邦州2004年12月之前仍在使用的法规，确定各项措施或手段是以施行还是试行方式被采用（图7.3）。

根据图7.3的数据，可以将联邦州划分为两组：北莱茵－威斯特法伦州、梅克伦堡－前波莫瑞州、勃兰登堡州、柏林市、巴伐利亚州、下萨克森州和萨尔州等很多时候只是试行了"学校自主"相关措施和手段（6~10次试行），而图林根州、萨克森州、莱茵兰－普法尔茨州、石勒苏益格－荷尔斯泰因州、巴登－符腾堡州、不来梅市、黑森州及汉堡市等以试行方式实施相关措施和手段的次数较少（0~4次），并且均面向相关学校类型的所有学校。出现这一情况的原因如下。

首先，强调试行可能本身就是"学校自主"理念的某种体现。只有那些想积极利用决策自由并向学校监督提建议或意见的学校才应该得到这种自

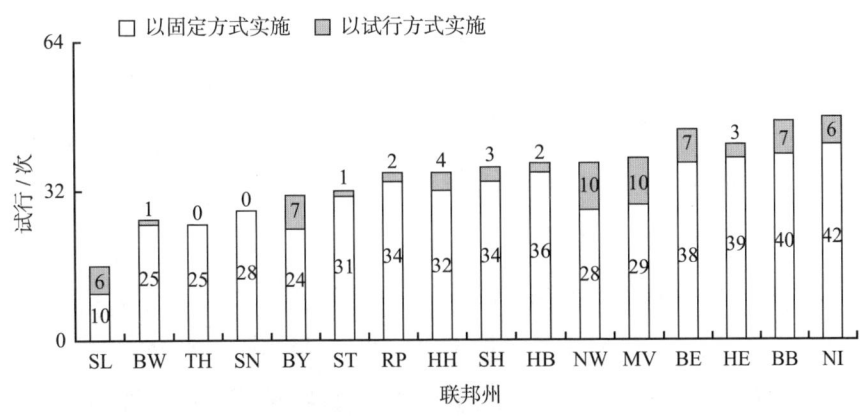

7 各联邦州实施"学校自主"政策理念过程中的差异 | 227

```
□ 以固定方式实施    ■ 以试行方式实施
```

州	固定	试行
SL	10	6
BW	25	1
TH	25	0
SN	28	0
BY	24	7
ST	31	1
RP	34	2
HH	32	4
SH	34	3
HB	36	2
NW	28	10
MV	29	10
BE	38	7
HE	39	3
BB	40	7
NI	42	6

SL—萨尔州；BW—巴登-符腾堡州；TH—图林根州；SN—萨克森州；BY—巴伐利亚州；ST—萨克森-安哈尔特州；RP—莱茵兰-普法尔茨州；HH—汉堡市；SH—石勒苏益格-荷尔斯泰因州；HB—不来梅市；NW—北莱茵-威斯特法伦州；MV—梅克伦堡-前波莫瑞州；BE—柏林市；HE—黑森州；BB—勃兰登堡州；NI—下萨克森州

图 7.3　各联邦州通过试行方式引入"学校自主"相关措施和手段
（截至 2004 年 12 月，64 项措施和手段）

由。不过毋庸置疑的是，这种方式将以牺牲学校法的清晰度为代价，而学校法已经因其迷宫般的多样性而一再受到批评（Baumert，1980：638-645；Leschinsky，2003：181f.）。因此，因特殊情况和学校监督部门与个别学校之间的特别协议而产生的决策自由，不太可能永久存在。

政府以试行方式颁布非普遍适用于所有学校的临时规定，可能反映了截至 2004 年 12 月个别联邦州仍存在创新势头。对"学校自主"政策理念扩散的分析显示，2002 年也确实出现了新的采用高峰（6.1）。此外，试行的方式也表明，所涉及的措施和手段可能是新颖的、影响深远的或有争议的。因此，本研究尝试根据采用的措施和手段的次数和试行措施和手段的比例对各联邦州进行比较分析。虽然采用"学校自主"相关措施和手段的次数较高的联邦州大多以试行方式实施措施和手段，然而在采用次数居中等水平的联邦州（北莱茵-威斯特法伦州、梅克伦堡-前波莫瑞州）中，临时实施的措施和手段的比例比较高。即使采用次数相当少的联邦州（巴伐利亚州和萨尔州），也有相当比例的"学校自主"相关措施和手段也以试用方式实施。这表明，这些联邦州起步较晚，在 2004 年 12 月仍在追赶。

最后还需要说明的是，试行也可能代表一项已经开始但没有继续推行的创新举措。试行意味着，政府可以在不涉及学校法条款明确更新的情况下结束项目试用期，或者拒绝此前临时批准的特殊情况。与此前的解释相反，这一解释认为持续的临时性采用使创新动力日益枯竭。哪种解释更为合理，可以通过进一步分析数据集来判定。

数据显示，2000 年之前颁布的试行措施和手段是比较少的，仅找到 13 项（表 7.3）。其中，汉堡市有 3 项（合同制员工选拔、学校管理结构新形式和节余经费），不来梅市有 2 项（教师周课时量和额外课时分配），萨尔州有 2 项（学校对学习小组规模的决定权，利用选修课发展学校特色）。就这些联邦州而言，截至 2004 年 12 月相关措施和手段采用次数增加趋势可能会放缓——主要是因为早期试点项目在不来梅市和汉堡市仍然占主导地位。总体而言，关于试点项目实施年份的数据表明，直至 2004 年 12 月，改革的势头仍在继续。

表 7.3　各联邦州以试行方式实施的"学校自主"相关措施和手段数量及颁布年份
（64 项措施和手段，截至 2004 年 12 月）

联邦州	2000 年之前试行的措施和手段 / 项	2000 年之后试行的措施和手段 / 项	总计 / 项
勃兰登堡州	0	7	7
柏林市	1	6	7
巴登－符腾堡州	0	1	1
巴伐利亚州	0	7	7
不来梅市	2	0	2
黑森州	1	2	3
汉堡市	3	1	4
梅克伦堡－前波莫瑞州	0	10	10
下萨克森州	1	5	6
北莱茵－威斯特法伦州	1	9	10

续表

联 邦 州	2000 年之前试行的措施和手段 / 项	2000 年之后试行的措施和手段 / 项	总计 / 项
莱茵兰－普法尔茨州	0	0	0
石勒苏益格－荷尔斯泰因州	1	2	3
萨尔州	2	4	6
萨克森州	0	0	0
萨克森－安哈尔特州	1	0	1
图林根州	0	0	0
总　　计	13	56	69

7.2　各联邦州"学校自主"的特色

对各联邦州"学校自主"相关措施和手段进行量化比较的前提，是各联邦州在"学校自主"方面所采取的措施和手段具有基本可比性。但是，在德国各联邦州之间扩散的真的是同样的理念、同样的措施和手段吗？答案是否定的。截至2004年，没有一个联邦州实施了"学校自主"所有相关措施和手段。这意味着，对于下萨克森州未采用的16项措施和手段来说（图7.1），其他联邦州起到了先锋和示范作用。也许，这些措施代表了对"学校自主"政策理念的不同理解？

本节将通过描述各联邦州对不同领域措施和手段的采用情况，来探讨这个问题[①]。如果德国各联邦州对"学校自主"政策理念的理解相同，那么各联邦州采用各领域措施和手段的次数应当一致。为了便于评估这种假设，本研究按照2004年12月之前相关措施和手段采用次数各联邦州进行排序。如果各联邦州不同领域措施和手段采用次数从左到右依次增加，并且萨尔州、萨

---

① 由于案例数量较少，案例（16个联邦州）与待检验分布差异的变量（64项学校自主措施）之间比例不理想，本研究不得不放弃大规模的统计方法，如分组抽样分析法。

克森-安哈尔特州和黑森州增加幅度较大，那么就可以证实各联邦州对"学校自主"政策理念相同的论点。

将研究时间范围内各联邦州的"学校自主"相关措施和手段采用情况（图7.1）与2004年12月各联邦州的"学校自主"相关措施和手段采用情况（图7.4）进行比较，我们发现黑森州和图林根州的排名发生了改变，因为这2个联邦州曾取消几项"学校自主"相关措施和手段（图7.2）。

"学校自主"政策理念究竟是在德国各联邦州扩散方式不同但内涵统一的概念，还是应该加以区分的不同概念？为了解决这一问题，图7.4还比较了各联邦州去中心化措施和手段与调控措施和手段的采用次数。

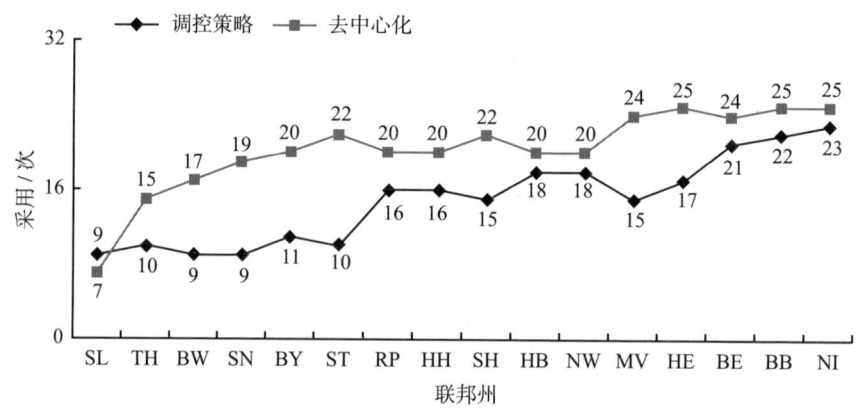

SL—萨尔州；TH—图林根州；BW—巴登-符腾堡州；SN—萨克森州；BY—巴伐利亚州；ST—萨克森-安哈尔特州；RP—莱茵兰-普法尔茨州；HH—汉堡市；SH—石勒苏益格-荷尔斯泰因州；HB—不来梅市；NW—北莱茵-威斯特法伦州；MV—梅克伦堡-前波莫瑞州；HE—黑森州；BE—柏林市；BB—勃兰登堡州；NI—下萨克森州

图7.4 德国各联邦州两大领域"学校自主"相关措施和手段的采用情况
（截至2004年，64项措施和手段）

在图7.4中，德国16个联邦州按着"学校自主"相关措施和手段采用总次数从左至右排列，两大领域的措施和手段采用次数从左至右也基本呈增长趋势。但与采用次数总体较少的联邦州相比，采用次数处于一般水平及略高于平均水平的联邦州（从莱茵兰-普法尔茨州至北莱茵-威斯特法伦州）所采用的相关措施和手段的分布发生了变化——去中心化相关措施和手段明显增加，而调控措施和手段明显减少。从另一个角度看，梅克伦堡－前波莫瑞州和黑森州似乎也偏离总体趋势。这2个联邦州与采用次数低于平均水平的联邦州（萨尔州除外）类似，即去中心化措施和手段与调控措施和手段采用次数差异很大。而在"学校自主"程度较高的联邦州，这两大领域措施和手段的采用次数并无显著差异。

根据两大领域措施和手段采用次数的差异，德国16个联邦州可分为两组：一组是巴登－符腾堡州、巴伐利亚州、黑森州、梅克伦堡－前波莫瑞州、萨克森、萨克森－安哈尔特州和图林根州；另一组是柏林市、勃兰登堡州、不来梅、汉堡市、下萨克森州、莱茵兰－普法尔茨州和石勒苏益格－荷尔斯泰因州。在研究时间范围内，前一组联邦州政府由基督教民主联盟主导，时间至少5年；而后一组联邦州政府几乎始终由社会民主党主导[①]，只有柏林市1991—2000年由基督教民主联盟执政——但却是大联盟政府的形式，也就是说社会民主党也参与其中。那么，"学校自主"政策理念的是否因党派不同而异呢？在研究"学校自主"相关措施和手段的采用时，必须对这一点进行研究。

比较各联邦州采用去中心化措施和手段与调控措施和手段（图7.5、图7.6）可以发现，只有提供导向领域的措施和手段，各联邦州采用次数基本相同，唯有萨尔州没有参与该领域措施和手段的全面实施。这也证实了此前的判断：萨尔州是唯一一个直到2004年年底仍未积极参与采纳"学校自主"政策理念的联邦州。除此以外，各联邦州采用其他措施和手段的次数是不同的。

各联邦州对各领域措施和手段的采用情况与各联邦州总体采用情况基本一致。观察图7.5、图7.6也会发现，各联邦州对各领域措施和手段的采用倾向基本一致。也存在总体趋势相反的情况，图林根州采用学习组织管理领域

[①] 在汉堡市和下萨克森州，执政党分别于2002年和2003年由社会民主党换成基督教民主联盟。

的措施和手段的次数较多，而采用其他领域的措施和手段的次数较少；汉堡市、不来梅市和北莱茵－威斯特法伦州虽然未采用或较少采用教学组织管理领域的措施和手段，但采用其他领域的措施和手段的次数较多。然而，不来梅市和汉堡市在教学组织管理领域表现出的较低活跃性，提示在数据收集过程中可能存在系统性问题。

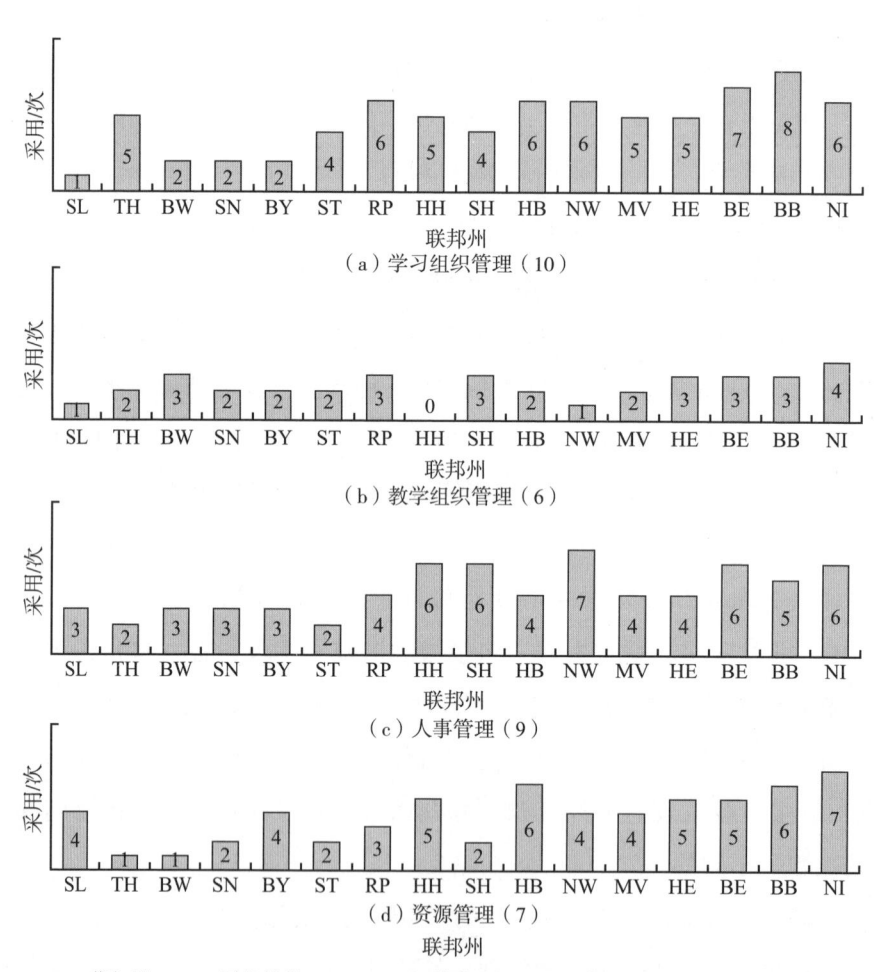

（a）学习组织管理（10）

（b）教学组织管理（6）

（c）人事管理（9）

（d）资源管理（7）

联邦州

SL—萨尔州；TH—图林根州；BW—巴登-符腾堡州；SN—萨克森州；BY—巴伐利亚州；ST—萨克森-安哈尔特州；RP—莱茵兰-普法尔茨州；HH—汉堡市；SH—石勒苏益格-荷尔斯泰因州；HB—不来梅市；NW—北莱茵-威斯特法伦州；MV—梅克伦堡-前波莫瑞州；HE—黑森州；BE—柏林市；BB—勃兰登堡州；NI—下萨克森州

图 7.5 德国各联邦州采用去中心化措施和手段的情况（截至 2004 年）

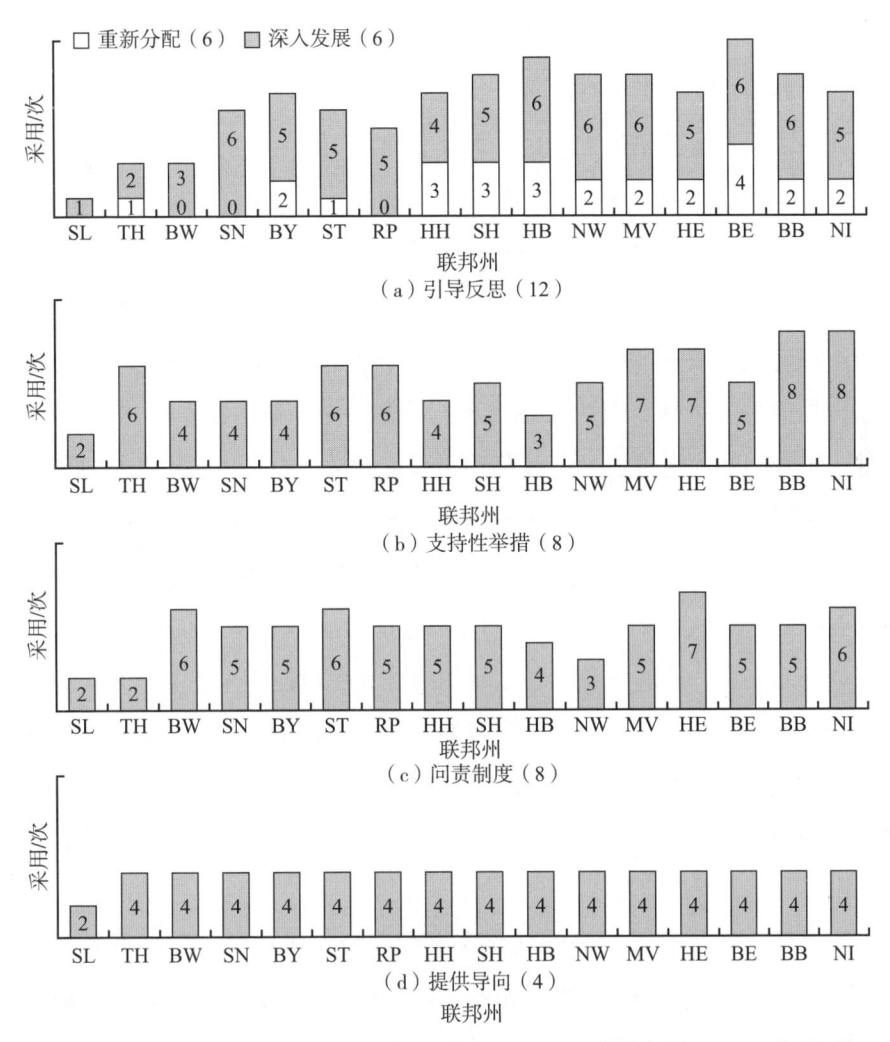

7 各联邦州实施"学校自主"政策理念过程中的差异 | 233

(a) 引导反思（12）

图例：□ 重新分配（6）　■ 深入发展（6）

联邦州	SL	TH	BW	SN	BY	ST	RP	HH	SH	HB	NW	MV	HE	BE	BB	NI
深入发展	1	2	3	6	5	5	5	4	5	6	6	6	5	6	6	5
重新分配		1	0	0	2	1	0	3	3	3	2	2	2	4	2	2

(b) 支持性举措（8）

联邦州	SL	TH	BW	SN	BY	ST	RP	HH	SH	HB	NW	MV	HE	BE	BB	NI
采用次数	2	6	4	4	4	6	6	4	5	3	5	7	7	5	8	8

(c) 问责制度（8）

联邦州	SL	TH	BW	SN	BY	ST	RP	HH	SH	HB	NW	MV	HE	BE	BB	NI
采用次数	2	2	6	5	5	5	5	5	5	4	3	5	7	5	5	6

(d) 提供导向（4）

联邦州	SL	TH	BW	SN	BY	ST	RP	HH	SH	HB	NW	MV	HE	BE	BB	NI
采用次数	2	4	4	4	4	4	4	4	4	4	4	4	4	4	4	4

SL—萨尔州；TH—图林根州；BW—巴登-符腾堡州；SN—萨克森州；BY—巴伐利亚州；ST—萨克森-安哈尔特州；RP—莱茵兰-普法尔茨州；HH—汉堡市；SH—石勒苏益格-荷尔斯泰因州；HB—不来梅市；NW—北莱茵-威斯特法伦州；MV—梅克伦堡-前波莫瑞州；HE—黑森州；BE—柏林市；BB—勃兰登堡州；NI—下萨克森州

图 7.6　德国各联邦州采用新调控措施和手段的情况（截至 2004 年）

与其他联邦州相比，城市州的学校法数量较少，特别是在行政法规（内部行政决定）层面（3.4.2）。然而，不能把学校法数量较少看作是汉堡市未采用教学组织领域措施和手段的唯一原因。至少必须通过学校课程表明确看到汉堡市未采取年度课程表这一措施，也未允许跨学年调整教学内容。在这方面，不能排除系统性低估城市州"学校自主"政策行动的可能性。但作为一种趋势判断，这是完全合理的。

对于人事管理的措施和手段，各联邦州采用次数比较符合预期中的从左到右持续增长的顺序（图7.5）。与预期不相符的情况是不来梅市、黑森州和梅克伦堡－前波莫瑞州的采用次数明显低于预期。在上文中，除不来梅市，其他2个联邦州被认为可能偏离总体趋势。在图7.5中，这2个联邦州采用学习组织管理领域的措施和手段的次数少于采用总次数排在前面和后面的联邦州，然而并不特殊，因为汉堡市和石勒苏益格－荷尔斯泰因州也是如此。此外，黑森州和梅克伦堡－前波莫瑞州采用教学组织管理和资源管理领域的措施和手段的次数与高于平均水平的联邦州相比，没有明显差异。对于资源管理领域的措施和手段，萨尔州和巴伐利亚州的采用次数显著多于预期，而石勒苏益格－荷尔斯泰因州明显少于预期。萨尔州采用次数提高的现象表明，对该联邦州来说，采用资源管理领域的措施和手段能带来的不只是学校决策自由空间。毕竟，萨尔州基本上没有参与"学校自主"政策理念在德国的扩散。因此，可以认为资源管理领域的措施和手段具有独特的吸引力。人事管理领域的个别措施和手段也可能如此——面对这一领域的措施和手段，萨尔州也没有明显表现出犹豫不决[1]。

从总体上看，学习组织管理和人事管理最能体现党派影响下各联邦州"学校自主"的差异。在这两个领域，基督教民主联盟执政的联邦州似乎对给予学校决策自由的空间不大。同时也应该注意到，虽然石勒苏益格－荷尔斯泰因州一直由社会民主党执政，但在学习组织管理领域给予学校的自由空间也较少。因此，应谨慎看待所发现的差异。无论如何，各联邦州对"学校自主"相关措施和手段采用次数的差异已经明显体现出来，并且可以部分说明党派的影响（7.1）。

---

[1] 如果观察萨尔州已经采取的"学校自主"相关的人事管理措施和手段，可以发现该联邦州对优化资源配置（人事资源开支）有明显兴趣：萨尔州积极赋予学校自主分配教师工作量（对教师周课时的分配）和决定学习小组规模的权力，并积极推行新的工作量核算方式。

对于去中心化措施和手段，本研究关注的重点是由社会民主党执政的联邦州在哪些领域活跃，基督教民主联盟执政的联邦州在哪些领域不活跃；对于新的调控措施和手段，关注重点则相反（图7.6），社会民主党执政的联邦州（莱茵兰-普法尔茨州、汉堡市、石勒苏益格-荷尔斯泰因州、不来梅市和北莱茵-威斯特法伦州）较少采用哪一个调控领域的措施和手段，基督教民主联盟长期执政的联邦州（巴登-符腾堡州、巴伐利亚州、黑森州、梅克伦堡-前波莫瑞州、萨克森州、萨克森-安哈尔特州和图林根州）多采用哪一个调控领域的措施和手段？

"学校自主"相关措施和手段总体采用次数略高于平均水平的由社会民主党执政的联邦州，对新的调控措施和手段的采用次数较少，主要体现在这两个方面：通过支持性措施和问责制度进行调控。只有莱茵兰-普法尔茨州的情况有些不同，该联邦州对新调控措施和手段的采用次数较少主要体现在引导反思领域。对于可能导致学校内部权力重新分配的措施和手段，莱茵兰-普法尔茨州非常谨慎[①]。"学校自主"相关措施和手段总体采用次数略高于平均水平的由社会民主党执政的联邦州当中，对支持性措施采用次数较少的主要是汉堡市和不来梅市。然而，由于柏林市作为总体采用次数高的城市州，对该领域的措施和手段采用次数下降，可以推断，与其说是该领域的措施和手段本身的原因，不如说是城市州自身特殊条件的原因。对城市州来说，行政管理集中化是不可能的——教育行政管理部门的组织架构一直是扁平化的。也可以认为，向活跃在某些领域的学校额外分配资源，可能是直接的，而没有以书面形式记录或发布。由社会民主党执政的联邦州中，只有北莱茵-威斯特法伦州和不来梅市通过问责制度进行调控的活动较少[②]。

[①] 然而，这一情况也在一定程度上由莱茵兰-普法尔茨州自身的发展情况所致。与其他联邦州不同，在莱茵兰-普法尔茨州，家长影响力的提高不是通过加强学校会议的重要性，而是通过直接扩大家长代表的权限。由于这一措施在全德国范围内独一无二，所以未将其纳入"学校自主"政策理念在各联邦州的扩散分析中。

[②] 北莱茵-威斯特法伦州的情况也可能是由于，在2004年12月，该联邦州政府正准备对学校法进行深度修订和调整，所以导致政策采用活动普遍减少。由于该联邦州议会相关修订程序一直持续到2005年5月，所以部分"迟到"的政策未能纳入本研究。

在通过问责制度调控方面，只有萨尔州和图林根州采用相关措施和手段的次数较少，而其他联邦州的采用次数都几乎相同，黑森州显得更积极一些。

以上数据及分析表明，基督教民主联盟执政的各联邦州采用新的调控措施和手段的次数更多。然而，观察到的数据之间的差异太小、太不一致，所以无法说明各联邦州的"学校自主"相关措施和手段的差异与执政党派存在系统性关联。相反，似乎可以推测，城市州的活跃程度较高。但是，城市州和非城市州之间的差异也不够明显，不足以认为城市州和非城市州对"学校自主"政策理念存在不同理解。

综上所述，在实施"学校自主"政策理念的过程中，各联邦州有不同做法。然而，差异更多体现在措施和手段总体采用情况，而不是各联邦州对"学校自主"的理解存在明显偏差。可以说，在德国扩散的"学校自主"政策理念既是单一的，又是多方面的、复杂的[①]。这一结论是对研究时间范围内德国"学校自主"政策理念的明确诊断。在"学校自主"政策理念的扩散过程中，一些联邦州是否对"学校自主"政策理念的扩散起推动作用，或者是否可以认定"学校自主"政策理念在扩散过程中是相互竞争、多样化的，本节还无法做出判断。做出判断的前提是对各联邦州采用"学校自主"相关措施和手段的实施时间、范围进行总结和分析，下文将对此进行讨论。

7.3 各联邦州"学校自主"政策理念的扩散过程

前文围绕各联邦州"学校自主"的特点与执政党派的关联展开的讨论

[①] 本研究也对基督教民主联盟执政时间较长的联邦州或社会民主党执政时间较长的联邦州在"学校自主"相关措施和手段采用方面的差异进行比较，仍然未能得出不同结论。"学校自主"不同领域的7项措施（确定学科领域、工作量核算方式、绩效奖金、学校管理结构新形式、节余经费、授权缔结法律协议、平行考试）的采用次数统计中，不同联邦州确实存在差异——由社会民主党执政时间较长的联邦州，其采用相关措施和手段的次数是另一政党执政的联邦州的4倍。然而，这些措施未能形成单独、一致的理念。因此，尽管可以确定各党派对个别措施和手段存在偏好，并且向学校转移权限的程度不同，但未发现关于各联邦州的"学校自主"存在党派倾向。

忽略了州政府及执政党派可能会随着时间而改变这种情况。黑森州的情况可以体现这一点。1991年2月至1999年2月，黑森州由社会民主党执政；从1999年2月开始，该联邦州由基督教民主联盟执政。但前文只讨论了1990年10月至2004年12月"学校自主"政策理念在黑森州扩散情况。那么，相关情况应与哪个政党有关？某项规定最初是在什么时候、由哪个政党提出的？①

这正是本节所要讨论的问题："学校自主"相关措施和手段在什么时间被联邦州采用？采用次数是多少？然而，本节将不会对"学校自主"相关措施和手段采用时间和执政党派的执政时间进行比较。为了研究政党对"学校自主"政策理念在德国各联邦州扩散情况的影响，第8章将采用更精确的数学方法，将相对影响因素纳入研究。即使没有党派、措施和手段所属领域的区分，仅仅分析各联邦州政策理念扩散情况就已相当复杂，下一节将统计各联邦州"学校自主"不同领域的创新指数（7.4）。

本节将只讨论是否可以根据"学校自主"政策理念在各联邦州的具体扩散过程（图7.7），归纳出不同的行动策略。

本节既不讨论联邦州"学校自主"政策理念的扩散过程，也不讨论各联邦州所选择的"学校自主"相关措施和手段所属的领域。本节主要对1990年10月至2004年12月"学校自主"政策理念在德国各联邦州扩散过程中可观察到的多样性进行分类，以便进行深入讨论。在德国，是否有较早行动的联邦州，以及特别犹豫不决的联邦州（7.3.1）？各联邦州对"学校自主"相关措施和手段的实施，是持续的还是不持续的？是分步式的还是累积式的（7.3.2）？"学校自主"政策理念在德国扩散的2个阶段，即1997年和2002年的活动高峰，是否也同样反映在联邦州一级（7.3.3）？图7.7展示的"学校自主"政策理念在各联邦州的扩散情况，是讨论上述问题的基础。

---

① 因此，上文仅把由基督教民主联盟执政的联邦州称为"基督教民主联盟执政时间较长的联邦州"，避免完全排除社会民主党临时执政时的情况。

238 | 德国教育体系中的创新路径——"学校自主"理念在各联邦州扩散状况的比较

(a) 勃兰登堡州采用"学校自主"相关措施和手段的次数

(b) 柏林市采用"学校自主"相关措施和手段的次数

(c) 巴登-符腾堡州采用"学校自主"相关措施和手段的次数

(d) 巴伐利亚州采用"学校自主"相关措施和手段的次数

(e) 不来梅市采用"学校自主"相关措施和手段的次数

(f) 黑森州采用"学校自主"相关措施和手段的次数

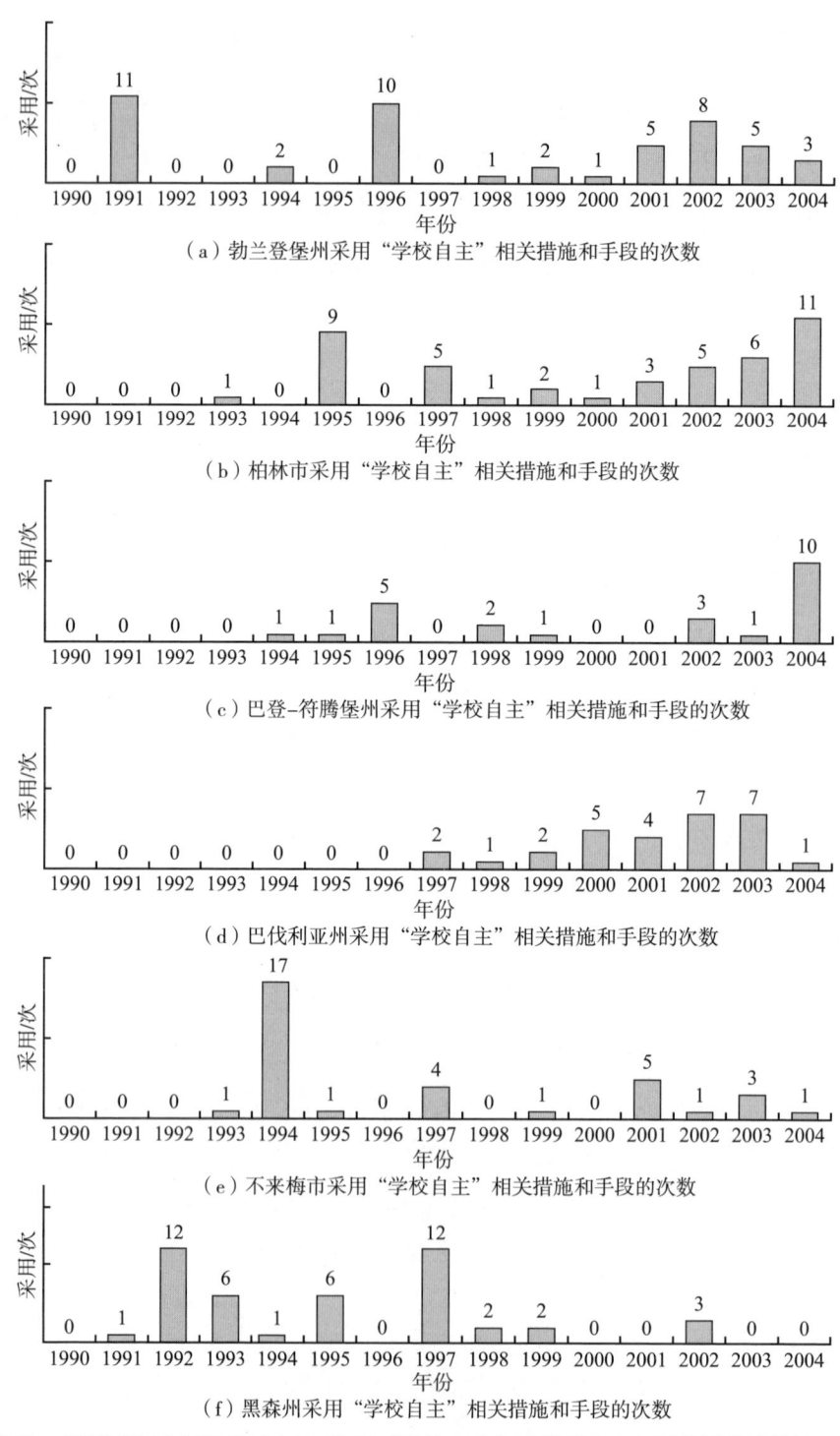

图 7.7　1990 年 10 月至 2004 年 12 月"学校自主"政策理念在各联邦州的扩散情况
（64 项措施和手段，首次采用）

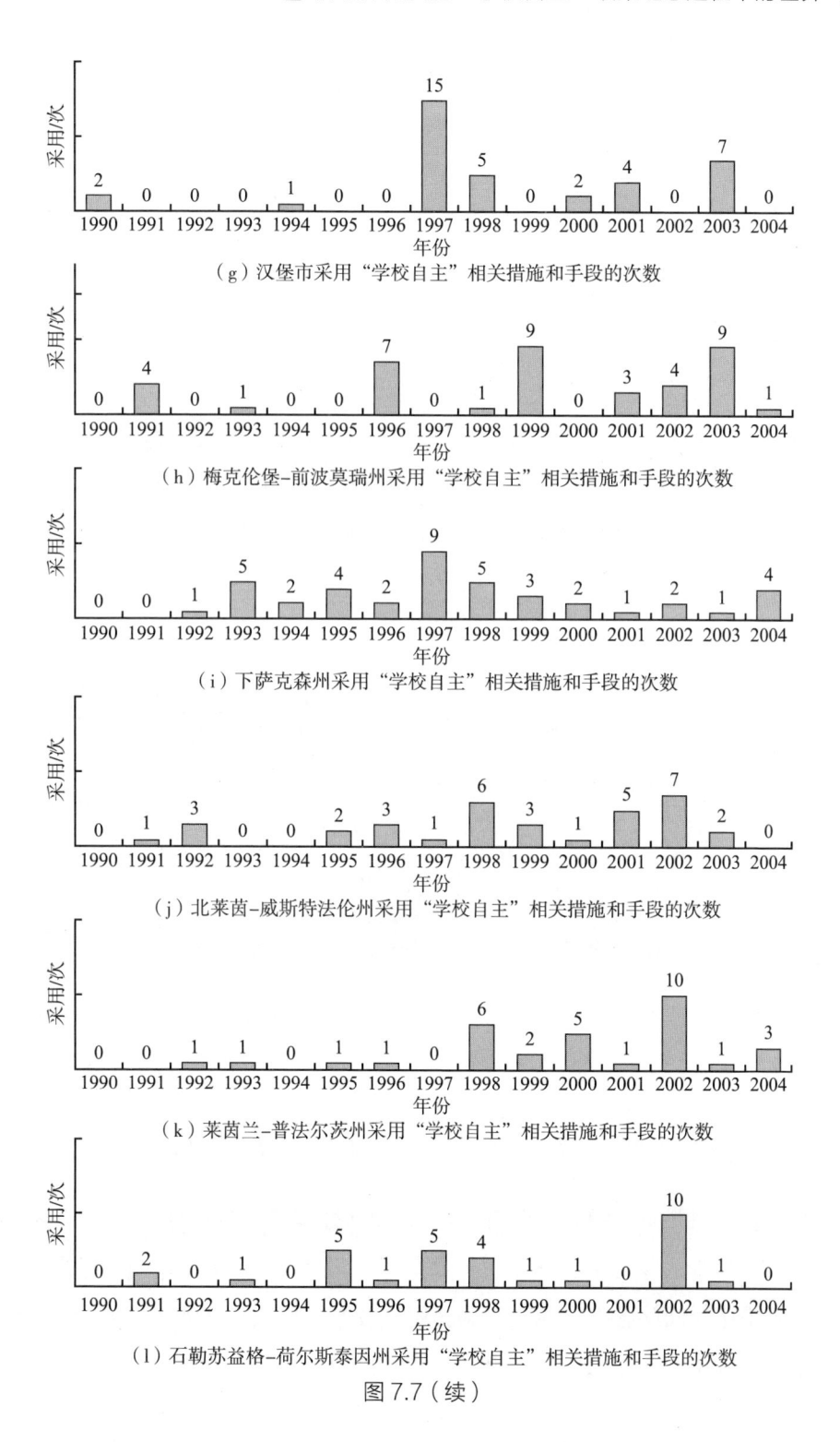

7 各联邦州实施"学校自主"政策理念过程中的差异 | 239

（g）汉堡市采用"学校自主"相关措施和手段的次数

（h）梅克伦堡–前波莫瑞州采用"学校自主"相关措施和手段的次数

（i）下萨克森州采用"学校自主"相关措施和手段的次数

（j）北莱茵–威斯特法伦州采用"学校自主"相关措施和手段的次数

（k）莱茵兰–普法尔茨州采用"学校自主"相关措施和手段的次数

（l）石勒苏益格–荷尔斯泰因州采用"学校自主"相关措施和手段的次数

图 7.7（续）

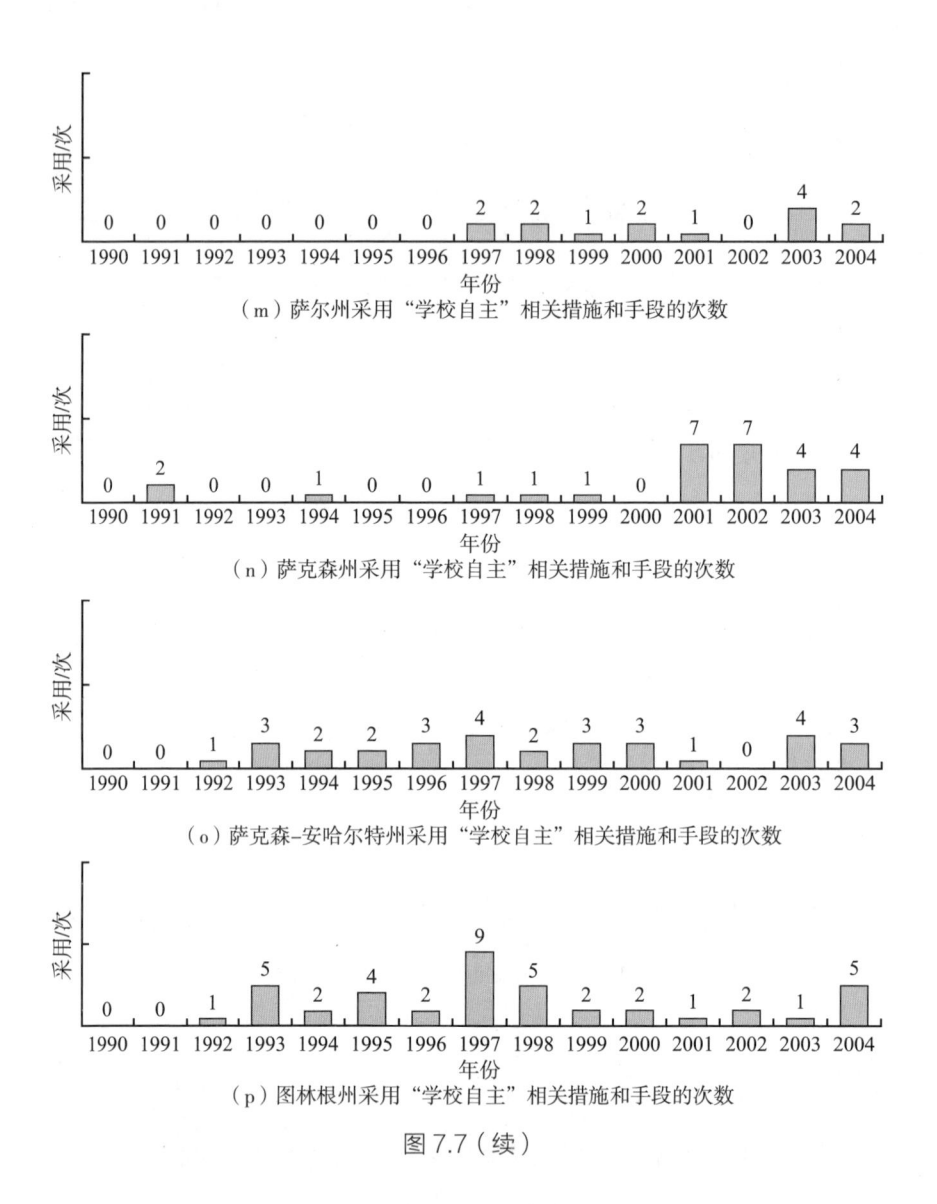

（m）萨尔州采用"学校自主"相关措施和手段的次数

（n）萨克森州采用"学校自主"相关措施和手段的次数

（o）萨克森-安哈尔特州采用"学校自主"相关措施和手段的次数

（p）图林根州采用"学校自主"相关措施和手段的次数

图 7.7（续）

7.3.1 各联邦州开始采用"学校自主"政策理念的时间

各联邦州开始采用"学校自主"政策理念的时间非常不同。如果不考虑采用次数较少的年份的特殊情况（某些年份最多采用4次），则可以直接根据开始采用时间将各个联邦州分为3组：较早采用组（1990年10月至1994年12月），中期采用组（1995年1月至1999年12月）和较晚采用组（2000

年 1 月至 2004 年 12 月)(表 7.4)。

表 7.4　各联邦州 "学校自主" 相关措施和手段采用时间分布
（首次采用，64 项措施和手段）[①]

时间分组	联邦州数量 / 个	联 邦 州
1990—1994 年	4	勃兰登堡州、不来梅市、黑森州、下萨克森州
1995—1999 年	9	柏林市、巴登－符腾堡州、汉堡市、梅克伦堡－前波莫瑞州、北莱茵－威斯特法伦州、莱茵兰－普法尔茨州、石勒苏益格－荷尔斯泰因州、萨克森－安哈尔特州、图林根州
2000—2004 年	3	巴伐利亚州、萨尔州、萨克森州

注：观察 "学校自主" 相关措施和手段在各联邦州扩散的曲线，可以发现从某一采用 "峰值" 到采用 "低谷" 的时间间隔基本没有超过 4 年的，所以选择 4 年作为划分标准。

在不同时间分组内，各联邦州采用 "学校自主" 相关措施和手段采用次数正态分布：大多数联邦州从研究中期开始实施 "学校自主" 相关措施和手段，少数联邦州特别早或特别晚开始行动。罗杰斯用类似的正态分布区分社会体系内 5 种类型的创新适应者（2.1.5）(图 2.1)：创新者（<–2 个标准差）、先驱者（<–1 个标准差）、较早或较晚适应创新的大部分人（>–1 或 <+1 个标准差）和迟缓者（>+1 个标准差）。依据罗杰斯的理论，也可以认为此处发现的各联邦州开始采用时间反映了各联邦州在 "学校自主" 方面的创新性。根据开始采用时间划分的 3 组可以分别解释为先驱者（1990—1994 年）、跟随者（1995—1999 年）和迟缓者（2000—2004 年）。

值得注意的是，被归入特别早的适应者（先驱者）的联邦州，大部分也是采用次数总数较高的联邦州。只有不来梅市很早就采取了相关措施和手段，但就采用次数总数没有像其他先驱者那样突出。相反，在柏林市，尽管首次采用出现得较晚，但它仍然属于 "学校自主" 政策行动特别活跃的联邦州之一。

迟缓者（2000 年后才出现首次采用）全部由采用次数总数低于平均水平的联邦州组成。当然，这也可能表明有些联邦州尚未完成相关措施和手段的采用。毕竟，以试行方式实施 "学校自主" 相关措施和手段（图 7.3）的次数也比较高，特别是在巴伐利亚州。

7.3.2　各联邦州实施"学校自主"政策理念的策略

各联邦州在扩散"学校自主"政策理念方面的差异不仅体现在首次开始采用"学校自主"相关措施和手段的时间上，也体现在实施策略上。"学校自主"政策理念是否作为整体引进（采用情况在统计图表上集中反映在个别年份，即一揽子方案）？还是各联邦州对该政策理念的引进是累积式的（体现为一连串跨越多年的政策采用活动）？

尽管以上两种"学校自主"政策理念的实施策略似乎完全不同，但要把各联邦州的实施策略明确归类并不容易。在德国各联邦州中，只有在不来梅市才能看到将"学校自主"政策理念作为整体分步实施的做法。在不来梅市，1994年有17项措施和手段被采用后，1997年和2001年分别有4项和5项措施和手段被采用，较前后两三年有小幅增加，但无法将此视为累积式政策采用活动。在黑森州，可以发现有2个年份（1992年和1997年）采用次数明显高于其他年份，这表明黑森州的"学校自主"政策理念的实施策略是分步走的一揽子方案。勃兰登堡州也采取了类似的循序渐进方式，在1991年和1996年出现措施和手段采用高峰，但从1998年起表现为累积式实施。此外，巴登-符腾堡州在1996年和2004年出现措施和手段采用高峰。然而，早期采用高峰并不明显，不足以将其明确解释为一个单一事件。与此同时，总体采用次数太少、太分散，不能将其解释为累积式实施，即使是阶段性的累积式实施都还谈不上。因此，应谨慎看待对各联邦州实施"学校自主"政策理念实施策略的分类（表7.5）。在表7.5中，我们单设一列，列出实施策略难以符合理想分类标准的联邦州，从而降低分类难度。

对德国联邦州实施"学校自主"政策理念的策略进行比较，结果表明，累积式实施策略略微更受欢迎。同样的数量对比情况也出现在符合理想分类标准的联邦州中，采取累积式实施策略的有4个联邦州，而采用分步式实施策略的有2个联邦州。对此可以这样解读：一揽子方案意味着对不同措施和

表 7.5 1990 年 10 月至 2004 年 12 月各联邦州实施"学校自主"政策理念的策略
（首次采用，64 项措施和手段）

实施策略	联邦州数量/个	符合理想分类标准的联邦州	其他联邦州
分步式	5	不来梅市、黑森州	巴登－符腾堡州、汉堡市、莱茵兰－普法尔茨州
累积式	7	巴伐利亚州、下萨克森州、北莱茵－威斯特法伦州、萨克森－安哈尔特州	萨尔州、萨克森州、图林根州
其他策略	4	勃兰登堡州、柏林市、石勒苏益格－荷尔斯泰因州	梅克伦堡－前波莫瑞州

手段的整合，而累积式策略是基于单项措施和手段自身的吸引力。然而，很难从联邦州具体特征的角度来解释以上分组情况。从执政党派、区域位置、面积大小、人口密度和人口规模看，均无法找到确切的原因[①]。即使只考虑符合理想分类标准的联邦州，这种归因分析也是不可能的。但还是可以看出，各联邦州的实施策略与其在创新过程中的阶段性情况基本一致。从根据首次采用的时间进行分组的情况来看，不来梅市和黑森州是先驱州（表 7.4）。采用一揽子方案的做法也表明，这 2 个联邦州的早期活动伴随着高度的措施和手段的整合。同为先驱州的勃兰登堡州情况也是如此，只是没有出现在符合理想分类标准的分步式实施策略的联邦州中，因为它从 1998 年开始将实施策略调整为持续的累积式实施。相比之下，下萨克森州作为先驱州的地位似乎相当值得怀疑。毕竟，它早期采用次数相当少[②]，但在研究中期（1994—1999 年）比较活跃。

有 4 个联邦州的实施策略无法归入以上 2 种"学校自主"政策理念实施策略，因为随着时间的推移，它们的实施策略从一种变为另一种。这其中包括上文已讨论勃兰登堡州的模式（先采用分步式，后采用累积式）；而柏林

[①] 第 8 章将对此做出进一步解释。

[②] 1990 年 10 月至 1994 年 12 月，下萨克森州共计只有 8 次采用，而明显不是先驱州的图林根州也有 7 次采用。相反，在勃兰登堡州、不来梅市和黑森州等先驱州，分别有 11 次、18 次和 20 次采用。这表明，不仅是对下萨克森州，甚至对勃兰登堡州来说，先驱州的地位都是相对的。

市作为邻州，也呈现类似特征，但时间上略微滞后。柏林市早期曾有相关采用（1995年的试点项目"扩大学校的独立性"）(Avenarius/Döbert, 1998)，而从2000年开始，"学校自主"相关措施和手段采用呈累积式增长，最终在2004年出现新的试点项目和新的学校法。梅克伦堡－前波莫瑞州也有相同情况，但具有更大的不确定性。在该联邦州，1996年和1999年都出现过措施和手段采用高峰，2001年后呈现采用次数持续增长的趋势。石勒苏益格－荷尔斯泰因州的情况恰恰相反。该联邦州早在1991年就开始采用累积式实施，1995—1998年曾出现相对高峰，2000年之后采用次数明显增加。

以上各联邦州的扩散趋势也可以结合德国"学校自主"政策理念的整体扩散曲线来解释。有没有可能，石勒苏益格－荷尔斯泰因州在1998年和1999年后持续累积实施"学校自主"相关措施和手段时曾遇到暂时的阻碍，直到2001年和2002年才克服相关阻碍，而后呈现爆发式增长？

7.3.3　2000年采用次数的下降

本节将专门研究个别联邦州对德国"学校自主"政策理念的总体扩散曲线做出的贡献（图6.1）

根据2000年相关措施和手段的采用次数是否下降，将德国联邦州分为2组（表7.6）。

表7.6　2000年"学校自主"相关措施和手段采用次数下降及未下降的联邦州
（64项措施和手段，首次采用）

低谷值是否出现在2000年	联邦州数量/个	联 邦 州
是	12	勃兰登堡州、柏林市、巴登－符腾堡州、不来梅市、黑森州、汉堡市、梅克伦堡－前波莫瑞州、下萨克森州、北莱茵－威斯特法伦州、石勒苏益格－荷尔斯泰因州、萨克森州、图林根州
否	4	巴伐利亚州、莱茵兰－普法尔茨州、萨尔州、萨克森－安哈尔特州

在16个联邦州中，有12个联邦州的采用次数在2000年下降，这可以体

现出德国"学校自主"政策理念扩散的总体趋势。首先，这一趋势的清晰性令人惊讶。一方面，TIMSS 和 PISA 结果的公布的确带来全德国教育政策的改革。另一方面，有 4 个联邦州似乎未受德国教育政策整体变化的影响，它们分别是巴伐利亚州、莱茵兰－普法尔茨州、萨克森－安哈尔特州和萨尔州。

将萨尔州归入低谷值未出现在 2000 年这一组，是分类标准带来的结果。实际上，该联邦州在 2000 年前后的采用次数均不足以得出 2000 年采用次数出现下降的结论。在莱茵兰－普法尔茨州和萨克森－安哈尔特州，低谷值出现的年份推迟了 1 年左右；而在巴伐利亚州，2001 年的采用次数也略有减少。

对于低谷值未出现在 2000 年这一组，有一点值得强调。莱茵兰－普法尔茨州和巴伐利亚州与"学校自主"相关的最早的政策采用行动分别出现在 1998 和 1999 年，萨克森－安哈尔特州和萨尔州的情况类似。在德国各联邦州中，只有萨克森州的"学校自主"相关行动开始得更晚（2001 年年底），其他各联邦州在 1998 年之前均已相当活跃或比较活跃。莱茵兰－普法尔茨州和巴伐利亚州采用高峰出现滞后，既有学习、跟随滞后的原因，也有其内部条件的影响。例如，巴伐利亚州于 1998 年举行选举，该联邦州文教部部长、国务秘书和其他高级官员均发生变化。此外，与总体趋势相反的活动曲线也可以被解释为该联邦州尝试并成功重塑"学校自主"政策理念的标志，而这恰恰可以在以前不活跃的联邦州中发生。例如，在巴伐利亚州和莱茵兰－普法尔茨州，对"学校自主"政策理念具有提高学校质量和学生成绩的潜力的认识不受以往政策的约束，因此政府可以更早更快地将"学校自主"政策理念的认知和采用联系在一起。巴伐利亚州和莱茵兰－普法尔茨州"不合时宜"地采取了"学校自主"相关措施和手段，这至少传达了一个信息：即使在 TIMSS 结果公布后，也有可能实施"学校自主"政策理念。作为传统上由联盟党执政的联邦州，巴伐利亚州仅凭其人口就在各联邦州教育政策协同发展中占有重要地位。而该联邦州采用"学校自主"相关措施和手段的次数并未明显减少，更对其他联邦州形成了重要影响。

定量分析的结果显示，相关结果只能通过定性的深入分析来检验和证实。从这方面讲，本节的结论仍然只是假设。

（1）根据各联邦州扩散过程可以将联邦州划分为3组（先驱者、跟随者、犹豫者）。勃兰登堡州、不来梅市、黑森州和下萨克森州可以被视为"学校自主"方面的先驱者，巴伐利亚州、萨克森州和萨尔州则是犹豫者。

（2）实施"学校自主"政策理念的实施策略有2种：一种是作为一揽子方案分步实施，另一种是累积式实施。德国各联邦州的实施策略均可较顺利地归入这两种。其中有4个联邦州在研究时间范围内发生过策略转变，2种策略都有涉及。按照一揽子方案分步实施"学校自主"政策理念的做法基于以下假设，即"学校自主"相关措施和手段可以从概念上整合起来。这种做法在黑森州、不来梅市及勃兰登堡州等先驱州尤为明显。必须相应做出说明的是，德国最初引入的"学校自主"政策理念包含了各种行动概念。然而，各联邦州对各种行动概念的采用不太明确、较为含蓄，而且仅仅是追随其他联邦州采取行动。

（3）在16个联邦州中，有12个联邦州的"学校自主"政策理念采用活动受到教育政策大环境变化的共同影响。措施和手段采用次数的数据显示，只有巴伐利亚州、莱茵兰－普法尔茨州、萨克森－安哈尔特州和萨尔州2000年不存在措施和手段采用次数明显减少的情况。对巴伐利亚州和莱茵兰－普法尔茨州而言，这可以解释为这2个联邦州可能对2002年出现"学校自主"政策理念的二次采用高峰起到了引导作用。对此需要做进一步研究，尤其是对政策行动者的调查。

7.4 各联邦州与"学校自主"政策理念相关的创新指数

截至2004年12月，将勃兰登堡州、不来梅市、黑森州和下萨克森州确定为德国"学校自主"政策理念的先驱州，只是基于该政策理念在各联邦州的扩散情况。一方面，这一结论非常容易出错；另一方面，对于这些联邦州是否在"学校自主"各领域均处于先驱地位，这一结论可能不够准确。上文的讨论中已经提及了可能的误差来源。从 1990 年 10 月到 2004 年 12 月，下萨克森州只比图林根州多一次采用活动（分别为 8 次和 7 次采用）——而后者的采用活动只是过于连续，因此不够突出，不能被认定为"学校自主"政策活动的先驱者。在这样的情况下，下萨克森州还可以被认为是特别创新的联邦州吗？统计数据所呈现的旧联邦州对"学校自主"政策理念的认识，难道不受研究时间范围的影响吗？毕竟，1990 年 10 月之前的政策采用活动未体现在各联邦州的采用情况统计中。统计数据的可靠性如何？对"学校自主"各个领域而言，各项数据是否准确？在问责制度领域，巴伐利亚州和巴登-符腾堡州难道不会比勃兰登堡州或不来梅市更有可能成为先驱者吗？

本节将通过补充分析相关数据来解决以上疑问。本节的目的是检验、量化和区分上一节对各联邦州在"学校自主"方面创新性的判断。哪些联邦州始终是先驱者、追随者或迟缓者？

本节对本研究的数据集再次做出专门评估，以挖掘其可能性。通过各项法规的颁布日期，我们可以确定在 1990 年 10 月之后哪一个联邦州首次将哪一种做法纳入学校法。对于 1990 年之前已经能够正式在某些方面开展活动的旧联邦州来说，其与"学校自主"政策理念有关的学校法的初始状态是基于 1990 年 10 月的情况确定的。因此，本研究的数据集尽管记录了 1990 年 10 月某一旧联邦州中是否存在与"学校自主"有关的早期活动，但并未系统记录相关法规首次采用的确切时间[①]。无论如何，基于此前数据才可以观察得出，1990 年 10 月后各联邦州在"学校自主"各个领域经过多长时间才出现首次采用行为。

本节利用这些数据，生成与"学校自主"政策理念相关的创新指数。该

---

① 在讨论旧联邦州的早期"学校自主"时（图 7.2 和表 7.1）已考虑到这一情况，所采取的解决方法是仅在确定事先没有相应法规的情况下才会标注首次采用的年份。因此，不确定的是，根据法规变化而标注的新引入的法规，是否在此前已被废除。然而，对于 64 项"学校自主"相关措施和手段来说，出现此前被废除，后又重新引入的情况是不太可能的。另外，对于那些因早期采用而被排除在时间范围外的措施和手段，可以观察到一定程度的反复。特别是在黑森州，执政党从社会民主党转为基督教民主盟，似乎也带来教育政策的动荡和教育组织方面的细节问题（学习领域、不以 45 分钟为教学周期）。

指数显示了每个联邦州在采用"学校自主"相关措施和手段之前平均需要多长时间。相比于犹豫不决、活动不积极的联邦州，行动更迅速、更广泛的联邦州的创新指数应该更低。

本研究以月数而非天数来统计采用相关措施和手段需要的时间。这样统计的好处是：一方面，考虑到在一个联邦州采用相关措施和手段后，另一个联邦州不会立即发生采用事件（学校法的修订需要时间）；另一方面，可以避免以天为单位而造成的数据大量堆积在统计图表内而无法区分。在表格中，研究人员将每个联邦州每项措施首次采用与参考起始点之间相距的月数间隔相加。用于判断是否到达一个月时间间隔的参考起始点，是每项措施在1990年10月至2004年12月首次采用的时间点——也就是说，每项措施的参考起始点不同。不同措施的开始扩散时间点不同，因而形成不同的时间窗口。通过以上数据统计方式，可以更准确地反映各联邦州采用相关措施和手段的情况。

选择这一统计方式还有一个理由：可以将各联邦州未采用相关措施和手段的情况也反映在指数中。为此，本研究为所有相关措施和手段确定了一个分值，如果一个联邦州在2004年12月之前不采用某一措施或手段，就必须将该分值纳入其中。本研究将该分值统一确定为该措施或手段在研究时间范围内首次出现的时间与2004年12月之间相隔的月数，再加1。因此，各联邦州不采取行动的情况在数量上的体现是不同的，这取决于相关措施或手段的新颖程度。也就是说，某一联邦州的不作为是否可以被看作对相关措施或手段有意识的放弃，因为按道理它已有足够时间做出采取或不采取行动的决定。不能排除的是，如果某一措施或手段出现的时间较晚，则并非所有有行动意愿的联邦州都能在2004年年底前有足够时间采取行动。

对于各联邦州在1990年10月之前就已采用的措施和手段，没有赋予额外的时间分值。也就是说，在计算各联邦州采用相关措施和手段所需平均时间时，早于1990年措施和手段的采用被记为0分。虽然这意味着未将各联邦州的早期的"学校自主"政策行动包括在内，但这一计算方式似乎是一种比较合理的折中办法。毕竟，不能明确保证所有早期政策行动都是在"学校自主"政策理念框架下开展的。例如，石勒苏益格－荷尔斯泰因州早期采用的教育报告这一做法，显然独立于"学校自主"政策理念；但是，作为延续至今的做法，石勒苏益格－荷尔斯泰因州无须再于 2000 年初通过修改学校法来实施基于指标的教育报告，而是在以前规定的框架内完成。20 世纪 90 年代初，4 个新联邦州引入初中毕业统一考试，这也被认为是早期的政策行动。这一认定方式是以对各项措施和手段扩散过程的分析（6.2）为基础的。根据这一分析，组织初中毕业统一考试的做法在两个不连续的时间阶段内扩散，其中只有 TIMSS 和 PISA 结果公布后的扩散被认定为与"学校自主"政策理念有关。

本研究还记录了各联邦州"学校自主"相关的措施和手段的采用与该措施和手段开始扩散时间点的累计时间间隔，包括采用和未采用（表 7.7）；各联邦州的创新指数是由这两个分值计算得出的，并与各联邦州平均分值（100）进行比较。创新性高于平均水平的联邦州这一指数小于 100，创新性低于平均水平的联邦州这一指数大于 100。

表 7.7　各联邦州"学校自主"政策理念相关的创新指数（64 项措施和手段）

联 邦 州	采用措施和手段数量 / 项		累计时长 / 月数		创新指数
	1990 年后	早于 1990 年	采用	未采用	
勃兰登堡州	48	0	2700	1746	79
柏林市	44	1	3392	2339	102
巴登－符腾堡州	24	2	1994	5057	125
巴伐利亚州	29	2	2633	4390	124
不来梅市	35	4	1468	3237	83
黑森州	45	1	979	2083	54
汉堡市	36	1	2255	3325	99
梅克伦堡－前波莫瑞州	39	1	2726	2997	101
下萨克森州	41	7	1856	2143	71
北莱茵－威斯特法伦州	34	4	1934	3481	96
莱茵兰－普法尔茨州	32	4	2505	3443	105
石勒苏益格－荷尔斯泰因州	32	6	1757	3392	91

续表

联邦州	采用措施和手段数量/项		累计时长/月数		创新指数
	1990年后	早于1990年	采用	未采用	
萨尔州	14	2	1033	6391	132
萨克森州	28	1	2586	4504	126
萨克森–安哈尔特州	31	1	1806	4088	104
图林根州	26	1	1554	4491	107

注：梅克伦堡–前波莫瑞州、萨克森州、萨克森–安哈尔特州、图林根州在1990年之前便实施了初中毕业统一考试。

比较各联邦州"学校自主"政策理念相关的创新指数后发现，各联邦州之间差异较大：黑森州最低，为54；而萨尔州最高，达到132。8个联邦州的创新指数在90～110这一区间；另外8个联邦州中，4个联邦州出现负向偏离，4个联邦州出现正向偏离[①]。

根据创新指数的分布，建议将德国各联邦州分为6种不同类型的创新者（图7.8）。

本研究再次借鉴了罗杰斯提出的理论（2.1.5）。此外，用于划定各个组别的间隔也大致满足罗杰斯提出的具体标准（根据正态分布和标准差进行分类）。

在德国16个联邦州中，9个联邦州被归为早期或晚期适应者群体，2个联邦州为先驱者（下萨克森州和勃兰登堡州），1个联邦州为杰出创新者（黑森州）。有4个联邦州被贴上"迟缓者"的标签（巴登–符腾堡州、巴伐利亚州、萨尔州、萨克森州）；但没有一个联邦州的创新指数高到可以归为抵触者。黑森州是德国遥遥领先的创新者，创新指数为54。下萨克森州作为"学校自主"相关创新性居第二位的联邦州（创新指数为71），与黑森州差距明显。同样类似的巨大差距，只存在于晚期适应者群体和

---

① 在计算创新指数时，还需要考虑已实施的"学校自主"相关措施和手段被取消的情况，因而必须因某一创新措施和手段是暂时性的而减少创新分值，以下对各联邦州创新分值和创新特色的观察和评估仍然不会发生明显变化。

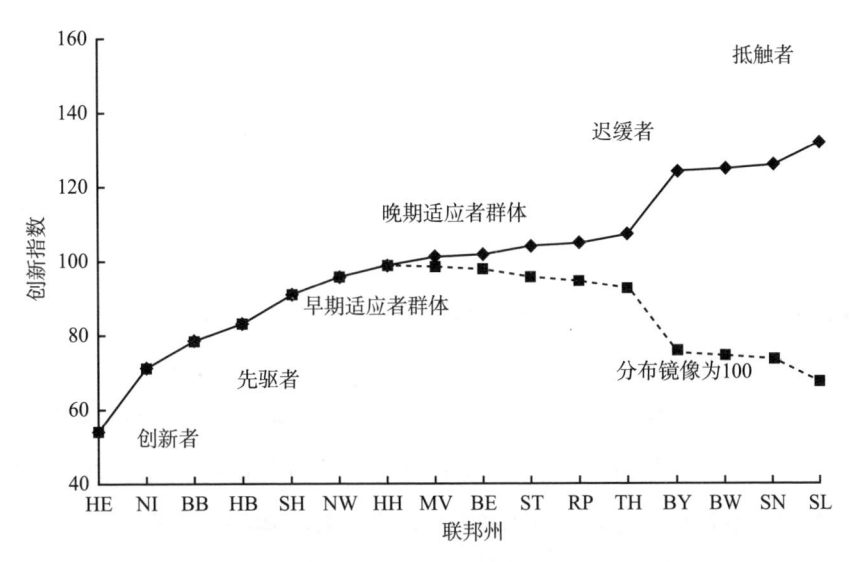

图 7.8 各联邦州创新指数分布及作为创新者的分类

HE—黑森州；NI—下萨克森州；BB—勃兰登堡州；HB—不来梅市；SH—石勒苏益格-荷尔斯泰因州；NW—北莱茵-威斯特法伦州；HH—汉堡市；MV—梅克伦堡-前波莫瑞州；BE—柏林市；ST—萨克森-安哈尔特州；RP—莱茵兰-普法尔茨州；TH—图林根州；BY—巴伐利亚州；BW—巴登-符腾堡州；SN—萨克森州；SL—萨尔州

迟缓者之间，如图林根州（创新指数为 107）和巴伐利亚州（创新指数为 124）。

与此前基于总体采用次数（图 7.1）或活跃时间（图 7.7）的排名情况相比，各联邦州创新指数的排名发生了明显变化。从形式上看，创新指数是两种观察结果的加权组合：更积极参与政策采用的联邦州，其采用措施和手段的累计月数通常小于相关措施和手段的总扩散期。然而，如果某些联邦州的政策采用活动开始得较晚，那么由积极参与带来的排名提升将不如早期采用及采用多样化措施和手段那么明显。

特别值得注意的是，柏林市在"学校自主"政策理念采用方面特别活跃，但是其创新指数反映出来的创新性并不高。柏林市的政策采用活动出现得相当晚，相应地，其创新指数（102）说明其创新性也略低于平均水平。梅克伦堡－前波莫瑞州总体采用次数不少，但现在却被划入晚期适应者群体。此外，巴登－符腾堡州虽然在 1995—1999 年就已开始采用"学校自主"政策理念，但是其创新性水平不高。从总体采用次数看，该联邦州早期政策行动似乎太少，或者较少有真正属于创新的行为。因此，该联邦州只能被归入迟缓者。

还应指出的是，图林根州的地位有所提升。虽然其总体采用次数接近巴登－符腾堡州和巴伐利亚州（图 7.1），但在创新指数的排名中，该联邦州与萨克森－安哈尔特州、莱茵兰－普法尔茨州、柏林市和梅克伦堡－前波莫瑞州等更加接近。

创新指数是描述各联邦州创新性的指标，比之前的分组能更清楚地体现德国各联邦州教育政策采用潜力在区域分布上的不均衡。德国西北部各联邦州更加积极地推动"学校自主"政策理念的采用。但勃兰登堡州似乎是一个例外。在 1990 年德国统一后制定新的学校法时，该联邦州与北莱茵－威斯特法伦州教育行政管理部门的密切关系可能具有重要意义，这在当时导致大量人员涌入勃兰登堡州（Anders，1995）。

德国东部和南部各联邦州创新性低于平均水平。莱茵兰－普法尔茨州是唯一一个创新指数在 101—110 这一区间且南部边境与外国相邻的联邦州。其他所有南部边境与外国相邻的联邦州，都对"学校自主"政策理念明显表示出犹豫不决的特征。

然而，要从执政党角度分析各联邦州创新性特点并不容易。例如，萨尔州和莱茵兰－普法尔茨州在 20 世纪 90 年代均由社会民主党领导。但是相当引人注目的是，所有创新性高于平均水平的联邦州（创新指数 <100）都有一个共同点，即在 1991—1995 年完全由社会民主党执政。在这些联邦州中，不来梅市直到 1995 年选举之后，基督教民主联盟才进入政府（社会民主党领导的大联盟执政），勃兰登堡州在 2000 年选举后也出现同样情况。而直到 1999 年，只有黑森州出现了执政党由社会民主党到基督教民主联盟的变化。相比之下，在创新性低于平均水平的联邦州中，20 世纪 90 年代前期的执政党均为联盟党，萨尔州和莱茵兰－普法尔茨州除外。巴伐利亚州、巴登－符腾堡州和萨克森州被归为迟缓者，而在这些联邦州，联盟党始终占据州长一

席。只有在巴登－符腾堡州，1992—1995 年曾由基督教民主联盟领导的大联盟执政[①]。

创新指数不仅可以用于整体分析各联邦州创新措施和手段采用情况，也可以用于比较分析"学校自主"各个领域的创新指数（7.4.1，7.4.2），以及 1990 年 10 月以后首次采用的措施和手段的创新指数（7.4.3）。

下文还将讨论创新指数是否可以体现出扩散过程不同"学校自主"概念相互之间的竞争。例如，某些联邦州实施"学校自主"相关措施和手段的情况在 2004 年时可能没有差异，但随着时间推移过程中，可能存在不同的实施顺序和侧重点。因此，创新指数对上一节的分析也是一个补充。

7.4.1 "学校自主"政策理念两大领域措施和手段的创新指数

各联邦州"学校自主"两大领域措施和手段的创新指数（表 7.8）的计算方法和总体创新指数基本相同。

表 7.8 各联邦州"学校自主"政策理念两大领域措施和手段的创新指数
（64 项措施和手段）

联 邦 州	采用/次	总体创新指数	去中心化	调控策略
勃兰登堡州	48	79	70	91
柏林市	44	102	102	101
巴登－符腾堡州	24	125	121	131
巴伐利亚州	29	124	123	126
不来梅市	35	83	91	72
黑森州	45	54	60	47
汉堡市	36	99	95	104
梅克伦堡－前波莫州	39	101	108	92

[①] 萨克森州的大联盟政府是在 2004 年 10 月选举后成立的。但在研究时间范围内，该联盟未能活跃起来，政府组建工作一直拖到 2004 年 12 月。

续表

联 邦 州	采用 / 次	总体创新指数	去中心化	调控策略
下萨克森州	41	71	69	73
北莱茵 – 威斯特法伦州	34	96	93	100
莱茵兰 – 普法尔茨州	32	105	94	121
石勒苏益格 – 荷尔斯泰因州	32	91	95	84
萨尔州	14	132	124	142
萨克森州	28	126	121	132
萨克森 – 安哈尔特州	31	104	117	88
图林根州	26	107	115	96

注：采用次数所涉及的措施和手段包括 1990 年 10 月之前已经采用的。

为了了解各联邦州两大领域措施和手段的创新指数所代表的适应者类型是否一致，即各联邦州去中心化方面和新的调控路径方面的表现是否趋于一致，绘制创新指数分布图（图 7.9）。

如表 7.8 和图 7.9 所示，各联邦州"学校自主"两大方面的创新指数基本稳定。有 8 个联邦州两大领域的创新指数可以被归入同一适应者类型，如柏林市、巴登 – 符腾堡州、巴伐利亚州、黑森州、下萨克森州、北莱茵 – 威斯特法伦州、石勒苏益格 – 荷尔斯泰因州、萨克森州。其中包括在总体创新指数中表现落后的联邦州，也包括作为创新者的黑森州和作为先驱者的下萨克森州。另外，其他联邦州在两大领域表现出不同倾向：勃兰登堡州、莱茵兰 – 普法尔茨州和萨尔州在对中心化措施和手段特别积极，而采用新调控措施和手段则相对滞后；黑森州、不来梅市、萨克森 – 安哈尔特州和图林根州的情况正好相反。总体来说，属于晚期适应者群体的联邦州不同领域的创新指数之间的差距更大。

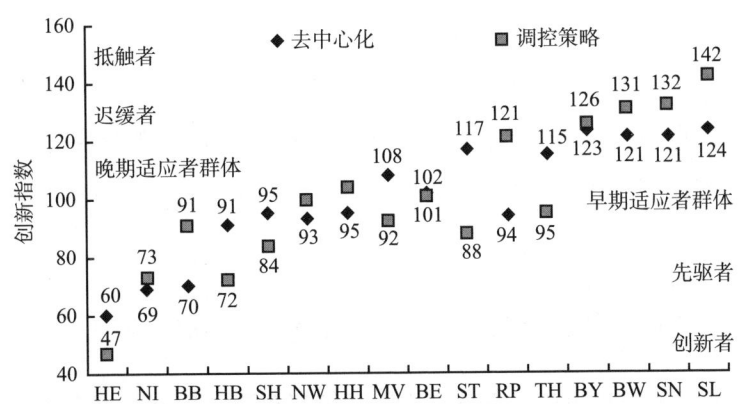

7 各联邦州实施"学校自主"政策理念过程中的差异

图 7.9 各联邦州"学校自主"两大领域的创新指数分布

HE—黑森州；NI—下萨克森州；BB—勃兰登堡州；HB—不来梅市；SH—石勒苏益格-荷尔斯泰因州；NW—北莱茵-威斯特法伦州；HH—汉堡市；MV—梅克伦堡-前波莫瑞州；BE—柏林市；ST—萨克森-安哈尔特州；RP—莱茵兰-普法尔茨州；TH—图林根州；BY—巴伐利亚州；BW—巴登-符腾堡州；SN—萨克森州；SL—萨尔州

值得注意的是，莱茵兰-普法尔茨州在去中心化领域属于早期适应者群体，而在新调控策略领域则是迟缓者。萨克森-安哈尔特州两大领域的创新指数差异更大（莱茵兰-普法尔茨州分值差为27，萨克森-安哈尔特州分值差为29）。总体来说，德国各联邦州在新的调控策略领域（创新指数从47到142不等，分值差为95）的差距，大于去中心化领域（创新指数从60到124不等，分值差为64）。这可能表明各联邦州在调控策略领域所体现出的冲突和多样性更显著。

在"学校自主"的两大领域，各联邦州的政策采用表现基本一致。即使莱茵兰-普法尔茨州稍显特殊，也与前文分析相符：它因采用次数较高而在南部各联邦州中脱颖而出。同样，图林根州的特殊性也很明显，它是唯一一个始终由基督教民主联盟执政的联邦州，但并不属于迟缓者。该联邦州的创新指数与邻州萨克森-安哈尔特州几乎相同，这或许说明，一个联邦州的政党属性可能会被区域位置的影响所掩盖。然而，萨克森-安哈尔特州在1990年10月至1994年6月也由基督教民主联盟执政，并从2002年起再次由基督教民主联盟执政。

综合以上分析可以发现，用描述性分析方法无法做出明确的判断。不过，对各联邦州"学校自主"政策理念两大领域的创新指数进行比较研究，至少可以加深我们的思考。图林根州和萨克森-安哈尔特州真的如此相似吗？

7.4.2 "学校自主"政策理念不同细分领域的创新指数

要想比较各联邦州在"学校自主"政策理念不同领域的创新指数，并不容易。根据创新指数将各联邦州明确划分为不同适应者基本是不可能的，因为不同领域的创新指数的分布差异很大，甚至同一创新指数内部各联邦州的分布也不总是均匀的，无法将各联邦州准确地分为创新者、先驱者、早期或晚期适应者和迟缓者。

在人事管理领域和问责制度这一领域，创新指数最低值和最高值之间的差距最小。相比之下，在提供导向这一领域，创新指数的差距最大：不来梅市或黑森州的创新性特别突出，而萨克森州和莱茵兰-普法尔茨州显得犹豫不决。在资源管理领域，大部分联邦州被归入边缘类型（先驱者和迟缓者），而其他类型（创新指数在100左右）联邦州的数量却很少。在人事管理领域，不能基于统计数据确定明显的创新者；在教学组织管理和引导反思领域缺少先驱者。

表7.9 各联邦州"学校自主"政策理念不同细分领域的创新指数（64项措施和手段）

联邦州	学习组织管理	教学组织管理	人事管理	资源管理	引导反思	支持性措施	问责制度	提供导向
勃兰登堡州	47	84	96	64	105	74	110	40
柏林市	108	102	103	90	98	105	99	109
巴登-符腾堡州	132	104	114	127	121	148	125	135
巴伐利亚州	135	125	125	99	114	143	117	148

续表

联邦州	学习组织	教学组织	人事管理	资源管理	引导反思	支持性举措	问责制度	提供导向
不来梅市	109	116	86	39	52	102	83	32
黑森州	66	33	67	65	55	38	51	34
汉堡市	92	140	87	67	87	136	83	134
梅克伦堡－前波莫瑞州	99	100	113	127	89	91	92	110
下萨克森州	91	41	80	43	91	48	86	44
北莱茵－威斯特法伦州	89	124	73	99	82	118	109	95
莱茵兰－普法尔茨州	72	90	103	126	119	116	111	163
石勒苏益格－荷尔斯泰因州	94	81	85	123	79	88	91	79
萨尔州	136	127	99	135	149	148	127	134
萨克森州	110	116	131	135	132	130	107	187
萨克森－安哈尔特州	102	121	131	120	103	67	92	84
图林根州	117	97	107	143	123	49	119	73

以上统计结果与罗杰斯的适应者类型理论框架不相符。这可以解释为，个别措施或手段对各联邦州创新指数更为重要。在资源管理领域，各联邦州创新指数差异明显，这也可以解释为，对于各联邦州政策行动者而言，资源管理只是建议性的措施和手段。学校建筑和设施设备的维护是地方政府的职责范围。因此，汉堡市资源和不来梅市资源管理领域的创新性特别高，柏林市的创新性也比平均水平更高（创新指数为90）。

此外，其他特别有创新精神的联邦州是那些很早就开始全面实行"学校自主"相关措施和手段的联邦州，即勃兰登堡州、黑森州和下萨克森州。这也是合理的。如果政策明确将"学校自主"作为一个整体概念，那么资源管理这一领域的措施和手段的重要性可能会提升，对办学主体的行动也有了明确要求。而如果政府在引入"学校自主"政策理念时显得谨慎、缓慢,则办学主体也不会表现得那么迫切①。对提供导向这一领域创新指数的高度分散性,也可以做出类似解释。除萨尔州外,所有联邦州都采取了提供导向这一领域的措施和手段,通过准则、规范为"学校自主"政策理念设定框架(4.2.4)。然而各联邦州为"学校自主"相关措施和手段提供明确的概念框架的时间,存在显著差异。在萨克森州和莱茵兰－普法尔茨州,这种情况似乎发生得非常晚;而在勃兰登堡州、不来梅市、黑森州和下萨克森州则发生得非常早。

下面将根据各联邦州各领域创新指数的差异,讨论各联邦州在实施"学校自主"政策理念时关注的重点。我们可以从各联邦州不同领域的创新指数看出它们在哪些领域开始行动较早且特别密集,以及在哪些领域开始行动较晚、不太活跃。因此,本研究将关注属于创新者、早期或晚期适应者群体、迟缓者的联邦州是否存在相关措施和手段所属领域的差别,以便探讨对各联邦州"学校自主"政策理念相关的创新指数进行评估时是否需要根据具体领域进行比较。

为了便于分析,本研究还统计了各联邦州偏离其创新指数平均值的偏差值总和,以及一个联邦州创新指数正偏离或负偏离的"异常值"(与创新指数平均值的差大于15)所属的领域(表7.10)。很明显,部分联邦州某些领域的创新指数与平均值的差很大。例如,各联邦州不同领域的创新指数与平均值的差之和,最大值来自2个城市不来梅市和汉堡市,分别达到218和200,可能说明这两个联邦州在实施"学校自主"政策理念的过程中非常多变;而最小值出现在柏林市,仅为36,说明柏林市在实施"学校自主"政策理念的过程中对各领域的措施和手段同样重视。

从表7.10可以看出,柏林市、梅克伦堡－前波莫瑞州和石勒苏益格－荷

---

① 巴伐利亚州采用资源管理领域措施和手段的采用次数高于平均水平,令人惊讶。有观点认为,这是因为巴伐利亚州学校体系的特殊性——市立学校和州立学校并存(Avenari-us/Heckel, 2000: 172-173)。

尔斯泰因州没有或最多只有一个有"异常值"的领域。在以总体创新指数标准划分组别时，这 3 个联邦州被归为早期或晚期适应者群体。因此，可见这种划分是恰当的[①]。

表 7.10　各联邦州"学校自主"政策理念各领域措施和手段创新指数的偏差情况

联邦州	偏差值总和	正偏离（差值大于 15）的领域	负偏离（差值大于 15）的领域
勃兰登堡州	170.0	学习组织管理、提供导向	人事管理、引导反思、问责制度
柏林市	36.5		
巴登 - 符腾堡州	78.0	教学组织管理	支持性措施
巴伐利亚州	97.5	资源管理	支持性措施、提供导向
不来梅市	218.3	资源管理、提供导向	学习组织管理、教学组织管理
黑森州	97.0	教学组织管理、提供导向	人事管理
汉堡市	200.5	人事管理、资源管理、引导反思、问责制度	教学组织管理、支持性措施、提供导向
梅克伦堡 - 前波莫瑞州	84.3		资源管理
下萨克森州	172.0	教学组织管理、资源管理、支持性措施、提供导向	学习组织管理、引导反思、问责制度
北莱茵 - 威斯特法伦州	111.0	人事管理	教学组织管理、支持性措施
莱茵兰 - 普法尔茨州	148.0	学习组织管理、教学组织管理、引导反思	提供导向
石勒苏益格 - 荷尔斯泰因州	76.0		资源管理
萨尔州	85.3	人事管理	引导反思、支持性措施
萨克森州	122.0	学习组织管理、教学组织管理、问责制度	提供导向
萨克森 - 安哈尔特州	130.0	支持性措施、提供导向	教学组织管理、人事管理、资源管理
图林根州	183.0	支持性措施、提供导向	资源管理、引导反思、问责制度

---

① 为了评估各联邦州的特征，分析重点不在于差值之和的大小或异常值所属领域的数量，而在于根据在具体领域出现的偏差，一个联邦州是否在某些具体领域表现出与其总体特征相悖的积极或犹豫态度。

在巴伐利亚州、巴登-符腾堡州、黑森州、北莱茵-威斯特法伦州、萨克森州和萨尔州，可以观察到2~4个领域的创新指数出现明显偏差。从总体创新指数看，这些联邦分别属于创新者、早期适应者群体或迟缓；在对比各领域的创新指数后，研究人员对上述组别划分并无异议。研究人员认为，这些联邦州不同领域的创新指数没有太大差异。

（1）巴伐利亚州在资源管理领域表现得特别积极，但在提供导向和支持性措施领域比较保守。

（2）巴登-符腾堡州对支持性措施这一领域的措施和手段不太积极；相比之下，该联邦州更早且更重视教学组织管理领域的措施和手段。

（3）黑森州各领域的创新性普遍较高，在教学组织管理和提供导向领域尤为突出。

（4）北莱茵-威斯特法伦州仅对教学组织管理和支持性措施这两个领域比较保守，在其他领域都属于早期或晚期适应者群体。

（5）事实证明，萨克森州在提供导向领域表现得尤为犹豫，在学习组织管理和问责制度领域稍显主动，但普遍持保守态度。

（6）萨尔州致力于人事管理领域的创新，但创新性最终只是刚刚超过平均水平。

勃兰登堡州、不来梅市、汉堡市和下萨克森州不同领域创新指数波动相当大——从整体上看，这些联邦州均属于创新性超过平均水平的联邦州（汉堡市属于早期适应者群体，勃兰登堡州、不来梅市和下萨克森州是先驱者）。例如，勃兰登堡州在学习组织管理和提供导向领域特别有创新力，但在引导反思和问责制度这些领域表现不佳。这可能是勃兰登堡州对"学校自主"政策理念的理解不同，也可能是该联州学校发展的特点：对学校学习组织管理和教学组织管理发展的多元化和动态化特别感兴趣，而不追求政府广泛设立的标准——简而言之，与民主德国的学校统一和标准化的做法形成鲜明对比。

在汉堡市，教学组织管理、支持性措施和提供导向领域的措施和手段采用次数较低，而资源管理领域的措施和手段采用次数则比较多。考虑到汉堡市学校法的特殊性（3.5），可以将汉堡市作为在"学校自主"政策理念实施过程中物质资源实力强，但意识和行动能力较弱的特殊案例。对这一现象有一种解释：汉堡市于1997年对学校法进行了修订，成为学校法争论的焦点，即如何在法律中明确规定学校自主权，而不影响政府对学校系统进行监督的宪法规定（Rickert, 1997; Gleim, 2001）。在这方面，汉堡市在提供导向领域表现得犹豫不决可能不是因为抵触，而是出于策略考虑而放弃做出明确表述。无论如何，未采用提供导向领域的措施和手段是汉堡市"学校自主"的一项显著特征。

不来梅市似乎没有遇到类似的问题，它是所有联邦州中最强势、最早采用提供导向领域的措施和手段的联邦州（创新指数为32）。不来梅市的另一个显著特点是，它对学习组织管理和教学组织管理领域的措施和手段采用较少，而对资源管理和引导反思领域的措施和手段采用较多。因此，不来梅市可以被看作是20世纪90年代初"学校自主"模式的纯粹形式，强调新的学校内部管理和调控策略，而并不一定对学校在教育方面的决策自由感兴趣。

下萨克森州出现明显偏差的领域最多——然而，其创新性超过了平均水平。从适应者类型看，下萨克森州在创新者（教学组织管理、资源管理、支持性措施和提供导向）和早期适应者群体（学习组织管理、人事管理、引导反思、问责制度）之间徘徊。与勃兰登堡州类似，该联邦州对政府广泛设立标准的兴趣不高，然而这并没有转化为教学方面的决策自由。与城市州类似，该联邦州倾向于优化学校管理，尤其是财务管理。下萨克森州多样化的表现可以被概括为创新个案：下萨克森州在其"学校自主"相关活动中，似乎更务实地倾向于个别措施和手段，而不是强调整体概念。这一判断也符合下萨克森州以累积式实施"学校自主"相关措施和手段的特点（7.3.2）。

莱茵兰-普法尔茨州、图林根州和萨克森-安哈尔特州各领域创新指数也表现出特别明显的差异。莱茵兰-普法尔茨州对教育相关的"学校自主"特别关注，在学习组织管理和教学组织管理领域给予学校更大的决策权。另外，莱茵兰－普法尔茨州在学校管理和调控策略领域都比较谨慎。这表明，该联邦州特别认同20世纪80年代已大范围扩散的"学校自主"政策理念，但在很长一段时间对20世纪90年代形成的"学校自主"政策理念仍持保留态度。因为该联邦州在表述体现"学校自主"政策理念（提供导向）时，特别犹豫不决。在莱茵兰－普法尔茨州的学校法中，一直未出现全面推行"学校自主"政策理念的迹象，而不局限于教学组织管理领域。

萨克森－安哈尔特州和图林根州的创新指数非常接近，这几乎与其他所有联邦州都不一样[1]。这2个联邦州最主要的共同点是，均明确强调支持性措施和提供导向，并且总体创新性低于平均水平。值得注意的是，这2个联邦州与位于德国东部的勃兰登堡州有相似之处。虽然，勃兰登堡州绝对是创新性高于平均水平的联邦州；然而，正如萨克森－安哈尔特州和图林根州一样，该联邦州也强调支持性措施和提供导向，而忽略问责制度和引导反思。这是否意味着，德国东部地区的"学校自主"有自己的特色，即注重学校个体发展的活力，并通过提供导向及提供支持性措施来实现这一发展？而萨克森－安哈尔特州、图林根州和勃兰登堡州之间的差异仅仅是它们增加学校决策自由的行动同步程度不同吗？图林根州和萨克森－安哈尔特州可能认为，德国统一后制度变化为学校发展开辟了充足的空间。因此这2个联邦州可能认为，仅仅是提出相关呼吁，就已足以推动学校的独立发展。然而，这一解释方式显然不适用于萨克森州。梅克伦堡－前波莫瑞州的创新性也低于平均水平，特别是在提供导向领域。

基于对各联邦州不同领域创新指数的分析，可以得出3种基本的联邦州类型。

第一类，"学校自主"各领域的创新指数略有不同，或者仅在个别情况下有所不同的联邦州。在符合分类标准的联邦州中，除黑森州外，其余联邦州

---

[1] 萨克森－安哈尔特州与图林根州各领域创新指数差异相当小。图林根州显然比萨克森－安哈尔特州更积极地释放教学组织管理方面自由，而萨克森－安哈尔特州更致力于通过问责制度来进行调控。

几乎均为早期或晚期适应者群体，仅有部分联邦州是迟缓者。这些联邦州在选择措施或手段时没有设置优先事项。这说明在这些联邦州对"学校自主"政策理念的认知中，要么全面采用相关措施和手段，要么全部拒绝。具体表现为：黑森州最早全面实施相关措施和手段，柏林、梅克伦堡－前波莫瑞州、北莱茵－威斯特法伦州和石勒苏益格－荷尔斯泰因州则全面追赶，巴伐利亚州、巴登－符腾堡州、萨克森州和萨尔州在后期谨慎实施。

第二类，"学校自主"各领域的创新指数出现偏差且偏差非常显著的联邦州。这些联邦州均为先驱者（勃兰登堡州、下萨克森州）和早期适应者群体（不来梅市、汉堡市）。它们可以代表早期对"学校自主"政策理念的探索和试验——最终被广泛采用的措施和手段，但这些措施和手段并不是一开始就得到同样程度的关注。这些联邦州特点在于其先驱性及采用措施和手段的多样化。勃兰登堡州和不来梅市（+汉堡市）代表了几乎相反的"学校自主"政策理念实施策略（教学不受政府标准化规定的约束与学校被赋予少量的教学和课程自由），而下萨克森州则代表了一种特殊的混合形式：务实的学校管理，不强调引导反思和问责制度等新的调控策略。该类联邦州是早期实验性引入"学校自主"政策理念的代表。

第三类，"学校自主"各领域的创新指数出现偏差且偏差比较显著的联邦州。这些联邦州基本上属于晚期适应者群体。在这些联邦州，与"学校自主"相关政策采用活动似乎特别受本联邦州具体条件的影响。例如，莱茵兰－普法尔茨州早在20世纪80年代就致力于教学和课程方面的"学校自主"，因而未被归为迟缓者。图林根州和萨克森－安哈尔特州也是如此，这2个联邦州早期有限而有一定规模的"学校自主"政策采用活动，可以解释为这2个联邦州放弃了民主德国的传统做法。

对于本章所提到的"学校自主"政策理念在扩散过程中形成的区域性特点和政党特点，以上分类起到补充说明作用：莱茵兰－普法尔茨州作为德国南部的联邦州，在"学校自主"相关措施和手段采用方面并不是非常犹豫，但这是它在个别行动领域的表现，并且可以通过它的具体条件得到解释。另外，关于"学校自主"政策理念在扩散过程中是否存在理念竞争的问题，各联邦州"学校自主"各领域的创新指数可以给出一些提示。目前发现以下情况：①新联邦州对学校发展多元化和动态化表现出特别兴趣，勃兰登堡州将这种做法扩展为不受政府标准化规定的教学自由，与莱茵兰-普法尔茨州的早期政策行动相似；②不来梅市（及汉堡市）存在优化学校内部管理的理念。

7.4.3　1990年10月之后首次采用的措施和手段

以上判断的合理性将通过对"学校自主"政策理念在德国扩散情况的进一步分析来检验。前文介绍的创新指数包括了1990年10月之前开始的扩散情况。

前文未对旧联邦州的早期创新能力做区分，而是假设各联邦州均从1990年10月起才引入相关措施和手段。筛选1990年10月以后才开始扩散的措施和手段（表5.3），可以避免分析早期发展时出现的问题[①]。

本研究将各联邦州修正后的"学校自主"政策相关的创新指数与总体创新指数进行对比。很显然，如果仅考虑1990年10月之后才首次采用的相关措施和手段，各联邦州"学校自主"相关的创新指数就会产生变化（图7.10），并改变个别联邦州的组别——但不会导致各联邦州创新指数的分布出现根本性变化。

勃兰登堡州、巴登-符腾堡州、梅克伦堡-前波莫瑞州、莱茵兰-普法尔茨州和石勒苏益格-荷尔斯泰因州的创新性下降。这主要是因为教学组织管理领域的措施和手段被排除在外，而这些联邦州恰恰在这一领域更为活跃。具体来看，巴登-符腾堡州在创新性排名中滑落至末位，勃兰登堡州也不再是先驱者，而莱茵兰-普法尔茨州的创新指数接近于"晚期适应者群体"和"迟缓者"创新指数之间的临界值。这表明，勃兰登堡州对"学校自主"

---

① 然而，筛选相关措施和手段条件过于严苛，会大大限制"学校自主"政策理念的内容（5.1）。同时，也无法确保"学校自主"各个领域都能被充分覆盖，因而无法进行比较分析。因此，本节筛选后的数据只能代表符合筛选条件的联邦州的创新指数。特别是在教学组织领域，各联邦州的创新指数只能根据单个措施的采用情况来评估（表5.4）。

7 各联邦州实施"学校自主"政策理念过程中的差异 | 265

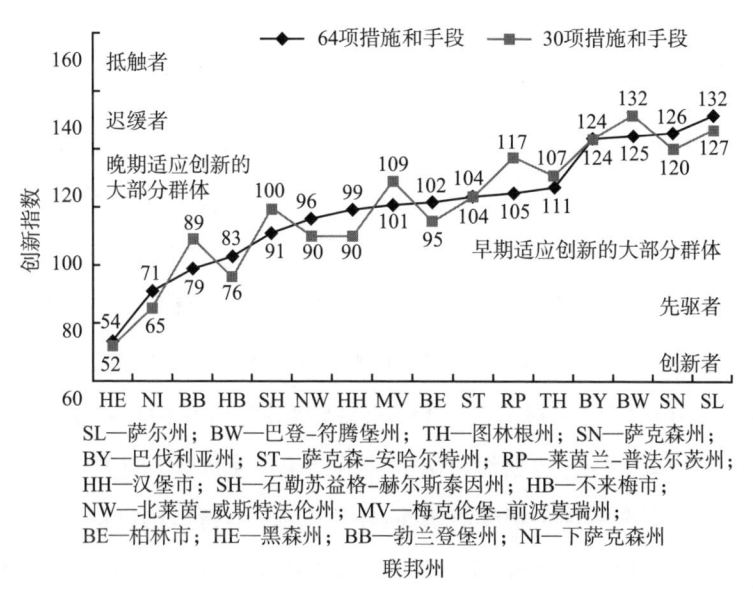

图 7.10 仅考虑 1990 年 10 月之后采用的相关措施和手段的各联邦州创新指数
（30 项措施和手段）

政策理念的理解是释放教学自由，这与早期学校改革的主题更为相关，而并非 20 世纪 90 年代对"学校自主"政策理念的认知。20 世纪 90 年代"学校自主"政策理念的一个具体表现是优化学校内部管理，这一点从不来梅市和汉堡市（也包括北莱茵-威斯特法伦州、柏林市）排名顺序的相对提升可以反映出来。考虑本研究对"学校自主"政策理念的讨论仅限于 20 世纪 90 年代的典型措施和手段（5.1，5.2）及相关扩散情况（6.3），这一结果并不令人惊讶。

应该强调的是，某些联邦州呈现出代表不同"学校自主"政策理念的特征。从勃兰登堡州早期的"学校自主"相关措施和手段看，该联邦州接受了以前民主德国对"学校自主"政策理念的理解和发展。相比之下，城市州和北莱茵-威斯特法伦州更代表了 20 世纪 90 年代德国"学校自主"政策理念的新发展——资源管理和引导反思。而黑森州和下萨克森州则代表一种融合了传统和创新做法的"学校自主"模式：这 2 个联邦州的排名没有因为措施和手段筛选而发生明显变化，仍然是德国"学校自主"政策理念的主要创新者和先驱者。

7.5 小结

本章采用描述性分析所得出的结论或判断主要基于不同来源的数据和参考资料，但无法系统证明和考察所选取参考资料的合理性及重要程度。勃兰登堡州给予教学和课程方面更高的自由度，从内容和概念方面对该联邦州与不来梅市或汉堡市进行对比是否合理？不来梅市和汉堡市的"学校自主"相关政策活动是否也为了进行近乎理想化的比较而被夸大和片面化处理？

描述性分析主要通过分类、概括总结和补充讨论附加信息进行，至少直接观察（定量）统计数据而得出的分析结果便是如此产生的。虽然描述性分析不能为观察到的现象提供有数据统计支持，但可以很好地用于提出假设和进行合理性评估。本章的研究结果也具有这一启发式作用。在德国"学校自主"政策理念的扩散过程中，各联邦州的区域位置和执政党情况似乎发挥了重要作用。德国南部各联邦州和基督教民主联盟影响力较强的各联邦州普遍显得比较沉默。东部各联邦州——至少包括勃兰登堡州、萨克森-安哈尔特州和图林根州，在开展"学校自主"相关政策活动时似乎有特别的相似之处，本研究将之解读为与原联邦德国的传统划清界限。3个城市州似乎也更具一致性，对"学校自主"政策理念均具有相似的理解（学校管理自由而不是教学自由）。

总体而言，个别联邦州在实施"学校自主"政策理念方面表现为特别创新或特别犹豫。值得研究的是，各联邦州作为"学校自主"创新适应者的类型划分是否同样适用于其他政策理念扩散分析。黑森州在"学校自主"政策理念采用方面尤其突出，是德国学校改革的创新者，而下萨克森州则是先驱者。

根据2004年12月之前"学校自主"政策理念在德国各联邦州的扩散情况，我们可以认为，各联邦州"学校自主"政策理念的发展基本是一致的，未发现不同区域、不同政党对政策理念的理解有明显差异和存在竞争。这一发现在方法上很重要：统计结果显示，"学校自主"是普遍认可的政策理念，虽然有各种各样的措施和手段，但是适合作为研究对象，可以用于研究一项（复杂多样的）政策理念在德国各联邦州之间扩散的模式。

对"学校自主"政策理念有不同理解仅在该理念扩散初期较为突出，但也只是表现在个别联邦州，并且可以将之解释为政策理念在初期实验阶段的多样性。在这个阶段，一个政策理念必须提出一个适合的、具有广泛吸引力的概念。这一判断可以与对德国"学校自主"政策理念扩散阶段的划分和主题焦点联系在一起，第 6 章已对相关内容做出论述。该章认为，"学校自主"政策理念的概念发展是不断补充完善的，而不是不同概念的相互取代和竞争。鉴于"学校自主"的扩散过程，第 6 章还提出了跨州行动的影响的假设。1997—2002 年"学校自主"相关措施和手段采用次数减少可以归因于，TIMSS 结果的发布迫使我们对"学校自主"政策理念的概念进行调整。

学校自主、自我管理的做法能否提高学校质量，即提高学生测试成绩，必须重新确认。与此相对应，在 1997 年后"学校自主"政策理念的扩散过程中，跨州实施的措施和手段的影响可能更大。

8

"学校自主"政策理念扩散的创新路径

前面各章的理论分析、内容分析和描述性分析将在本章的分析研究中找到意义和关联。本章将基于"学校自主"政策理念的具体扩散过程研究本研究关注的问题（1.4）：①哪些组织结构影响着德国联邦州教育政策行动者的互动关系？②在德国各联邦州的关系中，什么占主导地位？理念竞争还是对抗性竞争？

就主题而言，本章以第3章至第5章对"学校自主"政策理念的内容框架的讨论为基础。此外，第6章和第7章从跨州和各联邦州角度对政策理念扩散过程进行了分析，并已形成关于个别影响因素重要性的初步论述（7.5）。

在方法上，前面各章也进行了介绍[①]。第2章回顾了美国政策扩散研究的历史，并将其置于创新扩散理论的大框架中。贝里夫妇（Berry/Berry，1990）借鉴时间序列研究提出事件史分析法，并将其用于研究美国各联邦州的政策扩散。第2章认为该方法是经过验证的合适的统计分析方法。进行相关回归分析需要专门的数据集，其中应包括每个观察时间点下每个研究对象（联邦

---

① 以下章节得益于部分同事的建议，在此感谢 Oliver Böhm-Kasper、Sabine Fromm、Ulrich Pötter、Claudia Schuchart 和 Maria Rohlinger。

州）的独立数据（2.2.3）。

在以前的研究中，只使用了个别观察时间点的数据（1990年10月和2004年12月）或某些事件的具体时间数据（学校法的颁布日期）。那么，最多可能有64×16=1024个观察值（"学校自主"相关措施和手段数量乘以联邦州数量）。而以下回归分析是基于15个观察时间点（1990—2004年的自然年）的观察值，最多15360个。虽然原则上可能有这么多政策采用事件，但一旦可以确定某一联邦州有某一政策采用行为，就无须对其做进一步观察，因此也不会再产生观察值。这导致在一个数据集中，不行动或很晚行动的联邦州的观察值数量明显多于早期行动的联邦州。

"学校自主"政策理念在德国各联邦州扩散的过程中，所调查的64项措施和手段共有540次首次采用事件。然而，基于事件史分析法生成的数据集记录了11882个观察结果，而其中11342个（占95%）无活动事件。通过比较540个首次采用事件和11342个非活动事件，可以从统计学上检验德国各联邦州的早期或晚期采用行为是否可以归因于某些特征。

这样一来，基于德国学校法的变化所勾勒出的德国各联邦州在统一后采用"学校自主"政策理念的过程，被进一步抽象化和形式化，以便在数学和统计分析过程中检验各联邦州的政策采用行为对某些影响变量的依赖性。这一方法对研究结果产生如下影响。

（1）没有对创新扩散的时间过程和各联邦州采用活动的顺序进行直接分析。通过本节所选取的方法，时间被转化为每个调查对象的事件发生频次。本研究只能观察每个事件发生的时间位置。然而，在这方面，也无法追踪到各联邦州互动关系中的直接作用模式。黑森州和下萨克森州是否真的是德国"学校自主"政策理念扩散的先驱和榜样，是无法用这种方式检验的。它们只是作为反应特别敏捷的、有大量早期采用行为的政策行动者而被归为先驱者。

（2）仅测试了有具体特征的联邦州——而不是各联邦州总体的沟通网络或相互观摩学习关系。只有当跨州沟通关系也反映在研究对象的特征中时，各联邦州的沟通网络才会得到体现。因此，如果"学校自主"相关措施和手段在社会民主党执政的文教部中获得采用，事件史分析法就能够反映这一点。然而，我们无法确定此类采用行为与政党影响下的行动者意识形态有关，还是与定期的全国性政党会议有关[①]。

（3）甚至作为政策行动者的联邦州也被排除在统计范围之外。联邦州只是作为特定属性载体被纳入数学统计，这些属性以不同频次出现在数据集中，并与以不同频次发生或不发生的事件相关。统计过程所包含和评估的属性不能太多样化——至少研究联邦州政策理念扩散过程时是这样。鉴于采用事件数量很少（对于每个联邦州来讲，每项措施或手段仅可能采用一次），数学统计分析可能无法带来可靠结果。

除了事件史分析法框架所带来的研究方法限制（什么可以作为德国联邦州教育政策创新扩散的影响因素及相互性研究的研究对象），还存在研究可操作性问题。本研究在设计阶段做出一个基本决定，仅对德国学校法进行分析，而不开展对其他数据的收集。这进一步限制了回归分析模型中预测因素的选择。与预测因素相关的定量数据必须容易获得。此外，相关数据应能反映研究时间范围（1990年10月至2004年12月）内德国16个联邦州之间随时间变化出现的差异。因此，无法直接将"学校自主"相关措施和手段的不同特征纳入研究范围[②]。与此同时，纳入其他预测因素也受到限制，即使存在其他更为重要的因素。

可以认为，事件史分析法的应用从一开始就受到很多限制。然而，这并没有影响这种分析方法对本研究的适用性。研究方法是否适用必须结合具体研究对象、研究基础，并与其他方法和研究策略比较之后才能确定。在德国

---

① 当然，如果开展相关研究工作（如采访政策行动者），总是有可能做出区分的。例如，可以询问政策行动者教育政策的跨州沟通机构对具体采用行为的意义，这可以作为一项独立特征纳入分析。除了方法上的可能性（假设受访者的回忆能力不因时间推移而受影响），还必须考虑研究的实用性和条件（所需的时间、经费和人员与收益比）。

② 美国政策扩散研究也避免独立和系统记录政策的特点，说明这一做法普遍存在困难。然而在未来更广泛的研究中，最好能考虑到这一点。

教育政策研究方面必须强调的是，关于德国联邦州政策横向整合的分析，到目前为止只得到一些理论性结论（Schmidt，1980；Stern，2000；Payk，2006）。

事件史分析法虽然存在不足，但可以明确研究领域，并提出关于创新扩散可能存在模式的基本定量分析结果，这一优势能够弥补其不足。本研究认为，德国教育政策研究还没有掌握足够的关于教育政策创新周期特征的信息，因此研究中应当做深入细致的分析。同时，政策扩散研究的量化、数学模型，也为一定条件下的创新路径分析提供多种可能性。尽管相关数学模型为了适应研究需求有所简化，但对于更科学地讨论德国教育联邦制中学校系统的改革能力来说，也能提供有价值的线索。在这方面特别需要指出的是，与单纯的最终状态分析和回顾性访谈相比，过程分析所需要的信息量增加，尤其是当其中包含较长的时间段时。

本章分为2个部分。第一部分介绍最终选定的回归分析模型中的预测因素（8.1）和回归分析的步骤；并讨论如何判断德国教育政策中是否普遍存在理念竞争和对抗性竞争（8.2）。第二部分分类别介绍"学校自主"政策理念在德国扩散的统计分析结果（8.3），并进行总结讨论（8.4）。

8.1 德国教育政策创新扩散分析模型及具体运用

在选择合适的政策扩散预测因素时，应该参考第2章的讨论。第2章已从理论上确定了研究模型的自变量（体系成员的创新性、体系的创新性和创新的扩散友好性）在联邦各联邦州政策理念扩散框架内的类别和对应指标。基于事件史分析法，可以确定政策扩散可观察和不可观察的影响因素（表2.2）。

下面将介绍"学校自主"政策理念在德国联邦州扩散的预测因素（表8.1）。首先阐述哪些联邦州的"特征"（体系成员的创新性）应该纳入统计分析范围（8.1.1），然后对跨州沟通机制和影响（系统的创新性）进行讨论（8.1.2），最后介绍本研究选择的控制政策特征影响（创新的扩散友好性）的策略（8.1.3）。

表 8.1 德国联邦州"学校自主"政策理念扩散回归分析中的预测因素

类别	预测因素	定　义	数据类型	测量频率
体系成员的创新性	城市化水平	2002 年相对于全德国平均水平的每平方千米人口数量	数值	恒定值
	人均地区生产总值	1995—2004 年相对于全德国平均水平的人均生产总值	数值	恒定值
	人口规模	1995—2004 年相对于全德国平均水平的平均人口	数值	恒定值
	政府稳定性	1990—2004 年基督教民主联盟和社会民主党作为执政党的变化次数	数值	恒定值
	党派	执政党（基督教民主联盟与社会民主党）	类别	每年
	选举之前	选举年和选举前一年	类别	每年
	选择之后	选举年和选举后一年	类别	每年
	政府更迭	改组后政府的第一年任期	类别	每年
	德国统一	1991 年是对新联邦州的采取行动的挑战	类别	每年
	新任文教部部长	新任文教部部长的第一年任期	类别	每年
	学生	学生人数相对于 1991 年的变化（%）	数值	每年
体系的创新性	时间	时间段（1990—1992 年，1993—1995 年，1996—1998 年，1999—2001 年，2002—2004 年）	类别	每年
	南北区域位置	德国北部、中部和南部	类别	恒定值
	东西区域位置	德国东部和西部	类别	恒定值
	邻州	一个或多个邻州在前一年或上一年的活动	类别	每年

注：城市化水平、人均地区生产总值、人口规律、党派、学生等预测因素也可用于分析基于类似特征而形成的跨州同质化沟通交流和观察渠道。

8.1.1 各联邦州的创新性

根据美国以往的政策扩散研究，必须划分 3 个层面的影响因素，并在此基础上预测与扩散有关的动机、障碍和政策行动者具有的资源。这 3 个层面是一般文化和社会经济层面、地区政治层面和具体政策领域层面。

文化和社会经济背景层面涉及 3 个预测因素。

第一个预测因素为城市化水平。该因素可以反映城市州和非城市州之间的差异，包括人口特征和精英阶层对改革更加开放的态度。毕竟，美国以往的政策扩散研究表明，城市化水平更高的联邦州受教育人口更多，对改革更加开放。同时，城市化水平更高的联邦州有更多的社会问题，因此有更广泛的改革动机。研究时间范围内，各联邦州的城市化水平被视为恒定值，并以各联邦州相较于全德国平均水平的每平方千米人口数量表示[①]。

第二个预测因素为各联邦州人口规模。一个联邦州的人口越多，学校系统基础设施就越多，社会大众意见就越多样化，议会、行政管理部门就越大，组织团体就越多。相应地，影响深远的学校改革更难以实施。因为相关改革通常会涉及更多学校和学生，而且会比在人口较少的联邦州引起更多、更复杂的阻力。此外，人口众多的联邦州在跨州研究中更为重要，因为这些联邦州颁发的学位证书更多，相关行动对跨州协商学位授予标准有更大影响（Rürup，2006）。研究时间范围内的人口规模和人口密度被认为是恒定值。而人口规模随年份的变化也会通过学生人数的变化来反映。为了反映人口波动，将各联邦州人口规模统一为1995—2004年各联邦州人口数量平均值与全德国平均水平的差。

第三个预测因素为人均地区生产总值。该指标旨在反映各个联邦州的整体繁荣程度。在模型中，该指标不仅代表各联邦州不同的经济实力，而且还反映税收、公共预算规模和劳动力市场具体情况。据推测，人均地区生产总值高的联邦州在公共预算方面也有更大的空间，因为这些联邦州可以从高税收中受益，并且往往有较低的失业率和较小的福利救助需求群体。因此，这些联邦州应该有更多的改革资源，但对改革的需求也更少。在本研究的模型中，人均地区生产总值为恒定值（1995—2004年相对于全德国平均水平的人均生产总值）（表8.2）。

---

① 该指数的计算基础为德国联邦统计局于2002年统计的各联邦州区域划分情况（www.destatis.de，2006年5月）和本报告研究时间范围内各联邦州平均人口数量。

表 8.2　德国各联邦州人口密度、人均地区生产总值、人口实力和政府稳定性
（基于德国联邦统计局数据计算而得）

联邦州	人口密度	人均地区生产总值	人口规模	政府稳定性
勃兰登堡州	13.1	66.4	50.2	0
柏林市	571.0	98.1	66.9	2
巴登-符腾堡州	44.8	117.6	203.5	0
巴伐利亚州	26.4	120.1	236.3	0
不来梅市	245.8	139.3	13.1	0
黑森州	43.3	128.3	117.6	2
汉堡市	343.5	178.3	33.4	1
梅克伦堡-前波莫瑞州	11.3	64.9	35.2	1
下萨克森州	25.2	94.7	152.8	1
北莱茵-威斯特法伦州	79.6	107.0	350.1	0
莱茵兰-普法尔茨州	30.7	95.1	78.0	1
石勒苏益格-荷尔斯泰因州	26.8	97.5	53.8	0
萨尔州	62.2	97.8	21.0	1
萨克森州	35.4	66.7	87.7	0
萨克森-安哈尔特州	18.7	64.3	52.2	2
图林根州	22.2	63.9	48.2	0

注：人口密度以每平方千米人口数量（截至 2002 年）相对于德国平均水平（=100）计；人均地区生产总值和人口规模以 1995—2004 年的平均数相对于德国平均水平（=100）计。

表 8.2 还包括了地区政治层面的一个预测因素：政府稳定性。政府稳定性反映了研究时间范围内执政党更迭次数，因此可以作为衡量政治反对派力量的指标。如果执政党在议会的多数席位受到威胁，其受威胁程度越高，政府就越要重视获取议会对其行动的赞同，重视留住持支持态度的选民、赢得新的选民。人们普遍认为，如果执政党在议会的多数席位持续受到威胁，则政府通常会采取更多的政策行动，以便借此来证明其能力。在研究时间范围内，柏林市、黑森州和萨克森-安哈尔特州的政府特别不稳

定；勃兰登堡州、巴登－符腾堡州、巴伐利亚州、不来梅市、北莱茵－威斯特法伦州、石勒苏益格－荷尔斯泰因州、萨克森州和图林根州的政府则比较稳定。

地区政治层面的另一个核心预测因素是政策行动者所属的党派。这是跨州政策行动的预测因素。该因素随时间发生变化。本研究统计了每一年在联邦州政府中哪个政党执政时间较长。这里需要考虑到政府更迭的时间通常与自然年不一致。由于新政府可能需要长达数月的组建，因此每年5月被设定为最晚完成选举和政府更迭的时间，以便新政府在该自然年中执政时间最长[①]。

另外，只有当执政党为基督教民主联盟或社会民主党时，本研究才会将党派情况记录下来。对共同参政的政党（如自由民主党、绿党或民主社会主义党）或执政联盟（大联盟、小联盟、单一政党）所产生的影响，本研究没有单独进行分析。这种将对政党影响力的研究局限在主流执政党派的做法，不单单是为了保持分析模式尽可能精简[②]；事实上，主流政党也的确主导着各联邦州的教育政策，因为大部分联邦州的教育政策相关责任是由基督教民主联盟或社会民主党的代表承担，只有少数联邦州例外。在大联盟政府中，文教部部长一职通常由提供州长人选的主流政党派代表担任[③]。

统计数据显示，在研究时间范围内，社会民主党比基督教民主联盟更常担任执政党角色（表8.3）。

[①] 这一认定方式只适用于没有发生的采用事件。对于已经发生的采用事件，可以直接根据政策颁布日期来确定政策制定党派。只有遇到少数仅有颁布年份、没有具体颁布日期的法规（主要是教学计划）时，会将该年执政时间最长的党派作为政策制定党派。

[②] 本研究考虑过反映不同政府形式（单一执政党、大联盟或小联盟政府）所产生影响的差异。但是，纳入这一因素会大大破坏统计分析过程的稳定性。同时，此类个例数量不多，不可能在此基础上明确不同政府形式的影响。

[③] 少数例外包括：1990—1994年，勃兰登堡州的文教部由绿党/联盟90领导；1994—1998年，梅克伦堡－前波莫瑞州文教部由基督教民主联盟主导的大联盟政府领导；2002—2004年，汉堡文教部由自由民主党领导。

表 8.3　1990 年 10 月至 2004 年 12 月由基督教民主联盟
和社会民主党执政的联邦州数量

年　份	联邦州 / 个	
	社会民主党执政	基督教民主联盟执政
1990	8	8
1991	9	7
1992	9	7
1993	9	7
1994	9	7
1995	10	6
1996	10	6
1997	10	6
1998	10	6
1999	10	6
2000	9	7
2001	10	6
2002	8	8
2003	7	9
2004	7	9

注：如执政党为大联盟政府，则将州长人选所属政党计入统计表；如该年出现执政党更替，则将该年执政时间较长的政党计入统计表（截至 5 月 31 日）。

资料来源：Andersen/Woyke，2003，733-737；2003 年以后的数据自行检索获得。

1991—2002 年，德国各联邦州州长（和文教部部长）更多地来自社会民主党；1995—1999 年，社会民主党的优势更加显著（16 位联邦州州长中 10 位来自社会民主党）；如果考虑到这一时期的大联盟政府，其中至少有 3 个联邦州，1995 年甚至有 4 个联邦州（巴登 - 符腾堡州、柏林市、梅克伦堡 - 前波莫瑞州、图林根州）由基督教民主联盟领导。

此外，还有 4 个因素可以代表地区政治的影响。其中 3 个影响因素都与选举有关。美国政策扩散研究明确强调了选举对政策行动产生的限制或激励作用（2.3.1）。贝里夫妇在 1990 年的论述中区分了选举日期临近和选举结束的不同影响。根据政策理念的不同，这一因素会带来不同的行动动机。遵循贝里夫妇提出的建议，此处设置 2 个变量（影响因素），分别为选举年和前一年（选举前）或后一年（选举后）。在发生的选举中，应该强调导致政府更迭的选举——即新的政党被纳入政府或政府完全改组。为了反映这一特定事件的影响，所有新政府执政时间较长的年份都特别用一个虚拟变量来标记（判断政府更迭的截止日期为当年的 5 月 31 日，如果截止日期前未完成更迭就记为下一年；在采用事件发生的情况下，与选举月份正好有一年间隔）。此外，本研究还为统一后新联邦州的特殊情况设置了一个特殊变量（影响因素）——鉴于各个新联邦州面临必须建立全新学校法的挑战，特殊变量可以用于掌握这一挑战是否会成为"学校自主"理念扩散的特殊影响因素。该变量也可以用于掌握选举或政府变动带来的影响，因为在 1990 年 10 月德国重新统一后，新联邦州立即举行了选举，帮助新联邦州政府重组。本研究统计了 1990 年 10 月至 2004 年 12 月德国各联邦州每年的选举次数和政府更迭情况（表 8.4）。

表 8.4　1990 年 10 月至 2004 年 12 月德国各联邦州每年选举、政府更迭次数和新任文教部部长的数量

年　份	选举/次	政府更迭/次	新任文教部部长/位
1990	10	0	2
1991	4	8	11
1992	2	2	2
1993	1	0	4
1994	8	1	1
1995	4	6	7
1996	3	2	3
1997	1	0	0
1998	4	1	1
1999	7	2	4
2000	2	3	6

续表

年　　份	选举/次	政府更迭/次	新任文教部部长/位
2001	4	1	1
2002	2	3	3
2003	4	1	3
2004	5	0	1

注：在政府更迭或文教部部长发生更迭的年份，在没有发生政策采用事件的情况下，这一年将被标记为在截止日5月31日之前负责行动的政府/文教部部长。

资料来源：Andersen/Woyke 2003，733-737；2003年以后的数据自行检索获得。

表8.4还列出地区政治层面的第4个影响因素——文教部部长人选的变化。这一影响因素与政府更迭及相关选举年份有关，但不仅限于此。文教部部长人选在立法期内也发生变化。

教育政策领域的一个影响因素是研究时间范围内学生人数的变化情况。反映这一影响因素的变量反映了学校和学校管理部门在20世纪90年代面临的一项重要挑战：1990年德国统一之后，西部各联邦州出生率大幅增长，因此从20世纪90年代中期开始，德国西部各联邦州学校系统面临学生猛增、教师短缺的问题，这种情况因教师队伍的老化而进一步恶化（Klemm，2005；KMK，2003）。新联邦州的情况正好相反，出生率在德国统一后急剧下降，从20世纪90年代中期开始，对教师的需求明显减少，学校位置过剩，如图林根州（Kuthe/Zedler，1999）和梅克伦堡-前波莫瑞州（Fickermann，1996；Fickermann/Schulzeck/Weishaupt，2000）。

就德国各联邦州围绕实际问题和面对类似的政策行动挑战展开的理念竞争而言，可以预计，以上这些不同情况也会在各类"学校自主"相关活动中体现出来，至少体现在人事管理领域。例如，学校招聘特需教师或由学校自主招聘合同制教师的措施对那些存在教师过剩问题的联邦州的吸引力不大。由于学生人数的变化情况可以将新旧联邦州区分开来（柏林市在新联邦州中有些突出，但并不突兀），也可体现东西部地区位置的不同影响（见下文）。然而，代表该影响因素的变量并不是作为恒定值引入的，而是作为每年发生变化的变量。

这表明，学生的过剩或短缺是一个随着时间推移而形成的政策性问题。本研究统计的是不同年份学生人数相对于 1991 年人数的百分比（表 8.5），而非学生人数绝对值。数据统计基础是德国联邦统计局的年度报告《普通教育阶段学校》。数据以学年为单位，即截至每年的 10 月，而非自然年。由于可以假设各联邦州的学校管理部门在学年开始前已经知道每类学校的学生入学人数，并在此基础上制订当年规划，因此这些数据在使用时均被直接标注为自然年数据，而非学年数据。然而，因为数据缺失，无法确定 1990 年 10—12 月的学生人数。作为临时解决方案，本研究假设这段时间学生人数与 1991 年（1991/1992 学年）的学生人数一致，赋值 100%。

表 8.5　1991/1992 学年至 2004/2005 学年公办学校系统小学和初中学生人数变化情况

联邦州	1991/1992学年学生人数/人	相对值/%	1995/1996学年学生人数/人	相对值/%	2000/2001学年学生人数/人	相对值/%	2004/2005学年学生人数/人	相对值/%
勃兰登堡州	335030	100	351548	105	280098	84	204205	61
柏林市	334457	100	359682	108	320202	96	281893	84
巴登-符腾堡州	947801	100	1061303	112	1136901	120	1143254	121
巴伐利亚州	1107529	100	1211678	109	1290012	116	1312984	119
不来梅市	56786	100	60587	107	61170	108	61228	108
黑森州	533582	100	582670	109	607799	114	607606	114
汉堡市	128643	100	137149	107	142555	111	144518	112
梅克伦堡-前波莫瑞州	266817	100	263804	99	199065	75	137103	51
下萨克森州	710210	100	790387	111	858645	121	870206	123
北莱茵-威斯特法伦州	1702031	100	1862647	109	1977992	116	1976510	116
莱茵兰-普法尔茨州	359489	100	406961	113	434469	121	431900	120
石勒苏益格-荷尔斯泰因州	235020	100	260376	111	291808	124	302036	129

续表

联邦州	1991/1992学年学生人数/人	相对值/%	1995/1996学年学生人数/人	相对值/%	2000/2001学年学生人数/人	相对值/%	2004/2005学年学生人数/人	相对值/%
萨尔州	96057	100	104630	109	107373	112	101395	106
萨克森州	564233	100	562623	100	431314	76	310139	55
萨克森-安哈尔特州	340488	100	345829	102	266655	78	185906	55
图林根州	322521	100	322134	100	242279	75	173169	54

注：初中阶段数据由各学年具体数据筛选而出，华德福学校和特殊学校的学生数据不包括在内。
资料来源：德国联邦统计局。

与明特罗姆（Mintrom）关于美国各联邦州之间"自由择校"理念扩散的研究案例（Mintrom，1997a und b；Mintrom，2000）相比，教育政策领域还有一些影响因素可能被忽略了。例如，明特罗姆还研究了私立学校比例或学校支出占财政预算比例产生的影响。该学者研究的第一个影响因素似乎与本研究没有什么关系，因为本研究只关心公办学校的改革理念。而在明特罗姆对第二个影响因素的研究中，讨论学校支出水平时未涉及美国各联邦州人均地区生产总值，但本研究却将这一因素包括在内。

然而，令人遗憾的是，本研究并没有考虑各联邦州的教育政策行动挑战。这些挑战通常可能是学生成绩进行跨州比较排名的结果。在德国无法找到合适的数据用于相关研究。在2002年PISA的补充研究结果（PISA-E）公布之前，德国未对学生成绩进行过跨州比较。多特蒙德学校发展研究所自20世纪80年代以来每2年就学校满意度进行全民调查（公布于《学校发展年鉴》），学校满意度可能可以作为辅助指标。然而，这些调查并不允许按联邦州公布结果，最多允许公布东部和西部地区的结果。因此，本研究没有考虑"学校满意度"和"学生成绩"这两个指标。

8.1.2 跨州沟通渠道

鉴于美国以往的政策扩散研究和事件史分析法的适用性（2.3.2），本节重点突出跨州沟通渠道和影响的 3 个类别：大众传媒的世界性影响、区域邻近关系和同质化网络（参与者具有相似的特征）。

通过观察各联邦州在扩散过程中每个时间点的表现，可以反映大众传媒世界性的传播对一项政策理念的影响。因此，各联邦州是否对问题存在共同的认识、是否对某些政策理念有共同兴趣，进而同时、统一地采取教育政策相关行动，与不同年份产生的跨州刺激因素对"学校自主"政策采用事件发生概率的影响直接相关。然而，本研究使用的模型没有为每个单独的观察时间点（自然年）创建单独的虚拟变量——总共 15 个，因为这样将使数学模型过于复杂。本研究将 3 年合并为一个扩散期，这可以使主题更为突出，特别是在对"学校自主"政策理念的扩散进行讨论时。1990—1992 年代表"学校自主"政策理念开始扩散，20 世纪 80 年代"学校自主"政策理念的特征表现得较为明显。1993—1995 年，学校管理（人事和资源管理领域）相关措施和手段的采用次数增加；1996—1998 年，"学校自主"相关措施和手段采用次数大幅度增加；1999—2001 年，因 TIMSS 结果发布，德国"学校自主"相关措施和手段采用次数下降；2002—2004 年是"学校自主"理念扩散的新阶段，通过问责制度进行调控的策略纳入德国"学校自主"政策理念。

本研究用于描述邻州沟通网络的回归模型包含 3 个独立变量。根据贝里夫妇（Berry/Berry，1990，1994；Mintrom，2002）的提议，本研究用一个随时间变化的变量来体现区域邻州关系，记录每个联邦州在每个观察时间点"学校自主"相关措施和手段采用情况，从而观察某个联邦州的邻州在过去 2 年内是否已经采取相应措施或手段[①]。本研究对邻州活动用二分法进行描述。如果若干邻州同时采取措施，则变量的值不会增加。如果若干邻州的活动彼此紧密相随，则最多是延长邻州活动被标记的时间。然而，这一方法只能在有限范围内掌握各联邦州接受邻州建议的不同可能性，因

---

① 贝里夫妇（Berry/Berry，1990，1992）和明特罗姆（Mintrom，1997a，1997b，2000）所设置的变量只包括邻州前一年的活动。鉴于政策活动过程通常持续 1 年以上，以上对活动期的限制似乎太短。因此本研究假定邻州活动产生推动作用的时间为 2 年，之后相关作用才逐渐消失。

为各联邦州所具有的建议能力不同。各联邦州在邻州数量方面的差异相当显著（图 8.1）。

下萨克森州是目前邻州数量最多的联邦州，其次是拥有 6 个邻州的黑森州。就各联邦州采用相关措施和手段的次数和创新性指数而言，邻州数量的统计就很有意思。黑森州和下萨克森州可以说是在"学校自主"相关措施和手段的采用方面较早采取行动、行动较为广泛的联邦州。因此，虽然这 2 个联邦州的邻州数量较多，但并不意味着这 2 个联邦州在研究时间范围内被活跃的联邦州所包围。而恰恰相反，这意味着许多联邦州很早就面临邻州积极参与"学校自主"相关政策行动的情况。这一情况对研究邻州关系对"学校自主"政策理念扩散的可能意义和影响方向并没有什么作用。可能恰恰是因为下萨克森州和黑森州采取行动过早，未对邻州起到推动作用。

	BB	BE	BW	BY	HB	HE	HH	MV	NI	NW	RP	SH	SL	SN	ST	TH	邻州数量/个
BB		×						×	×					×	×		5
BE	×																1
BW				×		×					×						3
BY			×			×								×		×	4
HB									×								1
HE			×	×					×	×	×					×	6
HH									×			×					2
MV	×								×			×					3
NI	×				×	×	×	×		×					×	×	9
NW						×			×		×						3
RP			×			×				×			×				4
SH							×	×	×								3
SL											×						1
SN	×			×											×	×	4
ST	×								×					×		×	4
TH				×		×			×					×	×		5

BB—勃兰登堡州；BE—柏林市；BW—巴登－符腾堡州；BY—巴伐利亚州；HB—不来梅市；HE—黑森州；HH—汉堡市；MV—梅克伦堡－前波莫瑞州；NI—下萨克森州；NW—北莱茵－威斯特法伦州；RP—莱茵兰－普法尔茨州；SH—石勒苏益格－荷尔斯泰因州；SH—石勒苏益格－荷尔斯泰因州；SL—萨尔州；SN—萨克森州；ST—萨克森－安哈尔特州；HH—汉堡市

图 8.1 德国各联邦州的邻州关系示意

除邻州关系外，本研究还根据各联邦州的区域位置设定了两个预测因素。前文对各联邦州"学校自主"相关活动的描述性分析中，特别提到区域位置，德国南部各联邦州采用次数较低而德国东部各联邦州采用次数不同（7.4）。因此，纳入一个影响因素，以反映联邦州在区域位置上属于德国北部、中部还是南部（表8.6）。以各个联邦州的北部或南部是否与其他国家相邻划分区域位置。如不相邻，则属于德国中部联邦州；如果相邻，则根据方位区分属于德国北部还是南部。除此之外，还有另一个反映区域位置的影响因素：东部和西部联邦州的划分。以统一前民主德国和联邦德国的边界划分东西区域位置，西部各联邦州是除柏林市外在1990年10月前已经属于联邦德国的联邦州，东部各联邦州包括新加入的各联邦州和柏林市。

表8.6　德国各联邦州的区域位置

地　　区		联　邦　州
南北部划分	北部地区	不来梅市、汉堡市、梅克伦堡－前波莫瑞州、下萨克森州、北莱茵－威斯特法伦州、石勒苏益格－荷尔斯泰因州
	中部地区	勃兰登堡州、柏林市、黑森州、萨克森－安哈尔特州、图林根州
	南部地区	巴登－符腾堡州、巴伐利亚州、莱茵兰－普法尔茨州、萨尔州、萨克森州
东西部划分	东部地区	新联邦州和柏林市
	西部地区	旧联邦州（不含柏林市）

事件史分析法无法单独分析同质化沟通网络——即基于成员相似特征而形成的跨州观察和互动关系。也就是说，州际关系也应作为系统成员特征纳入创新意愿影响因素的研究范围（8.1.1）。对于某一联邦州来说，如果具有类似政党、类似社会经济条件或类似政策行动挑战的联邦州已经实施某项创新政策，而该联邦州很有可能借鉴、采用类似联邦州的相关创新政策，这意味着相关预测因素的影响相应增加。在这方面，前文提出的一系列预测因素具有双重意义，在解读统计结果时必须考虑到这一点。具体而言，相关预测因素包括人均收入、人口规模、城市化水平、州长所属政党和学生人数变化情况。

异质化联邦州网络以多样性为基础，以先驱者和追随者的角色模式为特征。事件史分析法不适合研究异质化网络，也无法分析地方大众传媒的影响，以及整个系统（联邦政府）对所有联邦州的创新意愿和创新能力的总体影响。因此，必须放弃对相关因素的考虑。

8.1.3 控制政策特征影响的策略

在政治学领域应用事件史分析法时，没有将政策创新的扩散友好性作为一个单独的预测因素类别。同样，本研究也未将"学校自主"相关措施和手段的特点作为影响因素。然而，这并不意味着可以忽略各项措施和手段的差异。通过区分和比较不同扩散过程，可以将政策差异作为影响因素。本研究所选择的案例"学校自主"政策理念及64项相关措施和手段支持对部分数据集的比较研究。在此选择了3种不同的深入分析方法：内容分析法、区分扩散规模和区分扩散时期的分析。

一方面，对"学校自主"相关措施和手段所属领域的划分也应体现在下文回归分析中。"学校自主"相关措施和手段所属的领域不同，所选择的预测因素对系统和系统成员创新性的影响可能也非常不同。这说明，创新模式是灵活的。根据哪些影响因素突出，可以说明具体领域为对抗性竞争还是理念竞争。

另一方面，在前文描述性分析基础上，提出可能存在另一种与政策相关的差异："学校自主"相关措施和手段的扩散范围。各项措施和手段被联邦州（2~16个联邦州）采纳的次数不同。第5章已经将这一现象解释为创新的扩散友好性特征。扩散范围不同，各个预测因素产生的影响可能也会不同。如果扩散范围低于平均水平，可以认为原有的扩散模式拥有更多权重，因为存在风险和争议的措施和手段必须首先进行自我宣传、赢得信任。信任更多的是通过稳定的沟通关系建立起来的，而不是通过偶尔接触产生的。相反，扩散范围高于平均水平的措施和手段更有可能具有超越主要沟通关系的扩散模式——无论是同一区域位置和政党，还是基于类似社会经济条件的网络和观察关系。不过，"学校自主"相关措施和手段的扩散范围不仅可以划分为高于或低于平均水平，而且可以细分为4个档次（2~4次采用，5~8次采用，9~12次采用和13~16次采用）。

除了基于政策不同特点做出分析外，本研究还将换个角度对"学校自主"政策理念在德国联邦州的扩散进行比较分析。这主要涉及"学校自主"政策理念研究在方法方面的问题。

在研究"学校自主"政策理念的内容并限定研究时间范围时，本研究设定的要求是相关措施和手段在1990年10月之前最多允许发生2次采用事件（5.1）。对于事件数据筛选来说，这种对数据集的左删失处理，存在方法方面的问题。对于此类措施和手段而言，采用事件发生的可能性在1990年10月之前就已经减少。也就是说，在1990年10月之前活跃的联邦州及其社会经济特征和与观察时间点有关的决策条件（选举、政党等）未被纳入研究范围。如果某一地区、某一政党执政的某些特定联邦州经常被排除在研究范围以外，这会导致研究结果出现严重偏差。为了减少可能出现的偏差，以下分析专门针对扩散过程始于1990年10月至2004年12月的30项措施和手段（表5.3）。就"学校自主"各领域及不同扩散范围而言，无法用筛选后的30项"学校自主"相关措施和手段的数据集进行比较分析。相较于影响因素的数量，筛选后的30项措施和手段的采用次数太少。

表8.7总结列出下一步回归分析使用的数据集。由于未对"细分领域""扩散范围"部分1990年以后的数据进行可靠的评估，因此没有对它们进行比较分析。

表 8.7　事件史分析中所使用的数据集

数据集涉及领域		总　计			1990年以后		
^	^	措施和手段数量/项	采用/次	事件	措施和手段数量/项	采用/次	事件
总体情况		64	540	11882	30	254	5952
两大领域	去中心化	32	229	6031	11	84	2157
^	调控策略	32	311	5831	19	170	3795

续表

数据集涉及领域		总计			1990 年以后		
		措施和手段数量/项	采用/次	事件	措施和手段数量/项	采用/次	事件
细分领域	学习组织	10	70	1840	1	10	152
	教学组织	6	34	1127	1	2	225
	人事管理	9	66	1752	4	36	788
	资源管理	7	59	1312	5	36	992
	引导反思	12	95	2301	5	19	1135
	支持性举措	8	84	1394	6	61	1090
	问责制度	8	73	1617	6	59	1252
	提供导向	4	59	539	2	31	318
扩散范围	2~4 个联邦州	10	29	2243	7	21	1593
	5~8 个联邦州	20	119	4005	8	55	1660
	9~12 个联邦州	20	198	3436	9	92	1624
	13~16 个联邦州	14	194	2198	6	86	1075

注：事件=包括的"人年数"。

8.2 分析视角和分析策略

上文提出的预测因素为在创新扩散理论和政策扩散研究的基础上开发分析模型提供了支持。为了对"学校自主"政策理念在德国各联邦州的扩散情况进行首次定量分析，应选择具有重要意义的影响因素（图8.2），并用具体数据提供支持。

尽管前文已经提到过事件史分析法和政策扩散研究方法存在一定的局限性（2.3），但决不能低估上述方法对联邦州政策扩散研究的价值。

不同预测因素及其在政策扩散背景下可能具有的不同意义，为分析提供了多种可能性。总体来说，将政党和区域位置的影响相互比较，是可行的。

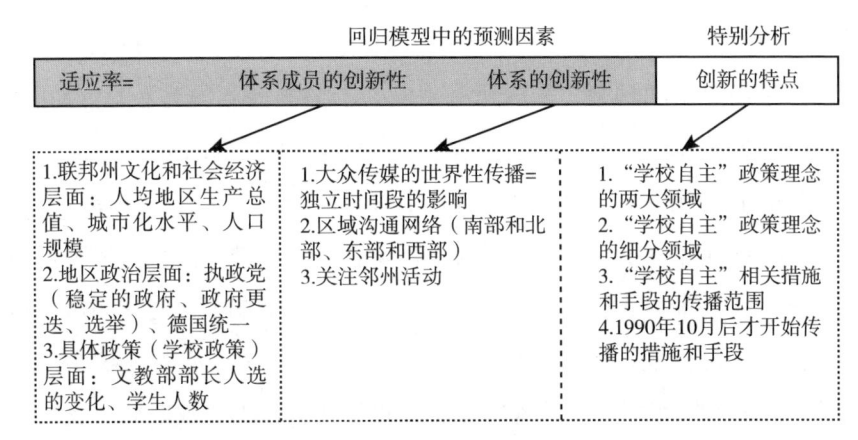

```
                         回归模型中的预测因素              特别分析
        ┌─────────┬──────────────────┬──────────────────┬─────────────┐
        │ 适应率= │ 体系成员的创新性 │  体系的创新性    │ 创新的特点  │
        └─────────┴────────┬─────────┴────────┬─────────┴──────┬──────┘
                           ↓                  ↓                ↓
```

| 1.联邦州文化和社会经济层面：人均地区生产总值、城市化水平、人口规模
2.地区政治层面：执政党（稳定的政府、政府更迭、选举）、德国统一
3.具体政策（学校政策）层面：文教部部长人选的变化、学生人数 | 1.大众传媒的世界性传播=独立时间段的影响
2.区域沟通网络（南部和北部、东部和西部）
3.关注邻州活动 | 1."学校自主"政策理念的两大领域
2."学校自主"政策理念的细分领域
3."学校自主"相关措施和手段的传播范围
4.1990年10月后才开始传播的措施和手段 |

图 8.2　关于"学校自主"政策理念的事件史分析模型

至少在宏观层面，可以评估联邦州的社会经济特征（人均收入、人口规模、城市化水平）对政策行动的作用。从相关社会经济特征的广泛重大影响可以看出，德国教育政策的创新性取决于各联邦州经济水平或城市化水平、工业化密集程度所带来的推动力。这提示创新在各联邦州之间的扩散并非完全无障碍；但也同时显示出，各联邦州可以在平等基础上不受阻碍地进行理念竞争。

我们可以探讨政策制定的特征（假设除了文教部部长一职的人事变动，不存在其他强有力的影响因素），以及使个别政策行动者采取行动的特殊事件（德国统一、选举临近或刚结束、政府更迭）的意义，也可以比较大众传媒的世界性影响的效果与去中心化、差异化扩散模式的效果。

基于不同数据集对预测因素的影响进行比较研究，为分析不同影响提供了可能性：德国联邦州的创新扩散模式是固定的还是灵活的？是否取决于扩散主体？

前文介绍了事件史分析法的运用和分析模型的开发，并对提出问题加以阐释，但尚未完成对相关问题充分探讨。但是应当重点关注哪些问题？应当以哪种分析视角研究德国联邦州创新扩散的可能模式？

本书第 1 章就已设定并明确分析主题。第 1 章提出问题：什么是德国教育政策所固有的特征？①教育理念竞争，旨在通过试点和经验交流提高创造力和创新性。如果存在这种竞争，往往会得到对政府机构内对政策行动有需求感兴趣的政策行动者（如教育行政管理部门）的支持。②对抗性竞争，旨在实施并贯彻自己的理念，采取所有手段，不惜牺牲竞争对手的行动能力。这种竞争可能是执政党为了争取支持者和扩大影响所采取的策略。

正如第 1 章所述，虽然在分析过程中可以区分以上 2 种竞争类型，并用该分类标准对具有特定利益的不同政策行动者进行分类。但在政策制定的实践过程中，这两种竞争始终相互交织。因此，问题不在于这些联邦州之间是否存在这两种竞争类型及其复杂关系，而在于 2 种竞争类型的一般数量关系：谁主导？谁辅助？德国学校系统的发展模式是什么？①文教部部长及教育行政管理部门发挥协调作用，即平衡党派分歧，力求循序渐进，避免公开争论和方针冲突；②一方面联邦州政府发挥调控和调节作用，另一方面意识形态冲突和激烈的教育政策的争论及教育政策环境不断发展、演变；③一种灵活的基于具体理念的模式，与理念竞争或对抗性竞争环境下的教育政策扩散模式平行？

然而，不同竞争类型的影响在回归分析模型中只能间接体现出来。对创新扩散模式的判断必须同时考虑不同预测因素的影响。这要求从原则上将个别预测因素确定为判断竞争类型的有力指标。后文将具体分析本研究的预测因素模型是否可以描述联邦州之间的竞争结构。

对抗性竞争的概念通常与强有力的政党政治联系在一起；教育政策越多地受不同政党之间沟通障碍和选举带来的政策行动周期的影响，就越有可能出现对抗性竞争。如果各联邦州之间的政策扩散模式与党派关系无关，而与联邦州的社会经济特征有关，则可以将这样的政策扩散模式视为理念竞争的标志。在对"学校自主"各领域措施和手段的扩散范围进行比较分析过程中，预测因素影响的稳定性或可变性可以体现出德国教育系统创新路径的动态变化和灵活性。

德国"学校自主"政策理念扩散中与政党有关的影响因素主要有 5 个：州长所属政党、选举临近、选举结束、政府更迭和政府稳定性。其中，执政党派是主要指标，可以直接代表以政党为特征的扩散模式，并解释跨州的政策扩散模式。

另外 4 个与政党有关的影响因素，则是反映联邦州内特定党派竞争情况的指标。本研究假定，选举临近或选举结束对教育政策行动的影响越大，则"学校自主"政策理念越能表达特定政党的立场，相关措施和手段的跨党派适应性越小。本研究对以往选举的影响进行了更细致的研究，并通过选举后政府更迭这一影响因素来反映。政府更迭所带来的明显影响将进一步表明，"学校自主"是一个能区分政党的概念，政党在竞选中会以相互竞争的方式实施相关政策理念。

如果政府稳定性较低（执政党在社会民主党和基督教民主联盟之间频繁更换）会带来显著影响，这将进一步证明联邦州内部存在明显的党派竞争：政党试图通过"学校自主"相关措施和手段留住既有支持者，并争取新的支持者。然而，这并不能直接说明政党之间存在沟通障碍，也可以解读为"学校自主"政策理念对政党和选民都具有吸引力。因此，在分析解读的时候必须同时考虑反映政党竞争的所有指标。例如，政党高影响力与政府的低稳定性，将印证关于对抗性竞争的判断；而政府稳定性较低与政府党派不构成影响或影响较低，则说明"学校自主"政策理念本身就具有赢得新的支持者的内在可能性，从而增加了跨党派扩散的机会。

另外，德国教育政策中是否存在理念竞争与本研究所选取的 7 个预测因素有关。本研究基于与区域位置相关的变量（南部和北部、东部和西部、邻州关注）和各联邦州社会经济特征（人均地区生产总值、人口规模、城市化水平）及学生人数变化情况，分析了与政党政治无关的创新扩散模式。对"学校自主"相关措施和手段扩散情况的总体分析考察了这些因素发挥的影响，同时对部分数据集进行比较分析，以考察这些影响因素的稳定性。

分析模型将各联邦州在不同时间的表现解释为大众传媒的世界性影响的体现。在创新扩散过程中，跨州推动作用占据主导地位将说明联邦州之间不存在政党政治竞争：各联邦州似乎有共同的框架，而不是相互对抗。然而，理念竞争在一段时间对各联邦州有显著影响，而这种影响又随时间推移逐渐减弱，也表明理念竞争的局限性。因此，跨州推动的重要作用似乎在政策理念产生的阶段就已经显现出来，这将推翻德国联邦州内的创新扩散是由个别创新者累积产生的这一假设，证明德国学校改革存在基本统一的方向。另外，连续时间内影响随着时间推移不断增加，这将是教育政策以自下而上的形式累积的指标。一开始，政策理念的扩散似乎是分散的，并呈现政党或区域位置特征。只有当成功实施后，相关政策理念才会在全德国范围推行。

在选择"学校自主"政策理念作为研究案例时，考虑要尽量减少对所选理念进行纵向政策整合的需要（3.1）。如果不涉及纵向政策整合，创新理念在全德国范围扩散的概率就会降低。然而，不能排除的是，时间可能是构成跨州推动作用的重要因素。最终，案例选择只能排除通过制度进行跨州协调的必要性，而无法排除其自愿行动的可能性。有可能各联邦州之间根本不存在竞争，而是国家层面的政策整合和推动机制起了主要作用，即没有与政策理念本身直接相关的原因。各联邦州之间竞争的缺失最终也通过分析模型中目前还未提及的预测因素体现出来：新任文教部部长和德国统一。这些因素代表与联邦竞争无关的、特殊的去中心化政策行动挑战（德国统一），或政策行动过程中某一个人想法（新任的文教部部长）。

根据联邦竞争类型对分析模型中的预测因素重新排列（表8.8）。

表8.8 根据竞争类型重新排列分析模型中的预测因素

层面	对抗性竞争	理念竞争	不存在竞争
更多体现在跨州	州长所属政党	区域位置、邻州关注、时间的影响日益显著	时间的影响持续不变或递减
更多体现在特定联邦州层面	选举（临近或结束）、政府稳定性、政府更迭	人均生产总值、人口规模、城市化水平、学生人数变化情况	德国统一、新任文教部部长

以上对预测因素的排列对应一种模型分析策略，下面将展开讨论。原则上，有2种可行方法。第一种方法是同时输入所有因素。这种方法可以评估所包括的预测因素能否解释观察到的"学校自主"政策理念扩散过程。第二

种方法是逐步输入单个因素或因素组（表8.9），也就是本研究所采取的策略，这样还可以观察个别预测因素的影响程度。

表8.9　将预测因素逐步输入分析模型的顺序

序号	预测因素	内　涵
1	政党	基督教民主联盟和社会民主党之间跨州党派竞争的影响程度，与政党相关的沟通障碍的严重程度
	选举临近、选举结束	教育政策活动对选举过程中留住既有支持者和争取新的支持者的影响程度。教育政策是政府迅速并成功采取政策行动的体现，表明各联邦州内部党派竞争的激烈程度
	政府更迭	政府更迭对教育政策创新意愿的影响，表明各联邦州内部党派竞争的激烈程度
	政府稳定性	反对派的力量，议会席位多数和选民的不确定性，表明各联邦州内部党派竞争的激烈程度及"学校自主"政策理念对各党派留住支持者的意义
2	南部和北部、东部和西部	区域联盟的推动作用，表明跨州理念竞争的强度
	邻州关系	邻州的推动作用，表明跨州理念竞争的强度
	学生人数	学生人数增加与减少所带来的问题，表明以问题为导向的跨州理念竞争的强度，在人事管理或教学组织管理领域特别显著
	人均地区生产总值、城市化水平、人口规模	由一般社会经济条件影响形成的政策行动的可能性（特定联邦州的创新性）或表明跨州观察网络在机制灵活、影响强度不同的理念竞争中的重要性
3	新任文教部部长	人员变动对教育政策创新意愿的影响，表明联邦州内部的创新能力
	德国统一	建立全新学校法的政策行动挑战所具有的独立影响，不体现州内竞争，表明联邦州内部的单一创新性
	1990—1992年，1993—1995年，1996—1998年，1999—2001年，2002—2004年	政策理念在不同时期构成的跨州影响，表明各联邦州通过跨州推动作用而非竞争进行创新

注："德国统一"这一预测因素仅用于总体分析。

此外，还需要注意，将更多预测因素纳入研究范围能否会提高整个回归模型的质量。通过将预测因素逐步输入分析模型的方式，我们可以发现是否值得将更多影响因素纳入研究。

第二种方法符合本研究的目的，即采用逐步回归分析方法——至少从整体上研究"学校自主"相关措施和手段时如此。预测因素输入顺序遵循表8.9所介绍的顺序：首先是对抗性竞争相关预测因素；然后是理念竞争相关预测因素；最后是假设不存在竞争的预测因素。

表8.9列出了将各个预测因素输入分析模型的顺序，以及各个预测因素的具体内涵。

8.3 事件史分析法研究结果

德国各联邦州有哪些创新扩散模式？各联邦州在实施"学校自主"政策理念时是否存在竞争？它们是更倾向于理念竞争还是对抗性竞争？本节将基于数据讨论上述问题。首先介绍同时分析64项"学校自主"相关措施和手段数据全部扩散过程的研究结果（8.3.1），接着介绍对30项1990年后才开始扩散的措施和手段进行回归分析的结果，然后对扩散范围不同的"学校自主"相关措施的手段进行比较分析，最后将分析影响因素对"学校自主"政策理念两大领域、细分领域措施和手段的不同影响。

然而，在对结果展开讨论之前，应简要说明以下回归分析将涉及哪些数据，以及应如何解读这些数据。各项预测因素的特征将用3个统计值解释和表达：预测因素的效应系数 $[Exp(B)]$[①]，显著性水平（<0.001、<0.01和<0.05）及预期标准误差（SE）。除了显著性水平外，效应系数对结果的解释也很重要。效应系数表示各项预测因素对"学校自主"政策理念在德国联邦州扩散的影响方向和影响力度。效应系数等于1.00意味着，与参考值相比，本研究所关注的预测因素（变量）对事件发生概率没有影响。

对于计量变量来说，当预测因素的效应系数比参考值多或少一个标准差时，事件发生概率会发生变化。效应系数小于1.00代表发生概率降低，效应

---

① 效应系数代表回归系数的指数函数，而非回归系数本身。因为效应系数比回归系数更适合用于估计一个变量的重要性（Fromm，2005：24）。

系数大于 1.00 代表发生概率增加。效应系数与参考值 1.00 之间的差，也直接反映影响的强度。效应系数等于 2.00，意味着相关事件发生的概率增加 1 倍（Fromm，2005：24）。而效应系数等于 0.50 则意味着发生概率减半。

在本研究回归分析的预测因素框架，各联邦州"学校自主"相关活动呈现发生概率增加的结果。应该特别指出的是，关于选举临近和结束对事件发生概念的影响，计算方式（逻辑）是相反的。为了能够更清楚地判断事件发生概率是否增加，本研究记录了无选举临近和无选举结束对事件发生概率所造成的影响及程度，而不是将实际发生选举的临近和结束作为影响因素。

除此以外，研究结果还用 3 个统计值表示回归模型的整体质量：卡方检验值（χ^2）、–2Log 似然值（–2Log Likelihood）和内戈尔科（Nagelkerke）R^2。卡方检验值最重要的作用是检验相关假设及其包括的影响因素是否带来了模型效果的整体显著改善。–2Log 似然值反映了模型未解释的方差情况，因此也可以用于评估现有扩展模型与以往模型相比，在解释方差方面有无改进。–2Log 似然值降低可以说明模型效果有所提高。在以逐步构建模型的方式全面分析"学校自主"各领域措施和手段的影响时（逐步引入预测因素，对模型进行扩展），这一统计值尤为重要。内戈尔科 R^2 对模型质量评估也很重要。R^2 可以用于评估模型所包含的影响因素在多大程度上有助于解释研究发现的方差。R^2 值只能为 0 和 1 之间的数值。R^2 越接近 1.00，表示模型质量越高。

8.3.1 总体分析

本节首先对"学校自主"相关措施和手段的预测因素的回归分析结果进行总体分析。通过政党、区域位置或邻州活动进行教育政策创新扩散的传统渠道的总体效果如何？表 8.10 列出了 64 项措施和手段的预测因素进行回归分析的总体情况。

表 8.10 "学校自主"政策理念扩散模型的回归分析（64 项措施和手段）

变量（预测因素）	第一步 Exp（B）	第一步 SE	第二步 Exp（B）	第二步 SE	第三步 Exp（B）	第三步 SE
政党（社会民主党）	1.78***	0.09	1.84***	0.12	1.88***	0.12
选举临近（无）	1.98***	0.10	2.02***	0.10	1.93***	0.11
选举结束（无）	7.16***	0.15	6.92***	0.15	7.22***	0.16
政府变迭（是）	3.59***	0.21	3.07***	0.21	2.35***	0.26
政府稳定性[1]	1.21***	0.06	1.20**	0.07	1.31***	0.07
南部地区（作为对照）			1.00		1.00	
北部地区			1.28	0.13	1.40**	0.14
中部地区			1.58***	0.14	1.82***	0.14
东部/西部地区（东部）			1.63	0.26	1.60	0.30
邻州活动（活跃）			2.19***	0.10	2.22***	0.10
学生人数[1]			0.99	0.00	1.00	0.01
人均地区生产总值[1]			1.05***	0.02	1.06***	0.02
城市化水平[1]			1.00**	0.00	1.00**	0.00
人口规模[1]			1.00	0.00	1.00	0.00
新任文教部部长（是）					1.57**	0.16
德国统一（是）					7.20***	0.39
1990—1992 年（作为对照）					1.00	
1993—1995 年					2.94***	0.24
1996—1998 年					4.99***	0.23
1999—2001 年					4.56***	0.24
2002—2004 年					11.18***	0.23
常量	0.04***	0.18	0.00***	0.67	0.00***	0.79
χ^2（df）逐步	385.15（5）***		97.32（8）**		203.27（6）***	
−2 Log 似然值	4007.44		3910.12		3706.86	
R^2 值	0.10		0.13		0.18	

注：1 表示计量变量；*** 表示显著性水平 <0.001；** 表示显著性水平 <0.01；* 表示显著性水平 <0.05。

表 8.10 突出体现了逐步拓展模型的结果，以及在加入对抗性竞争以外的其他预测因素后所实现的模型优化程度。

回归分析的第一步是将德国各联邦州之间可能存在的对抗性竞争（与党派竞争有关）的 5 个预测因素纳入统计。总体来说，所有预测因素均对"学校自主"政策理念在德国的扩散产生重大影响。当社会民主党而非基督教民主联盟担任联邦州执政党时，并且当政府发生更迭时（最多 1 年前），政府采取"学校自主"相关措施的概率就会增加——这说明，政策扩散过程具有对抗性竞争的特点。选举临近或选举结束作为预测因素所产生的影响，则不符合对抗性竞争的预期。选举结束会导致非常重要的影响，政府稳定性作为预测因素（研究时间范围内社会民主党和基督教民主联盟领导的政府数量）的影响是显著的——但意义不大。总体研究结果表明，社会民主党上台执政初期在采取"学校自主"相关措施和手段方面比较积极。然而，持续的相关政策行动所产生的影响力度更强，无选举临近和无选举结束所产生的作用非常显著都说明了这一点。必须考虑到，在立法期开始时，创新性活动通常较少，因为政策制定过程往往需要 1 年或 2 年以上的时间，特别是影响深远的改革政策制定。然而，本研究统计结果显示它们的影响非常显著，所以不能通过这一理由解释：各党派往往很少利用"学校自主"政策理念开展竞选活动；"学校自主"政策理念似乎已从党派争论的主题中消失。然而，R^2 值（0.10）非常低，这是纳入对抗性竞争的预测因素后的结果，必须引起关注。统计结果似乎还表明，使用扩展模型是有必要的，而党派在政策扩散过程起主导作用的假设不成立。

然而，理念竞争的预测因素可以对方差提供什么特别解释？相关结果可以在表 8.10 的"第二步"有关数据中找到。在此，我们将首先关注引入其他预测因素后的模型优化情况。R^2 值仍然很低，仅提高了 0.03。因此，各联邦州之间理念竞争的影响总体上很小。

然而，我们必须对各项预测因素的影响加以区分。总体而言，在对"学校自主"相关措施和手段的分析中，没有出现具有重大影响的因素。例如，各联邦州的社会经济条件（人口规模、学生人数的变化，以及东西部地区分布)[①]并未形成显著影响；如果某一预测因素比较重要，如一个联邦州的人均地区生产总值或城市化水平，它对"学校自主"相关政策采用活动发生的概率也只是造成了轻微影响。

然而值得注意的是，联邦州在德国北部、中部或南部地区的区域分布对"学校自主"理念的扩散具有重要影响。德国中部的联邦州与南部的联邦州相比，"学校自主"相关政策采用活动的可能性增加。而德国北部各联邦州的"学校自主"相关政策采用活动次数与南部各联邦州相比，差异并不显著；德国东部各联邦州的政策采用活动次数与西部各联邦州相比，差异也不显著。邻州活动对政策行动者的创新意愿有显著影响；它在理念竞争的所有预测因素中最为突出。

在回归模型中加入理念竞争的预测因素，也会导致对抗性竞争预测因素的统计值发生轻微变化——不过，并不会推翻原来的判断。社会民主党执政和无即将举行的选举造成的影响略有增加，而无刚结束的选举造成的影响略微减少，政府更迭造成的影响明显减少。总体来说，各联邦州之间理念竞争的预测因素的影响很小，但并不是可以忽略不计的。邻州活动对各联邦州的影响超过了党派的影响。在此必须注意，该模型的解释价值还很低。在很大程度上，德国"学校自主"政策理念的扩散还不能用目前已包括的影响因素来完全解释。

第三步纳入的预测因素包括对所有联邦州都有影响的因素和对个别联邦州有影响的因素（表8.10）。时间会造成怎样的影响——即"学校自主"政策理念是一个跨州性的话题，还是某一联邦州面临的政策行动挑战？文教部部长变更或德国统一的影响是什么？

[①] 对模型内所有预测因素进行共线性检验（Field，2005：201-204）的结果表明，各预测因素有中等强度的相关性。东西部地区分布（0.68），学生人数变化情况（0.68）和人均地区生产总值（0.46）均处于极小的特征值水平。从内容上看，这些预测因素的相对共线性很容易理解：学生人数变化情况在德国东部和西部各联邦州的差距特别大；同样，新联邦州的人均地区生产总值在德国统一后不久大幅增长，但此后这些联邦州的经济发展面临更显著的困难。然而，从模型中排除个别预测因素或贬低模型价值的做法，是没有依据的。

总体而言，第三步引入相关预测因素后，模型对方差的解释率就明显增加。然而，本模型的 R^2 值只有 0.18，总体模型质量仍然不能完全令人信服。无论如何，第三步所纳入的预测因素对"学校自主"政策理念的扩散有重大影响。各个时间段对"学校自主"相关措施和手段扩散过程的影响（以 1990—1992 年为对照）总体上非常显著，并随着时间的推移而增加，2002—2004 年表现出非常广泛的影响（效应系数为 11.18）。另外，没有发现 1999—2001 年"学校自主"相关政策采用活动的强度明显减少——基于第 6 章提到的关于"学校自主"政策理念扩散的调查结果，这一点令人惊讶。总体而言，这些调查结果说明"学校自主"政策理念很早就存在跨州扩散，尽管从 2002 年起才在全德国范围内广泛扩散。

同样需要注意的是，德国统一对德国"学校自主"政策理念的扩散具有重要意义。由于新联邦州必须在短时间内制定全新的学校法，德国统一这一预测因素的效应系数为 7.20。该数值也表明，新联邦州在 1991 年只是采用了联邦德国的学校法，而几乎没有加入自己的想法（Meier，1995）的这一判断是不正确的。新联邦州实施的新法律法规显然在全德国范围内也具有创新意义，至少在"学校自主"方面如此。

第三步引入相关预测因素之后，此前纳入的预测因素的显著性水平和效应系数也发生了变化。特别值得注意的是，纳入时间段和德国统一后，对政府更迭所造成影响的分析结果发生改变。政府更迭对"学校自主"政策理念采用发生概率的影响有所减少，而党派、邻州活动和人均地区生产总值造成的影响略有增加。不过，对各项预测因素重要性的评估不必与以前不同。但需要强调的是，与南部各联邦州相比，某一联邦州如果位于北部地区，则该区域位置因素也会起到显著作用。

总体而言，对 64 项"学校自主"相关措施和手段进行回归分析的结果表明，德国教育政策的发展有着明确的共同框架。政策采用活动显然是由时间段的影响和政策行动挑战（如德国统一）所决定的。此外，近期没有刚刚结束的选举，也有显著影响。与政党或政府有关的直接因素（社会民主党或基督教民主联盟执政、政府更迭）最终与各联邦州的区域位置和邻州活动同样重要。在此，有充分的证据表明，各党派在教育政策领域的竞争通过更务实的理念竞争得到补充和完善。然而，对于那些以事实和问题（如社会经济条件）为导向的政策采用活动来说，无法确定影响显著或不显著。与此同时，在"学校自主"政策理念的扩散过程中，在不同经济发展水平的联邦州之间、在农村或城市之间，没有发现明显的扩散障碍。

下文将通过子数据集对以上回归分析结果进行详细分析。当从不同角度对"学校自主"相关措施和手段的扩散进行比较分析时，相关回归分析结果是否保持稳定？下面将就这一问题展开论述（8.3.2~8.3.5）。

8.3.2 仅对1990年10月后扩散的相关措施和手段进行分析的结果

如果将64项"学校自主"相关措施和手段全部纳入回归分析，就会出现以下问题：有些措施和手段在1990年10月之前就已经采用了，因此在从逻辑上应被排除在研究范围之外。这种对数据的左删失会干扰对各个预测因素的影响的分析。本小节仅分析1990年10月之后才开始扩散的"学校自主"相关措施和手段，并与上一小节的分析结果比较。本小节仍采取分步纳入预测因素构建总体模型的方式（在此不再赘述各步骤）。与上一小节的分析结果相比，效应系数发生了变化（表8.11）。

表8.11 "学校自主"政策理念的扩散模型
（1990年后开始扩散的"学校自主"相关措施，30项措施）

变量（预测因素）	第一步		第二步		第三步	
	$Exp(B)$	SE	$Exp(B)$	SE	$Exp(B)$	SE
政党（社会民主党）	2.11***	0.14	2.05***	0.18	2.06***	0.18
选举临近（无）	2.12***	0.15	2.17***	0.15	2.11***	0.16
选举结束（无）	6.51***	0.21	6.24***	0.22	6.83***	0.22
政府变迭（是）	2.42**	0.32	2.23**	0.33	2.30*	0.37
政府稳定性[1]	1.25**	0.09	1.29**	0.10	1.43***	0.10

续表

变量（预测因素）	第一步 Exp（B）	SE	第二步 Exp（B）	SE	第三步 Exp（B）	SE
南部地区（作为对照）			1.00		1.00	
北部地区			1.44	0.20	1.63*	0.20
中部地区			1.61*	0.20	1.94**	0.21
东部/西部地区（东部）			1.23	0.38	1.18	0.45
邻州活动（活跃）			2.70***	0.14	2.16***	0.15
学生人数[1]			0.99	0.01	1.00	0.01
人均地区生产总值[1]			1.04	0.02	1.04	0.02
城市化水平[1]			1.00	0.00	1.00	0.00
人口规模[1]			1.00	0.00	1.00	0.00
新任文教部部长（是）					1.78*	0.23
德国统一（是）					3.20	0.76
1990—1992年（作为对照）					1.00	
1993—1995年					3.47*	0.40
1996—1998年					5.77***	0.39
1999—2001年					6.33***	0.39
2002—2004年					16.23***	0.38
常量	0.00***	0.26	0.02***	1.04	0.00***	1.19
χ^2（df）逐步	197.64（5）***		62.89（8）**		116.63（6）***	
−2 Log 似然值	1901.67		1838.78		1722.15	
R^2 值	0.11		0.14		0.21	

注：1 表示计量变量；*** 表示显著性水平 <0.001；** 表示显著性水平 <0.01；* 表示显著性水平 <0.05。

从总体上看，仅根据 30 项措施和手段进行分析得出的结果与总体分析结果相近。对于提高德国学校法中采用"学校自主"政策理念的概率而言，具有重要意义的首先是"学校自主"政策理念的跨州扩散，其影响范围随着时间的推移不断扩大。同时，近期无选举结束的效应系数为 6.83。此外，部分对抗性竞争的预测因素（社会民主党执政、政府更迭）和理念竞争的（区域性）预测因素（德国中部地区联邦州、邻州活动）造成的影响不显著，但仍值得注意。新任文教部部长及某一联邦州位于德国北部造成的影响一样，都对"学校自主"政策采用次数均只有轻微的正向影响。

值得注意的是，德国统一这一预测因素的影响不显著。虽然在分析所有措施和手段时，这一预测因素具有非常重要和突出的影响（效应系数 7.20）；但在当前分析框架内，这个预测因素的影响并不显著。这一发现使此前对 1991 年新联邦州在制定新的学校法方面具有特殊创新能力的判断形成对比。至少在"学校自主"政策理念层面，可以说新联邦州在德国统一后对"学校自主"政策理念的发展较少。因此，德国统一仅仅在有限范围内推动教育政策创新。德国统一的影响似乎更多地体现在加强和加快以前关于教育政策的讨论，而不是提出新的讨论视角。

同时，总体分析显示人均地区生产总值有影响但几乎不重要，而在本小节对 1990 年后扩散的相关措施和手段进行分析时呈现同样趋势。由此可以判断，一个联邦州的社会经济条件对"学校自主"政策采用活动的影响并不重要。将研究范围缩小在 1990 年 10 月以后才扩散的 30 项措施和手段，并没有从根本上提高回归模型的质量。当前，R^2 值在第三步分析中达到 0.21，这虽然意味着模型质量有些许提高，但并不明显。

总体来看，对 64 项"学校自主"相关措施和手段和 1990 年后才扩散的 30 项措施和手段进行回归分析，所得结果基本一致。因此，在 64 项"学校自主"措施和手段的基础上继续进行分析似乎是恰当的。只有在分析德国统一对"学校自主"政策理念扩散的影响时，才不得不用本小节的分析方法。

8.3.3　扩散范围作为分组依据

在研究"学校自主"政策理念的扩散时，可以观察到无法解释的高残差。从方法角度看，这也可以归因于这样一个事实：当一项措施或手段的扩散范围特别广泛或特别局限时，通常可以认为所使用的预测因素的影响具有高度分散性。

如果一项"学校自主"相关措施或手段仅在3个联邦州获得采用，那么党派或区域位置不太可能对此产生重大影响。因为无论具体措施和手段内容如何，从一开始就可以知道，在相关联邦州组别内至少始终有一半联邦州（执政党为社会民主党或基督教民主联盟；联邦州位于德国东部、西部，或者北部、中部或南部）不受影响。

相反，如果"学校自主"相关措施和手段获得较为广泛的采用，则可以假定不同联邦州组别之间的差异会缩小，并且跨州影响的特点会更加突出，特别是"学校自主"政策理念随时间扩散方面。只有当"学校自主"相关措施和手段的扩散范围为中等水平时，才有可能出现不同联邦州组别之间的差异扩大，这表明德国教育政策中创新扩散的模式基本是固定的。

本研究根据扩散范围将64项措施和手段划分为4组，其中2组低于平均水平（表8.12），2组高于平均水平（表8.13）。结果大体上符合预期。

表8.12 扩散范围（低于平均水平）作为政策特征影响的因素分析（64项措施和手段）

预测因素	在2~4个联邦州内实施 Exp（B）	SE	在5~8个联邦州内实施 Exp（B）	SE
政党（社会民主党）	2.61	0.54	2.81***	0.26
选举临近（无）	1.52	0.48	2.60***	0.24
选举结束（无）	63.20***	1.43	4.39***	0.30
政府更迭（是）	13.83	1.57	1.88	0.52
政府稳定性[1]	2.20*	0.32	1.12	0.15
南部地区（作为对照）	1.00		1.00	
北部地区	1.55	0.64	1.23	0.31
中部地区	3.67*	0.68	1.93*	0.30
东部/西部地区（东部）	0.59	1.50	2.31	0.66
邻州活动（活跃）	1.31	0.58	1.52	0.24
学生人数[1]	1.01	0.02	1.00	0.01

续表

预测因素	在 2~4 个联邦州内实施		在 5~8 个联邦州内实施	
	Exp（B）	SE	Exp（B）	SE
人均地区生产总值[1]	1.04	0.07	1.09*	0.04
城市化水平[1]	1.00	0.00	1.00	0.00
人口规模[1]	1.00	0.00	1.00	0.00
新任文教部部长（是）	1.23	0.82	2.05*	0.32
德国统一（是）	7.48	1.83	8.90*	0.88
1990—1992 年（作为对照）	1.00		1.00	
1993—1995 年	0.39	0.95	4.69*	0.63
1996—1998 年	0.92	0.81	8.79***	0.62
1999—2001 年	1.42	0.79	4.77*	0.64
2002—2004 年	4.29*	0.69	18.62***	0.60
常量	0.00**	3.94	0.00***	1.73
χ^2（df）	66.47（19）***		164.29（19）***	
−2 Log 似然值	243.35		906.99	
R^2 值	0.23		0.17	

注：1 表示计量变量；*** 表示显著性水平 <0.001；** 表示显著性水平 <0.01；* 表示显著性水平 <0.05。

表 8.13　扩散范围（高于平均水平）作为政策特征的影响因素分析（64 项措施和手段）

预测因素	在 9~12 个联邦州实施		在 13~16 个联邦州实施	
	Exp（B）	SE	Exp（B）	SE
政党（社会民主党）	1.66**	0.19	1.98**	0.22
选举临近（无）	1.86***	0.18	1.83***	0.19
选举结束（无）	6.97***	0.26	8.64***	0.29
政府更迭（是）	1.50	0.47	2.74*	0.45
政府稳定性[1]	1.52***	0.11	1.20	0.13
南部地区（作为对照）	1.00		1.00	
北部地区	2.10***	0.22	1.61	0.25
中部地区	2.47***	0.23	1.64	0.26
东部/西部地区（东部）	1.72	0.48	1.47	0.51

续表

预测因素	在 9~12 个联邦州实施 Exp（B）	SE	在 13~16 个联邦州实施 Exp（B）	SE
邻州活动（活跃）	1.77***	0.17	1.53*	0.18
学生人数 [1]	1.00	0.01	0.99	0.01
人均地区生产总值 [1]	1.05	0.03	1.06	0.03
城市化水平 [1]	1.00*	0.00	1.00	0.00
人口规模 [1]	1.00	0.00	1.00	0.00
新任文教部部长（是）	1.40	0.27	1.43	0.31
德国统一（是）	8.63***	0.63	10.17**	0.76
1990—1992 年（作为对照）	1.00		1.00	
1993—1995 年	2.23*	0.34	5.72***	0.49
1996—1998 年	4.02***	0.33	9.17***	0.49
1999—2001 年	4.18***	0.34	13.07***	0.50
2002—2004 年	8.42***	0.33	64.09***	0.49
常量	0.00***	1.30	0.00***	1.44
χ^2（df）	244.29（19）***		324.22（19）***	
−2 Log 似然值	1270.18		987.98	
R^2 值	0.19		0.31	

注：1 表示计量变量；*** 表示显著性水平 <0.001；** 表示显著性水平 <0.01；* 表示显著性水平 <0.05。

就扩散范围较小（在 2~4 个联邦州扩散）的"学校自主"相关措施和手段而言，对各项预测因素的影响进行估计有较大的困难。只有近期无选举结束、2002 年—2004 年这一时间段、执政党不稳定及该联邦州位于德国中部这几项预测因素看起来影响比较显著。在这其中，近期无选举结束造成的影响是最显著的。对于有较大争议的或不太吸引人的"学校自主"相关措施和手段被采用，效应系数 63.20 提示，这几乎只可能发生在一个立法期的中期。而这也没有体现跨州创新扩散的模式。此外，政府不稳定对"学校自主"政策理念扩散的影响同样显著。这体现出不同政党政治分化的显著影响，这种可能性多出现采取相当有争议的教育政策方法的情况中，而且政府不稳定的联邦州往往更有可能利用这一点。除此以外，如果某一联邦州位于德国中部，这样的区域位置可以保证有争议的教育政策方法获得采用（效应系数为3.67）。因此，理念竞争和对抗性竞争似乎是平行的创新模式。

就扩散范围为5~8个联邦州的"学校自主"相关措施和手段而言，基于跨州交流和观摩的创新扩散模式更为突出。与有争议的措施和手段相比，社会民主党成为执政党对"学校自主"政策理念扩散的影响增加，效应系数为2.81。相反，对4组措施和手段进行横向比较可发现，近期无选举结束的影响最小，效应系数为4.39。与只在2~4个联邦州扩散的措施和手段的情况相比，联邦州位于德国中部这一因素的影响的显著性也明显下降，效应系数为1.93。只有当"学校自主"相关措施和手段在5~8个联邦州获得采用时，新任文教部部长的影响才会变得重要。然而，相对于1990—1992年，"学校自主"这一主题在其他时间段一直很受关注，尽管1999—2001年受到关注明显减少。

就9~12个联邦州获得采用的"学校自主"相关措施和手段而言，除了时间段、德国统一和无选举结束造成的影响外，理念竞争的预测因素更为突出。联邦州位于德国北部及中部（而不是南部）会造成显著影响，邻州活动也是如此。政府不稳定的影响比较小，但仍然具有显著性（效应系数为1.52）。

就13~16个联邦州都普遍采用的"学校自主"相关措施和手段而言，跨州影响（时间段、德国统一的影响）的重要性与其他组别的措施和手段相比再次明显增加。本研究将跨州共识认为是对这些措施和手段的扩散造成主要影响的因素，但这并不绝对，因为还可以观察到社会民主党执政（效应系数为1.98）和政府更迭（效应系数为2.74）具有显著影响。相比之下，未发现特殊的区域分布特征，邻州活动的影响并不明显（效应系数为1.52）。

综上所述，对扩散范围不同的"学校自主"相关措施和手段的预测因素进行比较分析的结果表明，德国教育政策的创新扩散模式非常多变。

（1）有争议的"学校自主"相关措施和手段（被2~4个联邦州采用）更

有可能作为联邦州内部决策的优先事项获得采纳。只有德国中部地区被认定为特别愿意冒险的教育政策行动地区。

（2）对于吸引力低于平均水平的"学校自主"相关措施和手段（被5~8个联邦州采用）而言，跨区域的政党政治创新结构比跨州扩散的影响更加突出。然而文教部部长作为单一影响因素也具有重要作用。

（3）对更有吸引力的"学校自主"相关措施和手段（被9~12个联邦州采用）而言，区域位置和邻州活动具有更显著的影响。这些也属于跨州扩散的范畴。

（4）各联邦州广泛采用的"学校自主"相关措施和手段（在13~16个联邦州采用）以跨州扩散为主。区域位置和邻州活动无显著影响，只有党派和联邦州的政治影响因素，如政府更迭，仍然是政策行动的推动因素。

在各个组别的措施和手段中，社会经济条件（再一次）被证明并不重要。各联邦州之间的社会经济条件差异似乎并没有对"学校自主"政策理念的扩散产生任何影响。也没有证据表明，东部和西部各联邦州的区域位置会造成影响。只有1991年新联邦州的特殊情况（德国统一）的影响始终非常重要；只有在考虑扩散范围较小的措施和手段时，这一因素的影响才没有那么显著。

基于不同扩散范围划分的4组措施和手段，其回归模型的质量明显不同。对于扩散范围特别小或特别大的2组措施和手段，R^2值比较高（分别为0.23和0.31），看起来是令人满意的。

8.3.4 "学校自主"政策理念涉及的两大领域

前文对"学校自主"政策理念在德国的扩散情况进行总体分析时，未解释的方差无法通过不同扩散模式与扩散范围得到解释。教育政策理念的扩散路径也可能与不同的措施和手段有关，因此，这会给研究分析联邦州之间的一般和固有创新模式造成困难。下面将探讨"学校自主"两大领域和细分领域措施和手段的扩散路径是否存在明显差异。

先从去中心化和新调控策略两大领域入手，对包含64项措施和手段的数据集进行回归分析（表8.14）；然后对包含1990年10月后才开始扩散的30项措施和手段的数据集进行回归分析（表8.15）。

首先，引人注目的是，去中心化领域的措施和手段似乎比新调控策略领域的措施和手段更显著地受到社会民主党执政、政府更迭（仅在包括64项措施和手段的数据集中显著）和联邦州位于德国中部等因素的影响。此外，时间段对去中心化领域的措施和手段的影响明显不如新调控策略领域的措施和手段。

表8.14　两大领域措施和手段扩散的影响因素（64项措施和手段）

变量（预测因素）	去中心化 Exp(B)	SE	新调控策略 Exp(B)	SE
政党（社会民主党）	2.28***	0.18	1.63**	0.16
选举临近（无）	1.90***	0.16	2.00***	0.14
选举结束（无）	5.60***	0.23	8.99***	0.22
政府更迭（是）	2.45*	0.38	2.11*	0.36
政府稳定性[1]	1.20	0.11	1.45***	0.09
南部地区（作为对照）	1.00		1.00	
北部地区	1.42	0.22	1.46*	0.18
中部地区	2.26***	0.22	1.61*	0.19
东部/西部地区（东部）	0.97	0.45	2.37*	0.40
邻州活动（活跃）	1.58*	0.17	2.69***	0.13
学生人数[1]	0.99	0.01	1.00	0.01
人均地区生产总值[1]	1.04	0.02	1.08***	0.02
城市化水平[1]	1.00	0.00	1.00***	0.00
人口规模[1]	1.00	0.00	1.00	0.00
新任文教部长（是）	1.36	0.25	1.69*	0.22
德国统一（是）	6.32***	0.53	10.53***	0.61

续表

变量（预测因素）	去中心化		新调控策略	
	Exp（B）	SE	Exp（B）	SE
1990—1992 年（作为对照）	1.00		1.00	
1993—1995 年	1.55	0.31	6.36***	0.41
1996—1998 年	3.62***	0.29	8.25***	0.41
1999—2001 年	2.54**	0.31	9.71***	0.41
2002—2004 年	5.30***	0.29	26.28***	0.40
常量	0.00***	1.17	0.00***	1.11
χ^2（df）	248.75（19）***		481.50（19）***	
−2 Log 似然值	1698.54		1948.98	
R^2 值	0.15		0.23	

注：1 表示计量变量；*** 表示显著性水平 <0.001；** 表示显著性水平 <0.01；* 表示显著性水平 <0.05。

表 8.15　两大领域措施和手段扩散的影响因素（30 项措施和手段）

变量（预测因素）	去中心化		新调控策略	
	Exp（B）	SE	Exp（B）	SE
政党（社会民主党）	3.30***	0.33	1.71*	0.21
选举临近（无）	2.64***	0.28	2.00***	0.19
选举结束（无）	5.46***	0.36	8.39***	0.29
政府更迭（是）	2.77	0.55	1.99	0.50
政府稳定性[1]	1.30	0.19	1.52***	0.13
南部地区（作为对照）	1.00		1.00	
北部地区	1.39	0.37	1.77*	0.24
中部地区	2.37*	0.39	1.83***	0.26
东部/西部地区（东部）	0.38	0.82	2.04	0.56
邻州活动（活跃）	1.20	0.29	2.82***	0.18
学生人数[1]	0.98	0.01	1.00	0.01

续表

变量（预测因素）	去中心化		新调控策略	
	Exp（B）	SE	Exp（B）	SE
人均地区生产总值[1]	1.01	0.04	1.06*	0.03
城市化水平[1]	1.00	0.00	1.00	0.00
人口规模[1]	1.00	0.00	1.00	0.00
新任文教部部长（是）	2.88**	0.37	1.32	0.30
德国统一（是）	2.20	1.01	5.72	1.31
1990—1992年（作为对照）	1.00		1.00	
1993—1995年	1.53	0.53	9.40**	0.74
1996—1998年	4.51**	0.50	11.43***	0.74
1999—2001年	3.86**	0.51	15.29***	0.74
2002—2004年	7.04***	0.49	44.33***	0.73
常量	0.00**	2.02	0.000***	1.60
χ^2（df）	117.87（19）***		300.29（19）***	
−2 Log 似然值	592.09		1087.89	
R^2 值	0.19		0.25	

注：1表示计量变量；*** 表示显著性水平 <0.001；** 表示显著性水平 <0.01；* 表示显著性水平 <0.05。

在表8.14和表8.15中"新调控策略"一栏，可以看出邻州活动的重要性，同时政府不稳定的影响显著。

同时，在新调控策略领域，联邦州位于德国北部（影响相当小）及东部（重要，但只针对64项措施和手段，效应系数为2.37）有影响。后一发现与第7章的描述性结论相吻合，即德国东部各联邦州在去中心化和新调控策略这两大领域的表现非常不同（7.5）。勃兰登堡州、萨克森-安哈尔特州和图林根州早期就实施了提供导向和支持性措施领域的措施和手段。

64项"学校自主"相关措施和手段与30项1990年后才开始扩散的措施和手段形成了两个数据集，将基于这两个数据集进行回归分析的结果加以比较，并无新的发现。在基于30项措施和手段进行的分析中，德国统一的影响明显减少。德国统一是一个重大事件，对德国教育领域目前的发展起到强化作用，但本身并没有引发任何新的发展。必须强调的是，对1990年后才开始扩散的"学校自主"相关措施和手段而言，新任文教部部长在去中心化领域的影响较大（效应系数为2.88）。

很明显，各种影响因素对"学校自主"两大领域的措施和手段具有不同程度的影响。去中心化领域的措施和手段似乎是某些区域特有的，并成为政党竞争（对抗性竞争）的对象。新调控策略的特点更多体现在相关概念的跨州影响大，而政党竞争的影响减弱（但没有消失），邻州活动的影响显著。因此，新调控策略更多地体现了教育系统的共同发展，而非竞争和对抗。但在去中心化领域，即使区域位置和党派相关对政策扩散模式的影响显著，但也不如时间段所带来的跨州影响。

基于30项措施和手段的数据集与基于64项措施和手段的数据集相比，仅新调控领域回归模型的质量有所提高。在去中心化领域，两个数据集的可解释方差都比总体分析的相关数值要小。在包含64项措施和手段的数据集中，R^2值甚至降至0.15。这表明，去中心化领域的措施和手段的扩散性总体高于新调控策略领域。

8.3.5 "学校自主"政策理念涉及的细分领域

分析扩散路径的差异时不仅要考虑"学校自主"的两大领域，而且要关注下面的细分领域。但对细分领域的分析无法基于仅包括30项措施和手段的数据集，因为采用次数太少。出于同样原因，德国统一这一预测因素也被排除在外。这样一来，研究范围缩小了，部分导致统计分析结果不稳定。

由此得到的分析结果与前文提到的调查结果并不基于同一分析框架，不具有可比性。不将德国统一作为新联邦州政策行动的特殊影响因素，结果可能使政府更迭、新任文教部部长、联邦州位于东部等预测因素的影响显著增加。

对"学校自主"各领域措施和手段的相关预测因素进行比较（表8.16，表8.17），甚至比之前的分析更能说明创新扩散模式的多样性。原本比较重要的影响因素对学习组织管理和教学组织管理的影响有所减弱。在教学组织管理领域，这一变化并不显著；在学习组织管理领域，时间段2002—2004年的影响（效应系数为2.87）次于近期无选举结束、政府更迭、联邦州位于东部及执政党为社会民主党的影响；其他时间段没有显著影响。这一发现与前文对"学校自主"政策理念扩散的描述性观察分析结果吻合（7.4）。学习组织管理和教学组织管理领域似乎更多地代表了一种传统观念，即增加教学自由——这在20世纪80年代已经存在，并在旧联邦州普遍实施。统一后，新联邦州在已有基础上继续发展，而由于研究时间范围的限制，在分析结果中新联邦州成了政策行动的主导者。

8.16　去中心化细分领域措施和手段扩散的影响因素对比（64项措施和手段）

变量（预测因素）	学习组织管理		教学组织管理		人事管理		资源管理	
	Exp（B）	SE	Exp（B）	SE	Exp（B）	SE	Exp（B）	SE
政党（社会民主党）	2.94***	0.32	1.40	0.44	2.03*	0.36	2.56*	0.39
选举临近（无）	2.15*	0.31	1.78	0.40	2.85***	0.32	1.36	0.30
选举结束（无）	8.49***	0.47	12.35**	0.84	3.84***	0.37	5.91***	0.46
政府更迭（是）	7.55***	0.59	23.43***	0.94	0.96	0.71	3.39	0.69
政府稳定性[1]	1.08	0.19	1.46	0.26	1.20	0.21	1.24	0.23
南部地区（作为对照）	1.00		1.00		1.00		1.00	
北部地区	1.35	0.41	0.66	0.56	1.91	0.40	1.83	0.44
中部地区	2.22*	0.40	2.26	0.51	2.74*	0.43	2.33	0.45
东部/西部地区（东部）	5.25*	0.82	0.73	1.08	0.55	0.90	0.49	0.91
邻州活动（活跃）	2.27**	0.32	0.93	0.47	0.71	0.37	1.48	0.32
学生人数[1]	1.00	0.01	1.00	0.02	0.99	0.01	0.98	0.02
人均地区生产总值[1]	1.13**	0.05	1.01	0.07	1.01	0.05	1.02	0.05
城市化水平[1]	1.00	0.00	1.00	0.00	1.00	0.00	1.00	0.00
人口规模[1]	1.00	0.00	1.00	0.00	1.00	0.00	1.00	0.00

续表

变量（预测因素）	学习组织管理 Exp（B）	SE	教学组织管理 Exp（B）	SE	人事管理 Exp（B）	SE	资源管理 Exp（B）	SE
新任文教部部长（是）	1.34	0.43	0.73	0.69	2.97*	0.41	1.12	0.51
1990—1992年（作为对照）	1.00		1.00		1.00		1.00	
1993—1995年	0.32	0.54	1.80	0.60	2.39	0.62	1.97	0.62
1996—1998年	1.49	0.43	2.31	0.63	5.50**	0.59	6.05**	0.60
1999—2001年	0.85	0.44	1.05	0.72	4.71**	0.59	3.91*	0.63
2002—2004年	2.87***	0.40	1.68	0.69	11.20***	0.57	7.73***	0.60
常量	0.00***	2.18	0.00*	3.18	0.00**	2.27	0.00**	2.31
χ^2（df）	103.33（18）***		41.01（18）**		86.69（18）***		77.18（18）***	
−2 Log 似然值	491.64		264.00		475.60		404.14	
R^2 值	0.20		0.15		0.18		0.19	

注：1 表示计量变量；*** 表示显著性水平 <0.001；** 表示显著性水平 <0.01；* 表示显著性水平 <0.05。

表 8.17　调控策略细分领域措施和手段扩散的影响因素对比（64 项措施和手段）

预测因素	引导反思 Exp（B）	SE	支持性措施 Exp（B）	SE	问责制度 Exp（B）	SE	提供导向 Exp（B）	SE
政党（社会民主党）	2.48**	0.23	1.43	0.30	1.22	0.32	1.44	0.41
选举临近（无）	2.77***	0.27	2.12**	0.28	2.04*	0.30	1.37	0.34
选举结束（无）	8.95***	0.39	7.03***	0.40	15.66***	0.55	8.94***	0.52
政府更迭（是）	1.54	0.67	1.91	0.63	7.63*	0.74	7.43**	0.69
政府稳定性[1]	1.12	0.18	1.85***	0.19	1.90***	0.20	1.19	0.26
南部地区（作为对照）	1.00		1.00		1.00		1.00	
北部地区	1.37	0.34	2.03*	0.34	1.22	0.38	2.38	0.47
中部地区	1.22	0.35	3.38***	0.38	1.14	0.39	5.09**	0.53
东部/西部地区（东部）	2.68	0.74	2.38	0.76	6.50*	0.90	1.18	0.98
邻州活动（活跃）	3.79***	0.25	1.63	0.26	2.57**	0.30	1.26	0.33
学生人数[1]	0.99	0.01	1.01	0.01	1.02	0.01	0.99	0.02
人均地区生产总值[1]	1.11*	0.04	1.02	0.05	1.15**	0.05	1.05	0.05

续表

预测因素	引导反思 Exp(B)	SE	支持性措施 Exp(B)	SE	问责制度 Exp(B)	SE	提供导向 Exp(B)	SE
城市化水平[1]	1.00	0.00	1.00*	0.00	1.00*	0.00	1.00	0.00
人口规模[1]	1.00	0.00	1.00	0.00	1.00	0.00	1.00	0.00
新任文教部部长（是）	1.87	0.38	1.56	0.39	1.72	0.47	1.50	0.49
1990—1992年（作为对照）	1.00		1.00		1.00		1.00	
1993—1995年	2.61	0.54	9.95**	0.76	6.12	1.10	2.24	0.53
1996—1998年	4.10**	0.53	11.43**	0.78	13.45*	1.07	4.38**	0.55
1999—2001年	3.70*	0.54	29.05***	0.77	12.93*	1.08	4.89**	0.61
2002—2004年	11.71***	0.50	26.11***	0.79	88.40***	1.06	39.44***	0.64
常量	0.00***	1.92	0.00***	2.32	0.000***	2.66	0.00*	2.77
χ^2 (df)	175.55(18)***		136.30(18)***		166.43(18)***		83.82(18)***	
-2 Log 似然值	616.05		498.46		428.51		288.51	
R^2 值	0.25		0.26		0.32		0.29	

注：1 表示计量变量；*** 表示显著性水平 <0.001；** 表示显著性水平 <0.01；* 表示显著性水平 <0.05。

对于学习组织管理和问责制度领域，联邦州位于德国东部这一预测因素会造成显著影响[1]。这主要是由于德国东部各联邦州在20世纪90年代继承了民主德国的传统，较早实行了初中毕业统一考试。如果说学习组织管理和教学组织管理领域与20世纪90年代"学校自主"政策理念的扩散没有什么关系，相关措施和手段的扩散更多是由联邦州内部因素决定的，那么其他6个细分领域则可以说是由联邦州内部的大众传媒世界性政策框架所主导，由联邦州自行决定是否采用。这表明，这些细分领域的措施和手段代表了研究时

---

[1] 在支持性措施和问责制度领域，德国东部各联邦州并没有体现出非常显著的倾向，这与描述性分析的预期相反（7.4.2），然而这也很容易解释。早期在这些领域特别活跃的新联邦州（勃兰登堡州、萨克森-安哈尔特州和图林根州）均位于德国中部。因此，这些联邦州的活动往往会对中部地区这一领域的措施和手段的采用产生影响，这其中也包括早期广泛活跃的黑森州。而东部地区这一预测因素还包括较晚采取行动、克制谨慎的梅克伦堡-前波莫瑞州和萨克森州。

间范围内"学校自主"政策理念跨州扩散的内容：学校改革以解决新的学校内部管理任务、制定国家调控策略为导向，仅略微涉及教学组织管理方面的问题，并且很晚（2002年后）才整合了学习组织管理方面的学校内部决定的问题，或者从一开始就预设了"学校自主"决策空间。

在时间因素的主导影响下，影响因素显著性在"学校自主"政策理念其余6个细分领域的分布方式和程度上均有不同。这表明，根据影响因素的显著性，还可以划分出两大领域，每个类别可以包括3个细分领域。第一大类别包括人事管理、资源管理及引导反思领域，因为它们在受到政党政治直接影响方面存在相似特征。相关政策行动主要由社会民主党领导的政府支持（效应系数为2.03~2.56）。这些领域的措施和手段似乎更多地受到意识形态的影响，受到与基督教民主联盟不同的理念影响。第二大类别包括支持性措施、问责制度和提供导向领域。相比之下，在支持性措施、问责制度和提供导向领域，政党政治的影响较低。政府更迭和政府不稳定是对抗性竞争的集中体现。对此，可以将相关数据解读为危机引发的结果，而非意识形态引发的活动。另外，政策采用过程中区域位置因素对后面这3个细分领域的措施和手段影响更为明显。邻州活动的影响在引导反思和问责领域较为明显。这可能是由于统一学习水平测试和平行测试等措施和手段的迅速普及。

社会经济条件（城市化水平、人均地区生产总值）在学习组织管理、引导反思、支持性措施和问责制度等领域表现出显著影响，但其影响力度始终非常有限（效应系数为1.00~1.13）。对于各联邦州"学校自主"行动意愿来说，无法确定学生人数增加或减少是否具有影响。只有在人事管理领域，新任文教部部长这一因素才是重要的，比区域位置和执政党的影响更重要（效应系数为2.97）。

近期无选举结束对各领域均有显著影响（效应系数为3.84~15.66）。除了教学组织管理、资源管理和提供导向等领域，对于其他领域，近期无选举临近也有重要影响，尽管影响要小得多。

对不同领域预测因素的影响进行分析，可以发现它们的内容概念及影响显著性的不同：就基本扩散过程而言，学习组织管理和教学组织管理领域倾向于不受大众传媒世界性跨区域框架的影响，人事管理、资源管理和引导反思领域似乎更多地受到意识形态的影响；支持性措施、问责制度和提供导向等领域似乎更多关注具体问题和危机。然而，各领域措施和手段采用活动普遍受时间显著影响，以至于它们之间的差异只能在细微方面起到补充作用。新调控策略细分领域的回归模型质量始终好于去中心化领域，R^2 值令人满意，特别是问责制度和提供导向等领域。与此相反，教学组织管理和人事管理领域的可解释率特别低。

8.4　小结

基于本章研究，可以得出以下结论。

德国"学校自主"政策理念的扩散受到时间的影响，尤其是 2002—2004 年这一时间段，影响具有显著意义。只有在涉及教学组织管理领域的措施和手段的扩散时，该时间段的影响才不突出。除了争议较大的措施和手段（仅在 2~4 个联邦州采用）和学习组织管理领域的措施和手段，"学校自主"政策理念跨州扩散很早（1995 年）就开始了且影响了"学校自主"相关措施和手段的扩散。总体而言，这表明"学校自主"政策理念的扩散是横向政策整合的过程，区域位置和党派的特殊影响在总体上居于次要位置。然而，时间段作为预测因素，其显著性随时间推移不断增加，也体现出自下而上的累积式发展趋势。从 2002 年开始，"学校自主"政策理念已经可以称得上是一项全德国范围内认识一致、具有可比性的学校改革。

近期无选举结束这一因素，对"学校自主"相关措施和手段采用的影响始终很高。同时，除了争议较大的措施（仅在 2~4 个联邦州采用）及教学组织管理领域的措施和手段，无选举临近也对"学校自主"相关措施和手段的采用情况造成了重要影响。在这里，这一发现被解释为"学校自主"政策理念的扩散具有显著的以问题为导向的特征。"学校自主"政策理念在选举活动中不是一个容易引起对立的主题。

然而，这一结论的绝对性也遭到一些质疑，因为选举意味着政府发生更迭。特别是对2004年底之前所有联邦州都采取的措施和手段，以及德国东部各联邦州早期便大量采用的学习组织管理、教学组织管理及问责制度和提供导向等领域的措施和手段，政府更迭产生了特别的影响。这里应首先指出德国统一初期，各联邦州处在一个基本上还没有受到政党意识形态影响的政策环境中。在这种情况下，新的政策行动者必须在很短时间内建立起全新的学校法体系。因此，德国统一是推动和强化"学校自主"政策理念发展的重要动力，在此之前旧联邦州就已开始采用"学校自主"政策理念（在1990年10月之前最多只有2次采用）。政府更迭对"学校自主"政策理念扩散的重要性，总体上似乎是由个别措施和手段的特殊吸引力及特定的政策背景所决定的[①]。

对于"学校自主"各领域，执政党会对个别措施或手段的采用产生不同程度的影响，这些影响总体来说都是中等水平的。这说明，"学校自主"政策理念的实施以问题为主导，但在某些方面会出现政治化倾向。区域沟通机制和邻州关系也会产生中等水平的影响。这说明此前对大众传媒世界性传播（随时间变化）的突出重要性的判断不是绝对的，但并未完全推翻这一判断。在南部或北部都不与其他国家相邻各联邦州（包括黑森州和勃兰登堡州，也包括萨克森－安哈尔特州、图林根州和柏林市），可以发现特别早期且密集的"学校自主"相关活动。德国南部各联邦州对待"学校自主"相关活动相对谨慎也表现得很明显。由此可以看出，德国的创新扩散存在以政党政治和区域位置为特征的模式。然而，党派政治和区域位置相关的影响因素并不占主导地位，其显著性也经常变化。因此，应将这些影响因素解释为利于沟通的渠道，有突出的创新，但不会对政策理念的跨州和跨党派扩散构成障碍。

---

① 由TIMSS和PISA结果公布引起的危机很可能会推动各联邦州政府的更迭，并促使新政府迅速采取问责制度（学习水平测试、初中毕业统一考试等）和提供导向（高水平发展的标准）等领域的措施和手段。

在此，不存在利基式发展。

不同社会经济条件对各联邦州政策采用的影响不大，这也证明了全国性创新空间的假设。至少在"学校自主"政策理念的扩散方面，无法确定各联邦州的政策采用活动对其人均地区生产总值、城市化水平和人口规模存在明显依赖性，学生人数的变化也未产生不同影响。"学校自主"政策理念对所有联邦州都具有同样吸引力，是具有可实施性的改革建议。

以上研究发现的价值由于方差总体较低而降低。在各项回归分析中，针对问责制度领域的分析效果最好，最佳 R^2 值出现在问责制度领域，达到0.32。对于在研究时间范围内基本完成扩散过程的措施和手段而言，模型质量较高：被13~16个联邦州获得采用的，主要出现在提供导向和问责制度领域，即以新的调控策略为主，而非去中心化措施和手段。这也体现了事件史分析法在方法上的局限性。在创新扩散相当缓慢、不广泛的情况下研究并确定影响因素，要比在其快速、广泛扩散的情况下困难得多。不过，在后一种情况下，联邦州之间的差异不明显，这有利于开展总体分析。

选择"学校自主"政策理念作为研究案例并借64项措施和手段反映整体情况也可能削弱模型分析的质量和信息价值。"学校自主"政策理念被选为研究对象，是因为跨区域的协调要求几乎不会受到该理念扩散的影响。最重要的是，学校的教学组织管理涉及复杂的、多元的决策方案，但不会强制性要求系统化整合。因此，从一开始，"学校自主"政策理念的实施背景和政策制定者就是不同的，就像政策采用活动以具体问题和可实施性为基本导向一样。如果选取不同的研究案例可能会发现，创新扩散会受到政党政治或区域位置的显著影响，或者创新政策的采用对地区财政资源的依赖性更强。就此而言，虽然本研究观察到"学校自主"政策理念扩散对政党和区域位置有一定依赖性，但实际情况可能比量化调查结果要明显得多。即使在学校组织管理的具体问题，也出现了令人惊讶的与政党和区域位置相关的创新扩散模式。

然而，这一说法也存在问题。本章回归分析的结果与第7章的描述性分析结果有一定出入（7.5）。第 7 章指出社会民主党领导的联邦州政府和德国南部以外的联邦州占有优势，表明"学校自主"政策理念的采用存在与政党和区域位置相关的差异。然而，"学校自主"政策理念的采用还存在跨州特点。对"学校自主"政策理念而言，不受跨州协调影响是先决条件，因此应能特别清晰地表现出与区域和政党相关的创新路径。"学校自主"政策理念这一研究案例似乎表明，德国各联邦州并不会充分利用教育政策竞争的可能性。

9 结　语

　　2006年9月1日，德国1949年以来最全面、影响最深远的联邦制度改革开始生效（Wollenschläger，2007）。这首先与德国联邦政府和各联邦州之间管辖权限的重新分配有关，其中也包括教育政策。基于教育监测、教育报告和国际性学生成绩测试比较的教育合作（新版《基本法》第91b条第2款）取代了1969年实施的"教育规划"联合任务。新版《基本法》第104b条的目的也是为了避免各联邦州在专属管辖领域采取联邦财政支持措施。以上对《基本法》的修订涉及教育政策决策领域的重组。各联邦州文教部部长认为，没有必要像当前做法一样，设立独立的德国联邦－州教育规划与科学研究促进委员会（BLK）。其任务将由德国文教部长联席会议（KMK）、德国高校校长联席会议（HRK）和德国联邦职业教育研究所（BIBB）接管，而BLK本身将专注于研究经费的统筹工作（BLK，2007）。由BLK负责协调的试点项目和合作项目将逐步取消（KMK，2006a）。

　　一方面，《基本法》的修订对德国学校系统未来发展会带来什么影响，引起了广泛争论。在2006年5月26日举行的关于改革计划的听证会上，专家们对可能出现的后果给出不同判断①。改革的倡导者为来自各联邦州的代表。他们指出,"教育规划"联合任务的实际作用有限。自1969年实施以来,"教育规划"联合任务从未真正得到落实(Hoffmann, 2006; Drexler, 2006; Cassens, 2006)。代表还认为,BLK试点项目的到期并不重要,因为这些项目总体上并没有什么效果,仅资助范围而言就可证明其效果不佳。另一方面,《基本法》的修订为德国教育动态发展提供了机会:"各联邦州只有在无法通过民粹主义者向联邦政府提出要求,并且无法利用《基本法》的合法性来转移公众对自身分配不当的注意力时,才会全力履行宪法规定的义务。……就本质来说,联邦制是为不平等的发展而设计的。如果通过平衡机制实现平等,一方面会丧失改进的动力;另一方面,地方政府相信发展欠佳终会得到补偿",不主动作为(Drexler, 2006: 3-4)。批评者对《基本法》修正案持完全不同的看法。对他们来说,放弃教育规划是联邦德国缺乏规划和规划能力不足的体现,只有通过联邦框架性立法才能弥补这一缺陷(Steinert, 2006; Thöne, 2006; Landfried, 2006)。从以往实践来看,联邦政府在教育政策制定中的作用也是不可替代的。德国教育科学联盟(GEW)主席泰思(Thöne, 2006: 1)认为:"只有联邦和各联邦州通力合作,才能实现积极的发展。"由红绿联盟执政的政府发起的全日制学校计划和BLK的试点项目[如提高数学与科学(理科)教学效率(SINUS)]均可以说明问题。取消类似的全国性学校改革试点项目,将导致德国学校发展进一步分散化。

联邦制改革的支持者和反对者的立场相反,而他们的态度和立场都受到所奉行的合理性、规范性偏好的影响(Böttcher/Rürup, 2006)。如果对教育政策制定的体制框架进行局部调整,则无法确定德国教育系统将如何发展及向什么方向发展。即使本研究从整体视角切入,但也不能做出较准确的预估。一方面,本研究仅参考了目前教育政策的发展;另一方面,本研究仅研

---

① 听证会上的争论和批评的重点并不是学校政策,而是科学研究政策。特别是研究经费支持(联邦政府)与学习组织管理和教学组织管理(联邦州)的权限被严格划分被认为是不正常的,这也导致后续立法过程中对相关法规的修改(Wollenschläger, 2007)。

究了一个案例，尽管该案例是多样化、复杂的。此外还必须指出的是，本研究在概念、系统和研究策略方面均有新的突破，但科学性仍有待证明。因此，本研究的结果在理论、方法和经验方面尚不稳定，仍需进一步推演和论证。

本研究的研究路径与当前关于2006年联邦制改革的探讨相似。本研究探究的是德国联邦州教育政策中的权力分配对德国学校改革创新动力的影响，以及对德国学校系统创新能力的影响。与关于联邦制改革的讨论类似，本研究假设政策和学校实践之间，或者说制度框架和教学活动之间存在密切联系。在德国，学校是由政府组织和负责的事务。因此，包括具体教学实践在内，学校始终是国家组织和行政机构的一部分。学校在法律和组织上由政府管理，直接接受教育行政管理部门的具体指导、监督和评估（1.2.1）。

与关于联邦制改革的讨论相比，本研究首先系统化阐述研究对象，并重新明确其重要性和意义。本研究将德国各联邦州横向政策整合的过程和模式作为重要的研究视角。由于以往的教育政策研究忽略了这一主题，并且考虑到强化联邦竞争的政治意愿，如何从德国各联邦州的独立发展中发现全国性学校改革的可能性和局限性，似乎是一个特别紧迫的研究课题。在政策扩散研究和政治学的研究基础上，本研究将研究问题聚焦在政策理念在德国各联邦州之间的扩散（2.1，2.2）。各联邦州是否会相互学习借鉴，个别联邦州的创新发展会不会形成多数联邦州的创新发展？哪个联邦州向哪个联邦州学习？创新扩散是否有特殊渠道或障碍？

此外，对强化各联邦州之间竞争的建议进行系统讨论时，本研究提到2种通过创新扩散实现的横向政策整合：一种是基于共同利益和共同学习实现的理念竞争，一种是基于政治竞争的对抗性竞争（1.2.3，8.2）。这2种类型的竞争不仅同样重要、相互制约，而且构成动态互补的关系。正如第1章所述，理念竞争优化了为现有问题寻求解决方案的机制，对抗性竞争则强化了对教育政策的一般性讨论，并使问题描述、行动选择和目标定义整体上更为丰富。

以上对本研究分析视角的细化，可以归纳为 2 个问题，本研究的实证分析部分对此做出具体分析。①基本的描述性问题：如果教育政策方面的改革建议没有受到跨州教育政策协调机制的影响和限制，那么它们是如何在德国各联邦州之间扩散的？②更深入的分析性问题：哪种类型的联邦竞争（理念竞争与对抗性竞争）在德国教育政策中占主导地位？能否假定德国创新扩散具有稳定或灵活的模式？

就德国 2006 年关于联邦制改革的讨论而言，以上具体问题相当于开辟和明确了一个新的主题领域。联邦竞争是德国联邦制国家的一种政策整合模式，并且被认为是德国教育政策中长期存在的做法。对德国学校改革的理解和研究，必须将其视作一个以去中心化发展为基础，由跨州推动作用所框定和限制的过程。从形式来看，这意味着各联邦州的教育政策发展具有更大的灵活性，去中心化和中心化动态交替是德国教育政策的发展模式，鲍默特（Baumert）和戈尔德施米特（Goldschmidt）曾于 1980 年提出类似观点。在研究策略方面，本研究认为有必要对德国各联邦州之间教育政策理念的横向扩散过程和模式进行全面的实证分析。

本研究首次对"学校自主"政策理念在德国各联邦州的扩散情况进行调查。因此，本研究不仅以创新和创新扩散概念（2.1）为基础提出德国联邦州教育政策横向整合这一研究课题，还确定了研究方法并测试了某些研究方法的适用性。本研究选取的模型是美国政策扩散研究模型（2.2，2.3）。这是一种定量分析方法。在该模型中，美国各联邦州类似的立法顺序是区分各联邦州创新潜力及相互沟通和观察关系的基础。该研究方法提供了一种可能性——在无须对政策行动者开展调查的前提下，研究教育政策理念跨州实施过程和模式。这样一来，只要以可比较的方式记录各联邦州的政策制定过程，对历史的追溯和分析就没有方法上的限制。为此，本研究明确强调法律文本是适合跨州比较的数据来源。由于联邦政府在德国学校系统中拥有组织方面的最高权力，并且政府对学校实践无一遗漏做出详细规定，德国学校法堪称特别丰富的数据库来源。本研究基于学校法的文本记录将"学校自主"

相关措施和手段提炼总结，形成"学校自主"政策理念的选择空间，这也体现了德国学校法作为数据来源的丰富性。

不仅是法律，还有条例、行政法规和教学计划，都可以作为联邦州之间比较分析的材料。本研究发现的"学校自主"相关措施和手段（共计82项）也清楚地表明，在学校法的基础上可以观察到学校组织规定的不同内容和细节。关于学习组织管理（教学大纲、成绩评估）、教学组织管理（关于学习小组、学习时间和课程表的决定）、人事管理（选拔、任用、管理）和资源管理（获取和使用）的政策都可以在学校法文本中找到。只有在资源管理领域，基于学校法文本的分析会导致可观察到的措施和手段有限。国家和办学主体（地方政府部门）之间对学校内部和外部事务的权限划分，意味着相关决策最多只有一般规定和提示的作用。在文教部条例、行政法规和教学计划中，很少涉及具体内容。在资源管理领域，必须在预算法和地方法及地方关于学校组织管理的特殊规定的基础上开展研究。然而，这将与针对各联邦州学校法开展集中研究所具有的优势相悖：作为研究对象来说，各联邦州学校法较为容易获得，且范围相对有限（只涉及16个联邦州一级的立法机构）。除此以外，在此基础上也可以对学校系统各个组织层次（教育行政管理部门、学校监督部门、学校领导层、学校内部委员会）和不同政策制定参与者（行政部门、教师、学生、家长、办学主体等）之间的规律性关系进行观察比较。通过区分4种调控策略（引导反思、支持性措施、问责制度、提供导向），本研究突出了文教部在"学校自主"政策理念框架内发挥影响的新策略（3.3，4.2）。然而，这些新策略是否会进一步发展为多层次体系中学校组织决策的程序性反馈和整合的基本策略，仍然有待研究。在本研究中，对学校政策领域做出的区分最终只具有实用性和导向性功能：将通过政策实施的"学校自主"理念总结为相关措施和手段的具体选择空间，构建起分类结构，以便对其重点倾向展开分析探讨。

对此，本书第5章至第7章的描述性研究详细介绍了德国"学校自主"政策理念的总体采用情况和各联邦州采用情况，以及具体内容和扩散过程。

这也意味着，学校法确实能为研究德国学校改革运动历史提供翔实的资料来源。本研究的分析未能穷尽所有的可能性。例如，研究还可以进一步讨论各联邦州的实施策略（"学校自主"政策理念是在哪一种法规层面上实施的，其约束力和持久性如何），或者教育行政管理部门所期望看到的校长、教师、家长和学生之间的权力分配。除此以外，后续研究还可以深入比较研究"学校自主"相关措施和手段之间的相互关系、矛盾和影响。本研究仅进行一般性总结，提出可能需要深入研究的问题。尽管如此，本研究首次从数量上比较并探讨德国"学校自主"政策理念的扩散范围和过程，在此基础上得出的结论还是值得一提的。"学校自主"是一种政策理念，1990年10月之前就已体现在具体措施和手段中，特别是在学习组织和教学组织管理领域；但直到20世纪90年代才被整合为统一的政策理念，随后明显体现在学校内部管理（人事管理和资源管理）和对学校的新调控策略方面。特别值得一提的，TIMSS 和 PISA 结果的发布（2001年）似乎推动了"学校自主"政策理念在全德国范围的扩散，并通过问责制度的治理措施和工具完善其内容和概念。1998—2001年，"学校自主"政策理念在德国各联邦州扩散的力度明显减弱，而从2002年开始，扩散范围迅速增加。正如第8章中的回归分析所示，从2002年起，基本可以认为"学校自主"政策理念已在全德国范围内得到实施。就"学校自主"相关措施和手段而言，各联邦州之间有明显差异，但这些差异并不是由于认识不同，而只是由于采用次数有多有少。其中，有14项措施和手段可以认为体现了各联邦州对德国"学校自主"政策理念的共识（5.3.2）。由此可见，德国"学校自主"所表达的理念，本质上是鼓励学校在系统化自我评价和外部评价的基础上，重组行政管理体系，从而实现自我发展。在这方面，将责任转移给学校的各项措施和手段，远不如影响和引导学校工作的新调控措施和手段更有影响力。这并不意味着，政府不再对学校负责任，也不会迫使学校为稀缺资源（经费和学生）相互竞争。综上所述，德国的"学校自主"政策理念在于优化教育治理，任务明确、权责分离，促使由政府管理、负责的学校系统更有效、更有针对性地履行职能。

本研究对"学校自主"政策理念在德国扩散进行分析所选择的影响因素表明，该理念在此仅作为研究案例，用于探讨教育政策理念在德国联邦州横向扩散的典型过程和模式。因此，本研究对理解德国"学校自主"改革规划的实质性贡献主要体现为以方法论为导向研究以下问题：①如何对"学校自主"政策理念这一案例进行实证记录和时间段划分；②能否通过不同且独立扩散的措施和手段来研究一项目标宏伟、意义深远的改革理念的累积式扩散；③是否可以验证特定时期（1990年10月至2004年12月）内德国教育政策创新的主导模式或路径，及其与具体问题相关的多样性。

本研究所选案例的适宜性在描述性研究中得到基本认可，即使因为1990年10月前"学校自主"部分相关措施和手段的扩散（5.1）及"学校自主"政策理念随时间发生的变化而必须对研究对象加以限定。因此，本研究的研究对象是一套完整的政策方案及其扩散情况，还是3个先后出现、相辅相成、由一个概念总结概括的不同方案，目前仍然没有定论。可以确定的是，最初（20世纪80年代和90年代初），"学校自主"政策理念是一种更注重学校教学行动自由的理念。20世纪90年代，"学校自主"政策理念出现新的发展，演变为以学校内部管理和组织发展为重点的政策方案。在新千年之际，"学校自主"政策理念被重新定义，成为与整个学校系统有关的综合调控方案。新的理念将学校责任与政府提高质量的明确期望联系在一起，并通过统一的评价机制加以约束。作为各联邦州累积式发展和跨州学习借鉴过程的案例，"学校自主"政策理念发展的多样化甚至增加了该政策理念作为德国联邦州创新扩散研究案例的吸引力。研究重点不是线性的扩散过程，而是德国联邦州之间相互竞争、进一步发展和重新设计教育政策措施的趋势。

为了追踪和研究影响德国联邦州教育政策创新扩散过程的相关因素，本研究基于美国政策扩散研究的新发展提出一种特殊的分析方法——事件史分析法。通过构建专门的数据集，该研究方法可以对不连续（离散）、偶发事件（可观察到的数量少）的观察结果进行回归分析（2.2.3）。本研究首次对德国联邦州教育政策创新扩散的主要模式进行量化描述，并通过统计分析方法评估其可靠性和重要性。然而，在本研究在评价过程中，不得不反复指出研究方法的系统性局限及本研究在实践中的局限性。纳入研究的政策行动者数量少（16个联邦州），每个联邦州仅可能（但非必须）采取一次某项"学校自主"相关措施或手段，这从根本上削弱了估计结果的预期质量和研究模型的可检验性。然而，研究纳入了所有可能政策行动者的总数而不是抽样样本，可以弥补政策行动者数量少的缺陷。至少对所研究时间范围内的事件而言，各个影响因素的显著性可以被视为可靠结论。然而，事件史分析法对创新扩散的一般模式是否具有普适性，仍存在疑问。为了验证德国教育政策创新模式或路径与特定政策和时间无关的稳定性，有必要使用其他案例进行进一步研究。

从研究实践看，本研究结果的质量不是很高，是因为本研究除了对德国学校法中与"学校自主"政策理念有关的变化进行分析外，没有对政策行动者采取各项措施和手段的条件和背景进行独立调查。因此，分析中未能系统描述各项措施和手段的特点，也未能区分政党政治和社会经济条件的影响应当归因于联邦州内部的决策条件还是跨州沟通和观察网络。这需要对相关政策行动者进行独立调查，这将为未来开展更为广泛的研究或本研究的深入提供补充。

尽管如此，本研究还是在已有数据的基础上对德国教育系统创新模式或路径做出合理描述。本研究收集了官方统计和其他可公开获取的数据，以及各联邦州政治和社会经济特征（8.1），总体上可以有效识别理念竞争或对抗性竞争的机制，并确定其稳定性和灵活性（8.2）。通过回归分析（8.3、8.4）可以发现以下几点。

（1）"学校自主"政策理念的扩散最迟从2002年起已然成为一场全德国范围内的改革运动，但从20世纪90年代中期起由于大众传媒的世界性影响而占有明显主导地位。由此可以说明，"学校自主"政策理念表明了德国学校改革的基本统一方向。

（2）德国"学校自主"政策理念的扩散具有政党政治和区域位置相关的

特征，扩散模式因这些特征不同而异。这说明，理念竞争和对抗性竞争交替出现推动着改革发展，这也是德国教育政策所固有的。尽管与大众传媒的世界性影响这一因素相比，理念竞争和对抗性竞争交替而产生的改革动力所构成的影响的显著性仍然较弱。

（3）总体上看，选举对"学校自主"政策理念的扩散无推动性作用。研究证明，大多数情况下，"学校自主"理念不受政党冲突的影响，只有在政府更替时，政党因素才有可能促进政策行动。

（4）联邦州之间的社会经济条件差异基本不产生影响，或者产生很小影响。这说明，各联邦州在人均地区生产总值、城市化水平和人口规模方面的差异对"学校自主"相关措施和手段的影响普遍较小，或者说"学校自主"政策理念具有较强的跨州吸引力。

以上结论原则上仅限于"学校自主"政策理念的扩散，其适用范围有限。但是，以上结论似乎可以指导未来研究，质疑当前对关于联邦制的讨论。自下而上的累积式学校改革过程是可能实现的，而且也确实存在于德国各联邦州，这一点已经通过实例得到证明。然而，相关改革的动态带有明显的国家特征，即统一的取向。"学校自主"政策理念作为一种跨州改革理念，很早就将"统一"这一取向明确融入其中。虽然在"学校自主"理念领域，存在与区域位置和政党相关的利基发展，但此类因素并没有成为主导因素。在德国各联邦州，未发现教育政策活动对各联邦州社会经济条件的依赖性。因此，联邦制改革所设想的竞争似乎可以激发特殊潜力，但同时也会受到限制。各联邦州显然已经在全德国范围内为合适和不太合适的教育政策展开竞争，也就是说，各联邦州早期的"学校自主"相关政策采用行为受区域位置和政党的影响已经在全德国范围内受到广泛关注，或接受或拒绝。一方面，未来的联邦竞争可能会加强相互观察和评估，这是德国学校系统的发展模式；特别是，如果增加独立的观察和评估系统，如国家教育报告或跨州成绩测试，则观察和评估的效果会更好。另一方面，德国教育政策所明显体现的国家导向也证明了利基发展模式下不存在缓冲区。缓冲区意味着，新的教育政策可以先经过较长时间的检验和巩固，然后再接受跨州评估。这样一来，个别联邦州或政党的重大改革设想可能在实现过程中遭受阻力，因为其他联邦州的政策行动者需要尽早确定相关改革设想的效果。如果将"学校自主"政策理念比作"生物群"，那么该"生物群"的多样性将受到概念定位清晰性和统一性的系统限制。

就此而言，德国关于联邦制的讨论中，反对联邦政府负责学校发展的观点可能被认为是不太恰当。即使没有明确的联邦政策框架，联邦竞争似乎也被德国各联邦州学校发展的单一取向削弱，并转化为跨州合作发展。跨州合作发展意味着全德国或区域范围内均无法进行深刻的教育政策变革。

上述结论说明，本研究为后续进一步研究奠定了一定基础。除了通过其他案例检验本研究所得出的结论并使用其他方法对本研究进行质疑和探讨，将德国学校发展置于欧洲和国际范围内进行研究将具有特别意义，尤其是将德国和其他联邦制国家的教育政策创新动态进行比较，值得尝试（Arbeitsgruppe Internationale Vergleichsstudie, 2007）。对于本研究中由于方法限制最终仍未解决的问题，也可以开展进一步研究。黑森州作为学校改革创新者所具有的特别突出的地位（7.4），有可能不只是体现在"学校自主"政策理念领域。作为基督教民主联盟和社会民主党学校改革理念实验和冲突的典型地区，黑森州在20世纪60年代至80年代已经特别突出（Friedeburg, 1989; Hennecke, 1975）。此外，德国统一在德国学校发展中的特殊作用也是德国教育政策领域有待深入研究的方面（Köhler/Knauss/Zedler, 2000; Rürup, 2006）。

关于德国"学校自主"政策理念的内容框架和扩散过程，本研究所得出的结论也可以作为进一步研究的基础。此前已经提到，可以进一步比较研究各项调控措施手段及权力转移措施，分析不同措施或手段的相互关系和效果。只有这样，才能充分分析"学校自主"政策理念作为一种意义深远的学校改革理念的潜力和局限性（Saalfrank, 2005; Heinrich, 2007）。但不应忽视的是，"学校自主"政策理念的扩散并没有随着2004年的到来而结束，也不会随着本研究的完结而结束。2004年后，在汉堡市、梅克伦堡－前波莫瑞州、下萨克森州、石勒苏益格－荷尔斯泰因州、图林根州及一直犹豫不决的萨尔州，已经发生了很多事情，尤其是在学校立法方面。就此而言，本研究的分析结果已经具有历史局限性，情况已经发生变化，越来越多的学校引入了学校监察这一手段，相关情况还未得到深入研究（Maritzen, 2006；Bos/Holtappels/Rösner, 2006）；目前也没有发现通过联邦州政策引发的学校之间激烈的生源竞争（2006年北莱茵－威斯特法伦州学校法修正案提及）。因此，以上提出的进一步研究方向似乎很有前景。鉴于德国联邦州学校发展模式，累积式改革可能会越来越普遍：最初的变化仍然基于已有的学校组织管理实践，随后出现越来越深刻的创新，只是随着时间的推移才出现了连续的、深远的学校改革。本研究能够证明，2004年12月之前德国的"学校自主"政策理念是什么；从那时起，这一理念发生了怎样的变化，以及未来又将发生什么变化，这些都有待进一步研究。

除此以外，还可以通过实践和理念的拓展对本研究提出的学校改革问题进行研究，本研究仅仅把已实施颁布的立法文本作为研究对象。

原则上，学校改革可以被描述为来自政党、行政管理和学校实践等各领域的政策行动者在多层级体系中的复杂协调过程（Benz, 2004；Schuppert, 2005；Altrichter/Brüsemeister/Wissinger, 2007；Kussau/Brüsemeister, 2007b）。利用治理研究的术语和分析方法，还可以针对本研究所指出的学校法变化的具体意义和效果提出更多问题。例如，某一法规是如何产生的？哪些提案在文教部及议会辩论中被否决了（为什么）？在地区学校管理部门、各联邦州学校研究机构、在职教师培训机构中，学校和教师是如何认识和重新定义"学校自主"的（Fend, 2006：181；Rürup/Heinrich, 2007；Böttcher, 2007）。总体而言，法律在德国学校发展中的作用将受到质疑。法律真的是调控和创新的手段吗？或者说，法律应该被看作是采用一种高度选择性的、抽象的方式对教育系统本身发展进行的总结回顾分析？对德国学校系统中独立于文教部统一指导的创新过程的探讨研究似乎特别有研究价值，如教师专业素养方面的讨论、相关网络和利益方（教师协会）对德国学校系统发展的意义。这样一来，实践研究和创新研究的问题、分析和结果就可以相互联系起来（Pachtmann/Gräsel，2006；Altrichter/Wissinger，2004；Rogers，2003），同时可以与治理理论中关于多层级体系的治理可能性和局限性的讨论联系起来（Schimank，2007）。

参考文献

Abromeit, H. (1992): Der verkappte Einheitsstaat. – Opladen: Westdeutscher Verlag.

Ackeren, I. v./Bellenberg, G. (2004): Parallelarbeiten, Vergleichsarbeiten und Zentrale Abschlussprüfungen. – In: Holtappels, H. G./Klemm, K./Pfeiffer, H./Rolff, H.-G./R. Schulz-Zander (Hrsg.) (2004): Jahrbuch für Schulentwicklung: Band 13. – Weinheim: Juventa, 125–159.

Ackeren, I. van (2003): Evaluation, Rückmeldung und Schulentwicklung. – Münster: Waxmann.

Ahrens, J.-R. (1996): Schulautonomie – Zwischenbilanz und Ausblick. – In: Die Deutsche Schule, 1/1996, 10–21.

Akademie für Lehrerfortbildung und Personalführung Dillingen (Hrsg.) (2002): Profilbildung der Schulaufsicht in Bayern. Analyse, Prognose, Standortbestimmung. – Dillingen: Akademie für Lehrerfortbildung und Personalführung Dillingen.

Allison, P. D. (1982): Discrete-Time Methods for the Analysis of Event Histories. – In: Sociological Methodology, 1/1982, 61–98.

Allison, P. D. (1984): Event History Analysis – Regression for Longitudinal Event Data. – Beverly Hills; London: Sage.

Altrichter, H. (1998): Autonomie der Schule – Chancen und Grenzen. – In: Zwerger Bonell, V. (Hrsg.) (1998): Die Autonomie der Schulen. Chancen und Grenzen. – Bozen: Pädagogisches Institut für die deutsche Sprachgruppe, 21–41.

Altrichter, H./Brüsemeister, T./Heinrich, M. (2005): Merkmale und Fragen einer Governance- Reform am Beispiel des österreichischen Schulwesens. – In: Österreichische Zeitschrift für Soziologie, 4/2005, 6–28.

Altrichter, H./Heinrich, M. (2007): Kategorien der Governance-Analyse und Transformationen der Systemsteuerung in Österreich. – In: Altrichter, H./Brüsemeister, T./Wissinger, J. (2007): Educational Governance. – Wiesbaden: VS-Verlag, 55–103.

Altrichter, H./Posch, P. (Hrsg.) (1996): Mikropolitik der Schulentwicklung; förderliche und hemmende Bedingungen für Innovationen in der Schule. – Innsbruck; Wien: Studien–Verlag.
Altrichter, H./Wiesinger, S. (2004): Der Beitrag der Innovationsforschung im Bildungswesen zum Implementierungsproblem. – In: Reinmann, G./Mandl, H. (Hrsg.) (2004): Psychologie des Wissensmanagements. – Göttingen: Hogrefe, 220–233.
Anders, S. (1995): Die Schulgesetzgebung der neuen Bundesländer. – Weinheim; München: Juventa.
Andersen, U./Woyke, W. (Hrsg.) (2003): Handwörterbuch des politischen Systems. – Opladen: Leske+Budrich.
Andrews, C. J. (2000): Diffusion Pathways for Electricity Deregulation. – In: Publius 3/2000, 17–34.
Anweiler, O. (1991): Innovationen und Bildungswesen in der Bundesrepublik Deutschland unter vergleichendem Aspekt. – In: Albach, H. (Hrsg.) (1991): Innovation und Erziehung: Deutschland und Japan. – Wiesbaden: Gabler, 3–170.
Anweiler, O./Fuchs, H.-W./Dorner, M./Petermann, E. (Hrsg.) (2002): Bildungspolitik in Deutschland 1945–1990. Ein historisch–vergleichender Quellenband. – Opladen: Leske+Budrich.
Arbeitsgruppe Bildungsbericht (Hrsg.) (1994): Das Bildungswesen in der Bundesrepublik Deutschland. Strukturen und Entwicklungen im Überblick. – Reinbek: Rowohlt.
Arbeitsgruppe Internationale Vergleichsstudie (2003): Vertiefender Vergleich der Schulsysteme ausgewählter PISA–Staaten. – Bonn: Bundesminsterium für Bildung und Forschung (BMBF).
Arbeitsgruppe Internationale Vergleichsstudie (2007): Schulleistungen und Steuerung des Schulsystems im Bundesstaat: Kanada und Deutschland im Vergleich. – Münster: Waxmann (Im Erscheinen).
Arbeitsstab Forum Bildung (2001): Empfehlungen des Forum Bildung. Ergebnisse des Forum Bildung. – Bonn: BLK. (Online: http://bildungplus.forumbildung.de/files/empf_27-11-A-B.pdf und http://bildungplus.forumbildung.de/files/eb_II_einzelergeb.pdf – Stand:Juli 2006)
Aregger, K. (1976): Innovation in sozialen Systemen. Zwei Bände. – Bern: Paul Haupt.
Arnold, R./Marz, F. (1979): Einführung in die Bildungspolitik: Grundlagen, Entwicklungen, Probleme. – Stuttgart: Kohlhammer.
Avenarius, H. (1994): Wieviel Eigengestaltung erlaubt das Grundgesetz, wie viel Einheitlichkeit verlangt es? – In: Deutsche Gesellschaft für Bildungsverwaltung

(Hrsg.) (1994): Föderalismus und Koordinierung im Bildungswesen. – Frankfurt am Main: DGBV, 29–41.

Avenarius, H. (1995a): Verfassungsrechtliche Grenzen und Möglichkeiten schulischer Selbstverwaltung. – In: Daschner, P./Rolff, H.-G./Stryck, T. (Hrsg.) (1995): Schulautonomie – Chancen und Grenzen. – Weinheim: Juventa, 253–279.

Avenarius, H. (1995b): Zu einigen verfassungsrechtlichen Aspekten des Referentenentwurfs für ein Gesetz über die Schulen im Land Brandenburg. Rechtsgutachten erstattet im Auftrag des Ministeriums für Bildung, Jugend und Sport des Landes Brandenburg. – Frankfurt am Main: DIPF.

Avenarius, H. (2005): Schule und Recht. – In: Avenarius, H./Klemm, K./Klieme, E. (Hrsg.) (2005): Bildung: gestalten – erforschen – erlesen. – München: Luchterhand/Carl Link, 92–102.

Avenarius, H. (2006): Regelungen zur Rolle der Schulaufsicht und zum Umfang ihrer Aufgaben und Befugnisse. Vortrag vor der Landesschulrätekonferenz der GEW Niedersachsen am 31. Oktober 2006 in Visselhövede – Jeddingen. – Online: http://www.gew- nds.de/Aktuell/archiv_dez_06/erweiterte_ selbstaendigkeit.pdf (Stand: Juli 2007)

Avenarius, H. (2007): Schule in erweiterter Verantwortung und Schulinspektion. Vortrag bei der Fachtagung der Arbeitsgruppe Qualitätssicherung der DGBV am 2. März 2007 in Kassel. – Online: http://www.dgbv.de/veranstaltungen/ Ergebnisse/ag_qualitaetssicherung_2u3maerz 2007/hermann avenarius.pdf (Stand: Juli 2007).

Avenarius, H./ Rux, J. (2003): Rechtsprobleme der Berufsausbildung. Weinheim: Juventa.

Avenarius, H./Baumert, J./Döbert, H./Füssel, H.P. (Hrsg.) (1998): Schule in erweiterter Verant-wortung. Positionsbestimmungen aus erziehungswissenschaftlicher, bildungspolitischer und verfassungsrechtlicher Sicht. – Neuwied: Luchterhand.

Avenarius, H./Brauckmann, S./Döbert, H./Isermann, K./Kimmig, T./Seeber, S. (2006): Durch größere Eigenverantwortlichkeit zu besseren Schulen. – Berlin: DIPF.

Avenarius, H./Ditton, H./Döbert, H./Klemm, K./Klieme, E./Rürup, M./Tenorth, H.-E. /Weishaupt, H./Weiß, M. (2003a): Bildungsbericht für Deutschland: Erste Befunde. – Opladen: Leske+Budrich.

Avenarius, H./Ditton, H./Döbert, H./Klemm, K./Klieme, E./Rürup, M./Tenorth, H.-E./Weishaupt, H./Weiß, M. (2003b): Bildungsbericht für Deutschland:

Konzeption. – Online: http://www.kmk.org/doc/publ/bildungsbericht/konzeption.pdf (Stand: Juli 2007)

Avenarius, H./Döbert, H. (2001): Zur Ausstattung der Schulen mit pädagogischem Personal. Ein Vergleich der Stellenzuweisungen an die Schulformen der Sekundarstufe I in Hamburg und anderen Bundesländern. – In: Recht der Jugend und des Bildungswesens, 3/2001, 355–370.

Avenarius, H./Döbert, H. (Hrsg.) (1998): „Schule in erweiterter Verantwortung": Ein Berliner Modellversuch (1995 bis 1998). Abschlußbericht der wissenschaftlichen Begleitung. – Frankfurt am Main: DIPF.

Avenarius, H./Heckel, H. (2000): Schulrechtskunde. – 7. überarb. Auflage, Neuwied: Luchterhand.

Avenarius, H./Kimmig, T./Rürup, M. (2003): Die rechtlichen Regelungen der Länder in der Bundesrepublik Deutschland zur erweiterten Selbstständigkeit der Schule. Eine Bestandsaufnahme. – Berlin: Berliner Wissenschafts-Verlag.

Bargel, T. (1995): Ergebnisse und Konsequenzen empirischer Forschungen zur Schulqualität und Schulstruktur. – In: Melzer, W./Sandfuchs, U. (Hrsg.) (1995): Schulreform in der Mitte der 90er Jahre. – Opladen: Leske+Budrich, 47–65.

Barnett, H. G. (1953): Innovation. The basis of cultural change. – New York: McGraw–Hill Book Company.

Bartz, A. (1998): Stärkung der finanziellen Selbständigkeit der Einzelschule. – In: Avenarius, H./Baumert, J./Döbert, H./Füssel, H.P. (Hrsg.) (1998): Schule in erweiterter Verantwortung. Positionsbestimmungen aus erziehungswissenschaftlicher, bildungspolitischer und verfassungsrechtlicher Sicht. – Neuwied: Luchterhand, 151–161.

Bastian, J. (1998): Autonomie und Schulentwicklung. Zur Entwicklungsgeschichte einer neuen Balance von Schulreform und Bildungspolitik. – In: Bastian, J. (Hrsg.) (1998): Pädagogische Schulentwicklung, Schulprogramm und Evaluation. – Hamburg: Bergmann+Helbig, 13–24.

Bauer, K.O./Rolff, H.-G. (Hrsg.) (1978): Innovation und Schulentwicklung. Bildungssoziologische Analysen und Fallstudien. – Weinheim: Beltz.

Bauer, O. (2002): Schulaufsicht im Dialog mit Schulen. Eine qualitativ-empirische Untersuchung mit 15 Fallstudien. – In: Rolff, H.–G./Holtappels, H.–G./Klemm, K./Pfeiffer, H./Schulz– Zander, R. (Hrsg.) (2002): Jahrbuch für Schulentwicklung. Daten, Beispiele und Perspektiven. Band 12. – Weinheim: Juventa, 261–286.

Bauer, P. (1999): Europäische Integration und deutscher Föderalismus: eine Untersuchung des europäischen Mehrebenenregierens im Bildungsbereich. – Münster: Agenda.

Baumert, J. (1980): Aspekte der Schulorganisation und Schulverwaltung. – In: Projektgruppe Bildungsbericht (Hrsg.) (1980): Bildung in der Bundesrepublik Deutschland. Daten und Analysen. Band 1. – Reinbek: Rowohlt, 589–748.

Baumert, J. (2001): Vergleichende Leistungsmessung im Bildungsbereich. – In: Oelkers, J. (Hrsg.) (2001): Zukunftsfragen der Bildung. Zeitschrift für Pädagogik: 43. Beiheft. – Weinheim: Beltz, 13–36.

Baumert, J./Cortina, K. S./Leschinsky, A. (2003): Grundlegende Entwicklungen und Strukturprobleme im allgemein bildenden Schulwesen. – In: Cortina, K. S./Baumert, J./Leschinsky, A./Mayer, K. U./Trommer, L. (Hrsg.) (2003): Das Bildungswesen in der Bundesrepublik Deutschland. Strukturen und Entwicklungen im Überblick. – Reinbek: Rowohlt, 52–147.

Baumert, J./Goldschmidt, D. (1980): Centralisation and decentralisation as determinants of educational policy in the Federal Republic of Germany (FRG). – In Social Science Information 6/1980, 1029–1098.

Baumert, J./Klieme, E./Neubrand, M./Prenzel, M./Schiefele, U./Schneider, W./Stanat, P./Tillmann, K.-J./Weiß, M. (Hrsg.) (2001): PISA 2000. Basiskompetenzen von Schülerinnen und Schülern im internationalen Vergleich. – Opladen: Leske + Budrich.

Baumert, J./Klieme, E./Neubrand, M./Prenzel, M./Schiefele, U./Schneider, W./Stanat, P./Tillmann, K.-J./Weiß, M. (Hrsg.) (2002): PISA 2000. Die Länder der Bundesrepublik Deutschland im Vergleich. – Opladen: Leske + Budrich.

Baumert, J./Lehmann, R./Lehrke, M./Schmitz, B./Clausen, M./Hosenfeld, I./Köller, O./Neubrand, J. (1997). TIMSS – Mathematisch–naturwissenschaftlicher Unterricht im internationalen Vergleich. Deskriptive Befunde. – Opladen: Leske + Budrich.

Baumert, J./Roeder, P. M., Watermann, R. (2003): Das Gymnasium – Kontinuität im Wandel. – In: Cortina, K. S./Baumert, J./Leschinsky, A./Mayer, K. U./Trommer, L. (Hrsg.) (2003): Das Bildungswesen in der Bundesrepublik Deutschland. Strukturen und Entwicklungen im Überblick. – Reinbek: Rowohlt, 494–524.

Becker, J. (1994): Die Einfalt in der Vielfalt. Standardisierte Massenkommunikation als Problem der politischen Kultur. – In: Aus Politik und Zeitgeschichte, 39/1994, 21–28.

Beetz, S. (1997a): Autonome öffentliche Schule – Diskussion eines Auftrags zur Schulentwicklung. – In: Zeitschrift für Pädagogik 1/1997; S. 149–164.

Beetz, S. (1997b): Hoffnungsträger ‚Autonome Schule'. – Frankfurt am Main u.a.: Peter Lang.

Beetz, S. (1999): Kanalisierung historischer Reformleidenschaften? Überlegungen zur organisationstheoretisch fundierten Gestaltung stabiler pädagogischer Anliegen an selbständigen Schulen. – In: Weishaupt, H. (Hrsg.) (1999): Selbständigkeit von Schule in der Bewährung: Ver– gleich der Erfahrungen in Bremen und Zürich. – Erfurt: PH Erfurt, 97–108.

Bellenberg, G./Böttcher, W. (1999): Budgetierung in Schulen – ein Element neuer Ressourcenbewirtschaftung. – In: Recht der Jugend und des Bildungswesens, 4/1999, 439–452.

Bellenberg, G./Böttcher, W./Klemm, K. (2001): Stärkung der Einzelschule: Ansätze zum Management der Ressourcen Geld, Zeit und Personal. – Neuwied: Luchterhand.

Bennett, C. J. (1991): What is Policy Convergence and What Causes it? – In: British Journal of Political Sience, 2/1991, 215–233.

Benz, A. (1985): Föderalismus als dynamisches System: Zentralisierung und Dezentralisierung im föderativen Staat. – Opladen: Westdeutscher Verlag.

Benz, A. (1989): Regierbarkeit im kooperativen Bundesstaat. – In: Bandemer, v./Wewer, G. (Hrsg.) (1989): Regierungssystem und Regierungslehre. Fragestellungen, Analysekonzepte und Forschungsstand eines Kernbereichs der Politikwissenschaft. – Opladen: Westdeutscher Verlag, 181 –192.

Benz, A. (2000): Politische Steuerung in lose gekoppelten Mehrebenensystemen. – In: Werle, R./Schimank, U. (Hrsg.) (2000): Gesellschaftliche Komplexität und kollektive Handlungsfähigkeit. – Frankfurt am Main: Campus, S.97–124.

Benz, A. (Hrsg.) (2004): Governance – Regieren in komplexen Regelsystemen. Eine Einführung. – Wiesbaden: VS.

Berggreen-Merkel, I. (1998): Europäische Harmonisierung auf dem Gebiet des Bildungswesens. – In: Recht der Jugend und des Bildungswesens. 1/1998; 18–35.

Berka, W. (2002): Autonomie im Bildungswesen. – Wien: Böhlau.

Berman, P./Mc Laughin, M W. (1977): Federal Programs Supporting Educational Change. Volume VII: Factors Affecting Implementation and Continuation. – Santa Monica: Rand Cooperation.

Berman, P./Mc Laughin, M W. (1978a): Federal Programs Supporting Educational Change. Volume 8: Implementing and Sustaining Innovations. – Santa Monica: Rand Cooperation.

Berman, P./Mc Laughin, M. W. (1976): Implementing of Educational Innovation. – In: The Educational Forum, 3/1975–76, 345–370.

Berman, P./Mc Laughlin, M. W. (1978b): Rethinking the Federal Role in Education. – Santa Monica: The Rand Cooperation.

Berry, F. S. (1994): Innovation in Public Management: The Adoption of Strategic

Planning. – In: Public Administration Review 4/1994, 322–330.

Berry, F. S./Berry, W. D. (1990): State Lottery Adoptions as Policy Innovations:An Event History Analysis. – In: American Polical Science Review 2/1990, 395–415.

Berry, F. S./Berry, W. D. (1992): Tax Innovations in the States: Capitalizing on Political opportunity. – In: American Journal of Political Science 3/1992, 715–742.

Berry, F. S./Berry, W. D. (1999): Innovation and Diffusion Models in Policy Research. – In: Sabatier, P. A. (Hrsg.) (1999): Theories of the policy process. – Boulder: Westview Press, 169–200.

Bertelsmann Stiftung (Hrsg.) (1996): Schule neu gestalten. Dokumentation zum Sonderpreis Innovative Schulen im Rahmen des Carl Bertelsmann–Preises 1996 Innovative Schulsysteme im internationalen Vergleich. – Gütersloh: Verlag Bertelsmann Stiftung.

Bertelsmann Stiftung (Hrsg.) (1998): Innovative Schulsysteme im internationalen Vergleich. Carl Bertelsmann–Preis 1996. Band 2. Dokumentation zu Symposium und Festakt. – Gütersloh: Verlag Bertelsmann Stiftung.

Bildungskommission der Heinrich-Böll-Stiftung (2002): Autonomie der Schule in der Wissensgesellschaft. Verantwortung in der Zivilgesellschaft. 3. Empfehlung der Bildungskommission der Heinrich–Böll–Stiftung. – Berlin: Heinrich–Böll–Stiftung.

Bildungskommission NRW (1995): Zukunft der Bildung – Schule der Zukunft. – Neuwied; Krieftel: Luchterhand.

Birthler, M. (1998): Die Reform der ostdeutschen Schulen im Prozeß der deutschen Einheit. Erfahrungen nicht nur aus Brandenburg. – In: KMK (Hrsg.) (1998): Einheit in der Vielfalt: 50 Jahre Kultusministerkonferenz 1948–1998. – Neuwied: Luchterhand, 101–118.

Blancke, S. (2003): Die Diffusion von Innovation im deutschen Föderalismus. – In: Europäisches Zentrum für Föderalismus–Forschung Tübingen (2003): Jahrbuch des Föderalismus 2003. Föderalismus, Subsidiarität und Regionen in Europa. – Baden–Baden: Nomos, 31–48.

Blancke, S. (2004): Politikinnovationen im Schatten des Bundes. Policy–Innovationen und–Diffusionen im Föderalismus und die Arbeitsmarktpolitik der Bundesländer. – Wiesbaden: VS.

BLK (2003): Weiterentwicklung berufsbildender Schulen als Partner in regionalen Berufsbildungsnetzwerken –Bericht der BLK. Materialien zur Bildungsplanung und zur Forschungsförderung, Heft 105, 2003. – Online: www.blk–info.de/fileadmin/BLK–Materialien/heft105.pdf (Stand: Juli 2007).

BLK (2007): Bis Anfang 2008 soll eine Nachfolgeregelung gefunden werden. Information auf der BLK-Homepage. – Online: www.blk-info.de/index. php?id=38 (Stand: Juli 2007).

Block, R./Klemm K. (2005): Gleichwertige Lebensverhältnisse im Bundesgebiet? – Demografische, ökonomische, institutionelle und familiale Bedingungen des Lernens im Bundesländervergleich – Online: http://www.uni-essen.de/bfp/ forschung/pdf/Gleichwertige%20 Lebensverhaeltnisse.pdf (Stand: Juli 2007)

Blossfeld, H.-P./Hamerle, A./Mayer, K. U. (1986): Ereignisanalyse: statistische Theorie und Anwendung in den Wirtschafts- und Sozialwissenschaften. – Frankfurt am Main:Campus.

Blossfeld, H.-P./Rohwer, G. (2002): Techniques of Event History Modeling. New Approaches to Causal Analysis.– 2. Auflage. Mahwah: Lawrence Erlbaum Associates.

Boeckelman, K. (1991): Political Culture and State Development Policy. – In: Publius 2/1991, 49–62.

Bonsen, M. (2003): Schule, Führung, Organisation. Eine empirische Studie zum Organisations- und Führungsverständnis von Schulleitern. – Münster: Waxmann.

Bos, W./Holtappels, H. G./Rösner, E. (2006): Schulinspektion in den deutschen Bundesländern – eine Baustellenbeschreibung. – In: Bos, W./Holtappels, H. G./Pfeiffer, H. /Rolff, H.-G./Schulz-Zander, R. (2006) (Hrsg.): Jahrbuch für Schulentwicklung. Band 14. – Weinheim: Juventa, 81–123.

Bothe, M./Klein, E./Raschauer, B./Ress, G. (1976): Die Befugnisse des Gesamtstaates im Bil- dungswesen. Rechtsvergleichender Bericht. – Bonn: Bundesminister für Bildung und Wissen- schaft.

Böttcher, W. (1990): Zur Planbarkeit des Bildungswesens. In: Klemm, K. u.a. (1990): Bildungsgesamtplan '90. – Weinheim: Juventa, 21–35.

Böttcher, W. (1994): Schule darf nicht autonom werden. – In: Erziehung und Wissenschaft 1/1994, 7–8.

Böttcher, W. (2002): Kann eine ökonomische Schule auch eine pädagogische sein? Schulentwick- lung zwischen neuer Steuerung, Organisation, Leistungsevaluation und Bildung. – Weinheim: Juventa.

Böttcher, W. (2007): Zur Funktion staatlicher „Inputs" in der dezentraliserten und outputorientierten Steuerung. – In: Altrichter, H./Brüsemeister, T./Wissinger, J. (Hrsg.) (2007): Educational Governance. Handlungskoordination und Steuerung im Bildungssystem. – Wiesbaden: VS, 185–206.

Böttcher, W./Rürup, M. (2007): Föderale Struktur des Bildungswesens und Schulentwicklung. – In: Buer, v. J./Wagner, C. (Hrsg) (2007): Qualität von

Schule – Ein kritisches Handbuch. – Frankfurt am Main: Lang. (Im Erscheinen)

Böttcher, W./Terhart, E. (Hrsg.) (2004): Organisationstheorie in pädagogischen Feldern. Analyse und Gestaltung. – Wiesbaden: VS.

Böttcher, W/Budde, H./Klemm, K. (1988): Schulentwicklung im Ländervergleich: Föderalismus, Nord–Süd–Gefalle und Schulentwicklung. – In: Rolff, H.-G./Klemm, K./Pfeiffer, H./Rösner, E. (Hrsg.) (1988): Jahrbuch der Schulentwicklung, Bd. 5. – Weinheim: Juventa, 49–74.

Box-Steffensheimer, J. M./Jones, B. S. (2004): Event History Modeling. A Guide for Social Scientists. – Cambridge: Cambridge University Press.

Brackhahn, B. (2005): Vom Modell in die Fläche – länderübergreifende Innovationen sind not– wendig. – In: Pädagogische Führung 1/2005, 17–19.

Braun, D. (1993): Akteurstheoretische Sichtweise funktioneller Differenzierung moderner Gesellschaften. – In: Héritier, A. (Hrsg.) (1993): Policy–Analyse. Kritik und Neuorientierung. – Opladen: Westdeutscher Verlag, 199–222.

Breitenbach, D. (1998): Internationale Zusammenarbeit. – KMK (Hrsg.) (1998): Einheit in der Vielfalt: 50 Jahre Kultusministerkonferenz 1948 –1998. – Neuwied: Luchterhand, 119–142.

Brockmeyer, R. (1995): Idee und Praxis der Regionalseminare der Länder Deutschland–Österreich–Schweiz 1977–1993. – In: BLK (Hrsg.) (1995): Innovationen im Bildungswesen als übernationale Aufgabe. – Bonn: Köllen–Verlag.

Brockmeyer, R. (1998): Länderbericht Deutschland. – In: Radnitzky, E. (Hrsg.) (1998) Schulleitung und Schulaufsicht. Neue Rollen und Aufgaben im Schulwesen einer dynamischen und offenen Gesellschaft. – Innsbruck: STUDIENVerlag, 119–161.

Brockmeyer, R. (1999): Qualitätsverbesserung in Schulen und Schulsystemen. Expertise verfasst für die Projektgruppe „Innovationen im Bildungswesen" der Bund–Länder-Kommission für Bildungsplanung und Forschungsförderung (BLK). – Bonn: BLK.

Brockmeyer, R. (2000a): Bundesrepublik Deutschland: Öffentlicher Bildungsauftrag und die neue Steuerungsarchitektur. – In. EDK, BMUK, BLK (Hrsg.) (2000): Die Vielfalt orchestrieren. Steuerungsaufgaben der zentralen Instanz bei grösserer Selbständigkeit der Einzelschulen. – Innsbruck: STUDIENVerlag, 17–48.

Brockmeyer, R. (2000b): Übergreifende und schulformspezifische Innovationsschwerpunkte. – In: Stern, C. (Hrsg.) (2000): Ziele und Wege innovativer Schulen in Deutschland. Dokumentation des Gründungskongresses. – Gütersloh: Verlag Bertelsmann Stiftung, 77–90.

Brockmeyer, R./Stern, C. (2000). „Tools" – Kernzonen, Instrumente un d Wege der Innovation. – In: Stern, C. (Hrsg.) (2000): Ziele und Wege innovativer Schulen in Deutschland. Dokumenta- tion des Gründungskongresses. – Gütersloh: Verlag Bertelsmann Stiftung, 91–117.

Brosius, F. (2004): SPSS 12. – Bonn: mitp–Verlag.

Brückner, G. (2001): Schulprogrammentwicklung, Beratung und Evaluation. Evaluationsbericht über das Teilprojekt "Schulentwicklungsberatung" (SEB). – Hildesheim, NLI.

Buer, J. van/Lehmann, R. H./Venter, G./Seeber, R./Peek, R. (1997): Erweiterte Autonomie der Einzelschule. Zur schwierigen Balance zwischen einer pädagogischen Wünschdebatte und empirischer Enthüllung. – In: Buer, J. v./ Venter, G./Peek, R./Seeber, (Hrsg.) (1997): Erweiterte Autonomie von Schule. Qualität von Schule und Unterricht. – Berlin: Humboldt Universi- tät, 131–169.

Bühl, A./Zöfel, P. (2002): Erweiterte Datenanalyse mit SPSS. Statistik und Data Mining. – Wiesbaden: Westdeutscher Verlag.

Bühl, A./Zöfel, P. (2005): SPSS 12. Einführung in die moderne Datenanalyse unter Windows. – 9. überarbeitete und erweiterte Auflage, München: Pearson Studium.

Buhren, C. G./Lindau-Bank, D./Müller, S. (1997): Lernkultur und Schulentwicklung. Ansätze und Perspektiven einer Weiterentwicklung von Schule. – Dortmund: IFS–Verlag.

Bundesminister für Bildung und Wissenschaft (Hrsg.) (1978) Bericht der Bundesregierung über die strukturellen Probleme des föderativen Bildungssystems. Drucksache 8/1551. – Bonn: Deutscher Bundestag.

Bundesminister für Bildung und Wissenschaft (Hrsg.) (1980): Zum Thema: Bildungsföderalismus. Schriftenreihe Bildung und Wissenschaft. – Bonn: BMBW.

Burkard, C. (2001): Steuerung von Schule durch Schulaufsicht. – In: Hofmann, J. (Hrsg. (2001): Schulaufsicht im Umbruch. Neue Aufgaben der Schulaufsicht bei der Qualitätssicherung und – entwicklung von Schule. – Kronach: Carl Link, 51–66.

Burkard, C./Holtappels, H. G./Mauthe, A./Rösner, E. (1992): Stadtentwicklung und Öffnung von Schule. – Dortmund: Institut für Schulentwicklungsforschung.

Burns, T./Stalker, G. M. (1961): The management of innovation. – London: Tavistock.

Burt, R. S. (1987): Social Contagion and Innovation: Cohesion versus Structural Equivalence. – In: American Journal of Sociology, 3/1987, 1287–1335.

Caffarella, E. A. (1982): Predicting the Diffusability of Educational Innovations. –

Educational Technology, 1/1982, 16–18.

Carlson, R. O. (1965): Adoption of Educational Innovations. – Eugene: University of Oregon, Center for the Advanced Study of Educational Innovation.

Carnap, R. v./Edding, F. (1962): Der relative Schulbesuch in den Ländern der Bundesrepublik 1952–1960. – Frankfurt am Main: Hochschule für Internationale Pädagogische Forschung.

Cassens, J.-T. (2006) : Statement zur Anhörung der Föderalismusreform. – Online: http://www.bundestag.de/ausschuesse/a06/foederalismusreform/Anhoerung/ 04_Bildung/Stellungnahmen/Dr_Johann-Toenjes_Cassens.pdf (Stand: Mai 2006).

CDU/CSU/SPD (2005): Gemeinsam für Deutschland – mit Mut und Menschlichkeit. Koalitionsvertrag zwischen CDU, CSU und SPD vom 11.11.2005. – Online: http://www.cdu.de/ doc/pdf/05_11_11_Koalitionsvertrag_Langfassung_ navigierbar.pdf (Stand: Mai 2006).

Clark, J. (1985): Policy Diffusion and Program Scope: Research Directions. – In: Publius, 4/1985, 61–70.

Corsi, G. (1994): Reform als Syndrom. Organisatorischer Wandel im deutschen Erziehungswesen 1965–1975. – Bielefeld: Fakultät für Soziologie (Dissertation).

Davies, B./Hentschke, G. C. (1994): School Autonomy: Myth or Reality – Developing an Analytical Taxonomy. – In: Educational Management and Administration, 2/1994, 96–103.

Debrolav, J. (1977): Entwurf einer bildungspolitischen Rahmentheorie. – In: Debrolav, J. (Hrsg.) (1977): Grundlagen und Probleme der Bildungspolitik. Ein Theorieentwurf. – München: R. Piper, 17–66.

Dedering, K., Kneuper, D., Tillmann, K.-J. (2003): Was fangen "Steuerleute" in Schulministerien mit Leistungsvergleichsstudien an? Eine empirische Annäherung. – In: Zeitschrift für Pädagogik, 47. Beiheft, 156–175.

Deutscher Bildungsrat (1973): Empfehlungen der Bildungskommission. Zur Reform von Organisation und Verwaltung im Bildungswesen. – Stuttgart: Klett-Cotta.

Deutscher Juristentag (1981): Schule im Rechtsstaat. Bd. I: Entwurf für ein Landeschulgesetz. – München: C. H. Beck.

DGBV (Hrsg.) (1987): Datenbedarf und Datenschutz im Bildungswesen. – Frankfurt am Main: DGBV.

Diekmann, A./Mitter, P. (1984): Methoden zur Analyse von Zeitverläufen. – Stuttgart: B. G. Teubner.

Diers, K. (1998): Entwicklung des Dienstrechts der Lehrkräfte in den neuen Ländern. – In: Recht der Jugend und des Bildungswesens, 2/1998, 231–249.

Ditton, H. (1997): Wirkung und Wirksamkeit der Einzelschule. – In: In: Lehmann, R. H./Buer, J. v. /Seeber,/Peek, R. (Hrsg.) (1997): Erweiterte Autonomie von Schule. Bildungscontrolling und Evaluation. – Berlin: Humboldt Universität, 91–116.
Döbert, H. (1997): Deutschland. – In: Döbert, H./Geißler, G. (Hrsg.) (1997): Schulautonomie in Europa: Umgang mit dem Thema, Theoretisches Problem, Europäischer Kontext, Bildungstheoretischer Exkurs. – Baden–Baden: Nomos, 117–145.
Döbert, H./Geißler, G. (Hrsg.) (1997): Schulautonomie in Europa: Umgang mit dem Thema, Theoretisches Problem, Europäischer Kontext, Bildungstheoretischer Exkurs. – Baden–Baden: Nomos.
Dodd, L. C. (1994): Political Learning and Political Change: Understanding Development Across Time. – In: Dodd, L. C./Jillson C. (Hrsg.) (1994): The Dynamics of American Politics. Approaches & Interpretations. – Boulder; San Francisco, Oxford: Westview Press, 331–364.
Dresselhaus, G. (1997): Das deutsche Bildungswesen zwischen Tradition und Fortschritt – Analyse eines Sonderwegs. – Münster: Lit–Verlag.
Drexler, W. (2006): Statement zur Anhörung der Föderalismusreform – Online: http://www.bundestag.de/ausschuesse/a06/foederalismusreform/Anhoerung/ 04_Bildung/Stellungnahmen/Wolfgang_Drexler.pdf (Stand: Mai 2006).
Dubs, R. (1995): Autonome Schulen: erstrebenswertes Ziel, Schlagwort oder politischer Schachzug? – In: Zeitschrift für Berufs– und Wirtschaftspädagogik 1/1995, 1–6.
Dubs, R. (1997): New Public Management. Eine zukunftsweisende Reformstrategie für die Bildungsverwaltung. – In: In: Lehmann, R. H./Buer, J. v./Seeber,/Peek, R. (Hrsg.) (1997): Erweiterte Autonomie von Schule. Bildungscontrolling und Evaluation. – Berlin: Humboldt Universität, 49–59.
Dubs, R. (2005): Schulinnovation, Schulentwicklung und Leadership. – In: Pädagogische Führung 1/2005, 4–10.
Edelstein, W. (1994): Über die Entstehung von Innovation beim Stillstand von Reformen. – In: Recht der Jugend und des Bildungswesens, 2/1994, 174–177.
Edelstein, W. (2002): Selbstwirksamkeit, Innovation und Schulreform. – Zeitschrift für Pädagogik,
44. Beiheft, 13–27.
Ellwein, T. (1987): Politische Wissenschaft. – Opladen: Westdeutscher Verlag.
Ellwein, T. (1998): Die deutsche Gesellschaft und ihr Bildungswesen. Interessenartikulation und Bildungsdiskussion. – In: Führ, C./Furck, C. (Hrsg.) (1998): 1945 bis zur Gegenwart. Handbuch der Bildungsgeschichte. Band 6. –

München: Beck, 87–109.

Erikson, R. S./Wright, G. C./McIver, J. P. (1993): Statehouse Democracy. Public Opinion and Policy in the United States. – Cambridge: Cambridge University Press.

Erk, J. (2003): Federal Germany and Its Non–Federal Society: Emergence of an All–German Educational Policy in a System of Exclusive Provincial Jurisdiction. – In: Canadian Journal of Political Science, 2/2003; 295–317.

Etzold, S. (1997): Abschaffen! Die Konferenz der Kultusminister stört nur. – In: Zeit vom 8.08.1997, 29.

Evers, C.-H. (1994): Bohren am harten Beton. – In: Recht der Jugend und des Bildungswesens, 2/1994, 205–209.

Eyestone, R. (1977): Confusion, Diffusion, and Innovation. – In: American Political Science Review, 2/1977, 441–447.

Fagerberg, J. (2005): Innovation. A Guide to the Literature. – In: Fagerberg, J./Mowery, D. C./Nelson R.R. (Hrsg.) (2005): The Oxford handbook of innovation. – Oxford: Oxford Univer– sity Press, 1–26.

Fahrholz, B./Gabriel, S./Müller, P. (Hrsg.) (2002): Nach dem Pisa–Schock. Plädoyers für eine Bildungsreform. – Hamburg: Hoffmann und Campe.

Fankhauser, R. (2000): Steuerung durch das Recht. – In: EDK, BMUK, BLK (Hrsg.) (2000): Die Vielfalt orchestrieren. Steuerungsaufgaben der zentralen Instanz bei grösserer Selbständigkeit der Einzelschulen. – Innsbruck: STUDIENVerlag, 153–168.

Fend, H. (1981): Theorie der Schule – 2. Auflage, München: Urban und Schwarzenberg.

Fend, H. (1986): „Gute Schulen – Schlechte Schulen". Die einzelne Schule als pädagogische Handlungseinheit. – In: Die deutsche Schule, 3/1986, 275–293.

Fend, H. (1998): Qualität im Bildungswesen. – Weinheim: Juventa.

Fend, H. (2001): Bildungspolitische Optionen für die Zukunft des Bildungswesens. Erfahrungen aus der Qualitätsforschung. – In: Oelkers, J. (Hrsg.) (2001): Zukunftsfragen der Bildung. Zeitschrift für Pädagogik: 43. Beiheft. – Weinheim: Beltz, 37–48.

Fend, H. (2003): Beste Bildungspolitik oder bester Kontext für Lernen? Über die Verantwortung von Bildungspolitik für pädagogische Wirkungen. – Online: http://dipf.de/publikationen/tibi/tibi6_fend_1.pdf (Stand: Juli 2007).

Fend, H. (2004): Was stimmt mit den deutschen Bildungssystemen nicht? Wege zur Erklärung von Leistungsunterschieden zwischen Bildungssystemen. In: Schümer, G./Tillmann, K.–J./Weiß, M. (Hrsg.) (2004): Die Institution Schule und die Lebenswelt der Schüler. Vertiefende Analysen der PISA–2000–Daten zum Kontext von Schülerleistungen. – Wiesbaden: VS, 15–38.

Fend, H. (2006): Die neue Theorie der Schule. – Wiesbaden: VS.

Fickermann, D. (1996): Geburtenentwicklung und Bildungsbeteiligung – Konsequenzen für die Schulentwicklung in Mecklenburg–Vorpommern. – In: Krüger, H. H./Helsper, W./Wenzler, H. (Hrsg.) (1996): Schule und Gesellschaft im Umbruch. – Weinheim: Dt. Stud.Verl., 193–224.

Fickermann, D./Schulzeck, U./Weishaupt, H. (2000): Zur Effizienz regionaler Schulstandortsys- teme am Beispiel von Mecklenburg–Vorpommern. – In: Weiß, M./Weishaupt, H. (Hrsg.) Bildungsökonomie und Neue Steuerung. – Frankfurt am Main: Peter Lang, 169–202.

Field, A. (2000): Discovering Statistics using SPSS for Windows. – London: SAGE.

Fischer, D./Rolff, H.-G. (1997): Autonomie, Qualität von Schulen und staatliche Steuerung. Chancen und Risiken von Schulautonomie. – In: Zeitschrift für Pädagogik, 4/1997, 539–549.

Fischer, T./Große-Hüttmann, M. (2001): Aktuelle Diskussionsbeiträge zur Reform des deutschen Föderalismus – Modelle, Leitbilder und Chancen ihrer Übertragbarkeit. – In: Europäisches Zentrum für Föderalismus–Forschung Tübingen (Hrsg.) (2001): Jahrbuch des Föderalismus 2001. Föderalismus, Subsidiarität und Regionen in Europa. – Baden–Baden: Nomos, 128–142.

Flick, U. (2000): Triangulation in der qualitativen Forschung. – In: Flick, U./ Kardorff, E. v./Keupp, H. (Hrsg.) (2000): Qualitative Forschung. Ein Handbuch. – Reinbek: Rowohlt, 309–318.

Foster, J. L. (1978): Regionalism and Innovation in the American States. – In: The Journal of Politics, 1/1978, 179–187.

Fränz, P./Schulz-Hardt, J. (2000): Zur Geschichte der Kultusministerkonferenz 1948–1998. – In: KMK (Hrsg.) (1998): Einheit in der Vielfalt: 50 Jahre Kultusministerkonferenz 1948–1998. – Neuwied; Kriftel: Luchterhand, 177–228.

Freeman, C. (1982): The Economics of Industrial Innovation. – London: Pinter.

Freeman, C. (1991): Networks of innovators: A synthesis of research issues. – In: Research Policy, 5/1991, 499–514.

Freemann, C./Soete, L. (1997) The Economics of Industrial Innovation. – 3. Auflage, London: Pinter.

Freitag, K. (2003): Zeitreihenanalyse. Methoden und Verfahren. – Lohmar: Josef Eul Verlag.

Frey, K. (1976): Konstruktiver Föderalismus. – Weinheim; Basel: Beltz.

Friedeburg, L. v. (1989): Bildungsreform in Deutschland. Geschichte und gesellschaftlicher Widerspruch. – Frankfurt am Main: Suhrkamp.

Fromm, S. (2005): Binäre logistische Regressionsanalyse. Eine Einführung für
– Sozialwissenschaftler mit SPSS für Windows. – In: Bamberger Beiträge zur
empirischen Sozialforschung, 11/2005.

Frommelt, B./Steffens, U. (1998): Schulautonomie – auf dem Weg zu einem
neuen Verständnis von Schulgestaltung. – In: Hessisches Landesinstitut für
Pädagogik (HELP) (Hrsg.) (1998): Schule zwischen Autonomie und Aufsicht. –
Wiesbaden: HELP, 25–36.

Fuchs, H.-W. (2004a): Gymnasialbildung im Widerstreit. Die Entwicklung des
Gymnasiums seit 1945 und die Rolle der Kultusministerkonferenz. – Frankfurt
am Main: Peter Lang.

Fuchs, H.-W. (2004b): Schulentwicklung und Organisationstheorie. – In. Böttcher,
W./Terhart, E. (Hrsg.) (2004): Organisationstheorie in pädagogischen Feldern.
Analyse und Gestaltung. – Wiesbaden: VS, 206–220.

Fuchs, H.-W./Reuter, L. R. (2000): Bildungspolitik in Deutschland. – Opladen:
Leske+Budrich.

Fuchs, H.-W./Reuter, L. R. (2002): Bildungssysteme der Länder im Vergleich.
Rechtsgrundlagen

Strukturen – Pädagogische Innovationen. Teil I. – Hamburg: Universität der
Bundeswehr.

Führ, C. (1973a): Kompetenzverteilung und Bildungsreform. – In: Dannemann,
C. (Hrsg.) (1973): Bildung und Bildungspolitik in der Bundesrepublik
Deutschland. Aspekte, Probleme, Tendenzen. – Neuwied: Luchterhand, 163–
188.

Führ, C. (1973b): Ist die Bildungsreform gescheitert?. – In: Dannemann, C. (Hrsg.)
(1973): Bil– dung und Bildungspolitik in der Bundesrepublik Deutschland.
Aspekte, Probleme, Tendenzen. Neuwied: Luchterhand, 251–261.

Führ, C. (1997): Deutsches Bildungswesen seit 1945: Grundzüge und Probleme. –
Neuwied: Luchterhand.

Füssel, H.-P. (1988): Kooperativer Föderalismus im Bildungswesen – In: Recht
der Jugend und des Bildungswesens 6/1988, 430–442.

Füssel, H.-P. (1997): Von den Schwierigkeiten mit dem Umgang mit der
"Schulautonomie" – ein Versuch, sich dem komplizierten Gegenstand zu
nähern. –In: Döbert, H./Geißler, G. (Hrsg.) (1997): Schulautonomie in Europa:
Umgang mit dem Thema, Theoretisches Problem, Europäischer Kontext,
Bildungstheoretischer Exkurs. – Baden–Baden: Nomos, 11–25.

Füssel, H.P. (2001): Einzelschule, Schulgesetzgebung und Schulaufsicht. –
In: Döbert, H./Ernst, C. (Hrsg.) (2001): Basiswissen Pädagogik: aktuelle

Schulkonzepte. Bd. 1: Neue Schulkultur. – Baltmannsweiler: Schneider, 126–139.

Füssel, H.-P. (2007): Erweiterte Autonomie der Einzelschule und externe Evaluation – Entwicklungen in der deutschen Schulpraxis und Schulgesetzgebung. – In: Buer, v. J./Wagner, C. (Hrsg) (2007): Qualität von Schule – Ein kritisches Handbuch. – Frankfurt am Main: Peter Lang. (Im Erscheinen).

Geldschläger, P. (1988): Neuorganisation der Schulaufsicht in Nordrhein-Westfalen. – In. Recht der Jugend und des Bildungswesens, 6/1988, 442–448.

Gleim, A. (2001): Eigenständigkeit der Schulen und staatliche Aufsicht – Entwicklung des Schulrechts in der Freien und Hansestadt Hamburg von 1998 bis 2001. – In: Recht der Jugend und des Bildungswesens 1/2001, 112–117.

Glotz, P./Faber, K. (1994): Richtlinien und Grenzen des Grundgesetzes für das Bildungswesen. – In: Benda, E./Maihofer, W./Vogel, H. J. (Hrsg.) (1994): Handbuch des Verfassungsrechts der Bundesrepublik Deutschland. – 2. Auflage, Berlin: de Gruyter, 1363–1424.

Gogolin, I. (2003): Innovation durch Bildung. Eröffnungsvortrag zum 18. DGfE-Kongress. – In: Gogolin, I./Tippelt, R. (Hrsg.) (2003): Innovation durch Bildung. Beiträge zum 18. Kongress der Deutschen Gesellschaft für Erziehungswissenschaft. – Opladen: Leske+Budrich, 23–34.

Gogolin, I./Tippelt, R. (Hrsg.) (2003): Innovation durch Bildung. Beiträge zum 18. Kongress der Deutschen Gesellschaft für Erziehungswissenschaft. – Opladen: Leske+Budrich.

Görlitz, A./Burth, H.-P. (1998): Politische Steuerung. Ein Studienbuch. – 2. Auflage. Opladen: Leske+Budrich.

Grammes, T./Riedel, R. (1999): Bildungs- und Wissenschaftspolitik. – In: Gabriel, O. W./Holtmann, E. (Hrsg.) (1999): Handbuch des politischen Systems der Bundesrepublik Deutschland. – 2. Auflage, München: Oldenbourg Verlag, 729–750.

Gräsel, C./Jäger, M./Willke, H. (2006): Konzeption einer übergreifenden Transferforschung unter Einbeziehung des internationalen Forschungsstandes. – In: Nikolaus, R./Gräsel, C. (Hrsg.) (2006): Innovation und Transfer – Expertisen zur Transferforschung. – Baltmannsweiler: Schneider, 445–566.

Gräsel, C./Parchmann, I. (2004). Implementationsforschung – oder: der steinige Weg, Unterricht zu verändern. – In: Unterrichtswissenschaft, 3/2004, 196–213.

Gray, V. (1973a): Innovation in the States: A Diffusion Study. – In: American Political Sience Review, 4/1973, 1174–1185.

Gray, V. (1973b): Rejoinder to 'Comment' by Jack L. Walker. – In: American Political Sience Review, 4/1973, 1192–1193.

Gray, V. (1994): Competition, emulation, and policy innovation. – In: Dodd, L. C./Jillson, C. (Hrsg.): New perspectives on American politics. – Washington, DC: CQ Press, 230–248.

Grossback, L. J./Nicholson-Crotty,/Peterson, D. A. M. (2004): Ideology and learning in policy diffusion. – In: American Politics Research, 5/2004, 521–545.

Haas, B. (1999): Erfahrungen aus der Begleitung von Schulen in Schulentwicklungsprozessen auf dem Hintergrund der „inneren Schulreform" in Baden–Württemberg. – In: Hofmann, J./Weishaupt, H./Zedler, P. (Hrsg.) (1999): Organisationsentwicklung in Schulen, in Unternehmen und im sozialen Bereich. – Erfurt: PH Erfurt, 63–82.

Hambrink, J. (1979): Schulverwaltung und Bildungspolitik. Die Festlegung von Lerninhalten in ministeriellen Genehmigungsverfahren für Schulbücher. – München: Wilhelm Fink.

Hamm-Brücher, H. (1965): Auf Kosten unserer Kinder? Wer tut was für unsere Schulen – Reise durch die pädagogischen Provinzen der Bundesrepublik und Berlin. – Hamburg: Nannen– Verlag GmBH.

Hammerich, K. (1975): Aspekte einer Soziologie der Schule – Düsseldorf: Schwann.

Hays, P. (1996): Influences on Reinvention During the Diffusion of Innovations. – In: Political Research Quarterly, 3/1996, 631–650.

Hays, P./Glick, H. R.(1997): The Role of Agenda Setting in Policy Innovation. An Event History Analysis of Living–Will Laws. – In: American Politics Quarterly, 4/1997, 497–516.

Heckel, H. (1967): Schulrecht und Schulpolitik. Der Einfluß des Rechts auf die Zielsetzung und den Erfolg in der Bildungspolitik. – Neuwied: Luchterhand.

Heidenheimer, A. J. (1994): Bildungspolitik in der Bundesrepublik Deutschland, Japan und der Schweiz: „Innenpolitische" Staatsaufgaben im Wandel. – In: Grimm, D. (Hrsg.) (1994): Staatsaufgaben. – Baden–Baden: Nomos, 585–611.

Heinrich, M. (2002): Das Schulprogramm als effektives Reforminstrument? Von den Versuchen, alte Strukturen aufzubrechen. – In: Pädagogische Korrespondenz, 28/2002, 88–103.

Heinrich, M. (2006a): Autonomie und Schulautonomie. Die vergessenen ideengeschichtlichen Quellen der Autonomiedebatte der 1990er Jahre. – Münster: Monsenstein und Vannerdat.

Heinrich, M. (2007): Governance in der Schulentwicklung. Von der Autonomie zur evaluationsbasierten Steuerung. – Wiesbaden: VS.

Hennecke, F.J. (1985): Schule zwischen Recht und Politik. – Kaiserslautern: Uni Kaiserslautern.

Hentig, H. v. (1993): Die Schule neu denken. Eine Übung in praktischer Vernunft – München: Hanser.

Hepp, G. F./Weinacht, P.-L. (2004): Wie viel Selbstständigkeit brauchen Schulen? Hessens Schulpolitik der 90er–Jahre im Visier politikwissenschaftlicher Forschung. – In: Zeitschrift für Schulverwaltung 1/2004, 56–77.

Hepp, G. F./Weinacht, P.-L. (Hrsg.) (2003): Wie viel Selbstständigkeit brauchen Schulen? Schulpolitische Kontroversen und Entscheidungen in Hessen (1991–2000). – München: Luchter– hand.

Hepp, G./Weinacht, P-L. (1996): Schulpolitik als Gegenstand der Sozialwissenschaften oder: Hat die Politikwissenschaft ein Thema verloren? – In: Zeitschrift für Politikwissenschaft, 4/1996, 404–433.

Héritier, A. (1993): Policy–Analyse. Elemente der Kritik und Perspektiven der Neuorientierung. – In: Héritier, A. (Hrsg.) (1993): Policy–Analyse. Kritik und Neuorientierung. – Opladen: West– deutscher Verlag, 9–36.

Herzog, R. (1997): Aufbruch ins 21. Jahrhundert. Ansprache von Bundespräsident Roman Herzog im Hotel Adlon am 26. April 1997. – Online: http://www.bundespraesident.de/Reden–und– Interviews/Berliner–Reden–,12086/Berliner–Rede–1997.htm (Stand: Mai 2006).

Hesse, J.J./Ellwein, T. (2004): Das Regierungssystem der Bundesrepublik Deutschland, Band 1. – 8. Auflage, Opladen: Westdeutscher Verlag.

Hesse, K. (1962): Der unitarische Bundesstaat. – Karlsruhe: Müller.

Hill, K. Q./Klarner C. (2002): The many faces of elite power in the system of 1896. – Journal of Politics, 4/2002, 1115–1136.

Hoffmann, R. (1994): Aufbruch aus der verwalteten Schule. – In: Recht der Jugend und des Bil– dungswesens, 2/1994, 191–194.

Hoffmann, R. (2006): Schriftliche Stellungnahme für die Anhörung im Rechtsausschuss des Deutschen Bundestags betreffend Föderalismusreform. – Online: http://www.bundestag.de/ ausschuesse/a06/foederalismusreform/Anhoerung/04_Bildung/Stellungnahmen/Prof Dr Reinhard_Hoffmann.pdf (Stand: Mai 2006).

Höfling, W. (1997): Demokratiewidrige Schulautonomie? Die bundesverfassungsgerichtliche Rechtsprechung zum Demokratieprinzip und die neuere Schulgesetzgebung. – In: Recht der Jugend und Bildungswesen 4/1997, 361–371.

Hofmann, J. (Hrsg.) (2001): Schulaufsicht im Umbruch. Neue Aufgaben der Schulaufsicht bei der Qualitätssicherung und –entwicklung von Schule. – Kronach: Carl Link.

Holtappels, H. G. (1995): Schulkultur und Innovation. Ansätze, Trends und

Perspektiven der Schulentwicklung. – In: Holtappels, H. G. (Hrsg.) (1995): Entwicklung von Schulkultur: Ansätze und Wege schulischer Erneuerung. – Neuwied: Luchterhand, 6–36.

Holtappels, H. G. (2002): Schulprogramm als Schulentwicklungsinstrument. – In: Rolff, H.– G./Holtappels, H.–G./Klemm, K./Pfeiffer, H./Schulz–Zander, R. (Hrsg.) (2002): Jahrbuch für Schulentwicklung. Daten Beispiele und Perspektiven. Band 12. – Weinheim: Juventa, 199–208.

Holtappels, H. G./Müller, S. (2002): Inhalte und Struktur von Schulprogrammen. Inhaltsanalyse der Schulprogrammtexte Hamburger Schulen. – In: Rolff, H.–G./Holtappels, H.–G./Klemm, K./Pfeiffer, H./Schulz–Zander, R. (Hrsg.) (2002): Jahrbuch für Schulentwicklung. Daten Beispiele und Perspektiven. Band 12. – Weinheim: Juventa, 209–232.

Holtappels, H.-J. (1991) (Hrsg.): Die Schulleitung: ein wertender Vergleich zwischen den Bundesländern. – Essen: Wingen.

Holzapfel, H. (1992): Freiheit und Verantwortung. Zur Balance zwischen offenen Gestaltungsräu- men und öffentlicher Verantwortung. Wie können integrative und partizipatorische Prozesse in Schule und Gesellschaft integriert werden? – In: Schindehütte, M. (Hrsg.) (1992): Schule in Hessen. Eigenverantwortung und Selbstgestaltung. Gestaltungsperspektiven für die kommenden Jahre. – Hofgeismar: Evangelische Akademie Hofgeismar, 154–180.

Hovestadt, G./Klemm, K. (2002): Schulleistungen in Deutschland: Internationales Mittelmaß und innerdeutsche Leistungsspreizung. – In: Rolff, H.–G./Holtappels, H. G./Klemm, K./Pfeiffer, H./Schulz–Zander, R. (Hrsg.): Jahrbuch der Schulentwicklung 12. – Weinheim: Juventa, 51–74.

Huber, S. G. (2000a): Stand der internationalen Forschung zur Schulverbesserung. – In: Scheuenpflug, A. (Hrsg.) (2000): Innovative Schulen. Ein Studienprojekt. – In: Beiträge aus dem Fachbereich Pädagogik der Universität der Bundeswehr Hamburg, 4/2000, 44–56.

Huber, S. G. (2000b): Stand der internationalen Forschung zur Schulwirksamkeit. – In: Scheuenpflug, A. (Hrsg.) (2000): Innovative Schulen. Ein Studienprojekt. – In: Beiträge aus dem Fachbereich Pädagogik der Universität der Bundeswehr Hamburg, 4/2000; 57–63.

Hübner, P. (1998): Stärkung der organisatorischen Selbstständigkeit der Einzelschule. – In: Avenarius, H./Baumert, J./Döbert, H./Füssel, H. P. (Hrsg.) (1998): Schule in erweiterter Verantwortung. Positionsbestimmungen aus erziehungswissenschaftlicher, bildungspolitischer und verfassungsrechtlicher Sicht. – Neuwied: Luchterhand, S.123–128.

Hufen, F. (2005): Die Einflussnahme des Bundes auf die Schul– und

Hochschulpolitik durch direkte und indirekte Finanzzuweisungen. – In: Recht der Jugend und des Bildungswesens, 3/2005, 323–334.

Hüfner, K. (1992): Organisationsuntersuchung im Schulbereich. – In: Recht der Jugend und des Bildungswesens, 2/1992, 197–206.

Hüfner, K./Naumann, J. (1977): Konjunkturen der Bildungspolitik in der Bundesrepublik Deutschland. Band 1: Der Aufschwung (1960–1967). – Stuttgart: Ernst Klett.

Hüfner, K./Naumann, J./Köhler, H./Pfeffer, J. (1986): Hochkonjunktur und Flaute: Bildungspolitik in der Bundesrepublik Deutschland 1967–1980. – Stuttgart: Klett–Cotta.

Hurrelmann, K. (1975): Erziehungssystem und Gesellschaft. – Reinbek: Rowohlt.

Husén, T. (1971): Innovationsforschung und Bildungsreform. – In: Scheuerl, H. (Hrsg.) (1971): Erziehungswissenschaft Bildungspolitik Schulreform. Zeitschrift für Pädagogik. 9. Beiheft. – Weinheim: Beltz, 33–43.

Husén, T. (1972): Strategie der Bildungsreform. – In: Herz, O./Petry, C. (Hrsg.) (1972): Schulreform durch Curriculumrevision. – Stuttgart: Ernst Klett, 183–191.

Hutmacher, W. (1998): Strategien der Systemsteuerung. Von der Systemexpansion zum System- umbau. – In: Radnitzky, E., (Hrsg.) (1998): Schulleitung und Schulaufsicht. Neue Rollen und Aufgaben im Schulwesen einer dynamischen und offenen Gesellschaft. – Innsbruck: STU- DIENVerlag, 49–92.

Jach, F.-R. (2000): Kommunitarismus, Liberalismus und Bürgergesellschaft im Bildungswesen. – In: Jach, F.-R./Jenkner, (Hrsg.) (2000): 50 Jahre Grundgesetz und Schulverfassung. – Berlin: Duncker und Humblot, 77–90.

Jäger, M. (2004): Transfer in Schulentwicklungsprojekten. – Wiesbaden: VS.

Janning, F. (1998): Das politische Organisationsfeld. Politische Macht und soziale Homologie in komplexen Demokratien. – Wiesbaden: Westdeutscher Verlag.

Jarren, O. (1994): Politik und politische Kommunikation in der modernen Gesellschaft. – In: Aus Politik und Zeitgeschichte, 39/1994, 3–10.

Karpen, U. (1990): Staatliche Lenkung und Überwachung des Bildungswesens. – In: Recht der Jugend und des Bildungswesens, 6/1990, 419–436.

Kaschener, U. (1995): Die überkommene Begriffsbildung im Schulrecht. Anmerkungen zur bremischen Schulentwicklung. – In: Recht der Jugend und des Bildungswesens, 3/1995, 321–320.

Kell, A. (1997): Relative Autonomie der Schule. Welches Recht braucht eine demokratische Schule? – In: Venter, G./Buer, J. v./Lehmann, R. (Hrsg.) (1997): Erweiterte Autonomie von Schule. Grundlagen und nationale Sichtweisen. – Berlin: Humboldt Universität, 27–42.

Kern, K. (2000): Die Diffusion von Politikinnovationen. Umweltpolitische Innovationen im Mehrebenensystem der USA. – Opladen: Leske+Budrich.

Kieser, A. (Hrsg.) (2001): Organisationstheorien. – 4. Auflage, Stuttgart: W. Kohlhammer.

Klafki, W. (1983): Schulpluralismus unter Staatsaufsicht statt Schuldirigismus in Staatshoheit. – In: Benner, D./Heid, H./Thiersch, H. (1983): Beiträge zum 8. Kongress der Deutschen Gesellschaft für Erziehungswissenschaft. – Weinheim: Beltz, 105–112.

Klatt, H. (1982): Parlamentarisches System und bundesstaatliche Ordnung. – In. Aus Politik und Zeitgeschichte, 1/1982, 3–24.

Klatt, H. (1989): Forty Years of German Federalism: Past Trends and New Developments. – In: Publius 4/1989, 185–202.

Klemm, K. (2005): Altersstruktur – Pensionierungen – Stellenbedarf. Eine Analyse der Altersstruktur bei deutschen Lehrerinnen und Lehrern. – In: Pädagogik 7–8/2005, 46–47.

Klieme, E./Avenarius, H./Blum, W./Döbrich, P./Gruber, P./Prenzel, M./ Reiss, K./Riquarts, K./ Rost, J./Tenorth, H.-E./Vollmer, H. J. (2003): Zur Entwicklung nationaler Bildungsstandards.– Bonn: BMBF.

Klieme, E./Avenarius,H./Baethge, M./Döbert, H./Hetmeier, H.W./Meister-Scheufelen, G./Rauschenbach,T./Wolter, A. (2006): Grundkonzeption der Bildungsberichterstattung für Deutschland. – In: Krüger, H.–H./Rauschenbach, T./Sander, U. (Hrsg.) (2006) Bildung und Sozialberichterstattung. – Beiheft der Zeitschrift für Erziehungswissenschaft, 6/2006, 129–145.

Kline, J./Rosenberg, N. (1986): An Overview of Innovation. – In: Landau, R./Rosenberg, N. (Hrsg.) (1986): The Positiv Sum Strategy: Harnessing Technology for Economic Growth. – Washington: National Academy Press, 275–304.

Klingman, D. (1980): Temporal and Spatial Diffusion in the Comparative Analysis of Social Change. – In: American Political Sience Review, 1/1980, 123–137.

KMK (1992): Erklärung der Kultusministerkonferenz „Wachsende Schülerzahlen bei knappen Ressourcen". Beschluß der Kultusministerkonferenz vom 26.06.1992. – In: KMK (1982ff): KMK–Beschlußsammlung. Band 1. – Neuwied;: Luchterhand, LZ 46.

KMK (1999a): 285. Plenarsitzung der Ständigen Konferenz der Kultusminister und –senatoren der Länder in der Bundesrepublik Deutschland am am 4. und 5. März 1999 in Bonn. Pressemeldung vom 05.03.1999. – Online: ww.kmk.org/ aktuell/pm990305.htm#top1 (Stand: Mai 2006).

KMK (1999b): 286. Plenarsitzung der Ständigen Konferenz der Kultusminister und –senatoren der Länder in der Bundesrepublik Deutschland am 27. und 28. Mai 1999 in Leipzig. Pressemeldung vom 28.5.1999. – Online: www.kmk.org/aktuell/pm990528.htm#top2 (Stand: Mai 2006)

KMK (1999c): 287. Plenarsitzung der Ständigen Konferenz der Kultusminister und –senatoren der Länder in der Bundesrepublik Deutschland am 21. und 22. Oktober 1999 in Husum. Pressemeldung vom 22.10.1999. – Online: www.kmk.org/aktuell/pm991022.htm#top1 (Stand: Mai 2006).

KMK (2000): Jahresbericht 1999. – Bonn: KMK.

KMK (2002): 297. Plenarsitzung der Kultusministerkonferenz am 28. Februar/1. März 2002 in Berlin. Pressemeldung vom 01.03.2002 – Online: www.kmk.org/aktuell/pm020301.htm (Stand: Mai 2006).

KMK (2003): Lehrereinstellungsbedarf- und Lehrereinstellungsangebot in der Bundesrepublik Deutschland – Modellrechnung 2002–2015. – Online: http://www.kmk.org/statist/dok169.pdf (Stand: Mai 2006).

KMK (2004a): Föderalismus braucht Wettbewerb und Kooperation. Reform der Kultusministerkonferenz – Effizientere Entscheidungsstrukturen und Konzentration auf Kernaufgaben. Pressemeldung vom 02.12.2004. – Online: www.kmk.org/aktuell/pm041202a.htm (Stand: Mai 2006).

KMK (2004b): Reform der Kultusministerkonferenz. Pressemeldung vom 02.12.2004. – Online: www.kmk.org/aktuell/pm041202b.htm (Stand: Mai 2006).

KMK (2006a): Ergebnisse der 313. Plenarsitzung der Kultusministerkonferenz. Pressemeldung vom 03.03.2006. – Online: www.kmk.org/aktuell/pm060303.htm (Stand: Juli 2007).

KMK (2006b): Vereinbarung über die Schularten und Bildungsgänge im Sekundarbereich I. Beschluss der Kultusministerkonferenz vom 03.12.1993 i.d.F. vom 02.06.2006. – Online: www.kmk.org/doc/publ/Vereinbarung_schularten_bildungsgaenge.pdf (Stand: Juli 2007).

KMK (Hrsg.) (1982ff): Sammlung der Beschlüsse der Ständigen Konferenz der Kultusminister der Länder in der Bundesrepublik Deutschland. –. Neuwied: Luchterhand.

KMK (Hrsg.) (1998): Einheit in der Vielfalt: 50 Jahre Kultusministerkonferenz 1948–1998. – Neuwied: Luchterhand.

KMK-Expertenkommission (1995): Weiterentwicklung der Prinzipien der gymnasialen Oberstufe und des Abiturs. – Unveröffentlichte Expertise.

Knauss, G. (1994): Die Schule – unterste Stufe der Verwaltungsbürokratie? – In: Recht der Jugend und des Bildungswesens, 2/1994, 187–190.

Knauss, G. (1997): Anstöße zur Weiterentwicklung unserer Schulen. – In:

SchulVerwaltung MO, 9/1997, 227–230.

Knoll, J. H. (1971): Der Beitrag der Kommunikationsmittel zur Erkenntnis pädagogischer Reformprozesse. – In: Scheuerl, H. (Hrsg.) (1991): Erziehungswissenschaft Bildungspolitik Schulreform. – Beiheft zur Zeitschrift für Pädagogik. 9/1971, 253 – 277.

Koch, C. (1995): Öffentlicher Dienst und Bildungswesen – Entwicklungslinien im öffentlichen Dienstrecht. – In: Recht der Jugend und des Bildungswesens, 3/1995, 352–364..

Koch, C. (1998): Zwischen Restrukturierung und Reform – das öffentliche Dienstrecht im Schulund Bildungswesen. – In: Recht der Jugend und des Bildungswesens, 2/1998, 217–230.

Köhler, G./Knauss, G./Zedler, P. (Hrsg.) (2000): Der bildungspolitische Einigungsprozess 1990. – Opladen: Leske+Budrich.

Köller, F. (1988): Reform der Schulaufsicht auf unterer und mittlerer Ebene. – In. Recht der Jugend und des Bildungswesens, 6/1988, 448–455.

Kommunale Gemeinschaftsstelle (1996): Neue Steuerung im Schulbereich. KGSt–Bericht 9/1996 vom 22.08.1996, Az.: 104110/4. – Köln: KGSt.

Konsortium Bildungsberichterstattung (2006): Bildung in Deutschland. Ein indikatorengestützter Bericht mit einer Analyse zu Bildung und Migration. – Bielefeld: W. Bertelsmann Verlag.

Kotthoff, H.-G. (2003): „Allheilmittel" Selbstständige Schule? Internationale Erfahrungen zu Risiken und Nebenwirkungen. – Antrittsvorlesung vom 12.12.2003 an der Uni Münster.

Krüger, H.-H./Rauschenbach, T./Sander, U. (Hrsg.) (2006): Bildung und Sozialberichterstattung. Beiheft der Zeitschrift für Erziehungswissenschaft, 6/2006.

Kuper, H. (2001): Organisationen im Erziehungssystem. Vorschläge zu einer systemtheoretischen Revision des erziehungswissenschaftlichen Diskurses über Organisation. – In: Zeitschrift für Erziehungswissenschaft, 1/2001, 83–106.

Kuper, H. (2004): Innovationen der Erziehung und der Erziehungswissenschaft. – In: Hessische Blätter für Volksbildung, 3/2004, 195–206.

Kussau, J./Brüsemeister, T. (2007a): Educational Governance: Zur Analyse der Handlungskoordination im Mehrebenensystem der Schule. – In: Altrichter, H./Brüsemeister, T./Wissinger, J. (2007): Educational Governance. – Wiesbaden: VS, 15–54.

Kussau, J./Brüsemeister, T. (2007b): Governance, Schule und Politik. Zwischen Antagonismus und Kooperation. – Wiesbaden: VS.

Kuthe, M./Zedler, P. (1999): Entwicklung der Thüringer Regelschulen und

Gymnasien (1997–2020). – Erfurt: Universität Erfurt.

Lamnek, S. (2005): Qualitative Sozialforschung. – 4. Auflage, Weinheim; Basel: Beltz.

Landesinstitut Schleswig-Holstein für Praxis und Theorie der Schule (IPTS) (Hrsg.) (1996): Stärkung der Eigenverantwortung an Schulen in Schleswig-Holstein. Arbeitspapiere zur Unterrichtsfachberatung. – Kronshagen: IPTS.

Landfried, K. (2006): Statement zur Anhörung der Föderalismusreform. – Online: www.bundestag.de/ausschuesse/a06/foederalismusreform/Anhoerung/04_Bildung/Stellungnahmen/Prof Dr Klaus_Landfried.pdf (Stand: Mai 2006).

Lange, H. (1988): Stadt und offene Schule. – In. Recht der Jugend und des Bildungswesens, 3/1988, 252–261.

Lange, H. (1995): Schulautonomie und Personalentwicklung für Schulen. – In: Dascher, P./Rolff, H.-G./Struck, T. (1995): Schulautonomie – Chancen und Grenzen: Impulse für die Schulentwicklung. – Weinheim: Juventa, 207–226.

Lange, H. (1996): Schulautonomie: Entscheidungsprobleme aus politisch-administrativer Sicht. – Paschen, H./Wigger, L. (Hrsg.) (1996): Schulautonomie als Entscheidungsproblem. – Weinheim: Deutscher Studien Verlag, 129–146.

Lange, H. (1999): Schulautonomie und Neues Steuerungsmodell. – In: Recht der Jugend und des Bildungswesens, 4/1999, 422–438.

Lange, H. (2001): Die bildungspolitische Bedeutung von Schulleistungsstudien. – In: Recht der Jugend und des Bildungswesens, 3/2001, 262–282.

Lassing, L. (2000): Zentrale Steuerung in autonomisierten Bildungssystemen. – In: EDK, BMUK, BLK (Hrsg.) (2000): Die Vielfalt orchestrieren. Steuerungsaufgaben der zentralen Instanz bei grösserer Selbständigkeit der Einzelschulen. – Innsbruck: STUDIENVerlag, 107–141.

Laurien, H.-R. (1998): Abitur– eine endlose Geschichte. – In: KMK (Hrsg.) (1998): Einheit in der Vielfalt: 50 Jahre Kultusministerkonferenz 1948–1998. – Neuwied: Luchterhand, 35–53.

Lawton, B./Lawton, W. H. (1979): An Autocatalytic Model for the Diffusion of Educational Innovation. – In: Educational Administrive Quarterly, 1/1979, 19–53.

Lehmann, R. H. (1997): Research on Systems of Education: Trends, Perspectives, and Expectations. – In: In: Lehmann, R. H./Buer, J. v./Seeber,/Peek, R. (Hrsg.) (1997): Erweiterte Autonomie von Schule. Bildungscontrolling und Evaluation. – Berlin: Humboldt Universität, 79–89.

Lehmbruch, G. (1976): Parteienwettbewerb im Bundesstaat. – Stuttgart: Kohlhammer

Lehmbruch, G. (1989): Institutional Linkages and Policy Networks in the Federal

System of West Germany. – In: Publius 4/1989, 221–235.
Lehmbruch, G. (2000a): Parteienwettbewerb im Bundesstaat. – 3. Auflage, Wiesbaden: VS.
.Lehmbruch, G. (2000b): Bundesstaatsform als Sozialtechnologie? Pfadabhängigkeit und Veränderungsspielräume im deutschen Föderalismus. – In: Europäisches Zentrum für Föderalismus- Forschung Tübingen (Hrsg.) (2000): Jahrbuch des Föderalismus 2000. – Baden–Baden: Nomos, 71–93.
Lengert, R. (1969): Politik und Schulreform im Teufelskreis der Kompromisse. – Neuwied: Luchterhand.
Leschinsky, A. (1993): Dezentralisierung im Schulsystem der Bundesrepublik Deutschland. – In: Posch, P./Altrichter, H. (Hrsg.) (1993): Schulautonomie in Österreich. – 2. Auflage, Wien: Bundesministerium für Unterricht und Kunst, 229–242.
Leschinsky, A. (2003): Der institutionelle Rahmen des Bildungswesens. – In: Cortina, K. S./Baumert, J./Leschinsky, A./Mayer, K. U./Trommer, L. (Hrsg.) (2003): Das Bildungswesen in der Bundesrepublik Deutschland. – Reinbek: Rowohlt, 148–214.
Leschinsky, A./Cortina, K. S. (2003): Zur sozialen Einbettung bildungspolitischer Trends in der Bundesrepublik. – In: In: Cortina, K. S./Baumert, J./Leschinsky, A./Mayer, K. U./Trommer, L. (Hrsg.) (2003): Das Bildungswesen in der Bundesrepublik Deutschland. Strukturen und Entwicklungen im Überblick. – Reinbek: Rowohlt, 20–51.
Lieberman, A./Grolnick, M. (1998): Educational Reform Networks: Changes in the Form of Reform. – In: Hargreaves, A./Lieberman, A./Fullan, M./Hopkins, D. (Hrsg.) (1998): International Handbook of Educational Change. – Dordrecht: Kluwer, 710–729.
Liket, T. M. E. (1993): Freiheit und Verantwortung. Das niederländische Modell des Bildungswesens. – Gütersloh: Verlag Bertelsmann Stiftung.
Link, J. W./Nath, A./Tenorth, H.-E. (2003): Bildungssystem im Wandel – Innovationen zwischen Eigendynamik, Politik und Pädagogik. – In: Gogolin, I./Tippelt, R. (Hrsg.) (2003): Innovation durch Bildung. Beiträge zum 18. Kongress der Deutschen Gesellschaft für Erziehungswissenschaft. – Opladen: Leske+Budrich, 325–332.
Löhr, C. (1999): „Länder brauchen Bewegungsraum". – In: Welt vom 03.02.1999.
Lorent, H.-P. d. (1993) : Demokratisierung der Entscheidungsprozesse in Schulen. – In: Lorent, H.– P. d./Zimdahl, G. (Hrsg.) (1993): Autonomie der Schule. – Hamburg: GEW Hamburg, 47–50. **Lorent, H.-P./Zimdahl, G. de (Hrsg.) (1993):** Autonomie der Schule. – Hamburg: GEW Hamburg. **Lowi, T. (1964):**

American Business, Public Policy, Case-Studies, and Political Thorie. – In: World Politics, Juli/1964, 677–715.

Luhmann, N. (2002): Das Erziehungssystem der Gesellschaft. – Frankfurt am Main: Suhrkamp.

Luhmann, N./Schorr, K. E. (1979): Reflexionsprobleme im Erziehungssystem. – Stuttgart: KlettCotta.

Lutz, J. M. (1997): Regional Leaders in the Diffusion of Tort Innovations among the American States. – In: Publius, 4/1997, 39–58.

Mäding, H. (1989): Federalism and Educational Planning in the Federal Republic of Germany. – In: Publius, 4/1989, 115–131.

Mager, U. (2005): Die Neuordnung der Kompetenzen im Bereich von Bildung und Forschung – Eine kritische Analyse der Debatte in der Föderalismuskommission. – In: Recht der Jugend und des Bildungswesens, 3/2005, 312–322.

Magotsiu-Schweizerhof, E. (1999): Schulautonomie, Profilbildung und freie elterliche Schulwahl am Beispiel von Erfahrungen in angelsächsischen Ländern. – Frankfurt am Main: DIPF.

Mahajan, V./Peterson, R. A. (1985): Models for Innovation Diffusion. – Newbury Park: Sage.

Maier, H. (1998): Die Kultusministerkonferenz im föderalen System. – In: KMK (Hrsg.) (1998): Einheit in der Vielfalt: 50 Jahre Kultusministerkonferenz 1948–1998. – Neuwied: Luchterhand, 21–33.

Marionova, D./Phillimore, P (2003): Models of Innovation. – In: Shavinina, L. V. (Hrsg.) (2003): The International Handbook on Innovation. – Oxford: Elsevier Science Ltd., 44–53.

Maritzen, N. (1996): Im Spagat zwischen Hierarchie und Autonomie. Steuerungsprobleme in der Bildungsplanung. – In: Die Deutsche Schule, 1/1996, 22–36.

Maritzen, N. (1997): Schule zwischen Staat und Markt? Für kritische Genauigkeit beim Reden über Schulauonomie – eine Antwort auf Frank-Olaf Radtke. – In: Die Deutsche Schule, 3/1997, 292–305.

Maritzen, N. (1998): Autonomie der Schule: Schulentwicklung zwischen Selbst- und Systemsteuerung. – In: Altrichter, H./Schley, W./Schratz, M. (Hrsg.) (1998): Handbuch der Schulentwicklung. – Innsbruck: STUDIENVerlag, 609–637.

Maritzen, N. (2000): Das Schulprogramm als Steuerungsmittel. – In: EDK, BMUK, BLK (Hrsg.) (2000): Die Vielfalt orchestrieren. Steuerungsaufgaben der zentralen Instanz bei grösserer Selbständigkeit der Einzelschulen. – Innsbruck: STUDIENVerlag, 180–192.

Maritzen, N. (2001): Eigenständigkeit der Schule in staatlicher Verantwortung.

Umsetzung der mit dem Hamburgischen Schulgesetz erweiterten Eigenständigkeit der Schule – Hamburg, Behörde für Schule, Jugend und Berufsbildung.

Maritzen, N. (2006): Schulinspektion in Deutschland. – In: Bucher, H./Korster, L./Rolff, H.-G. (Hrsg.) (2006): Schulinspektion und Schulleitung. – Stuttgart: Raabe, 7–26.

Markstahler, J. (1998): Entwicklung aus eigener Kraft? – Bemerkungen zur Autonomiedebatte aus Sicht der Einzelschule. – In: Hessisches Landesinstitut für Pädagogik (HELP) (Hrsg.) (1998): Schule zwischen Autonomie und Aufsicht. – Wiesbaden: HELP, 37–46.

Martin, B./Vogel, B. (1971): Bildungspolitik. Plädoyer für ein realistisches Konzept. – Herford: Nicolai.

Martinsen, R. (2001): Das politische System der Bundesrepublik Deutschland aus einer Perspektive der Innovation: Ein politikwissenschaftlicher Zugang zum Konzept der nationalen Innovationssysteme und Innovationsnetzwerke. – In: Zeitschrift für Politik, 2/2001, 123–148.

Massing, P. (2002): Konjunkturen und Institutionen der Bildungspolitik. – In: Politische Bildung, 1/2002, 8–34.

Mayntz, R. (1990): Föderalismus und die Gesellschaft der Gegenwart. – In: Archiv des öffentlichen Rechts, 2/1990: S. 232–245.

Mayntz, R. (1993) : Policy-Netzwerke und die Logik von Verhandlungssystemen. – In: Héritier, A. (Hrsg.) (1993): Policy-Analyse. Kritik und Neuorientierung. – Opladen: Westdeutscher Verlag, 39–56.

Mayntz, R./Scharpf, F.W. (1995): Der Ansatz des akteurzentrierten Institutionalismus. – In: Mayntz, R./Scharpf, F. W. (Hrsg.) (1995): Gesellschaftliche Selbstregelung und politische Steuerung. – Frankfurt am Main: Campus, 39–71.

Mayring, P. (2003): Qualitative Inhaltsanalyse. Grundlagen und Techniken. – Weinheim: Beltz.

Meier, A. (1995): Inkorporation statt Innovation – Die Verwestlichung des ostdeutschen Bildungssystems. – In: Kemper, H./Rau, E. (Hrsg.) (1995): Formation und Transformation. Spuren in Bildungsforschung und Bildungspolitik. – Frankfurt am Main: Peter Lang, 157–172.

Menzel, D. C./Feller, I. (1977): Leadership and Interaction Patterns in the Diffusion of Innovations among the American States. – The Western Political Quarterly, 4/1977, 528–536.

Meraner, R. (1998): Autonomie der Schulen – Modelle und Tendenzen in Europa. – In: Zwerger Bonell, V. (Hrsg.) (1998): Die Autonomie der Schulen. Chancen und Grenzen. – Bozen: Pädagogisches Institut für die deutsche Sprachgruppe, 43–59.

Meraner, R./Zwerker Bonell, V. (Hrsg.) (2001): Innovationen in Schulen unterstützen. Erfahrungen aus dem Pilotprojekt „Autonomie der Schulen" in Südtirol. – Bozen: Pädagogisches Institut für die deutsche Sprachgruppe.

Miles, M. B. (Hrsg.) (1964): Innovation in Education. – New York: Columbia University.

Ministerium für Bildung, Wissenschaft, Forschung und Kultur des Landes Schleswig-Holstein (Hrsg.) (2004): Bildungsbericht für Schleswig-Holstein. – Online: landesregierung.schleswigholstein.de/coremedia/generator/ Aktueller_20Bestand/MBF/Brosch_C3_BCre_20_2F_20 Publikation/Schule/PDF/Bildungsbericht,property=pdf.pdf (Stand: Juni 2006).

Mintrom, M. (1997a): Policy Entrepreneurs and the Diffusion of Innovation. – In: American Journal of Political Science, 3/1997, 738–770.

Mintrom, M. (1997b): The State–Local Nexus in Policy Innovation Diffusion: The Case of School Choice. – In: Publius, 3/1997, 41–59.

Mintrom, M. (2000): Explanations of policy change. Policy entrepreneurs and school choice. Washington, DC: Georgetown University Press.

Mintrom, M./Vergari, S. (1998): Policy Networks and Innovation Diffusion: The Case of State Education Reforms. – In: The Journal of Politics, 1/1998, 126–148.

Mohr, L. B. (1969): Determinants of Innovations in Organizations. – In: American Political Sience Review, 1/1969, 111–127.

Mooney, C. Z. (2001): Modelling regional effects on state policy diffusion. – In: Political research quarterly, 1/2001, 103–124.

Mooney, C. Z./Lee, M.-H. (1995): Legislating Morality in the American States: The Case of Pre- Roe Abortion Regulation Reform. – In: American Journal of Political Sience, 3/1995, 599–627.

Mort, P.R. (1953): Educational Adaptability. – In: School Executive, 1/1953, 1–23.

Mort, P.R. (1957): Principles of School Administration. – New York: McGraw-Hill.

Müller, P. (1975): Politische Struktur und Schulreform. Schulreform und Gesellschaft. Band II. – Berlin: Max–Plank–Institut für Bildungsforschung.

Müller, P. (2002): Subsidiarität – Leitidee der Bildungsreform. – In: Fahrholz, B./ Gabriel, S./Müller, P. (Hrsg.) (2002): Nach dem Pisa-Schock. Plädoyers für eine Bildungsreform. – Hamburg: Hoffmann und Campe, 36–43.

Münch, U. (2000): Die Folgen der Vereinigung für den deutschen Bundesstaat. – In: Europäisches Zentrum für Föderalismus–Forschung Tübingen (Hrsg.)

(2000): Jahrbuch des Föderalismus 2000. – Baden–Baden: Nomos, 57–70.

Münch, U. (2005): Bildungspolitik als föderativer Streitpunkt: Die Auseinandersetzung um die Verteilung bildungspolitischer Zuständigkeiten in der Bundesstaatskommission. – In: Europäisches Zentrum für Föderalismusforschung Tübingen(Hrsg.) (2005): Jahrbuch des Föderalismus 2005. – Baden–Baden: Nomos, 150–162.

Munin, H. (2001): Schulautonomie. Diskurse, Maßnahmen und Effekte im internationalen Vergleich, insbesondere in Deutschland. – Weinheim: Beltz.

Naschold, F. (1974): Schulreform als Gesellschaftskonflikt. – Frankfurt am Main: Athenaeum.

Niedersächsisches Kultusministerium (1998): Schulprogrammentwicklung und Evaluation in Niedersachen – Stand, Perspektiven und Empfehlungen – Hannover: Niedersächsisches Kultusministerium.

Niedersächsisches Kultusministerium (2002): Qualitätsnetzwerke. Qualitätsentwicklung in Niedersachsen. – Hannover: Niedersächsisches Kultusministerium.

Nikolaus, R./Ziegler, B./Abel, M./Eccard, C./Aheimer, R. (2006): Transferkonzepte, Transferprozesse und Transfereffekte ausgewählter Modell–und Schulversuchsprogramme. – In: Ni- kolaus, R./Gräsel, C. (Hrsg.) (2006): Innovation und Transfer – Expertisen zur Transferforschung. – Baltmannsweiler: Schneider Verlag, 5–444.

OECD (1973): Bildungswesen mangelhaft. BRD–Bildungspolitik im OECD–Länderexamen. – Frankfurt am Main: Diesterweg.

OECD (1991): Schulen und Qualität. Ein internationaler OECD–Bericht. – Frankfurt am Main: Peter Lang.

Oelkers, J. (1998): Schule in erweiterter Verantwortung – Eine Positionsbestimmung aus erziehungswissenschaftlicher Sicht. – In: Avenarius, H./Baumert, J./Döbert, H./Füssel, H.P. (Hrsg.) (1998): Schule in erweiterter Verantwortung. Positionsbestimmungen aus erziehungswissenschaftlicher, bildungspolitischer und verfassungsrechtlicher Sicht. – Neuwied: Luchterhand, 23–35.

Oeter, S./Boysen, S. (2005): Wissenschafts– und Bildungspolitik im föderalen Staat – ein strukturelles Problem? – In: Recht der Jugend und des Bildungswesens, 3/2005, 296–311.

Offe, C. (1975): Berufsbildungsreform. Eine Fallstudie über Reformpolitik. – Frankfurt am Main: Suhrkamp.

Olten, R. (1995): Wettbewerbstheorie und Wettbewerbspolitik. – München: Oldenbourg.

Oschatz, G.-B. **(1998):** Zusammenarbeit der KMK mit anderen Institutionen. – In: KMK (Hrsg.) (1998): Einheit in der Vielfalt: 50 Jahre Kultusministerkonferenz

1948-1998. – Neuwied: Luchterhand, 143-150.

Owen, R./Ntoko, A./Ding, Z./June, D. (2002): Public Policy and Diffusion of Innovation. – In: Social indicators research, 1/2002, 179-192.

Pappi, F. U. (1993): Policy-Netze: Erscheinungsformen moderner Politiksteuerung oder methodischer Ansatz. – In: Héritier, A. (Hrsg.) (1993): Policy-Analyse. Kritik und Neuorientierung. – Opladen: Westdeutscher Verlag.

Paschen, H. (1995): Schulautonomie und Erziehungswissenschaft. – In: Melzer, W./Sandfuchs, U. (Hrsg.) (1995): Schulreform in der Mitte der 90er Jahre. – Opladen: Leske+Budrich, 197-207.

Paschen, H./Wigger, L. (Hrsg.) (1996): Schulautonomie als Entscheidungsproblem. – Weinheim: Deutscher Studien Verlag.

Payk, B. (2006): Nach Pisa 2000. Schulpolitikreformen der deutschen Bundesländer im Vergleich. Online: www.uni-konstanz.de/bogumil/payk/downloads/Payk-2006-Schulpolitik- DVPW.pdf (Stand: Juli 2007).

Peek, R. (1997): Zur Bedeutung von externer Evaluation für die Schulentwicklung. – In: Lehmann, R. H./Buer, J. v./Seeber,/Peek, R. (Hrsg.) (1997): Erweiterte Autonomie von Schule. Bildungscontrolling und Evaluation. – Berlin: Humboldt-Universität, 117-128.

Pelinka, A. (1996): Die (veränderte) Kultur bildungspolitischer Entscheidungen. – In: Specht, W. /Thonhauser, J. (Hrsg.) (1996): Schulqualität. – Innsbruck: STUDIENVerlag 22-36.

Peters, S./Brühl, R./Stelling, J. N. (1997): Betriebswirtschaftslehre. Eine Einführung. – 7. Auflage, München: R. Oldenbourg Verlag.

Pfetsch, B. (1994): Themenkarrieren und politische Kommuinkation: Zum Verhältnis von Politik und Medien bei der Entstehung der politischen Agenda. – In: Aus Politik und Zeitgeschichte, 39/1994, 11-20.

Pitlik, H. (1997): Politische Ökonomie des Föderalismus. – Frankfurt am Main: Peter Lang.

Poeppelt, K. S. (1978): Zum Bildungsgesamtplan der Bund-Länder-Kommission. – Weinheim: Beltz.

Posch, P./Altrichter, H. (Hrsg.) (1993): Schulautonomie in Österreich. – 2. Auflage, Wien: Bundesministerium für Unterricht und Kunst.

Postleb, R.-D./Döring, T.(1996): Entwicklungen in der ökonomischen Föderalismusdiskussion und im föderativen System der Bundesrepublik Deutschland. – In: Postleb, R.-D. (Hrsg) (1996): Aktuelle Fragen zum Föderalismus. – Marburg: Metropolis, 7-44.

Pötter, U./Rohwer, G. (1999): Introduction to Event History Analysis. – Online: http://www.stat.ruhr-uni-bochum.de/teaching/eha/koeln2.pdf (Stand: Mai

2006).

Pröhl, M. (1998): Zielsetzung desCarl–Bertelsmann–Preises 1996 – Leitfragen des Symposiums. – In: Bertelsmann Stiftung (Hrsg.) (1998): Innovative Schulsysteme im internationalen Vergleich. Carl Bertelsmann–Preis 1996. Band 2. Dokumentation zu Symposium und Festakt. – Gütersloh: Verlag Bertelsmann Stiftung, 33–36.

Püttner, G./Rux, J. **(2000):** Schulrecht. – In: Achtenberg u.a. (Hrsg.) (2000): Besonderes Verwal- tungsrecht. Band 1. – 2. Auflage; Heidelberg: Müller, 1124–1185.

Radtke, F.-O. (1997): Schulautonomie und Sozialstaat. Wofür ist die Bildungspolitik noch verantwortlich? – In: Die Deutsche Schule, 3/1997, 278–291.

Raschert, J. (1980): Bildungspolitik im Föderalismus. – In: Projektgruppe Bildungsbericht (Hrsg.) (1980): Bildung in der Bundesrepublik Deutschland. Band 1. – Reinbek: Rowohlt, 104–215.

Reinhardt, S. (1999): Bildung und Bildungspolitik – nur Durcheinander oder auch Strukturen? – In: Gegenwartskunde, 1/1999, 19–30.

Reiter-Mayer, P.(2005): Die Ständige Konferenz der Kultusminister im föderalen System: Zur Rollenfindung und Reformfähigkeit. – In: Europäisches Zentrum für Föderalismusforschung Tübingen (Hrsg.) (2005): Jahrbuch des Föderalismus 2005. – Baden–Baden: Nomos, 163–173.

Reith, K.-H. (1998): Föderalismus ist kein Schimpfwort. – KMK (Hrsg.) (1998): Einheit in der Vielfalt: 50 Jahre Kultusministerkonferenz 1948–1998. – Neuwied: Luchterhand, 161–165.

Rentzsch, W. (1998): Parteien im Bundesstaat. Sand oder Öl im Getriebe? – In: Männle, U. (Hrsg) (1998): Föderalismus zwischen Konsens und Konkurrenz. – Baden–Baden: Nomos, 93–100.

Rentzsch, W. (2000): Föderale Finanzverfassungen: Ein Vergleich Australiens, Deutschlands, Kanadas, der Schweiz und der USA aus institutioneller Perspektive. – In: Eurpäisches Zentrum für Föderalismus–Forschung Tübingen (Hrsg.) (2000): Jahrbuch des Föderalismus 2000. Baden–Baden: Nomos, 42–54.

Reumann, K. (1998): Die Kultusminister gehen nicht unter. – In: KMK (Hrsg.) (1998): Einheit in der Vielfalt: 50 Jahre Kultusministerkonferenz 1948–1998. – Neuwied: Luchterhand, 167–174.

Reuter, L. R. (1983): Erscheinungsformen, Ursachen und Folgen von Verrechtlichung am Beispiel des Bildungssystems. – In: Hartwich, H.-H. (Hrsg.) (1983): Gesellschaftliche Probleme als Anstoß und Folge von Politik. – Opladen: Westdeutscher Verlag, 373–392.

Reuter, L. R. (2000): Das Recht auf Bildung in der deutschen Bildungsgeschichte seit 1945. – In: Jach, F.-R./Jenkner, (Hrsg.) (2000): 50 Jahre Grundgesetz und Schulverfassung. – Berlin: Duncker & Humblot; 17–38.

Reuter, L. R. (2002a): Der deutsche Bildungsföderalismus – Ein Hemmschuh für eine moderne Bildungspolitik? – In: Fahrholz, B./Gabriel, S./Müller, P. (Hrsg.) (2002): Nach dem Pisa- Schock. Plädoyers für eine Bildungsreform. – Hamburg: Hoffmann und Campe, 66–73.

Reuter, L. R. (2002b): Politik- und rechtswissenschaftliche Bildungsforschung. – In: Tippelt, R. (Hrsg.) (2002): Handbuch der Bildungsforschung. – Opladen: Leske+Budrich, 169–183.

Richter, I. (1975): Die unorganisierbare Bildungsreform. Innovations-, Legitimations- und Relevanzprobleme im amerikanischen Bildungswesen. – München: R. Pieper & Co.

Richter, I. (1993): Schule, Schulverfassung und Demokratie. – In: Lorent, H.-P. d./Zimdahl, G. (Hrsg.) (1993): Autonomie der Schule. – Hamburg: GEW Hamburg, 51–60.

Richter, I. (1994): Theorien der Schulautonomie. – In: Recht der Jugend und des Bildungswesens, 1/1994, 5–16.

Richter, I. (1999): Die Steuerung des Bildungswesens durch Autonomie. – In: Neue Sammlung, 1/1999, 81–95.

Rickert, W. (1997): Die Entwicklung des Schulrechts in Hamburg 1986–1997. – In: Recht der Jugend und des Bildungswesens, 4/1997, 441–447.

Riedel, K. (1998): Schulleiter urteilen über Schule in erweiterter Verantwortung: Ergebnisse einer empirischen Untersuchung. – Neuwied: Luchterhand.

Rittelmeyer, C. (1997): Schulautonomie. Problemstellung eines bildungspolitischen Zukunftsprojekts. – In: Bildung und Erziehung, 2/1997, 125–135.

Roeder, P. M. (1983): Bildungsreform und Bildungsforschung. – In: Benner, D./Heid, H./Thiersch, H. (1983): Beiträge zum 8. Kongress der DGfE. – Weinheim: Beltz, 81–96.

Roeder, P. M. (1997): Der föderalisierte Bildungsrat. – In: Zeitschrift für Pädagogik. 1/1997, 131–148.

Roeder, P. M. (2000): Die freie Schulgemeinde – ein fast vergessenes Konzept der Selbstverwaltung der Schule. – In: Recht der Jugend und des Bildungswesens, 1/2000, 8–18.

Rogers, E. M. (1995): Diffusion of innovations. – 4. Auflage, New York: FREE PRESS.

Rogers, E. M. (2003): Diffusion of innovations. – 5. Auflage, New York: FREE PRESS.

Rolff, H.-G. (1980): Soziologie der Schulreform. Theorien, Foschungsberichte, Praxisberatung. – Weinheim: Beltz.

Rolff, H.-G. (1992): Die Schule als besondere soziale Organisation. Eine komparative Analyse. – In: Zeitschrift für Sozialisationsforschung und Erziehungssoziologie, 4/1992, 306–324.

Rolff, H.-G. (1995a): Autonomie als Gestaltungs–Aufgabe. Organisationspädagogische Perspektiven. – In: Dascher, P./Rolff, H.-G./Struck, T. (1995): Schulautonomie – Chancen und Grenzen: Impulse für die Schulentwicklung. – Weinheim: Juventa, 31–54.

Rolff, H.-G. (1995b): Autonomie von Schule – Dezentrale Schulentwicklung und zentrale Steuerung. – In: Melzer, W./Sandfuchs, U. (Hrsg.) (1995): Schulreform in der Mitte der 90er Jahre.

Opladen: Leske+Budrich, 209–227.

Rolff, H.-G. (1998a): Entwicklung von Einzelschulen: Viel Praxis, wenig Theorie und kaum Forschung – Ein Versuch, Schulentwicklung zu systematisieren. – In: Rolff, H.-G./Bauer, K.-O.

/Klemm, K./Pfeiffer, H. (Hrsg.) (1998): Jahrbuch der Schulentwicklung. Daten, Beispiele und Perspektiven. Band 10. – Weinheim: Juventa, 295–326.

Rolff, H.-G. (1998b): Schulaufsichtsentwicklung in Deutschland. Ein vergleichender Bericht aus Sicht des nordrhein–westfälischen QUESS–Projektes. – In: Buchen H./Burkard, C. (Hrsg.) (1998): Schulentwicklung und Schulaufsicht – Qualitätsentwicklung und Qualitätssicherung von Schule. Ergebnisse und Materialien aus der Fortbildungsmaßnahme. – Soest: Landesinstitut für Schule und Weiterbildung, 95–120.

Rose, D. D. (1973): National and Local Forces in State Politics: The Implications of Multi–Level Policy Analysis. – In: American Political Sience Review, 4/1973, 1162–1173.

Rosenbladt, B.v. (Hrsg.) (1999): Bildung in der Wissensgesellschaft: ein Werkstattbericht zum Reformbedarf im Bildungssystem. – Münster: Waxmann.

Rosenbusch, H. S. (1994a): Schatzsuche und Logik des Vertrauens. Organisationspädagogische Anmerkungen zu einer Neukonstitution der Schulaufsicht. – In: Rosenbusch, H. S. (1994): Lehrer und Schulräte – Ein strukturell gestörtes Verhältnis. – Bad Heilbronn, 83–109.

Rosenbusch, H. S. (1994b): Lehrer und Schulräte – Ein strukturell gestörtes Verhältnis. – Bad Heilbronn: Klinkhardt.

Rosenbusch, H. S. (2005): Organisationspädagogik der Schule. Grundlagen pädagogischen Führungshandelns. – München: Wolters Kluwer.

Ross, D. H. (1958): Administration for Adaptability. – New–York: Metropolitan

School Study Council.
Roth, H. (1971): Erziehungswissenschaft – Schulreform – Bildungspolitik. – In: Scheuerl, H. (Hrsg.) (1991): Erziehungswissenschaft Bildungspolitik Schulreform. Zeitschrift für Pädagogik. 9. Beiheft. – Weinheim: Beltz, 17–31.
Rürup, M. (2003): Ausländische und internationale Bildungsberichte als Orientierung für die nationale Bildungsberichterstattung in Deutschland. – In: Trends in Bildung international, 7/2003, Online: www.dipf.de/publikationen/tibi/tibi7_ruerup_3.pdf (Stand: Juli 2007).
Rürup, M. (2004): Bildungsberichterstattung – begriffliche Annäherungen an eine neue gesellschaftliche Praxis. – In: Zeitschrift für Bildungsverwaltung 1/2004, 79–92.
Rürup, M. (2005): Der Föderalismus als institutionelle Rahmenbedingung im deutschen Bildungswesen – Perspektiven der Bildungspolitikforschung. – In: Trends in Bildung international, 9/2005, Online: http://www.dipf.de/publikationen/tibi/tibi9_foederalismus_ruerup.pdf (Stand: Juli 2007).
Rürup, M. (2006): Bildungspolitische Entscheidungsfindung in der KMK. Eine Analyse der Diskussion um 12 oder 13 Schuljahre bis zum Abitur. Erfurter Materialien und Berichte zur Entwicklung des Bildungswesens. Band 5. – Erfurt: Universität Erfurt.
Rürup, M. (2007a): Föderaler Wettbewerb als Modus deutscher Bildungsreform? Anspruch, Differenzierung und aktuelle Tendenzen. – In: Heinrich, M./Brüsemeister, T. (Hrsg.) (2007): Warum tun die das? Governanceanalysen zur Rationalität von Akteursentscheidungen in der Schulentwicklung. – Wiesbaden: VS (In Vorbereitung).
Rürup, M. (2007b): Zum Wissen der Bildungsberichterstattung. Der deutsche Bildungsbericht als Beispiel und Erfolgsmodell. – In: Brüsemeister, T./Eubel, K.–D. (Hrsg.) (2007): Wissen und Nichtwissen evaluationsbasierter Steuerung. – Wiesbaden: VS (In Vorbereitung).
Rürup, M./Heinrich, M. (2007): Schulen unter Zugzwang – Die Schulautonomiegesetzgebung der deutschen Länder als Rahmen der Schulentwicklung. – In: Altrichter, H./Brüsemeister, T. /Wissinger, J. (2007): Educational Governance. Handlungskoordination und Steuerung im Bildungssystem.– Wiesbaden: VS–Verlag, 157–184.
Rutz, M (Hrsg.) (1997): Aufbruch in der Bildungspolitik. Roman Herzogs Rede und 25 Antworten. München: Goldmann.
Saalfrank, W.-T. (2005): Schule zwischen staatlicher Aufsicht und Autonomie. Konzeptionen und bildungspolitische Diskussionen in Deutschland und Österreich im Vergleich. – Würzburg: ERGON–Verlag.

Sabatier, P. A. (1993): Avocacy-Koalitionen, Policy-Wandel und Policy-Lernen: Eine Alternative zur Phasenheuristik. – In: Héritier, A. (Hrsg.) (1993): Policy-Analyse. Kritik und Neuorientierung. – Opladen: Westdeutscher Verlag, 116–148.

Savage, R. L. (1985a): When a Policy's Time Has Come: Cases of Rapid Policy Diffusion 1983– 1984. – In: Publius, 3/1985, 111–125.

Savage, R. L. (1985b): Diffusion Research Traditions and the Spread of Policy Innovations in a Federal System. – In: Publius, 4/1985, 1–27.

Scharpf, F. W. (1993): Versuch über Demokratie im verhandelnden Staat. – In: Gzada, R./Schmidt, M.G. (Hrsg) (1993): Verhandlungsdemokratie Interessenvermittlung Regierbarkeit. – Opladen: Westdeutscher Verlag, 28–50.

Scharpf, F. W.(1994): Optionen des Föderalismus in Deutschland und Europa. – Frankfurt am Main: Campus.

Scharpf, F.W./Reissert, B./Schnabel, F. (1976): Politikverflechtung. Theorie und Empirie des kooperativen Föderalismus in der Bundesrepublik. – Kronberg: Scriptor.

Schatz, H./Ooyen, R. C. v./Werthes, S. (2000): Wettbewerbsföderalismus. Aufstieg und Fall eines politischen Streitbegriffs. – Baden-Baden: Nomos.

Schein, E. H. (1972): Individuum, Organisation und Karriere. – In: Gruppendynamik, 3/1972, 139–156.

Schelle, B. (2002): Externe Evaluation der Einzelschule. Expertise. – Hamburg: Senatsverwaltung Schule.

Scheunpflug, A. (Hrsg.) (2000): Innovative Schulen. Ein Studienprojekt. – In: Beiträge aus dem Fachbereich Pädagogik der Universität der Bundeswehr Hamburg, 4/2000.

Schimank, U. (2007): Die Governance-Perspektive: Analytisches Potential und anstehende konzeptionelle Fragen. – In: Altrichter, H./Brüsemeister, T./Wissinger, J. (Hrsg.) (2007): Educational Governance. Handlungskoordination und Steuerung im Bildungssystem. – Wiesbaden: VS, 231–260.

Schindehütte, M. (1992): Schule in Hessen. Eigenverantwortung und Selbstverwaltung. Gestaltungsperspektiven der kommenden Jahre. – Hofgeismar: Evangelische Akademie Hofgeismar.

Schlemmer, E. (2001): Organisationsentwicklung der Schulinspektion in Bremen. – In: Hoffmann, J. (Hrsg.) (2001): Schulaufsicht im Umbruch. Neue Aufgaben der Schulaufsicht bei der Qualitätssicherung und –entwicklung von Schule. – Kronach: Carl Link, 67–80.

Schmalenbach, K. (1996): Föderalismus und Unitarismus in der Bundesrepublik Deutschland: Die Reform des Grundgesetzes von 1994. Schriften des Landtags

NRW. Band 10. – Düsseldorf: Landtag NRW.

Schmidt, A. (1994): Das Gymnasium im Aufwind. – 2. Auflage. Aachen–Hahn: Hahner Verlagsgesellschaft.

Schmidt, H.-J. (2001): Lerneinheit 14.22. Die staatliche Schulaufsicht in den Flächenländern. – In: Bessoth, R./Schmidt, H.–J. (Hrsg.) (1978ff.): Schulleitung – ein Lernsystem. Band 1. – Neuwied: Luchterhand.

Schmidt, M. G. (1980): CDU und SPD an der Regierung. Ein Vergleich ihrer Politik in den Ländern. – Frankfurt am Main: Campus.

Schmidt, M. G. (1993): Theorien in der international vergleichenden Staatstätigkeitsforschung. – In: Héritier, A. (Hrsg.) (1993): Policy–Analyse. Kritik und Neuorientierung. – Opladen: Westdeutscher Verlag, 371–393.

Schnoor, S. (1999): 50 Jahre KMK – acht Jahre KMK für die neuen Länder. – In. SchulVerwaltung MO, 1/1999, 5–7.

Scholand, H. (1971): Untersuchungen zur Verbreitung bildungspolitischer Innovationen durch Massenmedien. – In: Scheuerl, H. (Hrsg.) (1971): Erziehungswissenschaft Bildungspolitik Schulreform. – Beiheft der Zeitschrift für Pädagogik, 9/1971, 281–287.

Schratz, M./Steiner-Löffler, U. (1999): Die Lernende Schule: Schulentwicklung zwischen Kundenbeziehung und pädagogischem Eros. – In: Hofmann, J./Weishaupt, H./Zedler, P. (Hrsg.) (1999): Organisationsentwicklung in Schulen, in Unternehmen und im sozialen Bereich. – Erfurt: PH Erfurt, 111–152.

Schreyögg, G. (2003): Organisation. Grundlagen moderner Organisationsgestaltung. – 4. Auflage, Wiesbaden: Gabler.

Schulz-Hardt, J. (1996): Die Ständige Konferenz der Kultusminister der Länder in der Bundesrepublik Deutschland (KMK) – In: Flämig, C./Kimminich, O./Krüger, H. (Hrsg.) (1996): Handbuch des Wissenschaftsrechts. Band 2. – 2. Auflage, Berlin: Springer, 1655–1665.

Schumpeter, J. A. (1934): The Theory of Economic Development. – Cambridge: Harvard University Press.

Schumpeter, J. A. (1943): Capitalism, Socialism and Democracy. – New York: Harper.

Schumpeter, J. A. (1989): Essays on Entrepreneurs, Innovations, Business Cycles and the Evolution of Capitalism. – New Brunswick: Transaction Publishers.

Schuppert, G. F. (Hrsg.) (2005): Governance–Forschung. Vergewisserung über Stand und Entwicklungslinien. – Baden–Baden: Nomos.

Schwager, R. (2005): PISA–Schock und Hochschulmisere – Hat der deutsche Bildungsföderalismus versagt? – In: Perspektiven der Wirtschaftsforschung, 2/2005, 189–206.

Schwarz, B. (1996): Autonomie und Effektivität als Ressourcenkompensation? Anmerkungen zur gegenwärtigen Schuldiskussion und zum Verhältnis von Politik, Pädagogik und Empirie. – In: Empirische Pädagogik, 4/1996, 433–452.

Severinsky, N. (1994): Schulautonomie, Demokratie und Freiheit. – In: Pädagogische Rundschau, 5/1994, 551–563.

Silver, H./Hannan, A./English, S. (1997): 'Innovation': questions of boundary. – Online: www.fae.plym.ac.uk/itlhe.html (Stand: September 2002).

Sliwka, A. (2002): Theorie und Praxis der Demokratieerziehung im anglo-amerikanischen Kulturraum. – In: Uhl, S./Kuthe, M. (Hrsg.) (2002): Erziehungswissenschaft und Schulforschung. – Erfurt: Universität Erfurt, 137–158.

Sliwka, A. (2004): „Change knowledge": Innovationen im Bildungssystem besser verstehen. – In: Petry, C./Pistor, H.-H. (Hrsg.) (2004): Der lange Weg der Bildungsreform. – Weinheim: Beltz, 79–96.

Soule, A. (1999): The Diffusion of an Unsuccessful Innovation. – In: The Annals of the American Academy of Political and Social Science, 4/1999, 120–131.

Spangenberg, H. (2002): Schulstatistik als Instrument zur Qualitätssicherung von Schulen. – In: Zeitschrift für Bildungsverwaltung, 2/2002, 34–46.

Specht, W. (1997): Autonomie und Innovationsklima an Schulen. Rezeption und Wirkungen der Schulautonomie an Hauptschulen und allgemeinbildenden höheren Schulen. – Graz: Zentrum für Schulentwicklung.

Spieß, P./Gruner, P. (2001): Der brandenburgische Modellversuch "Selbstständige Schulen und Schulaufsicht (SeSuS)". – In: Hoffmann, J. (Hrsg.) (2001): Schulaufsicht im Umbruch. Neue Aufgaben der Schulaufsicht bei der Qualitätssicherung und –entwicklung von Schule. – Kronach: Carl Link, 121–135.

Spieß, W. (1993): Schulautonomie – wünschenswertes Reformziel oder bildungspolitische Sackgasse? – In: schul–management, 4/1993, 16–19.

Squarra, D. (1997): Pädagogische Qualität von Einzelschule. – In: Buer, J. v./Venter, G./Peek, R./Seeber, (Hrsg.) (1997): Erweiterte Autonomie von Schule. Qualität von Schule und Unterricht. – Berlin: Humboldt–Universität, 25–39.

Steffens, U./Boenicke, S. (2000): Koordinatensysteme der Schulqualität. – In: Haan, G. d./Hamm– Brücher, H./Reichel, N. (Hrsg.): Bildung ohne Systemzwänge. Innovationen und Reformen. – Neuwied: Luchterhand, 269–289.

Steiner-Khamsi, G. (2003): Innovation durch Bildung nach internationalen Standards? – In: Gogolin, I./Tippelt, R. (Hrsg.) (2003): Innovation durch Bildung. Beiträge zum 18. Kongress der Deutschen Gesellschaft für

Erziehungswissenschaft. – Opladen: Leske+Budrich, 141–239.

Steinert, W. (2006): Stellungnahme des Bundeselternrats zur Föderalismusreform im Bereich Bildung. – Online: http://www.bundestag.de/ausschuesse/a06/foederalismusreform/Anhoerung/04_Bildung/Stellungnahmen/Wilfried_Steinert.pdf (Stand: Mai 2006).

Steinke, I. (2000): Gütekriterien qualitativer Forschung. – In: Flick, U./Kardorff, E. v./ Steinke, I. (Hrsg.) (2000): Qualitative Forschung. Ein Handbuch. – Reinbek: Rowohlt, 319–331.

Stern, C. (Hrsg.) (2000): Ziele und Wege innovativer Schulen in Deutschland. Dokumentation des Gründungskongresses. – Gütersloh: Verlag Bertelsmann Stiftung.

Stern, J. (2000): Programme versus Pragmatik. Parteien und ihre Programme als Einfluß– und Gestaltungsgröße auf bildungspolitische Entscheidungsprozesse. – Frankfurt am Main: Peter Lang.

Stern, K. (1975): Die föderative Ordnung im Spannungsfeld der Gegenwart. – In: o.A. (1975): Politikverflechtung zwischen Bund, Ländern und Gemeinden. – Berlin: Duncker und Humblot, 15–40.

Sternberg, R. J./Pretz, J. E./Kaufman, J. C. (2003): Types of Innovation. – In: Shavinina, L. V. (Hrsg.) (2003): The International Handbook on Innovation. – Oxford: Elsevier Science Ltd., 158–169.

Sterzel, D. (2005): Entstaatlichung der beruflichen Schulen. Verfassungsrechtliche Grenzen einer Privatisierung des Lernorts Schule im Dualen System der Berufsausbildung. – Baden–Baden: Nomos.

Stiepelmann, H. (2003): Neue Steuerungsmodelle: Chance zum Aufbau von Schulautonomie? Eine Analyse der Möglichkeiten und Grenzen der Budgetierung öffentlicher Schulen. – Münster: Lit–Verlag.

Stock, M. (2000): Autonomiekonzepte für die öffentliche Schule – Altes und Neues. – In: Jach, F.-R./Jenkner, (Hrsg.) (2000): 50 Jahre Grundgesetz und Schulverfassung. – Berlin: Duncker und Humblot, 59–76.

Stock, M. (2002): Auf dem mühsamen Weg zur „Selbstständigen Schule" – ein Modellversuch in Nordrhein–Westfalen im Zeichen der PISA–Debatte. – In: Recht der Jugend und des Bildungswesens, 4/2002, 468–494.

Stone, D. (1999): State of the Art: Learning Lessons and Transferring Policy across Time, Space and Disciplines. – In: Politics, 1/1999, 51–59.

Stryck, T. (1995): Mehr Autonomie für die Einzelschulen. Das Beispiel Frankfurt am Main. – In: Pädagogische Führung, 2/1995, 82–86.

Stryck, T. (1998): Komplexität und Steuerung – Zu welchem Ende studiert man Schulautonomie? – In: Avenarius, H./Baumert, J./Döbert, H./Füssel, H.P. (Hrsg.)

(1998): Schule in erweiterter Verantwortung. Positionsbestimmungen aus erziehungswissenschaftlicher, bildungspolitischer und verfassungsrechtlicher Sicht. – Neuwied: Luchterhand, 37–49.

Sturm, R. (2000): Aktuelle Entwicklungen und Schwerpunkte in der internationalen Föderalismus- und Regionalismusforschung. – In: Europäisches Zentrum für Föderalismus-Forschung Tübingen (Hrsg.) (2000): Jahrbuch des Föderalismus 2000. – Baden-Baden: Nomos, 29–41.

Tarde, G. (1969): The Laws of Imitation. – Chicago: University of Chicago Press.

Tenoth, H.-E. (1975): Hochschulzugang und gymnasiale Oberstufe in der Bildungspolitik von 1945 bis 1973. – Bad Heilbrunn/Obb.: Klinkhardt.

Terhart, E. (1986): Organisation und Erziehung. Neue Zugangsweisen zu einem alten Dilemma. – In: Zeitschrift für Pädagogik, 2/1986, 205–223.

Terhart, E. (1998): Die autonomer werdende Schule und ihr Personal: Einige kritische Rückfragen. In: Avenarius, H./Baumert, J./Döbert, H./Füssel, H.P. (Hrsg.) (1998): Schule in erweiterter Verantwortung. Positionsbestimmungen aus erziehungswissenschaftlicher, bildungspolitischer und verfassungsrechtlicher Sicht. – Neuwied: Luchterhand, 133–145.

Terhart, E. (2001): Zwischen Aufsicht und Autonomie. Geplanter und ungeplanter Wandel im Bildungsbereich. – Essen: Klartext.

Thompson, D. (Hrsg) (1999): The Concise Oxford Dictionary of Current English. – London; New York; Sydney; Toronto: BCA.

Thöne, U. (2006): Statement zur Anhörung der Föderalismusreform. – Online: www.bundestag.de/ausschuesse/a06/foederalismusreform/Anhoerung/04_Bildung/ Stellungnahmen/Ulrich_Thoene.pdf (Stand: Mai 2006).

Thöni, E. (1986): Politökonomische Theorie des Föderalismus. – Baden-Baden: Nomos.

Tidick, M. (1998): Ständige Verschwörung gegen die Öffentlichkeit? – KMK (Hrsg.) (1998): Einheit in der Vielfalt: 50 Jahre Kultusministerkonferenz 1948–1998. – Neuwied: Luchterhand, 151–160.

Tillmann, K.-J. (1997): Autonomie für die Schule und ihre Lehrer. – In: Recht der Jugend und des Bildungswesens, 4/1997, 331–334.

Timmermann, D. (1996): Bildungsökonomisches Abwägen heterogener Argumente zur Schulautonomie. – In: Paschen, H./Wigger, L. (Hrsg.) (1996): Schulautonomie als Entscheidungsproblem. – Weinheim: Deutscher Studien Verlag, 59–88.

Unruh, P. (2003): „Schulautonomie" und Demokratieprinzip – im Lichte der neueren Rechtssprechung des Bundesverfassungsgerichts. – In: Recht der Jugend und des Bildungswesens, 4/2003, 466–481.

Valente, T. W. (1993): Diffusion of Innovations and Policy Decision-Making. – In: Journal of Communication, 1/1993, 30–45.

Vanderstraeten, R. (2004): Interaktion und Organisation im Erziehungssystem. – In: Böttcher, W./Terhart, E. (Hrsg.) (2004): Organisationstheorie in pädagogischen Feldern. Analyse und Gestaltung. – Wiesbaden: VS, 54–68.

Vandervert, L. R. (2003): Research on Innovation at the Beginning of the 21st Century: What do we know about ist? – In: Shavinina, L. V. (Hrsg.) (2003): The International Handbook on Innovation. – Oxford: Elsevier Science Ltd., 1103–1112.

Vieluf, U. (1997): Pädagogische Freiheit in staatlicher Verantwortung. – In Venter, G./Buer, J. v./Lehmann, R. H. (Hrsg.) (1997): Erweiterte Autonomie für Schulen. Grundlagen und nationale Sichtweisen. – Berlin: Humboldt-Universität, 71–81.

Vogel, J. P. (1994): Modell- und Versuchsschule – kaum genutzte Möglichkeiten der Schulreform. In: Recht der Jugend und des Bildungswesens, 2/1994, 197–199.

Vogel, J.-P. (1996): Verfassungsrechtliche Abwägungen zum Thema Schulautonomie. – In: Paschen, H./Wigger, L. (Hrsg.) (1996): Schulautonomie als Entscheidungsproblem. – Weinheim: Deutscher Studien Verlag, 119–128.

Volden, C. (2002): The politics of competitive federalism: A race to the bottom in welfare benefits? In: American Journal of Political Science, 2/2002, 352–363.

Völlink, T./Meertens, R./Midden, C. J. H. (2002): Innovating 'diffusion of innovation'-theory: Innovation characteristics and the intention of utility companies to adopt energy conservation interventions. – In: Journal of enviromental psychology, 4/2002, 333–344.

Walker, J. L. (1969): The Diffusion of Innovations among the American States. – In: American Political Sience Review, 3/1969, 880–899.

Walker, J. L. (1973): Comment: Problems in Research on the Diffusion of Policy Innovations. – In: American Political Science Review, 4/1973, 1186–1191.

Waschkuhn, A, (2002): Grundlegung der Politikwissenschaft: zur Theorie und Praxis einer kritisch-reflexiven Orientierungswissenschaft. – München: Oldenbourg.

Weaver, R. K./Rockmann, B. A. (Hrsg.) (1993): Do institutions matter? Government Capabilities in the United States and Abroad. – Washington, D.C.: The Brookings Institution.

Weber, K. (2000): Umrisse einer neuen Steuerungspraxis in der Bildungspolitik. – In: EDK, BMUK, BLK (Hrsg.) (2000): Die Vielfalt orchestrieren. Steuerungsaufgaben der zentralen Instanz bei grösserer Selbständigkeit der

Einzelschulen. – Innsbruck STUDIENVerlag, 195–223.

Weick, K. E. (1976): Educational Organizations as Loosely Coupled Systems. – In Administrative Science Quarterly, 1/1976, 1–19.

Weinacht, P.-L. (2003): Schulverwaltung und Schulaufsicht – Subjekt und Objekt der Reform. – In: Hepp, G. F./Weinacht, P.-L. (Hrsg.) (2003): Wie viel Selbstständigkeit brauchen Schulen? Schulpolitische Kontroversen und Entscheidungen in Hessen (1991–2000). – München: Luchterhand, 128–168.

Weishaupt, H. (1992): Begleitforschung zu Modellversuchen im Bildungswesen. Erziehungswis- senschaftliche und politisch–planerische Bedingungen. – Weinheim: Deutscher Studien Verlag.

Weishaupt, H./Steinert, B./Baumert, J./Mitter, W./Roeder, P.-M. (1991): Bildungsforschung in der Bundesrepublik Deutschland. Analyse der Situation und Dokumentation. – Bad Honnef: Bock.

Weishaupt, H./Weiß, M. (1997): Schulautonomie als theoretisches Problem und als Gegenstand empirischer Bildungsforschung. – In: Döbert, H./Geißler, G. (Hrsg.) (1997): Schulautonomie in Europa: Umgang mit dem Thema, Theoretisches Problem, Europäischer Kontext, Bildungstheoretischer Exkurs. – Baden-Baden: Nomos, 27–45.

Weiß, M. (1992): Zur ‚inneren Ökonomie' des Bildungswesens. – In: Recht der Jugend und des Bildungswesens, 2/1992, 206–217.

Weiß, M. (1993): New guiding principles in educational policy: the case of Germany. – In: Journal of Education Policy, 4/1993, 307–320.

Weiß, M. (1995): Der Zusammenhang zwischen Schulausgaben und Schulqualität – Eine Auswertung empirischer Analysen. – In: Zeitschrift für internationale erziehungs- und sozialwissenschaftliche Forschung, 2/1995, 335–350.

Weiß, M. (2000): Steuerung über Finanzen. – In: EDK, BMUK, BLK (Hrsg.) (2000): Die Vielfalt orchestrieren. Steuerungsaufgaben der zentralen Instanz bei grösserer Selbständigkeit der Einzelschulen. – Innsbruck: STUDIENVerlag, 169–179.

Weiß, M. (2004): Wettbewerb, Dezentralisierung und Standards im Bildungswesen. – In: Trends in Bildung International, 8/2004, Online: dipf.de/publikationen/tibi/tibi8_weiss.pdf (Stand: Juli 2007).

Welch,/Thompson, K. (1980): The Impact of Federal Incentives on State Policy Innovation. – In: American Journal of Political Science, 4/1980, 715–729.

Westkamp, H. (2000): Innovationen optimieren. Inhaltliche Gestaltung und Außenwirkung von BLK-Programmen. – In: Haan, G. d/Hamm-Brücher, H./Reichel, N. (Hrsg.): Bildung ohne Systemzwänge. Innovationen und Reformen. – Neuwied: Luchterhand, 291–297.

Wettach, U. (1994): Ländergesetzgebung in der Bundesrepublik Deutschland: eine rechtstatsächli- che Untersuchung am Beispiel ausgewählter Regelungsbereiche. – Frankfurt am Main: Peter Lang.

Weymann, A./Martens, K. (2005): Bildungspolitik durch internationale Organisationen. Entwicklung, Strategien und Bedeutung der OECD. – Österreichische Zeitschrift für Soziologie, 4/2005, 68–86.

Whitehead, D. J. (1980): The Dissemination of Educational Innovations in Britain. – London; Sydney, Auckland; Toronto: Hodder and Stoughton.

Wiater, W. (Hrsg.) (1991): Mit Bildung Politik machen. Autobiographisches zum schwierigen Verhältnis von Bildungspolitik und Pädagogik. – Stuttgart: J.B. Metzler.

Wiechmann, J. (2002): Der Innovationstransfer in der Breite des Schulwesens. Rahmenbedingungen der Zielentscheidungen von Schulen. – Zeitschrift für Erziehungswissenschaft, 1/2002, 95–117.

Wilhelmi, H. -H. (2000): Innovationspolitik auf gesamtstaatlicher Ebene. Ein Lernprozess. – In Haan, G. d./Hamm–Brücher, H./Reichel, N. (Hrsg.): Bildung ohne Systemzwänge. Innovationen und Reformen. – Neuwied: Luchterhand, 9–22.

Wimmer, R. (1997): Ein halbes Jahrhundert Gesetzesvorbehalt im Bildungswesen. – In: Recht der Jugend und des Bildungswesens, 1/1997, 15–18.

Wirries, I. (2002): Die gute Staatsschule. Problemanalyse und Modernisierungskonzeption aus schulpädagogischer und organisationstheoretischer Sicht. – Herbolzheim: Centaurus–Verlag.

Wissinger, J. (1996): Perspektiven schulischen Führungshandelns. Eine Untersuchung über das Selbstverständnis von SchulleiterInnen. Weinheim/ München: Juventa.

Wissinger, J. (2000): Rolle und Aufgaben der Schulleitung bei der Qualitätssicherung und–entwicklung in Schulen. – In: Zeitschrift für Pädagogik, 6/2000, 851–865.

Wollenschläger, F. (2007): Die Föderalismusreform: Genese, Grundlinien und Auswirkungen auf die Bereiche Bildung und Wissenschaft. – In: Recht der Jugend und des Bildungswesens, 1/2007, S. 8–19.

Wong, K.K. (1999): Political Institutions and educational policy. – In: Cizek, G. J. (Hrsg.) (1999): Handbook of Educational Policy. – Academic Press, 298–325.

Zedler, P. (1997): Erweiterte Selbstverantwortung von Einzelschulen – Zauberformel für die Mo– dernisierung des Schulwesens? – In: Zedler, P./Fickermann, D. (Hrsg.) (1997): Pädagogik und Recht. Rechtliche Rahmenbedingungen und Handlungsspielraume für eine erweiterte Selb–

ständigkeit von Einzelschulen. – Erfurt: PH Erfurt, 7–12.

Zedler, P. (1998): Pädagogische Selbständigkeit der Einzelschule: Ebenen, Dimensionen, Elemente. In: Avenarius, H./Baumert, J./Döbert, H./Füssel, H.P. (Hrsg.) (1998): Schule in erweiterter Verantwortung. Positionsbestimmungen aus erziehungswissenschaftlicher, bildungspolitischer und verfassungsrechtlicher Sicht. – Neuwied: Luchterhand, S.109–115.

Zedler, P. (2000): Wandlungen des Reformdiskurses. Konfliktlinien leitender Orientierungs– und Bewertungsmaßstäbe in der Schulentwicklung. – In: Krüger, H.–H./Wenzel, H. (Hrsg) (2000): Schule zwischen Effektivität und sozialer Verantwortung. – Opladen: Leske+Budrich, 16–41.

Zehetmaier, H. (1998): 50 Jahre Kultusministerkonferenz – Neue Entwicklungen im Kulturföderalismus. – In: Recht der Jugend und des Bildungswesens, 2/1998, 133–144.